星光闪耀

从聊城革命老区走出的将军部长

聊城市革命老区建设促进会　编

济南出版社

图书在版编目（CIP）数据

星光闪耀 / 聊城市革命老区建设促进会编. —济南：济南出版社, 2022.11

ISBN 978-7-5488-5413-5

Ⅰ. ①星… Ⅱ. ①聊… Ⅲ. ①人物–先进事迹–聊城–现代 Ⅳ. ①K820.852.3

中国版本图书馆CIP数据核字（2022）第219010号

出 版 人 田俊林
出版统筹 胡长粤
责任编辑 李 媛
装帧设计 胡大伟

星光闪耀　聊城市革命老区建设促进会 编

出版发行 济南出版社
地　　址 济南市市中区二环南路1号（250002）
发行电话 （0531）67817923　86922073
86131701　86018273
印　　刷 济南新先锋彩印有限公司
版　　次 2022年11月第1版
印　　次 2022年11月第1次印刷
成品尺寸 185mm×260mm　16开
印　　张 31.25
字　　数 370千
定　　价 156.00元

（济南版图书，如有印装质量问题，请与印刷厂联系调换）

编委会

序 言

伟大建党精神是中国共产党的精神之源，要代代相传，发扬光大。聊城市革命老区建设促进会请我为他们编写的《星光闪耀》一书作序，得知这部书经过他们几年的辛勤努力现在终于成书，特别高兴。出版这部凝结着厚重革命历史的人物史书，以此弘扬老区精神，传承红色基因，是一件很有意义的事情。写这篇序文，也正好寄托对家乡的美好祝愿。

聊城位于冀鲁豫三省结合部，是全国著名的革命老区。在烽火连天的革命战争岁月里，许多老一辈无产阶级革命家、革命老前辈先后在这块土地上战斗、生活了很多年，也有许多聊城籍的优秀儿女，战斗、生活在祖国大地的四面八方。他们中有的是我的老领导，有的是我的老战友。中华人民共和国成立后参加工作的聊城籍和在聊城工作、生活过较长时间的一些同志，在长期的社会主义革命、建设、改革宏伟大业中，以对党对人民对革命事业的无限忠诚，模范地贯彻党的路线、方针和各个时期的重大历史性决策，紧紧依靠人民群众，为党领导的革命事业和人民武装的建设做出了卓越贡献，赢得人民的信赖，并且经过不同岗位的历练，一步步走上党政军重要领导岗位。这些同志是聊城的优秀儿女，是党和国家的宝贵财富。

革命老区，是红色历史的沃土，是无数共产党人和革命先烈用鲜血和生命哺育成的。在中国特色社会主义新时代，弘扬好老区精神，传承好红色基因，是我们党的重大历史使命。聊城市革命老区建设促进会的这些老同志，不顾年事偏高，无论路途远近，东奔西走，调查访问，详核资料，组织编纂了此书。这部书比较完整地记述了从聊城革命老区走出的中华人民共和国的将军和部长们的战斗工作历程和人生轨迹，内容丰富翔实，是一部弘扬红色历史、赓续红色血脉的很好的教材。

斗转星移，沧海桑田，往事历历在目。我出生在聊城革命老区的莘州大地，从童年投身革命，亲历了抗日战争、解放战争和社会主义建设的宏伟大业。作为一名从战火硝烟中走出来的革命战士，始终为民族独立、人民解放和中华人民共和国的国防建设奋斗不已。虽然我已从军队和全国人大领导岗位上退下来了，也已是耄耋之年九十岁月，但我总忘不了家乡的一草一木，忘不了在那生活战斗的日日夜夜，忘不了革命英烈和老区人民为祖国的宏伟事业所做的牺牲奉献。借此我衷心祝愿聊城的广大党员、干部和人民群众，继承光荣传统，发扬老区精神，坚持改革创新，以史为鉴，开创未来，乘中国共产党成立100周年的东风，脚踏实地，勇毅前行，为实现第二个百年奋斗目标，把“江北水城、运河古都”聊城建设得更加美好！

2022年7月于北京

（注：作者系原北京军区司令员，上将军衔，中共第十四届中央委员、第九届全国人大常委会委员）

目　录

第一编

在中华人民共和国成立前参加革命，曾在聊城战斗、工作，以及生活过一年以上的

第一部分

党和国家领导人

第二部分

将军及军职为副军级（含）以上的

第三部分 部长及行政职务为副部（省）级（含）以上的

第二编 在中华人民共和国成立后参加工作，曾在聊城工作及生活过一年以上的

第一部分 党和国家领导人

第二部分 将军及军职为副军级（含）以上的

第三部分

部长及行政职务为副部（省）级（含）以上的

第一编

在中华人民共和国成立前参加革命，曾在聊城战斗、工作，以及生活过一年以上的

第一部分　党和国家领导人

本部分收录了12位在中华人民共和国成立前参加革命，曾在聊城战斗、工作，以及生活过一年以上的正国级或副国级领导人。

万 里

万里（1916.12—2015.7.15），山东省东平县洲城镇西卷棚街人。曾任国务院副总理、第七届全国人大常委会委员长。

1933年秋，万里考入曲阜山东省立第二师范学校。1936年5月加入中国共产党并参加工作。万里在青少年时代就接受进步思想，积极投身抗日救亡活动。1937年10月，任中共东平县工委书记。1938年8月后，历任中共泰西特委宣传部部长，中共鲁西区泰西地委宣传部部长、组织部部长。1939年冬起，历任中共鲁西区委宣传部副部长。1940年4月，任中共鲁西区运西地委副书记，同年11月，任地委书记。1941年7月，鲁西、冀鲁豫两区合并后，万里任中共冀鲁豫第二（后改为第八）地委书记；1942年12月后，任副书记、书记。抗日战争胜利后，万里历任中共冀鲁豫第二地委书记，中共冀鲁豫区委委员、第七地委书记。1947年后，任中共冀鲁豫区委秘书长，后任南京市军事管制委员会财委副主任、经济部部长、建设局局长等职。

中华人民共和国成立后，历任西南军政委员会工业部副部长、部长。1950年6月至1954年9月，任西南军政委员会财政经济委员会委员。1952年11月，任中央人民政府建筑工程部副部长。1954年至1955年4月，任国务院建筑工程部副部长。1955年4月，任国务院城市建设总局局长。1956年5月至1958年2月，任城市建设部部长。1958年3月至1966年10月，任中共北京市委书记处书记。1958年8月至1966年6月，任北京市副市长。1959年9月至1977年11月，任政协北京市第二至四届副主席。1973年5月至1975年1月，任中共北京市委书记、市革委会副主任。1975年1月，任铁道部部长、轻工业部第一副部长。1977年6月，任中共安徽省委第一书记。1978年1月至1979年12月，任安徽省革委会主任。万里以非凡的政治胆识，大力支持、推广肥西县“包产到户”和凤阳县小岗村“包干到户”的做法，积极推动全省农业管理体制变革，为开辟中国农村改革的新道路做出了重要贡献。1980 年 4 月至 1988 年 4 月，任国务院副总理。1980 年 8 月至 1982 年 5 月，任国家农委主任。其间，1980 年 9 月，在中共十一届五中全会上当选为中央书记处书记。1982 年后，任中央绿化委员会主任、国务院退伍军人和军队离休退休干部安置领导小组组长、中央“五讲四美三热爱”活动委员会主任、全国农业区划委员会主任和中国网球协会名誉主席，同年当选为中共第十二届中央政治局委员、中央书记处书记。1984 年，当选为中国城市科学研究会名誉会长。1986 年，当选为中华文学基金会名誉会长。1987 年，当选为中共第十三届中央政治局委员。1988 年，当选为第七届全国人大常委会委员长。1990 年，任中国绿化基金会名誉主席。1992 年 10 月，万里根据党的十四大重大决策精神和我国改革开放发展进程，提出修改宪法的建议，主张把邓小平建设有中国特色社会主义理论等载入宪法。他主持宪法修改小组工作，领导起草了宪法修正案草案，并于 1993 年 3 月，由八届全国人大一次会议通过。1993 年 4 月，当选为中华环境保护基金会名誉理事长。1995 年，任第三届中国绿化基金会名誉主席。

万里系中共第十一届、第十二届、第十三届中央委员，第十二届、第十三届中央政治局委员，第十一届、第十二届中央书记处书记。

2015 年 7 月 15 日，万里因病在北京逝世，享年 99 岁。

王任重

王任重（1917.1.15—1992.3.16），河北省景县王瞳人。曾任中共中央宣传部部长、第六届全国人大常委会副委员长、政协第七届全国委员会副主席。

1933年，王任重加入中国共产党并参加革命工作，师范毕业。1933年至1938年，任河北省景县乡村师范学校党支部书记、中共景县县委委员、河北省泊镇区委委员、津南工委委员，在延安中共中央党校学习。1938年至1945年，任中共冀鲁豫区委宣传部副部长，冀南五地委书记，冀南区委组织部部长、宣传部部长、区委常委，冀南行署副主任、代主任、党组书记，在延安中共中央党校二部学习。1945年至1949年，任冀南行署副主任、主任，中共冀南区委副书记。1949年至1966年，任中共湖北省委常委，湖北省政府副主席，中共武汉市委第一书记，武汉市副市长、代市长，中共湖北省委第一书记，武汉军区第一政治委员，湖北省政协主席，中共中央中南局第二书记、第一书记，中南局三线建设委员会主任，华中协作区主任。“文化大革命”期间受到迫害，被关押。1977年至1978年，任陕西省农林科学院革命委员会副主任。1978年起，任中共陕西省委第二书记、第一书记，陕西省革委会第一副主任、主任，国务院副总理，国家农业委员会主任、党组书记，国务院知青领导小组组长，国务院财政经济委员会委员，中共中央宣传部部长，中共中央书记处书记。1983年6月，当选为第六届全国人大常委会副委员长、全国人大财政经济委员会主任委员。1988年3月，当选为政协第七届全国委员会副主席，同月起任政协第七届全国委员会党组副书记。

王任重系中共第八届中央候补委员（八大二次会议增选），第十一届（十一届三中全会增选）、第十二届、第十三届中央委员，第十一届中央书记处书记。

1992年3月16日，王任重在北京逝世，享年75岁。

刘华清

刘华清（1916.10—2011.1.14），出生于湖北省黄安县（今红安县）吕王镇刘家院子村（今属大悟县），上将军衔。曾任中共中央军委副主席、第十四届中共中央政治局常委。

刘华清出生于贫苦农民家庭。他 8 岁入本村祠堂读私塾，10 岁到村办新学堂读书。1927 年秋，加入儿童团，并被选为团长，成为红色小交通员。1929 年 10 月，加入中国共产主义青年团，曾任团支部书记，后又到苏维埃政府任青年委员，并负责团支部的工作。1935 年 10 月，转为中共党员。1930 年春，他被调到黄安六区（二程区）任少共区委组织部部长兼区少先队总队长。同年冬，接任少共团委书记兼区游击中队队长。1931 年 6 月，调任陂安南县长堰区共青团区委书记，后任少共塔尔区委书记。8 月，调任八里庄少共区委书记。9 月初，调任陂安南县军事指挥部少共团委书记，不久又兼代少共县委书记。12 月，调任红安中心县军事指挥部少共团委书记。1932 年 4 月，任红安中心县委秘书科科长。8 月，调任鄂东北道委秘书科科长兼游击总司令部交通部政治指导员。1934 年 11 月，随中国工农红军第二十五军参加长征，历任军政治部机关组织科科长、宣传科科长兼文印科科长。1935 年 9 月，红二十五军与二十六军、二十七军合编为红十五军团，他任军团政治部宣传科科长。曾协助秘书科科长程坦把《三大纪律八项注意》编为歌曲。同年 10 月，中央红军结束长征后，恢复中国工农红军第一方面军番号，红十五军团被编入红一方面军，他仍任军团政治部宣传科科长。1936 年 5 月，调任军团政治部敌工部宣传科科长。10 月，任司令部作战科副科长、机要科科长。

1937 年 9 月，刘华清调任八路军一二九师司令部秘书处主任兼机要科科长。1938 年 1 月，完成警卫政治委员邓小平到辽县一二九师上任的任务。7 月，调师政治部任宣教科科长。同年冬，到八路军总部和北方局办的太行党校学习，学习结业后留校，任校党总支书记，负责党校的全面工作。1939 年 9 月，回八路军一二九师任师供给部政治部主任。1940 年 11 月，刘华清奉命赴冀南抗日前线，任冀南军区政治部组织部副部长。1942 年 4 月，任冀南军区组织部部长。1944 年 6 月，任由冀南、冀鲁豫军区合并组建的新冀鲁豫军区政治部组织部部长。1945 年元旦后，调任冀鲁豫军区第六军分区副政治委员。1944 年后，根据中共中央指示，他率部向日伪军和国民党反动派发起反攻作战，接连取得胜利。1945 年 9 月 1 日，在反攻作战攻克临清县城后，他率第六军分区部队乘胜东进，连克多个敌据点，并于 9 月 1 日攻克夏津县城。部队稍做休整后，接着向高唐一带进攻，连克邱庄、黄圈、蒋家铺等据点，并于 7 日解放高唐。同年 11 月，刘华清调任晋冀鲁豫军区第二纵队第六旅政治委员。1946 年 1 月，他率六旅参加聊博战役，担任主攻博平县城的任务，并于 6 日解放博平；8 日，他奉命率部参加解放聊城的作战；10 日夜间 24 时，城虽仍未攻开，但按公布的“停战令”要求，部队停止攻击。在 10 余天的聊博战役中，六旅作战 14 次，攻克和收复包括博平县城在内的敌大小据点 20 余个，歼敌 700 多人。

1947 年 6 月 30 日夜，他率部与其他部队一起从阳谷张秋镇至临濮集 150 公里的地段上，冒着敌人的枪林弹雨强渡黄河。1947 年 6 月强渡黄河之后，他率部夺取曹县并歼该城之敌，打开南进的通道；参加了羊山集战斗，因指挥有方、战功卓著，晋冀鲁豫野战军为六旅记大功一次。8 月 27 日，他率部随刘邓大军渡过淮河，胜利进入大别山。此后，在大别山区的 7 个多月中，他参加大小战斗 30 余次，歼敌 2400 余人，同时派出 3 批干部建立一批地方政权。1948 年 4 月下旬起，他率部参加大兵团作战，先后参加了宛西战役、宛东战役和刘营、刘村镇等战斗；参加了淮海战役，在该战役中率部参战 28 次，歼敌1100余人。1949年3月，他调任新成立的第二野战军第三兵团第十一军政治部主任。4月，参加了渡江作战，渡江抢占金华市后，任金华市军管会主任。同年5月下旬，奉命任第二野战军军事政治大学党委书记兼政治部主任，主持学校日常工作。

中华人民共和国成立后，1950年4月，二野军大改称中国人民解放军西南军区军事政治大学，刘华清遂任该校党委书记兼政治部主任。1951年，西南军大改建为中国人民解放军第二高级步兵学校，他任校政治部主任。

1952年5月，刘华清调任中国人民解放军海军学校副政治委员。翌年3月，任校副政治委员兼副校长，主持日常工作。1954年9月，被选调赴苏联伏罗希洛夫海军学院学习。1955年9月被授予海军少将军衔。1958年2月，毕业回国；3月，被分配到海军旅顺基地任副司令员兼参谋长。1960年7月，升任旅顺基地司令员。8月，调任北海舰队副司令员兼旅顺基地司令员。1961年8月，调任国防部第七研究院院长，负责国防科技发展和武器装备建设的研究工作。1965年1月，任第六机械工业部副部长兼第七研究院院长。1966年8月，调任国防科学技术委员会副主任。此后，因受“文化大革命”冲击，曾一度撤职回家闲居。1969年5月，又回海军部队，曾任“船办”主任。1970年12月，被任命为海军副参谋长，分管造船工业、科研工作和海军装备建设。1975年7月，调任中国科学院党的核心领导小组成员。在“文化大革命”中，他顶住逆流，在极其困难的情况下，努力为国防科技事业工作。

“文化大革命”后，刘华清于1977年底调任国防科委副主任。翌年3月，又兼任中央军委科技装备委员会办公室主任，主持军委科装办日常工作。1979年2月，任解放军总参谋长助理，仍兼军委科装办主任。6月，增补为军委科装委员会委员和副主任。1980年1月，任解放军副总参谋长，主管装备、军务和动员工作。1981年5月，任中央军委战略武器定型委员会主任，领导定型、生产了20多种常规和战略武器。1982年8月，他任海军司令员后，提出并确立了中国海军战略理论，提出了海洋作战方针和海军装备发展方针；领导组织中国海军参与并圆满完成中国首次水下发射运载火箭试验、首次发射通信卫星、首次南极科考、首次西太平洋远航合成训练等一系列国家重大任务；参与领导了中国导弹驱逐舰等一大批新型舰艇和导弹武器装备的决策和研制工作。1987 年 11 月，他任中央军委委员、副秘书长，之后组织科技人员攻关，自主研制空中加油机，历时 6 年终于研制成功，结束了国产飞机不能空中加油的历史。1989 年 11 月，任中共中央军委副主席，并兼任军委军事建设“八五”计划和十年规划领导小组组长，组织制订了《中央军委关于“八五”期间军队建设计划纲要（草案）》。1992 年至 1997，年任中共中央政治局委员、常委，中共中央军委副主席。1988 年至 1998 年，任中华人民共和国中央军事委员会委员、副主席。1992 年 10 月后，作为党的第三代中央领导集体成员，他参与了党、国家和军队的一系列重大决策，为推进中国特色社会主义建设的伟大事业做出了重要贡献。1997 年 9 月中共十五大后，离职休养。

刘华清系中共第十二届、第十四届中央委员，第十四届中央政治局委员、常委，1985 年、1987 年相继被选为中共中央顾问委员会委员。1955 年 9 月被授予海军少将军衔，1988 年 9 月被授予海军上将军衔。曾获二级八一勋章、二级独立自由勋章、一级解放勋章。

2011 年 1 月 14 日，刘华清在北京逝世，享年 95 岁。

宋任穷

宋任穷（1909.7—2005.1.8），湖南省浏阳市葛家乡乌石龙村（今葛家镇葛家园村）人，上将军衔。曾任中共中央组织部部长，中共中央政治局委员、中央书记处书记，中共中央顾问委员会副主任。

宋任穷幼年读过私塾。1922 年，考入浏阳金江高级小学，毕业后当过小学教员。1926 年 6 月，加入中国共产主义青年团。12 月，转入中国共产党。先后任浏阳县冲和区农民协会委员长、区党委宣传委员兼共青团特支书记。1927 年马日事变后，任浏阳县工农义勇军第四团第二中队党代表，参加了秋收起义。三湾改编后跟随毛泽东上井冈山，任连党代表，在红军中积极开展政治思想工作和发展党员。1928 年冬，敌人派重兵“围剿”井冈山革命根据地，宋任穷随红五军团转移被打散后，以坚强的革命意志，历尽千辛万苦，重新找到红军，先后任红四军第三纵队第九支队第二十五大队政治委员、红十二军三十五师一〇四团政治委员、四十四师一三〇团政治委员，参加了中央革命根据地五次反“围剿”斗争。宁都起义后，任红五军团三十八师政治委员、十三师政治委员，五军团政治部地方工作部部长。

1934 年 10 月，参加长征，任中央纵队干部团政治委员。在突破国民党军队四道封锁线、强渡乌江、激战土城、攻克遵义、四渡赤水和南渡乌江等战斗中，宋任穷和陈赓率红军干部团为掩护中央军委英勇作战。1935 年 5 月，宋任穷率部日夜兼程 160 里，抢占金沙江重要渡口皎平渡，消灭驻守敌人，掩护红一方面军安全渡过金沙江，为实施党中央北上抗日的战略方针做出了贡献。1935 年 6 月，红一方面军和红四方面军会师，干部团改编成红军大学特科团，宋任穷任政治委员。红军长征到达陕北后，任二十八军政治委员，同军长刘志丹一起率部英勇作战，重创敌人，打通了陕北苏区和神府苏区的联系，为红军主力东征建立了巩固的后方。刘志丹牺牲后，宋任穷任二十八军军长。1937 年 3 月，任援西军政治部组织部部长，政治部副主任、主任，负责接待失散归来的西路军官兵。

抗日战争全面爆发后，宋任穷任八路军第一二九师政训处副主任、政治部副主任。1938 年 3 月，率骑兵团和一个独立支队奔赴冀南，开辟平原抗日根据地，历任东进纵队政治委员，冀南军区司令员、政治委员，冀南区党委书记，冀南行政公署副主任、主任。宋任穷参与指挥东进纵队南征北战，摧毁敌伪组织，扩大武装力量，先后收复了广宗、平乡、永年、肥乡等 10 余座县城。1939 年 6 月，宋任穷全面担负起领导冀南区抗战的重任，坚持抗日民族统一战线，放手发动群众，建立抗日民主政权。在百团大战中，宋任穷率部捣毁敌人正在修筑的德西铁路（东段）及在冀南区修筑的公路，毙伤日伪军 1500 余人，给敌人以沉重打击。

抗日战争进入相持阶段后，宋任穷认真贯彻党中央的战略方针，将进犯的国民党顽固派军队逐出冀南，冀南抗日根据地得到进一步巩固。1941 年冬至 1944 年，由于日军实行“铁壁合围”和“烧光、杀光、抢光”政策，冀南抗日根据地遭到严重破坏。宋任穷率领冀南区党委、冀南行署、冀南军区司令部及部分后方机关，从河北陆续转移到现今聊城市莘县大王寨镇杨庄村。从 1941 年冬起，冀南抗战形势异常严峻。宋任穷等人在杨庄咬紧牙关坚持斗争，和大家一起打日军、种地，动员群众挖了 20 多里长的地道。1943 年后，历任冀鲁豫军区司令员、代理政治委员，中共冀鲁豫分局组织部部长、代理书记。

抗日战争胜利后，宋任穷任晋冀鲁豫军区第二纵队政治委员、晋冀鲁豫中央局组织部部长。解放战争时期，任豫皖苏中央分局书记兼豫皖苏军区政治委员、中原局委员、华东野战军第三副政治委员。1949 年，任中共安徽省委书记、省政府主席、军区政治委员。1949 年 4 月，任南京市委副书记、南京市军管会副主任，协助刘伯承进行接管工作。1949 年 6 月，为进军西南做准备。根据邓小平建议，成立了以宋任穷为团长的中国人民解放军西南服务团，于10月率西南服务团云南支队经河南、湖南，挺进大西南。

中华人民共和国成立后，宋任穷任第二野战军第四兵团政治委员、中共云南省委第一书记、云南省军区政治委员、西南军区副政治委员。1952年7月，任中共中央西南局第一副书记、西南军政委员会副主席。1955年，任中共中央副秘书长、中共中央组织部副部长、解放军总干部部第一副部长。1956年11月，任第三机械工业部（后改为第二机械工业部）部长，是中华人民共和国原子能事业大规模建设时期的主要领导者。1960年9月，任中共中央东北局第一书记、沈阳军区第一政治委员。

“文化大革命”中，宋任穷遭受残酷迫害。但他对党的信念毫不动摇，充分体现了共产党人的铮铮铁骨和崇高气节。

1977年10月，宋任穷任第七机械工业部部长、党组书记。1978年12月，任中央组织部部长。党的十一届三中全会以后，宋任穷把进一步落实干部政策、平反冤假错案、处理历史遗留问题作为组织战线贯彻全会精神的首要和紧迫任务之一。到1982年底，基本上完成了“文化大革命”中被立案审查的230万名干部的复查平反工作，并对涉及120多万人的历史错误结论进行了比较彻底的复查，做出了正确的处理。宋任穷在党的建设、干部培训、老干部工作、知识分子工作等方面做了大量卓有成效的工作。

宋任穷系中共第七届中央候补委员，第八届、第十一届（十一届三中全会增补）、第十二届中央委员（任职至1985年9月，中共全国代表会议），第八届中央政治局候补委员（八届十一中全会增补），第十二届中央政治局委员（任职至1985年9月中共全国代表会议），第十一届中央书记处书记，1985年9月，在党的十三大上分别增选、当选为中央顾问委员会委员、副主任。1955年，被授予上将军衔。曾获一级八一勋章、一级独立自由勋章、一级解放勋章。

2005年1月8日，宋任穷在北京逝世，享年96岁。

田纪云

田纪云（1929.6— ），山东省肥城市汶阳镇田家东史村人。曾任中共中央政治局委员、中央书记处书记，国务院副总理，全国人大常委会副委员长。

1937 年七七事变后不久，田纪云的父亲田景韩就在家乡建立了一支抗日游击队，并加入了中国共产党。受家庭的影响和父辈的熏陶，1941 年冬，刚满 12 岁的田纪云离开家乡，由地下交通员秘密护送，西渡黄河，奔赴冀鲁豫军区第一军分区参加了八路军，开始了革命生涯。当时的抗战环境非常残酷，形势险恶。八路军部队东奔西突，少年田纪云随军转战各地。他先是在独立团当了一名小八路，不久被送入聊城东阿县抗属工厂做工。在工厂干了近一年，组织上认为田纪云年龄小，又有一定文化基础，便送他到山东茌平县抗日民主政府领导的抗属小学上学。1945 年初，田纪云被保送到冀鲁豫第三抗日中学学习。1945 年 5 月，不满 16 岁的田纪云加入中国共产党，并任区队长。

1946 年冬，解放战争开始后，组织上决定由田纪云带领工作组参加朝城县一区的土改与扩军工作，田纪云任工作组组长兼区长。在土改与征兵工作中，由于动员 96 人参军，被冀鲁豫军区记大功一次。1947 年 5 月，田纪云被派到冀鲁豫会计学校学习会计业务，年末毕业后被分配到隶属冀鲁豫军区的战勤总指挥部供给部当会计。1948 年秋淮海战役打响后，田纪云调任中国人民解放军中原野战军担架营营长，带领担架队支援前线。

1948 年冬，田纪云随军渡江南下。1949 年 3 月，南下干部组成南下支队，田纪云作为二野五兵团供给部的会计，被编入南下支队供给部。4 月初，南下支队走上征途，田纪云的任务是押运两马车准备在敌占区用的银圆。历尽千辛万苦，4 月中旬终于胜利到达江西上饶，圆满完成任务。到江西后，田纪云被分配到赣东北行署财政处当总会计。同年 9 月，组织决定由南下支队的原班人马组成西进支队，随二野五兵团西进贵州，解放大西南。西进支队于 11 月初由上饶出发，11 月 26 日到达贵阳市。

1950 年初，田纪云被临时调到军管会办公室负责物资调运工作。贵州解放初期，急需大批干部，1951 年至 1953 年，田纪云先是被派到由刘伯承任校长的西南人民革命大学贵阳五分校任班主任，继而又被派去办财政学校，任组教科科长。财政学校后改为财政干部训练班，田纪云任主任。1953 年后，田纪云在贵州省财政厅工作，先后担任秘书、科长、处长、办公室主任。1964 年初，被提升为贵州省财政厅副厅长。1965 年初，田纪云到贵州贵定县农村搞“四清”，代理县委书记。结束搞“四清”回到贵阳市后不久，西南局组织部发来调令，调田纪云到西南局财办任财金处副处长。1969 年，西南局被撤销，田纪云被分配到四川省革委会财贸经营管理组当副组长，主要负责商业、外贸等工作。1973 年初，被调至四川省革委会财政局任副局长，后任财政厅厅长、党组书记、四川省委委员。

1981 年，田纪云在中央党校学习班毕业后，被调入国务院任副秘书长。1982 年，在党的十二大上，田纪云当选为中央委员。1983 年，任国务院副总理兼国务院秘书长、机关党组书记。在 1985 年 9 月召开的中共十二届五中全会上，他又被增选为中共中央政治局委员、中央书记处书记。1988 年 4 月 12 日，在七届人大一次会议上，他再次被任命为国务院副总理。在 1993 年召开的第八届全国人民代表大会上，田纪云当选为全国人大常委会副委员长、党组副书记。1997 年 9 月，在党的十五届一中全会上，田纪云又当选为中央政治局委员。田纪云在中国农业、农村的经济改革与发展，中国经济问题，中国改革开放与民主法制建设等方面，理论水平和实践经验丰富，著有《中国经济问题》《中国农业和农村的改革与发展》《中国改革开放与民主法制建设》等书。

田纪云系中共第十三届、第十四届、第十五届中央委员，第十三届、第十四届、第十五届中央政治局委员。

杨得志

杨得志（1911.1—1994.10.25），湖南省醴陵市南阳桥三望冲人，上将军衔。曾任原济南军区司令员、中国人民解放军总参谋长、中共中央军委常委、中共中央书记处书记、第十二届中央政治局委员。

杨得志自幼随父亲学打铁，后到江西萍乡安源煤矿当工人。1928 年，杨得志参加湘南起义武装组成的工农革命军第七师，并随部队到井冈山。同年 10 月，加入中国共产党。1930 年起，任红四军第十一师通信警卫排排长、特务连连长、炮兵连连长，参加了文家市、吉安战斗和中央苏区反“围剿”作战。1932 年后，杨得志任红十五军第四十五师新编第九十三团团长、红一军团第七师二十团团长、第一师一团团长。曾奉命率红一团坚守阵地三昼夜，打退国民党军 3 个师的轮番进攻，受到总部表彰，并被授予三等红星奖章。

1934 年 10 月，杨得志参加长征，率团担负前卫和先遣任务。曾指挥红一团强渡天险乌江，全歼嵩明县城国民党守军；继又组织“十七勇士”突击队强渡大渡河，为后续部队打开通路。到陕北后，任红一师副师长。1936 年，参加东征战役后，任红二师师长，率部参加西征和山城堡战役。1937 年春，入抗日军政大学学习。

抗日战争全面爆发后，1937 年 9 月 20 日，任八路军第一一五师三四三旅六八五团团长的杨得志率部在平型关伏击日军。战斗从上午 8 时多持续到下午 1 时，八路军第一一五师全歼了 1000 多名日军。其中，杨得志率领的六八五团歼灭日军 500 多人。1938 年，任第三四四旅副旅长和代理旅长，带领 100 余人翻越太行山，越过平汉铁路封锁线，在滑县与六八九团会合后，取得全歼伪军扈金禄部的胜利。随后于平汉路东、漳河以南、卫河两岸开辟抗日根据地。1939 年春，任冀鲁豫支队支队长，率部在冀鲁豫地区广泛发动群众，开展游击战争，壮大抗日武装，建立抗日民主政权。曾连克曹县、定陶，全歼两县城的反动武装，并接连发起讨伐国民党石友三、丁树本等部数万顽军，创建了冀鲁豫抗日根据地。1940 年起，任八路军第二纵队司令员、冀鲁豫军区司令员，组织军民开展敌后平原游击战争，多次挫败日伪军“扫荡”；同时组织部队和群众进行生产自救，战胜天灾人祸，巩固和扩大了冀鲁豫抗日根据地。1943 年 11 月 6 日，杨得志、阎揆要带领冀鲁豫军区主攻部队向八公桥发起攻击，激战至 17 日上午，全歼伪军第二方面军总部及其特务团等部，连克徐镇、王郭村、梁庄等据点、碉堡 17 处，粉碎了伪军蚕食抗日根据地的图谋。1944 年 4 月，率部返回延安，任陕甘宁晋绥联防军教导第一旅旅长。

抗日战争胜利后，杨得志任晋冀鲁豫军区第一纵队司令员、晋察冀军区第一和第二纵队司令员，率部参加了邯郸战役、正太战役和青沧战役。1947 年 6 月，任晋察冀野战军司令员，指挥保北战役、清风店战役。11 月，在朱德、聂荣臻领导下，指挥石家庄战役，开创了夺取坚固设防城市的先例，拔除了国民党军在华北的一个战略要点，使晋察冀和晋冀鲁豫两大解放区连成一片。1948 年 5 月，任华北军区第二兵团司令员，指挥冀热察战役和察绥战役。平津战役中，率部围困、攻克新保安，全歼守敌国民党军华北“剿匪”总司令傅作义的“王牌”第三十五军另 2 个师。后率部参加太原战役，继又进军西北，参加陇东追击战和兰州、宁夏等战役。

1950 年，杨得志兼任陕西军区司令员，组织部队参加修建宝（鸡）天（水）铁路和屯田垦荒。1951 年 2 月，参加抗美援朝战争，任中国人民志愿军第十九兵团司令员，率部参加第五次战役和秋季防御作战。1952 年夏起，任志愿军副司令员、司令员，参与指挥上甘岭战役。1954 年回国，入军事学院战役系学习并兼任该系主任。1955 年 4 月，被任命为济南军区司令员。1969 年起，任中共中央军委委员、中共山东省委第一书记、武汉军区司令员。1979 年 1 月，任昆明军区司令员，指挥云南方向中越边境自卫反击战。1980 年起，任国防部副部长，解放军总参谋长，中共中央军委常委、副秘书长，中华人民共和国中央军委委员，参与领导中国人民解放军的革命化、现代化、正规化建设。

杨得志系中共第八届中央候补委员、中央委员，第九届、第十届、第十一届、第十二届中央委员，第十二届中央政治局委员，第十届中央书记处书记，第一至第三届国防委员会委员，第九届中央政治局第一次会议任中央军委委员，中共第十一届一中全会任中央军委委员（1980 年 1 月起，为中央军委委员、常委），1987 年，在中共十三大上当选为中央顾问委员会常务委员。1955 年 9 月，被授予上将军衔。曾获一级八一勋章、一级独立自由勋章、一级解放勋章。1988 年 7 月中央军委授予中国人民解放军红星功勋荣誉奖。

1994 年 10 月 25 日，杨得志在北京病逝，享年 83 岁。

苏振华

苏振华（1912.6—1979.2.7），湖南省平江县三墩乡戴家铺村人，上将军衔。曾任中国人民解放军海军政治委员、中共中央军委常委、中共第十一届中央政治局委员。

1929年，苏振华参加游击队；8月，加入中国共产主义青年团。1930年6月，苏振华参加中国工农红军第三军团，曾被选为连队士兵委员会委员长，参加过长沙战役。同年11月，转入中国共产党。1931年起，任红五军排长、连政治委员、团党总支书记、师经理处政治委员、红五师第十三团政治委员。曾参加中央苏区历次反“围剿”，因在作战中英勇顽强，负伤不下火线，被授予三等红星勋章。长征初期，率部参加攻克土城、娄山关、遵义城等战斗。后任红四师第十二团政治处主任、政治委员。到陕北后，参加直罗镇战役、东征战役。1936年6月，入抗日红军大学学习。因学习刻苦、成绩优良，被毛泽东称为“工农分子知识化的典型”。1937年1月，“红大”改为抗日军政大学后，苏振华任第二、第一大队大队长。

全民族抗日战争初期，苏振华继续在抗大学习和工作。1939年7月，苏振华随罗瑞卿率领部分学员到华北敌后抗日根据地办学。1940年5月起，任八路军第一一五师三四三旅兼鲁西军区政治委员，曾与杨勇一起组织指挥潘溪渡战斗。1941年5月，任八路军第二纵队兼冀鲁豫军区政治委员，参与组织领导冀鲁豫边区军民开展敌后平原游击战争，多次挫败日伪军“扫荡”和反击国民党顽固派军队的进犯，巩固和扩大了抗日根据地。1944年5月，冀鲁豫军区与冀南军区合并后，任新的冀鲁豫军区副政治委员兼中共中央平原分局党校校长。

抗日战争胜利后，苏振华任晋冀鲁豫野战军第一纵队政治委员，与杨得志率部参加邯郸战役。1946年12月，兼任第一纵队司令员，率部长途行军千余里参加巨金鱼战役。在西台集战斗中，坚持在前线实施不间断的指挥，歼灭国民党军整编第六十八师主力4000余人，受到上级通令嘉奖。1947年5月，苏振华与司令员杨勇率部参加鲁西南战役，在突破国民党军防线后，一举攻克郓城，创造了晋冀鲁豫野战军1个纵队单独攻坚、围歼国民党军1个师部又2个旅的先例。后率部参加进军大别山，参与指挥高山铺战役，所部因战绩突出，被野战军记大功1次。1948年，率部参加宛东战役、豫东战役、郑州战役。淮海战役中，率部参加阻击和围歼黄维兵团。

1949年2月，苏振华任第二野战军第五兵团政治委员，参加渡江战役后，率部直出浙赣线，解放衢州、景德镇、上饶等20余座城镇。同年11月，进军西南，解放贵阳，任贵州军区政治委员、司令员兼政治委员，中共贵州省委书记兼省财政经济委员会主任，领导贵州军民剿灭国民党残余武装和土匪，开展土地改革运动，恢复和发展工农业生产。1954年4月，调任中国人民解放军海军副政治委员兼政治部主任。1957年2月，任海军政治委员。1959年9月，任中共中央军委委员、副秘书长。“文化大革命”中受到迫害，被解除一切职务。1973年1月，任海军第一政治委员。1974年2月，参与指挥西沙群岛自卫反击战。1975年1月，苏振华任中央军委常委。1976年10月，任中共上海市委第一书记、上海市革命委员会主任。团结带领广大军民迅速稳定了上海的局势，使工业生产产值逐月上升。

苏振华系中共第八届中央候补委员，第十届、第十一届中央委员，第十届中央政治局候补委员、第十一届中央政治局委员，第一至第三届国防委员会委员。1959年9月，中央政治局会议任中央军委委员；1975年2月，经中共中央决定，任中央军委委员、常委，中共十一届三中全会任中央军委委员、常委。1955年9月，被授予海军上将军衔。荣获二级八一勋章、一级独立自由勋章、一级解放勋章。

1979年2月7日，苏振华在北京病逝，享年67岁。

杨 勇

杨勇（1913.10.28—1983.1.6），生于湖南省浏阳市文家市镇清江村，上将军衔。曾任中国人民解放军副总参谋长、中共中央军委常委、中共中央书记处书记。

1926年，杨勇在小学读书时参加儿童团。1927年4月，加入中国共产主义青年团。1928年，到常德国民党第五十师学兵团当兵。1929年，回到浏阳，参加区苏维埃政府的工作。1930年，入中国工农红军第五军随营学校学习，并转入中国共产党。曾任红八军政治部宣传队大队长、红四师连长、红二师独立营营长兼政治委员、红四师十团政治委员，参加了中央苏区历次反“围剿”。1934年，获三等红星奖章。同年10月，随红一方面军主力长征，在突破三道封锁线后，所部作为红三军团先头部队首先渡过湘江，后率部参加了夺占娄山关、攻克遵义城、坚守老鸦山等战斗。1935年9月，任陕甘支队第二纵队十大队政治委员。到陕北后，任红一方面军第一军团一师、四师政治委员，率部参加了直罗镇、东征、西征和山城堡战役。

全民族抗日战争时期，杨勇任八路军第一一五师三四三旅六八六团副团长、团长兼政治委员，率部参加了平型关战役、午城井沟战斗等，并取得汾离公路伏击战的胜利。1938年11月，一一五师直属队和六八六团组成东进支队，开赴冀鲁豫平原。1939年3月，挺进鲁西郓城地区，并成功奔袭郓城西北的敌伪主要据点——樊坝，全歼伪军一个团。樊坝战役后，一一五师继续东进，杨勇率六八六团第三营和师直两个连改编为一一五师独立第一团，留在鲁西开辟抗日根据地。1939年7月，一一五师独立旅成立，杨勇任旅长兼政治委员。

7月底，日军板垣师团的精锐大队和伪军直奔梁山“扫荡”。此时，一一五师师部转回鲁西，驻在梁山前集；杨勇率独立旅旅部驻扎在梁山后集。

经过一夜战斗，全歼敌人于独山庄。由于杨勇正确地执行了中共中央关于建设敌后抗日根据地的路线、方针和政策，到1939年底，鲁西北和泰西地区连成一片，先后建立起肥城、长清、泰安、东平、郓城、寿张、濮县、范县、观城、冠县、馆陶、堂邑等14个县的抗日民主政权，成立了鲁西北和泰西两个行政委员会，部分地区还实行了减租减息和民主选举政权。

1939年底到1940年3月，蒋介石发动了第一次“反共”高潮。八路军总部决定集中冀中、冀南、冀鲁豫部队，发起讨伐石友三的战役。

讨伐石友三的战役共三次。第一次战役中，杨勇率部驻扎在观城、朝城一带，逼近高树勋部主力，有效阻止了高部北援石军。第二次战役中，杨勇率部在寿张的张秋镇一带，歼灭石友三、高树勋部第十三旅400余人，接着攻占濮县县城，然后进占柳下屯、黄庄，收复袁老家、玉皇庙、东台寺等地，又乘胜攻克清丰、南乐、濮阳等城。第三次战役中，八路军组成左、右、中央三路纵队讨逆，杨勇任左路纵队指挥，这次战役中，三路纵队首战告捷。1940年12月初，石友三为部下所杀，讨伐石友三的战役结束。在讨伐石友三的战役期间，1940年4月，一一五师独立旅与冀鲁边挺进纵队合编，恢复一一五师三四三旅番号，并成立鲁西军区，杨勇任旅长兼军区司令员。鲁西抗日根据地得到进一步巩固。1940年10月，一一五师再次改编。这时，鲁西军区的黄河支队已南下湖西苏鲁豫皖地区，便把运河支队与陈士榘支队二团合编，编制为一一五师教导第三旅，杨勇任旅长。

1941年1月7日，为了反击郓城日伪军对抗日根据地的“蚕食”和“扫荡”，经过充分准备，杨勇指挥一一五师教导三旅七团和鲁西军区第二军分区人民武装，在潘溪渡以“围点打援”战术，全歼日军一个中队。1941年7月，鲁西军区与冀鲁豫军区合并，成立新的冀鲁豫军区，杨勇任副司令员。不久，杨勇赴延安，暂时离开了冀鲁豫平原。

1944年4月，杨勇返回冀鲁豫边区，先后任冀鲁豫军区副司令员、司令员。在此期间，杨勇组织指挥了攻打南乐县城及其周围据点的攻坚战，全歼了城内日伪军，解放了被日军占领5年之久的南乐县城及其附近30多处据点；指挥阳谷战役，激战6天，歼灭守敌3500余人，摧毁了阳谷、寿张、朝城、莘县4个伪县政府。莘县、南乐、阳谷战役扩大了根据地，为全面反攻创造了条件。

解放战争时期，1945年11月，晋冀鲁豫野战军第七纵队正式成立，杨勇任司令员。七纵成立后，先克郓城，后占巨野，嘉祥不战而得，接下来解放济宁，拔除东明县城这一伪军据点。解放战争全面爆发后，杨勇率领七纵，跟随刘邓大军出击陇海线，立下汗马战功。1947年3月中旬起，杨勇任整编后的晋冀鲁豫野战军第一纵队司令员，率部参加了平汉战役、陇海战役和淮海战役。1949年2月，任第二野战军五兵团司令员，挥师渡江，进军西南，解放贵州，指挥了成都战役。

中华人民共和国成立后，1950年起，杨勇历任贵州省人民政府主席兼贵州军区司令员、南京军事学院高级系主任、总高级步兵学校副校长、第二高级步兵学校校长等职，为党培养了大批军事干部。1953年4月，赴朝鲜，先后任中国人民志愿军第二十兵团司令员，志愿军第三副司令员兼参谋长、司令员等职。在金城反击战中，给予美军以沉重打击。1958年10月回国后，任北京军区司令员。1959年10月，任中国人民解放军副总参谋长。"文化大革命"中，曾遭到诬陷和迫害。恢复工作后，1972年5月，任沈阳军区副司令员。1973年6月，任新疆维吾尔自治区革命委员会副主任、中共新疆维吾尔自治区委员会第二书记。1975年8月，任新疆军区司令员。1977年9月后，任中国人民解放军第一副总参谋长，总参谋部党委第三书记、第二书记等职。1980年1月，任中央军委常委、副秘书长。杨勇为中国人民解放军的革命化、现代化、正规化建设做了大量的工作。

杨勇系第四、第五届全国人大代表，第五届全国人大常委会委员，中共第八届中央候补委员，中共第十、第十一、第十二届中央委员，第十二届中共中央书记处书记，第一、第二、第三届国防委员会委员。获一级八一勋章、一级独立自由勋章、一级解放勋章。1955年9月，被授予上将军衔。

1983年1月6日，杨勇在北京逝世，享年70岁。

萧　华

萧华（1916.1.21—1985.8.12），江西省兴国县潋江镇肖屋村人，上将军衔。曾任中国人民解放军原总政治部主任、中共中央军委常委、第六届全国政协副主席。

1928年12月，萧华加入中国共产主义青年团。1929年4月，参加毛泽东在潋江书院举办的"土地革命干部训练班"。同年12月，年仅13岁的萧华任少共兴国县委书记。1930年3月，被调入中国工农红军。7月，加入中国共产党。后历任红四军军委青年委员、连政治指导员、营政治教导员、团政治委员、红军总政治部青年部部长、少共国际师政治委员。

1933年夏，萧华主持全军青年工作会议，向中央提出了在青年中扩大红军，创建"少共国际师"的建议。不久，中央苏区掀起扩红高潮，组建起"少共国际师"，17岁的萧华被任命为师政治委员，他率领这支年轻的队伍投入反"围剿"作战。1934年，在广昌驿前高虎脑战斗中，他身先士卒，与兄弟部队一起挫败了敌军三个主力师的进攻。长征中，萧华任红一军团组织部部长、二师政治委员。1935年3月21日，他指挥抢渡乌江先遣部队再渡乌江，巩固和扩大乌江渡口阵地，使红军主力安全渡过乌江。在越过大凉山时，他率先遣队向彝民耐心宣传党的民族政策，协助刘伯承同彝族首领小叶丹结盟，使红军顺利通过彝族区。在强渡大渡河战斗中，他带领红军战士冒着敌人的枪林弹雨，冲入敌阵，速战速决。到达陕北后，他参与指挥了直罗镇、东征、西征和山城堡等重大战役。在东征的兑九峪战斗中，他亲临前线指挥作战，不幸左腿负伤。

抗日战争全面爆发后，萧华任八路军一一五师政治部副主任，参加了平型关战役。1937年11月，任一一五师三四三旅政治委员，与陈光一起指挥了广阳、义棠镇、午城、井沟等战斗。1938 年 6 月，年仅 22 岁的萧华任八路军东进抗日挺进纵队司令员兼政治委员。7 月中旬，他率领东进抗日挺进纵队，深入敌后的冀鲁平原，于 9 月 27 日抵达山东乐陵县城。挺进纵队到达冀鲁边后，萧华深入发动群众，迅速打开了局面，创建了冀鲁边抗日根据地。1939 年 11 月，萧华任鲁西军区司令员兼政治委员，加强了共产党和八路军在鲁西的政治、军事力量。1940 年 2 月 19 日，八路军第一一五师独立旅，山东纵队挺进支队、第六支队各一部，于阳谷张秋镇歼国民党高树勋部第十三旅 900 余人。

1940 年 7 月，中共中央决定成立华北讨逆军，萧华任华北讨逆野战军政治委员、鲁西行政公署主任。他和司令员宋任穷一起，发动讨伐汉奸石友三战役。攻坚战共歼敌 1000 多人、俘敌 800 人，铲除了石友三顽固派的社会势力，粉碎了敌人妄图挤走八路军的企图，对巩固抗日根据地和抗日民主政权起了重要作用。至 1940 年冬，中共鲁西北各县县委相继恢复和建立，20 多个县级单位有 17 个建立了“三三”制的抗日民主政府，18 个县成立了抗日游击大队，地方武装发展至万余人。

1940 年 10 月起，萧华任第一一五师政治部主任。1943 年 3 月，中共中央批准成立新的山东军区，萧华任第一一五师兼山东军区政治部主任、中共中央山东分局委员，协助罗荣桓指挥山东军民粉碎了日军的频繁“扫荡”。

抗日战争胜利后，萧华奉命率山东部队 4 个师横跨渤海，进军辽东，并任辽东军区司令员兼政委、中共辽东省委书记。在东北，他指挥部队长途奔袭，歼灭日伪军残余 2 万余人和难以计数的小股土匪。1946 年 10 月，杜聿明指挥 8 个师计 10 万之众再次进攻辽东。萧华率部毙伤敌团长以下 3150 人，俘敌师长李正谊、副师长段培德以下 5877 人。新开岭战役，创造了东北民主联军在解放战争中首次歼灭敌人 1 个师的先例。1946 年 11 月后，萧华任中共南满分局副书记、南满军区副司令员兼副政治委员，东北野战军第一兵团政治委员，东北野战军特种兵司令员，是中国人民解放军特种部队最早的领导人之一。在围困长春战役中，他积极展开政治攻势，争取了国民党六十军和新七军先后起义和投诚，和平解放了长春。1949 年 3 月，东北野战军改称为中国人民解放军第四野战军，萧华任“四野”第十三兵团政治委员。

中华人民共和国成立后，萧华历任中国人民解放军空军政治委员，总政治部副主任，解放军总干部部长，总政治部主任，中央监察委员会副书记，解放军监察委员会书记，中共中央军委常委、副秘书长。他致力于继承和发扬人民军队的光荣传统，参与领导制定了具有重大历史意义、1954 年颁布的《中国人民解放军政治工作条例》。1955 年，被授予上将军衔，荣获一级八一勋章、一级独立自由勋章、一级解放勋章。“文化大革命”中，遭到诬陷和残酷迫害，使他身陷囹圄达 7 年之久。1975 年萧华恢复工作后，任军事科学院第二政治委员，兰州军区第一政治委员、党委第一书记，中共甘肃省委第二书记。1983 年 6 月，当选为政协第六届全国委员会副主席。

萧华系中共第八、第十一、第十二届中央委员，第一、第五届全国人大代表。1955 年 9 月被授予上将军衔，荣获一级八一勋章、一级独立自由勋章、一级解放勋章。

1985 年 8 月 12 日，萧华在北京病逝，享年 69 岁。

陈再道

陈再道（1909.1.24—1993.4.6），原名程再道，湖北省麻城市乘马岗镇新村程家冲人，上将军衔。曾任原武汉军区司令员、中国人民解放军铁道兵司令员、第六届全国政协副主席。

陈再道3岁时，其父程厚瀛因痨病去世。不久，其姐姐和母亲也离开人世，他因此从小就体验到了穷苦人家的苦难。自1926年冬起，先后参加农民协会和农民自卫军。1927年9月，参加大别山南麓“秋收暴动”。同年11月，参加黄麻起义，随农民自卫军编入工农革命军鄂东军。黄安县城失守，他与起义武装转到黄陂县木兰山坚持斗争，是木兰山72名游击英雄战士之一。1928年8月，在江子英等人的介绍下，加入中国共产党。同年夏起，任中国工农红军第十一军排长、连长，第四军十一师三十二团三营营长，曾在围攻麻城战斗中负伤。土地革命时期，任中国工农红军第四军一师三团排长、连长，十一师十二团营长，十一师十一团团长。参加鄂豫皖革命根据地的历次反“围剿”，在双桥镇、苏家埠、七里坪等战役战斗中冲锋在前，屡立战功。

1932年冬，红四方面军主力由鄂豫皖边向川陕边转移，陈再道年底起任红四军十一师第三十一团团长、师长，参加川陕苏区反“三路围攻”、反“六路围攻”等战役战斗，曾率红十一师歼灭竹峪关之敌并乘胜追击60余里，解除了红四方面军反攻作战的后顾之忧。1935年，率部掩护红四方面军主力强渡嘉陵江。同年任红四军副军长、军长。在长征中，他积极支持朱德、刘伯承、徐向前等，率部三过雪山、草地，策应红二方面军北上，为维护党和红军的团结做出重要贡献。1936年10月，率红四军在甘肃靖远以东（黄河东岸）进行正面防御，掩护了红四方面军一部西渡黄河。11月，率部参加萌城、田水堡战斗及山城堡战斗，与兄弟部队相配合，重创胡宗南部。

抗日战争全面爆发后，陈再道任八路军第一二九师三八六旅副旅长，参与指挥七亘村、黄崖底和长生口等战斗，初步取得了对日作战经验。1938 年 1 月，任八路军东进纵队司令员。4 月，率部巧妙越过日军戒备森严的平汉铁路，进入冀南。仅 3 个多月，即协助冀南区党委建立起 20 多个县抗日政权，部队也由 500 人发展到 1 万余人，为开辟冀南抗日根据地和开展平原游击战创造了有利条件。1940 年初，率冀南军区部队与冀中、冀鲁豫兄弟部队一起，先后两次实施讨顽战役，给破坏抗战的国民党顽军石友三部以毁灭性打击。5 月，任冀南军区司令员，参加领导巩固和发展冀南抗日根据地。8 月，率冀南部队 10 个团参加百团大战，对平汉路、德石路进行破袭战，积极主动出击日伪军，歼敌 2000 多人。1943 年 10 月，进入延安中共中央党校学习。

1945 年 9 月后，陈再道历任晋冀鲁豫军区冀南纵队司令员、晋冀鲁豫军区第二纵队司令员兼冀南军区司令员、晋冀鲁豫野战军第二纵队司令员、中原野战军第二纵队司令员。曾率冀南纵队 6500 余人参加上党战役。同年 10 月，率部攻打邯郸城，回师平汉线，参加邯郸战役。1946 年 1 月上旬，陈再道率第二纵队发起聊（城）博（平）战役，收复、攻克博平县城及大小据点 69 处。9 月，率二纵参加巨野战役，在龙堌集成功阻击国民党第五军 11 天，成为此次作战的模范防御战例。1947 年 7 月，晋冀鲁豫野战军强渡黄河后发起鲁西南战役。他奉命统一指挥 7 个旅，经过历时 12 昼夜的激烈战斗，占领金乡城西北的羊山集，歼灭国民党军整编第六十六师。继而进军大别山，并与兄弟部队并肩进行了宛西战役、宛东战役。在淮海战役中，率第二纵队先后参加了堵截合围黄维兵团、阻击李延年兵团的任务，有力地保证了在双堆集围歼黄维兵团作战的顺利进行。

1949 年 2 月，陈再道任河南军区司令员。1950 年，共剿灭伏牛山、桐柏山、大别山土匪及国民党军的散兵游勇 10 余万，稳定了中原局势。中华人民共和国成立后，历任中南军区副司令员兼河南军区司令员，中国人民解放军武装力量监察部副部长，武汉军区司令员兼湖北军区司令员。1955年，被授予上将军衔。

“文化大革命”中，陈再道因武汉“七二〇”事件遭迫害，坚贞不屈。1972年后，任福州军区副司令员、中共中央军委顾问。1977年9月至1983年1月任中国人民解放军铁道兵司令员、党委第二书记（1977年12月起）。1978年7月26日，中共中央发出通知，决定给“七二〇事件”平反昭雪。1982年，他坚决执行中央和中央军委的决定，主持了铁道兵集体转业、并入铁道部的工作。1983年6月，当选为政协第六届全国委员会副主席。

陈再道系第一、第二、第三届国防委员会委员，中央军委委员，第五届全国人大常委会委员，中共第十一届中央委员会委员。1988年4月，在党的十二大上当选为中共中央顾问委员会委员。荣获一级八一勋章、一级独立自由勋章、一级解放勋章。1988年7月，被中央军委授予中国人民解放军一级红星功勋荣誉章。

1993年4月6日，陈再道在北京逝世，享年84岁。

段君毅

段君毅（1910.3.13—2004.3.8），山东省濮县白衣阁（今属河南范县）人。曾任中共北京市委第一书记，中共中央顾问委员会常务委员。

段君毅早年在山东聊城省立第二中学读书，接受了进步思想的影响。1931年初中毕业后即赴北平求学，同年9月，参加中国共产党领导的“中国社会科学家联盟北平分盟”，从此走上革命道路。1932年夏，他考入北平中国大学政治经济系后，参加了中华民族武装自卫会和土地问题研究会等进步组织，积极宣传马克思列宁主义和抗日救国的思想，先后参加了北平学联组织的南下扩大宣传团和一二九学生爱国运动。1936年3月，加入中国共产党。1936年11月22日，国民党反动政府以所谓“危害民国罪”逮捕沈钧儒、章乃器、邹韬奋等7人的“七君子事件”发生后，他带领全国学联同全国各界一起，支援宋庆龄等人发起的营救运动，同国民党的倒行逆施做坚决的斗争。

抗日战争全面爆发后，1937年12月，段君毅赴延安中共中央党校学习，后被派往山东抗日前线，任中共泰西特委书记、泰西行政委员会主任，组织发展抗日武装，开辟泰西抗日根据地。1939年8月后，段君毅先后任八路军第一一五师独立旅副旅长，鲁西军区副司令员，鲁西行署副主任、主任，冀鲁豫行署副主任、党组书记，中共冀鲁豫第二、第八地委书记兼军分区政治委员，中共豫东（水东）工委书记，冀鲁豫军区豫东指挥部政治委员，为抗日战争的胜利做出了重要贡献。

解放战争时期，1945年11月后，任晋冀鲁豫军区第六纵队政治委员。1946年4月，又从野战军纵队转任冀鲁豫行署主任。7月，任晋冀鲁豫军区后方战勤总指挥部司令员。11月，任冀鲁豫区军政联合财经办事处主任。1947年，晋冀鲁豫野战军挺进大别山后，段君毅任中共鄂豫区委书记兼军区政治委员，参与开创大别山解放区的斗争。1949 年 2 月，任第二野战军后勤司令部司令员兼政治委员。

中华人民共和国成立后，段君毅先后任中共重庆市委常委，市军事管制委员会委员，市财经接管委员会党委书记、主任，西南军政委员会财经委员会副主任兼工业部部长、党组书记。

1952 年 8 月，段君毅任第一机械工业部副部长、党组副书记，分管基本建设和干部工作。他领导和指挥了第一重型机器厂、第一汽车制造厂、洛阳拖拉机厂等一批对国民经济有重大意义的骨干企业的建设。1960 年 9 月，任第一机械工业部部长、党组书记。

“文化大革命”期间，段君毅受到冲击和迫害。他坚决抵制林彪反革命集团、“四人帮”的倒行逆施，坚定共产主义信念毫不动摇。1970 年 8 月，段君毅任四川省计划委员会副主任，后任四川省革命委员会副主任、中共四川省委书记。

“文化大革命”结束后，1976 年 12 月，段君毅任铁道部部长、党组书记。1978 年 10 月，任中共河南省委第一书记、省革委会主任、省军区第一政治委员。他坚持把拨乱反正、平反冤假错案作为一项重点工作，解决了河南省一批历史遗留问题。

1981 年 1 月至 1984 年 5 月，段君毅任中共北京市委第一书记、北京卫戍区第一政治委员。他主持制订了《北京城市建设总体规划方案》，得到党中央、国务院的批准；在全市广泛开展“为人民服务，对人民负责”的大讨论和“五讲四美三热爱”教育活动，推动首都精神文明建设。

段君毅系第一、第五、第六届全国人大代表，第四届全国政协委员，中共第十至第十四次全国代表大会代表，中共第十、第十一届中共中央委员。在中共第十二、第十三次全国代表大会上当选为中共中央顾问委员会常务委员。1992 年 10 月，从领导岗位退下来。

2004 年 3 月 8 日，段君毅在北京逝世，享年 94 岁。

杨易辰

杨易辰（1914.3.31—1997.6.28），辽宁省法库县孟家乡东火石岗子村（今孟家镇东岗子村）人。曾任中共黑龙江省委第一书记、最高人民检察院检察长。

杨易辰6岁入私塾，13岁进法库县第三高小读书。1929年，就读于哈尔滨第三中学。1931年初，到沈阳启明中学补习班读书，不久转到冯庸大学预科高中学习。1932年夏，考入天津河北省立法商学院，1934年毕业后，考入北平中国大学法律系。1935年，参加了著名的一二九学生爱国运动。1936年，参加了中共领导下的中华民族解放先锋队；9月，加入中国共产党。1938年到达延安，入马列学院学习。1939年9月，离开延安，在中共冀南区第三地委宣传部任编审科科长，主编地区党刊《平原》。1940年至1945年，杨易辰先后任冀南区第三地委宣传部部长、中共中央冀鲁豫分局第七地委副书记兼宣传部部长。

抗日战争胜利后，杨易辰率部分干部北上，支援东北的解放战争，先后担任辽宁省铁岭中心县委书记、辽吉省第一地委书记、辽北省第二地委书记。东北解放后，先后担任辽北省政府副主席、辽西省委副书记、辽西省政府主席等职务。

1953年1月，杨易辰任中共辽西省委书记。在任期内，他积极带领和组织人民群众恢复和发展工农业生产，大力支援全国解放战争，组织开展抗美援朝、保家卫国运动和镇压反革命、“三反”“五反”运动，为巩固新生的人民政权做出了贡献。

1954年8月，杨易辰调任黑龙江省委常委、黑龙江省政府副主席。1955年11月，任黑龙江省副省长。1956年7月，任中共黑龙江省委书记处书记，主管财经工作。

“文化大革命”期间，杨易辰在周恩来总理的直接关怀下，于1972年5月至1977年12月，先后担任黑龙江省革委会生产指挥部党委副书记、副主任，中共黑龙江省委书记、省革委会副主任。

1977年12月至1983年4月，杨易辰先后任中共黑龙江省委第一书记、省革委会主任、省政协主席、省军区第一政治委员、黑龙江省委顾问委员会主任等职。1978年6月，杨易辰以“敢为天下先”的大无畏精神，在全国率先响亮地提出“文化大革命”前的省委是红的而不是黑的。中共十一届三中全会后，充分发挥黑龙江的经济优势，大力推进农业机械化、粮食生产和畜牧业、农副产品加工业的发展，调整区域经济布局，加强农业基础地位；坚持改革开放，重视和支持工业、商贸企业扩权改革；高度重视加强党的建设，强调抓基层打基础，抓典型促工作；领导和组织了全省平反冤假错案、全面落实党的干部政策工作，为黑龙江省的经济建设和社会进步做出了巨大贡献。

1983年4月至1988年4月，杨易辰先后担任最高人民检察院党组副书记、书记等职务。1983年6月，在第六届全国人民代表大会第一次会议上，杨易辰当选为最高人民检察院检察长。在领导最高人民检察院和全国检察工作期间，严厉打击严重经济犯罪和严重刑事犯罪活动，为改革开放和社会主义现代化建设服务。在担任最高人民检察院检察长的近5年间，杨易辰先后到20个省、自治区、直辖市进行调查研究，总结推广各地的先进经验，直接指导、检察在全国有影响的大案要案的查处工作，为开展检察工作和发展有中国特色的社会主义检察制度做出了重要贡献。

杨易辰系中共第十一、第十二届中共中央委员，第二、第三、第四、第五、第六届全国人大代表。1988年4月，在中共十二大上当选为中共中央顾问委员会委员。

1997年6月28日，杨易辰因病在北京逝世，享年83岁。

第一编

在中华人民共和国成立前参加革命，曾在聊城战斗、工作，以及生活过一年以上的

第二部分　将军及军职为副军级（含）以上的

本部分收录了90位在中华人民共和国成立前参加革命，曾在聊城战斗、工作，以及生活过一年以上的将军及军职为副军级（含）以上的人物。

王一

王一（1917.12—1987.3.16），山东省东阿县鱼山镇黄胡同村人。曾任中共天津市委书记兼警备区司令员。

1917年12月，王一出生于一户农民家庭。他少年时读书习字，后辍学回家务农。在家乡进步教师和外来学生的影响下，他积极要求进步。抗日战争全面爆发后，北平、天津、济南已被日军占领，中共东阿县委在黄屯村成立了抗日救国会，王一表示坚决拥护，并积极参加抗日救国运动。

1938年10月，他怀着满腔爱国热情步行到聊城，报名参加了山东省第六区政治干校并参加革命工作。当年11月15日，日军攻陷聊城，国共合作抗战局面破裂，抗日武装分化瓦解。刚入干校受训不到一个月的王一遭此危难后，便参加由共产党掌握的抗日武装第十支队活动。

1939年1月，中共鲁西特委根据中共中央和八路军总部的指示，决定以当年范筑先的第十支队为基础，建立八路军第一二九师筑先纵队，王一自此参加了筑先纵队。同年9月，加入了中国共产党。同年11月，被任命为八路军第一二九师筑先纵队通信参谋。1940年6月6日，筑先纵队与一二九师先遣纵队合编为八路军一二九师新八旅，王一任新八旅兼冀南第三军分区机关侦察股股长。同年8月，参加了八路军抗击日军的百团大战，由于王一在战斗中表现出色，受到了部队的表彰。

解放战争时期，1945年11月，王一调任晋冀鲁豫军区第二纵队第四旅第十二团参谋长。1947年9月，改任二纵四旅第十团团长。后随刘邓大军挺进大别山，参加了创建大别山根据地。此时晋冀鲁豫野战军改称为中原野战军，1948年，又随中原野战军参加了淮海战役。1949年初，中原野战军改称第二野战军，又随第二野战军参加渡江战役和解放南京，后又进军大西南。1949年11月，调任中国人民解放军第二野战军第十军第二十八师参谋长。

中华人民共和国成立后，1951年，王一奉命奔赴朝鲜，参加抗美援朝战争。1955年3月，调任解放军第十军第二十八师师长。后被选调到中国人民解放军军事学院学习。1964年4月，任第六十九军参谋长。1966年1月，升任副军长。1969年，调任天津警备区司令员，后任中共天津市委书记（当时设有第一、第二书记）兼警备区司令员。1981年8月，退居二线，任天津警备区正军职顾问。

1987年3月16日，王一病逝于北京，享年70岁。

王全珍

王全珍（1906—1970.10.10），福建省龙岩县（今龙岩市）新罗区红坊镇联合村人，少将军衔。曾任海军南海舰队后勤部部长、海军南海舰队副司令员。

1928年，王全珍参加农民暴动，翌年参加中国工农红军。1930年，加入中国共产党。土地革命战争时期，历任红一军团第一师第三团司令部通信主任、第二师司令部侦察通信主任、第一师司令部侦察通信主任。参加了中央苏区五次反“围剿”作战和二万五千里长征。到达陕北后，参加了直罗镇战役等。

1937年，王全珍进入中国人民抗日军政大学学习。抗日战争时期，任中国人民抗日军政大学队长兼军事教员、第一团第二营营长、八路军总部直属政治处教育股股长、鲁西军区第十六团参谋长、鲁中军区第一旅司令部作战股股长、鲁中军区司令部作战科副科长、鲁中军区第二军分区参谋处处长兼警备第三旅参谋长。

解放战争时期，王全珍任东北警备第三旅参谋长、东北民主联军第三纵队第七师参谋长、辽东军区随营学校副校长、东北野战军后勤部第五分部副部长。参加过临江、辽沈、平津、渡江等战役。

中华人民共和国成立后，王全珍任中国人民解放军第四野战军后勤部第五分部副部长、中南军区海军后勤部部长。1954年，入人民解放军军事学院海军系高级速成班学习。1956年毕业后，任中国人民解放军海军南海舰队后勤部部长、海军南海舰队副司令员。1955年，被授予中国人民解放军大校军衔，1961年，晋升为少将军衔。荣获二级八一勋章、二级独立自由勋章、二级解放勋章。

1970年10月10日，王全珍因病在广州逝世，享年64岁。

王希永

王希永（1914.10—1989.4.2），山东省茌平县（今聊城市茌平区）博平镇博平村人。曾任广西军区政治部主任、副政治委员。

1935年，王希永从山东省立聊城师范毕业后任小学教员。1937年10月，加入中国共产党，任中共博平县工委委员，是中共博平县党组织和博平县地方抗日武装的创建人之一。1938年11月，被任命为茌（平）博（平）聊（城）堂（邑）抗日武装工作队队长。回博平县后，他动员博平群众将队伍很快发展到300人。不久，该部被八路军一一五师先遣纵队重新命名为先遣纵队五大队，他改任大队教导员。在队伍壮大的同时，他注重部队的政治建设和纪律培养，使这支队伍逐步成长为博平县敌后抗战的主力武装。1939年4月，在博平县旧城顶率部伏击日伪军抢粮队。6月，在司营村伏击日军运输队，缴获大批物资，烧毁汽车5辆。8月，率部参加蔺桥、高粪堆战斗，打击了地方土顽势力，扩大了党的影响。12月，率部回到茌平南部，配合“萧华支队”，参加王油坊战斗、丁块战斗、花牛陈战斗等，肃清茌平南部土顽武装，为茌南根据地的建设做出了贡献。1940年6月，五大队编为八路军新八旅二十四团三营，他任教导员，随部队开赴抗敌前线。后率部参加百团大战。7月，率部奇袭肥乡县积善村据点，烧毁据点，俘获日伪军30余人，拔除了日军插入根据地的钉子。8月，夜袭沙河县城，亲率部队攻破东门，攻入城内。9月，率部参加破袭战，三营破击邯（郸）大（名）公路，把邯大公路拦腰斩断，使敌人汽车无法行驶，同时数次伏击敌人，打死打伤日伪军百余人。破击平汉铁路，使铁路处于瘫痪状态。秋，率三营成功护送徐向前穿越平汉铁路回延安开会。10月7日，参加大连寨战斗，率三营担任前锋追击日军，缴获日军山炮一门。1941年7月至8月，率部参加攻打邱县、肥乡、广平战斗。1943 年冬，为纪念肖永智烈士，在馆陶、冠县结合部地区组建永智县，王希永任中共永智县委书记，领导开展武装斗争，以及生产、救灾、减租减息和赎地等民主民生斗争。1945 年，转任冀南军分区第二十四团政治委员。8 月，率部参加解放临清战役，攻克县城东关，为解放临清赢得了战机。9 月，率部东进，解放清平县城。1946 年 1 月，率部参加聊博战役，攻克博平县贾寨、纸坊头据点。6 月，作为主攻部队，率部围困聊城之敌，负责包围聊城北门和东门。

1947 年 9 月，王希永所在部队改编为晋冀鲁豫野战军十纵八十五团，他任团政治委员。12 月，南下至鄂豫边桐柏地区，开辟新区。率部从枣阳县境出发，急行军 150 华里，解放新野县城。1948 年 1 月，率部参加邓县战役，与兄弟部队一起歼灭邓县反动头子丁叔恒部 12 个团（大队），共 6900 余人，缴获迫击炮 2 门、轻重机枪 65 挺、步枪和手枪 5200 余支、子弹 68 万余发、电台 3 部及其他大批军用物资。5 月，率部参加宛西战役、宛东战役。6 月，率团参加湖北襄樊战役。7 月，率部挺进汉南地区，开辟新区，歼灭敌地方土杂 1700 余人，建立了汉南指挥部和 4 个县级政权。曾率部进山剿匪，活捉敌伪县长，受到上级党委通令嘉奖。

1950 年 5 月，王希永任湖北襄阳军分区政治部主任，12 月任副政治委员。1953 年 7 月，任广东省惠阳野战军第四十二军一二五师副政治委员，后任政治委员。1955 年，被授予大校军衔。1960 年 5 月，任四十二军政治部副主任。1964 年 1 月，调广西军区，先后任政治部主任、副政治委员等职，分管民兵工作。“文化大革命”期间受到错误审查和处理。但是，他始终坚持实事求是的原则，相信群众相信党，顾全大局，不计个人恩怨，以党的事业为重，并教育亲属一切向前看，表现出可贵品质。1982 年，晋升为正军级，同年离职休养。1988 年，被授予中国人民解放军独立功勋荣誉奖章。

1989 年 4 月，王希永因病逝世，享年 75 岁。

王宏坤

王宏坤（1909.1—1993.8.20），湖北省麻城市乘马岗镇石槽冲人，上将军衔。曾任中国人民解放军海军副司令员、第二政治委员。

王宏坤幼时家境贫困，少时放牛，后做短工贴补家用。十几岁时，他参加了当地的农民运动。土地革命战争时期，王宏坤作为义勇军队员，参加了1927年的麻城“九月暴动”和黄麻起义。1928年1月26日，王宏坤和农民义勇队的20多名队员到武汉参加革命运动。

1929年1月，王宏坤参加了中国工农红军。同年3月，由共产党员蒋如琛、董成惠介绍，加入中国共产党。1930年，王宏坤随徐向前、王树声转战各地，任红一军第一师第一团排长、党支部委员、一连连长、特务连连长。1931年春，任红四军第十师第二十八团第一营副营长。5月，任第十师三十团团长。参加创建发展鄂豫皖革命根据地的斗争和多次反“围剿”与进攻战役。1932年春，王宏坤任红四军第十师师长，指挥苏家埠战役，取得了很大的胜利。

1932年10月，他率领部队参加西征战役，进入四川地域。1933年，红四方面军由四个师扩编为五个军。7月，王宏坤任红四军军长。1934年11月，任红四方面军副参谋长，率领部队参加创建川陕革命根据地的斗争，组织指挥了多次反“围攻”与进攻战役。

在川陕革命根据地反“六路围攻”期间，王宏坤针对第一线防御部队伤亡大、兵员严重不足的情况，通过红四方面军参谋长倪志亮，把总部“劳改队”要到了手。“劳改队”有400余人，大部分是在“肃反”中被抓起来的干部。他们在政治上受了委屈，关押期间吃了不少苦。王宏坤和军里领导商量后，根据他们的经历和能力，安排他们分别担任营、连、排的领导职务。在以后的作战中，这些人表现出色，极大地增强了红四军的战斗力。

1935 年 5 月，王宏坤参加长征。7 月，任红军总司令部副参谋长。10 月，随军南下川康地区，任红四方面军副参谋长。不久兼任川康省军事部指挥长。1936 年 7 月，复任红四军军长，率部北上到达甘肃会师。10 月，改任军政治委员，率部参加山城堡战役。

抗日战争全面爆发后，红四军与红九军等部队改编为八路军第一二九师第三八五旅，王宏坤任第三八五旅旅长兼陇东军政委员会书记，率部出发山西作战。1938 年 12 月，任冀南军区副司令员。1942 年 12 月，任冀鲁豫军区副司令员，参与领导冀南平原的游击战争，坚持和发展抗日根据地，率部参加了百团大战。在百团大战中，率部参加正太、平汉铁路破击战。平汉战役中，在刘伯承的统一指挥下，王宏坤率部伏击全歼日伪军。此后，还指挥了南乐战役、巨北战役、安阳战役等，为抗日战争的胜利做出了积极的贡献。

1945年9月，晋冀鲁豫军区组成“解放临清前线指挥部”，王宏坤任总指挥，他直接率领部队将临清城包围。1日凌晨，攻城部队突入城内，激战至下午5时，战斗结束，临清城解放。同年 10 月，王宏坤在邯郸战役中参与了对北集团部队的统一指挥。1947 年，率领部队在刘邓指挥下强渡黄河，跃进大别山，重返鄂豫皖。同年 9 月，王宏坤任晋冀鲁豫野战军第十纵队司令员。12 月，兼任桐柏军区司令员。他率部到鄂豫边桐柏地区后，指挥部队参加了临平、平汉、白晋、邓县战役，开辟和扩大桐柏解放区，配合了大别山区的围攻斗争。

1948 年 5 月，王宏坤率部参加宛西、宛东战役。7 月，参与指挥襄樊战役。同年秋，刘伯承、邓小平率中原野战军主力投入淮海战役，王宏坤随王树声留守中原，巩固后方，策应淮海大决战。1949 年 3 月起，任湖北军区副司令员、军区党委副书记。渡江战役开始后，率部积极配合主力作战，支援大军渡江南下后。5 月，王宏坤任中共中央华中局委员，7 月起任中共湖北省委第一副书记。为迎接第四野战军南下中南，他指挥所部据守武汉，巩固大后方，积极支援主力南下，配合主力部队作战、剿匪。

中华人民共和国成立后，王宏坤任中共中央中南局委员（至 1951 年 10 月）。1949 年 12 月至 1953 年 1 月，任中南军政委委员会委员。1950 年 4 月，调任海军副司令员，参与创建人民海军的领导工作。抗美援朝战争期间，兼任舰队司令员。1966 年 3 月至 1977 年 10 月，任海军第二政治委员。其间，历任海军临时党委副书记，海军党委副书记、第三书记、第二书记、第一书记，1956 年 6 月至 1964 年 1 月，兼任海军监察委员会书记。1977 年 10 月被免职。1984 年 4 月被撤职，按正兵团职待遇离职休养。

王宏坤于 1955 年 9 月被授予海军上将军衔。他是第一届、第二届、第三届国防委员会委员，中共第九届、第十届中央委员。荣获一级八一勋章、一级独立自由勋章、一级解放勋章。1988 年 7 月，被中央军委授予中国人民解放军二级红星功勋荣誉章。

1993 年 8 月 20 日，王宏坤在北京逝世，享年 84 岁。

王秉璋

王秉璋（1914.1.14—2005.9.25），河南省安阳市辛店集东街（今安阳市北关区柏庄镇辛店东街）人，中将军衔。曾任中国人民解放军空军副司令员、参谋长。

1932 年 2 月，王秉璋加入中国共产主义青年团。1935 年，转为中国共产党党员。1931 年 12 月，参加中国工农红军，历任红五军团通信队队长，红一军团第一师司令部参谋、补充团团长、教导营副营长，红一军团司令部教育科代科长、第二师司令部参谋，陕甘支队第五大队参谋，红一军团司令部作战科科长。参加了长征。抗日战争时期，历任八路军第一一五师司令部作战科科长、参谋处处长。1940 年 1 月起，任一一五师教导第三旅副旅长。1941 年 7 月起，任八路军第二纵队教导第三旅副旅长、代旅长。1943 年 1 月起，任冀鲁豫军区湖西军分区司令员。1945 年 6 月起，任冀鲁豫军区豫东作战指挥部司令员。解放战争时期，历任冀鲁豫军区副司令员、司令员。1947 年 8 月起，任晋冀鲁豫野战军、中原野战军第十一纵队司令员。1949 年 3 月起，任中国人民解放军第二野战军第十七军军长。中华人民共和国成立后，1949 年 10 月至 1953 年 2 月，任空军参谋长。1953 年 2 月至 1971 年 9 月，任空军第一副司令员、副司令员。其间，1958 年前，兼任空军参谋长。历任空军党委第二副书记、副书记。1955 年 12 月至 1959 年 4 月，兼任空军监察委员会副书记。1962 年 6 月起，兼任国防部五院第一副院长、院长。1965 年 1 月至“文化大革命”初期，任第七机械工业部部长、党组书记、党委第一书记。1968 年 12 月至 1971 年 9 月，兼任国防科学技术委员会第一副主任、国防科委临时党委书记（1970 年 10 月起）。1969 年 4 月至 1971 年 9 月，任中共中央军委委员。1982 年 3 月，退出现役，按地师级干部待遇。王秉璋是第一、第二、第三届国防委员会委员。中共第九届中央委员，第九届中央政治局第一次会议任中央军委委员（任职至 1971 年 9 月）。1955 年 9 月，他被授予空军中将军衔。曾获二级八一勋章、一级独立自由勋章、一级解放勋章。

2005 年 9 月 25 日，王秉璋在北京逝世，享年 91 岁。

王辉球

王辉球（1911.11.8—2003.9.8），江西省万安县芙蓉镇雁塔村人，中将军衔。曾任中国人民解放军空军政治委员、原沈阳军区政治委员。

1911年9月，王辉球出生于万安县芙蓉镇雁塔村一个贫苦农民家庭。8岁时入村内一所免费小学念书，后考入县立第一高等小学。

土地革命战争时期，1927年，当学徒做工，加入工会，当赤卫队队员。1928年，加入中国共产主义青年团。1929年1月13日，随红四军党代表毛泽东和军长朱德指挥的红四军主力3000余人离开井冈山根据地，向赣南、闽西进军，开辟新的革命根据地，扩大红色区域。其间，经历了福建长汀消灭郭凤鸣旅、坡头直下战役、长沙战役，攻占吉安和第一、第二次反“围剿”战役。1930年，转为中国共产党党员，并任红十二军三纵队一〇二团机枪连党代表。1932年，任红十二军三十四师一〇二团一连政治指导员。在夺取漳州城的战斗中，他身受重伤，伤愈后，被送到瑞金红军学校上干队学习半年，结业后被分配到红一军团特务连任政治委员。1933年，调任红一军团九师政治部秘书处代理秘书长，不久调任红二师宣传队队长。1934年，调任二师四团俱乐部主任。同年10月，长征开始，调任红二师政治部宣传科科长。1935年5月，红军进入藏区，王辉球回到红二师政治部宣传科，翻过雪山后不久，再次到红四团任俱乐部主任。1935年9月，红四团经几昼夜激战，突破腊子口，乘胜追击，王辉球奉命率宣传队紧随前卫连，边追敌人边做宣传工作。1935年10月，中央红军到达陕北，部队整编，王辉球被调回红二师任宣传科科长，并随部队参加了东征、西进作战和曲子镇战斗、山城堡战斗。1936年西安事变后，奉命率宣传队到临潼三原一带进行扩兵宣传。1937年

3月，三原改编，王辉球调任八路军一一五师三四三旅六八五团宣教股股长。9月，参加了平型关战役。

1938年2月，王辉球调任三四三旅政治部宣传科科长。9月，随旅政治委员萧华到华北平原敌后开展游击战争；9月下旬，在山东省乐陵县与先期到达的部队会合，整编为八路军东进抗日纵队，王辉球任政治部宣传部部长。1939年初，王辉球调任津南支队政治部主任、冀鲁边区军区宣传部部长。

1940年4月，王辉球任鲁西军区政治部副主任兼组织部部长。6月，顽军石友三勾结日军，率部3万余人与八路军争夺根据地。八路军组织讨逆作战，战役于7月11日开始，至8月12日结束，粉碎了敌军企图。8月中旬，王辉球参加了讨逆总指挥部召开的会议。10月，鲁西军区在运北小吴庄召开军事会议，会后组织一一五师教导第三旅，王辉球任政治部主任。1941年7月，原冀鲁豫军区与一一五师、鲁西军区合并，编为新的冀鲁豫军区，属一一五师建制，王辉球仍任教三旅政治部主任。1942年9月27日，日军对冀鲁豫军区中心地区进行大规模“铁壁合围”式的“扫荡”，教三旅一部及地方机关、学校人员和一批群众被日军重重包围，王辉球临危不惧，一直坚持到突围。1943年3月，王辉球调任冀鲁豫军区政治部副主任兼组织部部长，参加了整风运动。1944年初，赴延安一面休养，一面学习。同年秋，进入中央党校二部十八支部学习。1945年4月，作为晋冀鲁豫代表团候补代表出席了在延安召开的中共七大。

1945年11月，晋冀鲁豫军区抽调主力组成第七纵队，王辉球任政治部主任。1946年6月下旬，全面内战爆发。8月，王辉球随第一纵队参加陇海路作战。10月，参加巨野战役。1947年3月16日，第一、第七纵队合并，成立晋冀鲁豫野战军第一纵队，王辉球任政治部主任。6月底，一纵在独一旅接应下，渡过黄河，昼夜兼程，向郓城疾进；3天后，完成对郓城的合围，经过两天的战斗，全歼守敌五十五师师部及其所属二十九旅、七十四旅共1.3万余人。8月31日，一纵进入指定地区，就地发动群众，开展游击战争，创建根据地。12月，随一纵主力星夜北进，保护刘伯承司令员和中原局机关安全转移。1948年2月至8月，王辉球参与并主持了一纵整党整军的日常工作。1948年11月6日至1949年1月10日结束，王辉球在一纵参加了淮海战役的全过程。1949年2月19日，一纵一、二旅及部分地方部队组建为十六军，王辉球任政治委员，隶属于第二野战军第五兵团。3月30日，五兵团确定十六军为渡江战役第一梯队。4月21日，王辉球与十六军全部渡过长江，尔后沿景德镇、婺源、常山向浙赣线挺进，截歼逃敌。8月，十六军奉命入黔作战，先解放贵州，迂回四川。

1949年10月初，十六军首先在湘桂边参与围歼白崇禧集团的衡宝战役。11月15日，解放贵阳。同年12月，王辉球调任五兵团政治部主任兼贵州省委宣传部部长。1950年3月22日，中共贵州军区委员会成立，王辉球任委员并兼省委宣传部部长，参与领导了云、贵、川地区持续一年半的剿匪作战。10月底，任贵州军区副政治委员兼政治部主任，并参与省委、省政府的领导工作。1951年，王辉球协助军区领导组织兵源开赴朝鲜战场。1952年1月至5月，军区党委决定，由王辉球领导军区的“三反”运动。4月至7月，王辉球积极参与领导了贵州军区的精简整编工作。1953年1月，中央军委任命王辉球为空军政治部主任。4月15日，增补为空军党委委员、党委常委；同月，开始主持空军政治部的工作。1954年，王辉球组建空军政治学校，并兼任校长。1955年10月，被授予中将军衔，并荣获二级八一勋章、一级独立自由勋章、一级解放勋章。12月，空军监察委员会成立，王辉球任委员、常委。1956年4月，王辉球创办了《人民空军》杂志。1957年，空军与防空军合并，王辉球仍任政治部主任。1960年3月，王辉球任空军副政治委员兼政治部主任。1964 年 7 月，免去政治部主任职务。1965 年 9 月，刚从基层返回北京的王辉球主动报名，带领空政干部到湖南两个条件最艰苦的县参加农村的“四清”运动。1968 年 9 月至 1973 年 5 月，王辉球任空军政治委员、空军党委副书记第二书记（至 1971 年 9 月）。曾任空军监察委员会副书记、书记，解放军监察委员会常委。1969 年 4 月至 1977 年 8 月，任中共中央军委委员。1975 年，王辉球被任命为沈阳军区政治委员。1976 年，改任军区顾问组副组长，退居二线。1978 年 2 月，当选为中国人民政治协商会议第五届全国委员会委员。1981 年，离职休养。

王辉球是中共第九届中央委员，第九届中央政治局第一次会议任中央军委委员。1988 年 7 月，被中央军委授予中国人民解放军一级红星功勋荣誉章。

2003 年 9 月 8 日，王辉球在北京逝世，享年 92 岁。

石新安

石新安（1907—1978.10.24），湖南省邵阳县人，少将军衔。曾任贵州省军区副政治委员兼政治部主任、贵州省委常委、原昆明军区党委委员。

石新安的祖上曾是药店老板，家境殷实，父亲石真卿当过私塾教员。石新安17岁时，家道中落。1930年，他到湖南长沙，投军湖南军阀何键的炮兵训练营，当了一名见习炮手。同年7月，彭德怀率红三军团攻打长沙。炮兵训练营官兵丢盔弃甲，只管逃命，落下了几门大炮。石新安听副官刘浩说："红军是穷人的队伍，打土豪，分田地，官兵一致，不打人，不骂人。"他便想到要把这几门大炮留下来，作为参加红军的"见面礼"。之后他成为一名红军战士，并在同年加入中国共产党。他在红三军团司令部担任一段时间的副官后，又在朱德总司令身边当过参谋。此后历任红三军团炮兵连连长、军需粮秣科科长、团供给处主任、供给军械科科长，红一军团第四师管理科主任、军团司令部管理科科长。他参加了中央苏区反"围剿"和红军长征。由于他办事认真、廉洁奉公，因此深得彭德怀、聂荣臻、罗荣桓、黄克诚等首长信赖。

抗日战争全面爆发后，红军改编为八路军，石新安担任八路军第一一五师副官处处长。1938年，随着敌后抗日游击战争的开展，山东泰西地区地方党组织组建起大批游击武装，亟需一批红军干部担当军政骨干。是年冬，石新安随一一五师辗转千里，日夜兼程，到达泰西地区。他先后被调任东汶支队、六支队政治委员。

从1940年3月起，石新安先后担任鲁西军区组织部部长、第四军分区政治委员、冀鲁豫第一军分区（泰运）政治委员兼一地委书记。这一地区紧靠山东济南，又濒临津浦铁路，是敌人的心腹之地，斗争非常激烈，环境十分艰苦。1942年，石新安在陈云和胡耀邦的撮合下，与汪清结婚。1944年入延安，在中央党校学习后，任中央组织部行政处副处长。1945 年，出席中共七大。

日军投降后，石新安重回冀鲁豫，任晋冀鲁豫军区第七纵队二十旅政治委员、旅党委书记，之后投入紧张而激烈的解放战争。在千里跃进大别山的战略行动中，二十旅出色地完成了极为艰苦的断后任务。挺进大别山后，石新安调任一纵队二旅政治委员。1947 年冬，二旅应急受命，掩护刘伯承率二野指挥机关向淮河以北转移。

渡江前夕，第二野战军五兵团成立，石新安被任命为兵团政治部副主任。当时主任未到职，实际由他主持政治部工作。当五兵团进至湘西，即将向贵州进军之际，石新安又任先遣支队司令员兼政治委员，为后续的兵团大部队逢山开路，遇水架桥，扫除障碍，并动员群众筹集粮秣，保证了向贵州胜利进军。

1949 年 11 月中旬，石新安率部解放贵阳市，任军事接管部部长。后历任兵团政治部副主任兼贵州省军区政治部副主任，贵州省军区副政治委员兼政治部主任，贵州省体委主任、党组书记，贵州省委常委、昆明军区党委委员等职。1955 年，被授予少将军衔。1969 年，石新安受到政治迫害。1972 年 9 月，中央曾征求石新安的意见，希望由他主持贵州省的工作，但石新安以年龄大为由婉辞。1973 年，石新安当选为中共第十次全国代表大会代表。石新安自 1949 年入黔至“文化大革命”爆发前的 17 年中，他是贵州的军政大事组织领导者和直接参与者之一。他作风民主，集思广益，爱护干部，重视人才，善于发现和培养典型。

1978 年 10 月 24 日，石新安病逝于北京，享年 71 岁。

东传钧

东传钧（1923.8—2016.10.20），生于山东省东阿县东庄。曾任中共河南省委副书记、湖北省军区副司令员。

东传钧自幼聪敏勤奋，6 岁上私塾启蒙，12 岁读高小。受教员中进步青年和中共党员的影响，读了许多进步书籍，思想新锐不少。

1938 年 6 月，东传钧与邻村两个同乡一起参加了在范筑先将军建制下、由共产党掌握的鲁西北抗日武装第十支队。同年 11 月，聊城失守，范筑先殉国后，十支队改名鲁西北筑先纵队。1939 年 1 月，中共党组织批准了东传钧的入党申请。2 月，候补期满后，他正式成为一名中国共产党党员。

1940 年 6 月，东传钧所在的筑先纵队与八路军一二九师先遣纵队合编为一二九师新八旅，张维翰任旅长，王近山任副旅长，肖永智任政治委员，下辖三个团，从此，筑先纵队由地方部队升为正规部队，转战鲁西北。8 月，根据八路军总部命令，鲁西北部队参加了百团大战。在百团大战中，东传钧所在的新八旅二十四团杀敌英勇，战功显著，被授予“模范战斗团”称号。此后十余年间转战南北，历经艰辛。1950 年 1 月，被任命为中国人民解放军第十五军第四十四师第一三〇团团长。

1951 年 3 月，东传钧率部赴朝参加抗美援朝战争。他先后参加了第五次战役中的大水洞战斗，西方山、斗流峰防御作战，元山地区抗登陆作战等，历经九死一生，建立了赫赫战功。

1954 年 5 月，东传钧从朝鲜胜利回国。7 月，被任命为第十五军第四十四师第一副师长兼参谋长，并到中南军区高干研究班学习。1955 年 4 月，任中南军区第十五军第四十四师代理师长，同年被授予上校军衔。

1956 年 8 月，东传钧调南京军事学院学习，毕业后仍回十五军。1957 年，被授予三级独立自由勋章、解放勋章。1960 年 6 月，任武汉军区第十五军第二十九师师长。1961 年，二十九师改建为武汉军区直属独立师。同年 7 月，任武汉军区独立二十九师师长，晋升大校军衔。

1965 年 9 月，东传钧调任河南省军区参谋长、省军区党委常委。1969 年 4 月，任河南省军区副司令员。1971 年 3 月，在河南省党代会上被选为省委常委。1973 年初，当选为中共河南省委副书记。同年 8 月，当选为中共第十次全国代表大会代表。

1981 年 2 月，东传钧调任湖北省军区副司令员。同年，参加了第二部《中华人民共和国兵役法》的修改工作。1983 年 10 月，他年届 60 周岁，按正军职离休。1988 年 7 月，被中央军委授予中国人民解放军解放功勋荣誉章。

2016 年 10 月 20 日，东传钧因病在武汉逝世，享年 93 岁。

卢绍武

卢绍武（1906—1978.7.14），广西壮族自治区武鸣区人，少将军衔。曾任广西军区司令员兼党委第二书记、广西壮族自治区人民委员会副主席。

卢绍武曾参加北伐战争和南宁兵暴，1929年，参加中国工农红军，同年加入中国共产党。1930年后，卢绍武历任红七军五十六团排长，连政治指导员，红七军十三团营长，十三团参谋长、团长。1934年12月，红军长征到达贵州时，卢绍武被调到红三军团四师第十二团任参谋长。1935年10月，卢绍武随中央红军到达陕北，先后担任中央红军第一纵队作战参谋、第二十五军二二五团参谋长、第十五军团七十五师参谋长，率部参加了柳林战役、直罗镇战役等，并率部东渡黄河，进入山西。

抗日战争全面爆发后，卢绍武任八路军一一五师三四四旅六八八团参谋长、第三四四旅参谋长。1938年春天，旅长徐海东因病回延安休养离职，朱德总司令命三四三旅六八五团团长杨得志任三四四旅代旅长，卢绍武仍任参谋长。1939年初，杨得志、崔田民、卢绍武奉命带领三四四旅部分部队进入河南滑县，与先期到达的韩先楚任团长的六八九团会合，执行八路军总部关于“向冀南、豫北一带发展”（冀鲁豫边区）的战略。

遵照八路军总部命令，1939年春节前夕，杨得志、崔田民、卢绍武率领近百人再次东进。部队在浚县与内黄之间的井店一带与刘震带领的一个大队会合。杨得志等人带着刘震一部经濮阳到达鲁西南边的东明地区，会合当地党组织建立起来的两支游击队，合编组建了八路军冀鲁豫支队，由杨得志任支队长，崔田民任政治部主任（后任政治委员），卢绍武任参谋长。

1940年春，冀鲁豫支队将数万伪顽军消灭或赶出冀鲁豫地区。为统一领导冀鲁豫抗日武装，中央北方局指示成立冀鲁豫军区，杨得志任司令员，崔田民任政治委员，卢绍武任参谋长，下辖直南、豫北、鲁西南三个军分区。1940年8月，杨得志、崔田民、卢绍武率部参加了百团大战。

1941年7月7日，为了适应新的敌情变化，经八路军总部批准，原冀鲁豫军区与鲁西南军区合并为新的冀鲁豫军区，杨得志任司令员，苏振华任政治委员，卢绍武任参谋长，崔田民任政治部主任。1942年8月，卢绍武因劳累过度，导致旧伤病复发，离职到后方医院治疗。1943年初，卢绍武接到八路军总部的通知，到延安中央党校，边学习边疗养。

1945年4月，卢绍武参加了党的第七次全国代表大会。5月，在中央党校学习结业。此时，抗日战争的形势发生了根本变化，为开辟新的抗日根据地，党中央决定组织南下游击队向湘粤桂挺进。卢绍武被调到八路军南下游击队第三支队担任副司令员，不久又任司令员。8月中旬，南下支队前进到河南洛河边的一个小镇时，传来了日本帝国主义无条件投降的消息，奉命停止前进。卢绍武被调回晋冀鲁豫军区担任第一纵队参谋长，参加了以邯郸为中心的平汉战役。平汉战役后，卢绍武随第一纵队由冀鲁豫转到晋察冀地区工作。不久，他的伤口复发，加上患了支气管炎、肠胃炎等疾病，1947年11月，被送到河北省唐县白求恩总医院治伤养病。

1949年4月，中国人民解放军百万雄师横渡长江，向尚未解放的地区发动空前规模的大进军。同年10月，卢绍武被任命为第四野战军十三兵团第三十八军副军长，立即率师南下。11月6日，又发起广西战役。

广西解放后，卢绍武先后担任中共武鸣地委书记、武鸣专署专员、武鸣军分区司令员兼政治委员，广西军区参谋长、副司令员。1954年，卢绍武担任广西军区司令员兼军区党委第二书记、南宁警备区司令员、中共广西省委常委。1955年，被授予少将军衔。曾获二级八一勋章、一级独立自由勋章、一级解放勋章。1958年，卢绍武任广西壮族自治区人民委员会副主席兼自治区体育运动委员会主任。1977年，任广西壮族自治区政协副主席。是第一、第二、第三、第五届全国人民代表大会代表。

1978年7月14日，卢绍武病逝，享年72岁。

田厚义

田厚义（1906—1987.11.12），湖北省大悟县人，少将军衔。曾任湖南军区副参谋长、副司令员。

1929年8月，田厚义加入中国共产党。1930年11月，参加中国工农红军。土地革命战争时期，历任湖北黄陂五教导队战士、班长、排长，黄安县独立第一师第三团连长、营长，红二十五军第七十三师二一八团副营长，红三十一军司令部作战科参谋，第九十一师司令部通信科科长，第二七一团参谋长。参加了鄂豫皖革命根据地第一至第四次反“围剿”斗争、西征转战、川陕革命根据地反“三路围攻”和反“六路围攻”。1935年3月，为迎接党中央和中央红军，强渡嘉陵江，参加了红四方面军长征。

抗日战争时期，田厚义历任八路军第一二九师三八六旅七七二团司令部作战参谋、三八六旅司令部作战科科长、补充团参谋长、八路军第一二九师新编第八旅二十二团团长。参加了百团大战和反“扫荡”斗争。1942年，进入抗大学习。

抗战胜利后，1945年11月，田厚义任河北衡水独立第四旅副旅长。1946年10月，任冀南第二军分区副司令员。1949年8月，任湖南省常德军分区司令员。参加了渡江战役、长沙战役等。

中华人民共和国成立后，1951年2月，任湖南省公安总队副司令员。同年6月，任湖南省益阳军分区司令员。1952年8月，任湖南军区副参谋长。1954年9月，任湖南军区副司令员。参加指挥了湘西地区的剿匪战斗。1963年10月，离职休养。

田厚义于1955年被授予少将军衔。荣获二级八一勋章、二级独立自由勋章、二级解放勋章。是第二至第五届全国政协委员。

1987年11月12日，田厚义在武汉逝世，享年81岁。

田维新

田维新（1915—2002.8.2），山东省东阿县人，少将军衔。曾任原沈阳军区副政治委员、中国人民解放军原总政治部副主任。

1920 年，田维新 5 岁时就开始读书识字，7 岁读小学，12 岁读高小。1930 年夏，考入聊城山东省立第二中学。1932 年 4 月，与其他进步同学商讨“五一”国际劳动节上街游行，集会声讨压制学生抗日活动的校长，结果被学校以带头闹学潮的罪名强行开除学籍、押解出校。后又到济南报考正谊中学和到平阴报考长（清）、平（阴）、（东）阿三县联合招考小学教员，虽已拿到入学通知书和小学教员“合格证”，但终因闹过学潮而被取消录取或录用资格。1933 年秋，考取了设在寿张县的省立第八乡村师范学校。在校期间，田维新先后参加了共产党人建立的公开组织“同乡会”和半秘密状态的“读书会”。1936 年寒假，田维新以全省会考前三名的优异成绩完成学业，走向社会。

1937 年 7 月，田维新投奔范筑先的部队。开始他被分配担任上尉军需，负责筹集粮草的工作。同年 10 月，又调到范筑先身边，担任前方少校军需官。1938 年 11 月，聊城失陷，范筑先殉国，鲁西北抗日高潮受挫，中共党组织决定送他到延安抗大学习。1939 年 4 月 30 日，田维新光荣地加入了中国共产党。同年 9 月，党组织决定分配他到山西第五专署保安第九团三连秘密做兵运工作，初任文书帮办，经过 3 个月的艰苦工作，在里面秘密发展了党员，成立了党支部，田维新任支部书记。同年 11 月，又被任命为文化教员，军官职务。同年 12 月，连指导员因贪污出逃，田维新实际上成了连队的指导员，牢牢掌握了连队的指导权。这时，阎锡山掀起第一次“反共”高潮，在山西制造“十二月事变”，命令旧军进攻新军，策动反动军官叛变。田维新所在的决死第三纵队决定把保留下来的队伍整编成第七、第九两个团，田维新所在保安第九团三连和第十团四连合编为第七团二连，他被任命为该连政治指导员，并担任党支部书记。

1940 年 6 月，田维新任山西青年抗敌决死第三纵队游击支队政治处主任。同年 8 月，参加了破袭白晋铁路、攻打路村等战斗。1941 年 1 月，调任太岳军区第三军分区祁县独立营政治委员、中共祁县县委委员，主管祁县武装斗争和军事建设。1943 年 3 月，调任太行军区第三军分区政治部敌工科科员兼敌工站站长。1943 年下半年，第一二九师、太行军区和第三军分区主要领导刘伯承、邓小平、陈赓、陈锡联等陆续去延安参加整风学习；第三军分区副政治委员、政治部主任带领几个科长去太行军区参加整风学习，指定田维新留下主持军分区政治部工作，成立有田维新参加的五人领导小组负责领导第三军分区的整风学习。1944 年 7 月，任太行军区第三军分区政治部组织科科长。

日本投降后的 1945 年 8 月下旬，田维新晋升太行纵队第三支队政治部代主任（相当于旅级职务）。同年 10 月，被任命为晋冀鲁豫军区第三纵队第八旅第二十二团政治委员。

1947 年 11 月，田维新调任第八旅政治部副主任。1948 年 5 月初，晋冀鲁豫野战军改称中原野战军，田维新晋升第三纵队第八旅政治部主任，随部队参加了宛西、宛东战役和为配合华东野战军实施豫东战役而担负的西平阻敌任务。8 月，他和部队积极参加了“新式整军运动”。此后参加了解放郑州、宿县和淮海战役等。1949 年 3 月，遵照中共中央军委关于统一全军编制和部队番号的通令，第八旅统编为第二野战军第三兵团第十一军第三十二师，原属第二十二、第二十三、第三十四团，依次改称第九十四、第九十五、第九十六团，田维新仍任政治部主任。随后参加了渡江战役、重庆战役、成都战役等。1950 年 1 月，根据中央军委关于野战军地方化的指示，第十一军第三十二师在原建制的基础上组建大竹军分区领导机构，属川东军区领导，田维新兼政治部主任。8 月，任大竹军分区副政治委员兼政治部主任。

1951年2月，田维新任第三十二师政治委员。1952年底，第三十二师从辽宁县地区出发，先后进入朝鲜西海岸价川地区集结。1953年6月，率全师官兵由价川开赴平康郡玉里以北地区接替第一线第六十九师防务。1958年4月，部队撤离朝鲜回国。

1954年6月，田维新接到中央军委的命令，任第十六军政治部副主任。1955年9月，被授予大校军衔，荣获二级独立自由勋章和二级解放勋章。10月，任第十六军政治部主任。1960年5月16日，任第十六军副政治委员兼政治部主任。

1964年3月，田维新任沈阳军区政治部副主任。4月2日，晋升为少将军衔。1968年9月，中共中央、中央军委批复增补田维新为沈阳军区党委常务委员。1969年8月，任沈阳军区副政治委员。

1969年10月1日，是中华人民共和国成立20周年，中央决定在北京举行盛大的庆典。沈阳军区党委决定，由田维新率军区代表团赴北京参加国庆典礼。9月25日，他率团到京后，又被任命为解放军观礼代表团团长。10月10日，经毛泽东、中共中央批准，中央军委任命田维新为中国人民解放军总政治部副主任。1970年1月，经中共中央批准，总政治部临时党委成立，李德生任书记，董志勇、田维新任副书记。1973年8月，田维新在中共第十次全国代表大会上当选为中央委员。1975年1月，田维新作为代表出席了第四届全国全国人民代表大会。1986年2月18日，田维新离职休养，按大军区正职待遇。1988年7月，田维新被中央军委授予中国人民解放军独立功勋荣誉章。

2002年8月2日，田维新在北京逝世，享年87岁。

傅莫华

傅莫华（1929— ），山东省东阿县人。曾任原北京军区空军副参谋长。

1936年，傅莫华在家乡开始念私塾，之后又念小学、高小，至1943年14岁时毕业。1944年，傅莫华刚满15岁就加入了中国共产党，主要负责抗日救国会的工作。

1946年内战全面爆发后，中国共产党在解放区发出了参军入伍的号召。是年冬，全县开展了第二次大参军运动，参军1000余人，组成一个团，加入刘伯承、邓小平领导的晋冀鲁豫军区第七纵队。当时傅莫华17岁，也成了这次参军的积极分子。他在自己负责的20多个村里号召青年报名参军，保卫来之不易的胜利果实，最终有200名青年跟着他一起走进了部队。

傅莫华和他率领的200人被编入晋冀鲁豫军区第七纵队二十一旅六十二团二连，他担任连指导员，当时部队还给该连配了一位第二指导员，教新兵如何打仗。学会了作战之后，傅莫华就改任该团一连指导员，随后参加了聊城战役、豫北战役、鲁西南战役等。1947年，傅莫华负伤退至后方。半年伤愈后，调任部队机关参与土改等工作。

1949年，国家筹建空军时，从全军抽调22岁以下任正连级参谋的党员干部参加挑选，傅莫华感到自己符合条件，于是报名参加体检，接受组织审查，最终他以20岁的年龄进入北京空军部队。进入空军后，傅莫华先到长春航校学习，之后又到北京南苑机场做参谋。1952年，傅莫华参加了抗美援朝战争，在前线指挥部做参谋。

1981年，傅莫华在北京空军司令部作战处任职时参加组织计划了华北军事大演习。1983年，傅莫华调任北京军区空军副参谋长（副军级）。1989年离休。

白 云

白云（1917—2012.8），山西省洪洞县人，少将军衔。曾任中国人民解放军空军参谋长。

1937 年 10 月，白云参加革命工作并加入中国共产党。抗日战争时期，历任山西新军政治保卫队第一大队大队长、八路军一一五师晋西独立支队第二团副团长。1940 年秋，转战到鲁西北，任鲁西军区第三（鲁西北）分区参谋长、司令员。翌年 3 月，负伤住院，伤愈出院后，任冀鲁豫军区司令部作战科科长。1945 年夏，任冀鲁豫军区七、冀南军区一军分区副司令员、司令员。1948 年后，任华北军区第十四纵队二旅参谋长、第七十军二一〇师参谋长、华北军区司令部作战处副处长。中华人民共和国成立后，历任中国人民解放军空军第六航校参谋长、空军后勤部参谋长，沈阳军区空军司令部副参谋长。1958 年，任空军学院训练部部长、教育长。1959 年，任空军参谋长。1964 年，晋升为少将军衔。

2012 年 8 月，白云在北京病逝，享年 95 岁。

冯子华

冯子华（1914—1990.12），山东省莘县人。曾任军委工程兵学院政治委员。

冯子华在本村读私塾、上小学，后又考入莘县第一高级完小学习。1933年夏，考入寿张山东省第八乡村师范学校，在那里接受了进步思想。经赵健民、冯干才介绍，于1934年6月加入中国共产党。

1936年9月、10月间，寿张八乡师党组织遭到敌人破坏，党支部书记王富昌被捕。冯子华根据中共鲁西北特委指示，到冠县大屯里以做小学教员为掩护，参加中共冠县县委的领导工作，并任县委宣传部部长。1937年春，由省委代表刘仲莹（李济安）和鲁西北特委书记刘晏春主持，在冠县兰沃乡农学校召开会议，决定把冠县县委改为冠县中心县委，成立莘县、堂邑、南陶三个特区，冯子华任莘县特区书记。1938年2月初，正值春节，由张炳元主持，在莘县城里政训处驻地召开了一个秘密的重要会议，宣告建立中共莘县委员会，书记张炳元、组织部部长白雪亮（白璞）、宣传部部长冯子华、群工部部长王惠卿。1938年12月，冯子华调入八路军青年纵队第三团第四营任党分支书记。1940年8月，任冀南军区第二军分区柏乡大队教导员。1941年，调入新四旅教导队任政治委员。1942年1月，任新四旅政治部军法处处长。同年6月，调任中共临清县委书记。

抗日战争胜利后，1945年9月，冯子华调任冀南军区第四军分区政治部副主任。1948年10月后，任十纵队二十八旅政治部副主任、主任。

中华人民共和国成立后，1950年3月，任中南军区工程师政治部主任。1952年，任中南军区高级工程兵学校副政治委员。1953年7月，任军委工程兵建成文化中学政治委员。1956年6月，任军委机械学校政治委员。1957年6月，任军委第三工程兵学校政治委员。1969年11月，任军委工程兵学校政治委员。1979年11月，军委工程兵学校改为军委工程兵学院，冯子华仍任政治委员。1982年，任工程兵学院顾问。1985年离休。

1990年12月，冯子华病逝于南京，享年76岁。

冯长旺

冯长旺（1922.1— ），山东省博平县冯庄（今属聊城市茌平区）人。曾任中国人民解放军空军第六军政治部主任、副政治委员。

1938年5月，冯长旺参加山东省第六区抗日游击司令部第三十二支队，后编入八路军一二九师先遣纵队当战士、班长。1939年10月，加入中国共产党，任八路军一二九师新八旅宣传员、技术书记，军分区干事，县大队特派员。1943年8月，入陕北抗日军政大学总校学习。1945年9月后，任莒县独立营副政治委员，鲁中第三军分区副科长、副处长，华东野战军后备兵团二师科长。1949年，渡江进军福建，任第三野战军十兵团组织部科长。1952年7月后，历任军委防空军政委办公室科长，北京防空军组织处处长、部长。1958年10月，入解放军政治学院学习。1960年6月，任北京空军雷达兵某部副政治委员。1964年12月，任某高炮师政治委员。1968年12月，任空军第六军政治部主任、副政治委员。曾参加百团大战、淮海战役、渡江战役、抗美援朝战争、抗美援越战争。被授予三级独立自由勋章、三级解放勋章。1988年7月，被中央军委授予中国人民解放军独立功勋荣誉章。1982年10月离休。

朱光

朱光（1914.4.4—2001.1.30），生于山东省堂邑县郑家乡宋家村（现属聊城市东昌府区），少将军衔。曾任中国人民解放军炮兵司令部参谋长、国务院兵器工业管理总局局长。

1921 年春，由于家里生活难以为继，朱光的父亲将全部房产、土地变卖筹措一部分路费，全家逃荒至吉林省宁安县。1926 年下半年，距离朱光家 10 里路的上马兰河村成立小学，父亲送他去读书。后来因为家庭困难而面临退学，但因他学习成绩好，加上得到很多人的帮助，读书生活一直持续下去。1931 年，朱光高小毕业，恰遇九一八事变，日军强占东北，当时日军势力还没有到达宁安及其以东地区，地方也没有抗日军队，仅有马占山、苏炳文在黑龙江省进行抗日。朱光想去参军抗日，便请一位老师写了两封介绍信，到百里外的第九区保安队和公安局补兵。一个月后，公安局被改编成抗日队伍，他很高兴。不久，自卫军主力部队被日军击败，全部向东撤走，走了两天，当官的带着家眷走不动，调头带着队伍去投日。朱光想投向抗日更坚决的救国军，但不知救国军在哪里，就先回了家。

朱光回到家后，1932 年 4 月，经同学介绍加入中国共产主义青年团，当时当地还没有团组织，他的任务就是发展团员，建立团组织。于是，他就将关系比较好且表现也好的同学发展为团员，并成立了团支部，任团支部书记。不久，他又参加了抗日救国军，被分配到机枪连，因为识字有文化，任连上士（文书）。是年冬，救国军失败后，他再次回到宁安县。1933 年，到镜泊湖地区和一个叫王汝起的人一起组织队伍继续抗日。至 1934 年春，队伍发展到几百人，被改编为团，王汝起任团长，朱光任副团长。1935 年春，该团编为东北抗日联军第五军一师三团，他仍任副团长。

1935年5月，朱光到苏联莫斯科东方大学学习。1936年，转为中国共产党党员。三年后回国。1938年秋天，朱光途经中亚、西亚到新疆待了一年，学会了炮兵技术，任新疆新兵营（红四方面军留新部队）炮兵大队排长，随后抵达延安。1940年初，朱光被任命为八路军总部炮兵团三营副营长，由延安出发历经数月抵达太行山区，并参加了百团大战、十月反“扫荡”等战役。一年后，朱光奉命调回延安，筹办延安炮兵学校，后任延安炮校教务处处长。

日本投降后，延安炮兵学校于1945年9月出发东北，被编为一个团，朱光任营长，于11月抵达辽宁抚顺。12月，朱光带领一个团的干部去东满军区建立炮兵团，历任东满军区炮兵主任兼教育科科长、警卫团团长、炮兵团团长。1946年9月，朱光任东北民主联军炮四团团长，后任东北野战军特种兵第二指挥所副主任，参加了解放彰武、法库、新立屯、辽阳、鞍山、四平和辽沈战役等战斗、战役，直到东北解放。1948年底，朱光升任东北野战军炮兵二师副师长，随后奉命参加天津战役。东北、华北解放后，步兵部队中火炮增多，需要部门管理，于是朱光被调到中国人民解放军第四野战军特种兵司令部任炮兵主任，后随大军南下，被临时抽调兼任青年干部学校总校大队长。1949年8月，青年干部学校结束，朱光再被调回炮二师任副师长，驻河南许昌。

1950年10月，抗美援朝开始，师领导机关率两个团先行出发，朱光留在许昌处理善后工作，后赶赴东北，原师长调走，朱光升任师长。1951年3月中旬，师直属部队和两个团同时出国。经历过五次战役之后，朱光被任命为师党委书记。

1953年7月金城战役后，战事稳定，工作随即转入技术建设。朱光组织进行了两三个月的练兵，并去西海岸勘察地形。12 月即调往志愿军炮兵主任办公室工作，任副参谋长。

1955 年朱光回国后，历任第三兵团炮兵司令员，解放军炮兵司令部副参谋长、参谋长，国务院兵器工业管理总局局长，国家第三、第五机械工业部副部长，常规兵器三线建设指挥，基建工程兵副主任兼霍林河煤矿总指挥、党委书记。1955 年，被授予少将军衔。荣获二级八一勋章、二级独立自由勋章、二级解放勋章。1988 年 7 月，被中央军委授予中国人民解放军一级红星功勋荣誉章。是政协第六、第七届全国委员会委员。

2001 年 1 月，朱光在北京逝世，享年 87 岁。

朱 光

朱光（1922—2021.11.16），山东省长清县（今济南市长清区）人，中将军衔。曾任中国人民解放军空军政治委员、党委书记。

1938年春，侵入山东的日军占领长清县城，烧杀抢掠，无恶不作。出于对日本帝国主义的仇恨，不到16岁的朱光参加了革命。1939年，朱光被分配到县政工作队当队员。1939年10月，加入中国共产党。他积极开辟第四、第五两个新区的工作，任办事处青年委员。1939年12月，到八路军第一一五师三四三旅教导大队（亦称鲁西军政干部学校）第二队学习。毕业后，1940年5月，被安排到校办的党支部书记培训班学习。结业后，被分配到第二校第一队（军事干部队）任专职党支部书记，并任学校党总支部青年委员。后又任第二队（政治干部队）、第十一队政治指导员。1942年春，冀鲁豫军区决定在抗日军政大学第一分校第二校增设陆军中学，朱光先后任陆军中学校部组织干事、政治指导员。1943年7月，调任冀鲁豫军区直属队组织干事，参加整风运动。9月，调任冀鲁豫军区特务营党总支书记。1945年8月，任冀鲁豫军区直属队党总支书记。

抗日战争胜利结束后，1945年11月，朱光被任命为冀鲁豫军区政治部组织科副科长。1946年4月，为弥补机关经费的不足，冀鲁豫军区政治部决定在山东临清县成立军人储蓄科和裕华总号，朱光调任军人储蓄科科长并兼任裕华总号经理。1947年6月，刘邓大军强渡黄河，揭开了人民解放军战略进攻的序幕。朱光心情振奋，求战心切，坚决要求回部队参战。经批准，于9月回到分别一年多的冀鲁豫军区政治部，被任命为军区政治部组织科科长。1948年5月，由组织科科长改任干部科科长。1948年11月，华东野战军和中原野战军在华东、中原军区及华北军区所属冀鲁豫军区部队配合下，发起淮海战役。1949年1月10日，淮海战役胜利结束。1月，冀鲁豫军区机关进行年终总结和评选工作，朱光被评为二等功臣，荣获奖章一枚。2月，部队实行统一整编，冀鲁豫军区前指部分干部和部队进驻河南项城，与中原野战军第十一纵队合并为第二野战军第五兵团第十七军，朱光调任该军政治部干部科科长。朱光曾先后获得淮海战役、渡江战役和解放华北、华东、中南、西南6枚纪念章。

中华人民共和国成立后，1950年3月，朱光被选调参加总干部部的筹建工作，被任命为人事科科长。9月4日，总干部部管理部成立，朱光被任命为特种兵干部任免处装甲兵炮兵科科长。1952年7月，被任命为总干部部特种兵干部任免部装甲、铁道、工程兵干部任免处副处长。1955年3月，荣立三等功一次。1955年9月，被授予上校军衔。1956年4月，被任命为总干部特种兵干部空军干部任免处处长。当年秋，受命赴朝鲜，在中国人民志愿军部队中，为组建导弹试验靶场选调干部。1957年，被授予三级独立自由勋章、二级解放勋章。根据中央军委决定，1958年10月撤销总干部部，在总政治部下设干部部，统管全军干部工作。11月，朱光被任命为总政干部部空军干部处处长，负责承办空军师以上干部的任免。1960年6月，朱光晋升为大校军衔。1962年11月，总政干部部空军干部处调整为第二处，具体负责承办海军、空军师以上干部的任免。

1964年8月，朱光被任命为总政干部部副部长兼第二处处长。“文化大革命”期间，受到冲击。1970年，朱光到沈阳军区空军政治部任副主任。1973年1月，沈阳军区空军党委确定由朱光主持军区空军政治部工作。1974年1月，被任命为空军第三军政治委员。2月，担任军党委书记。1978年10月，被任命为沈阳军区空军副政治委员。1979年1月，被任命为沈阳军区空军副政治委员兼政治部主任。2月，被任命为沈阳军区空军党委常委、纪委副书记、政治部党委书记。1980年12月，中共中央任命朱光为中共中央军委纪律检查委员会专职委员。1981 年 1 月，在军委纪委第一次全体会议上，朱光当选为军委纪委常委，分管平反冤假错案和落实政策工作。1982 年 8 月，中央军委任命朱光为总政治部干部部部长。1985 年 3 月，调任中央军委纪委副书记。1985 年 7 月，被任命为空军政治委员、党委书记。1987 年 10 月，中共第十三次全国代表大会上，被选为大会主席团成员。1988 年 7 月，被中央军委授予中国人民解放军独立功勋荣誉章。1988 年 9 月，被授予中将军衔。1992 年 11 月 6 日，朱光在 70 周岁之际，从空军政治委员的位置上退下来。1993 年 3 月，任第八届全国人大内务司法委员会副主任委员。他是中国共产党第十三、第十四次全国代表大会代表，第八届全国人民代表大会代表，第十三届中央委员会委员。2015 年 9 月 2 日，荣获中国人民抗日战争胜利 70 周年纪念章。著有《新时期政治工作学习与实践》《朱光回忆录——我的人生之路》等书。

2021 年 11 月 16 日，朱光在北京逝世，享年 100 岁。

朱 先

朱先（1920.9—2013.10.22），山东省茌平县石家海子村（今属聊城市东昌府区）人。曾任贵州省军区副政治委员兼政治部主任、贵州省军区党委常委。

朱先6岁入本村小学读书，12岁考入三十里堡高小，1935年考入山东省济南济鲁中学读书。读书期间，受进步教师的影响，积极参加抗日救亡运动。七七事变后，日军渐次南侵，济南危急，学校紧急宣布停课，朱先离校返乡，无奈中断学业。

1937年11月，为巩固和发展抗日武装力量，中共鲁西特委与范筑先将军共同创办了“政治干部学校”“军事教育团”等组织。1938年8月，朱先考入政治干部学校，从此走上抗日革命道路。聊城失陷后，政治干部学校被迫转移至冠县农村，由于无法进行正常的学习生活，决定解散。离开政治干部学校后，朱先与40余名政治干部学校同学一起到潘家店北的高潘、刘庄一带参加了八路军平原纵队。经过两个多月的青训队学习和军事训练后，被分配到副官（参谋）处工作。1939年3月，受组织派遣回家乡帮助组建地方抗日武装工作团，任茌平县三区金沙乡抗日自卫团政治教员。7月，任茌平县抗日第一常备大队政治委员。12月，因腿部膝下生疮，行军打仗跟不上队伍，经领导批准被送往马明智庄大队后方医院治疗。1940年1月，茌平县抗日常备大队升编入八路军萧华支队，后方医院撤销，朱先回家养病，养病期间任本村石海子小学教员。6月，因在“红五月”活动中表现积极，被调入茌平县抗日民主政府工作，先后在实业科、民政科任科员。9月，加入中国共产党。1942年，抗日战争进入极度困难时期，县政府实行精兵简政，组织调朱先任茌平县大队技术书记和政治指导员。

1945年初，朱先奉调冀鲁豫军区第一军分区政治部任组织科组织干事。1947年春，被派到一军分区齐鲁大队三连搞诉苦教育试点工作。6月，随一军分区机关部队编入冀鲁豫军区独立一旅，任旅政治部组织科干事。1948年初，随部队在东阿刘集、孟营一带开展整党和新式整军运动，后被任命为独立一旅营级干部干事兼任旅直属队总支书记。6月，随部参加睢杞战役。此役，朱先荣立二等功。9月，独立一旅参加济南战役。11月，参加淮海战役。1949年1月10日，淮海战役结束。经评议，朱先被冀鲁豫军区授予"淮海战役一等功臣"，获一等功银质奖章一枚。

1949年3月，全国部队整编，独立一旅在河南项城被编入中国人民解放军第二野战军第十七军第五十一师。4月，朱先被调到十七军政治部干部科任干部干事。1950年初，朱先回到十七军政治部组织部干部科，担任干部调动和向地方输送干部工作，年底任干部科副科长。1951年，参加抽调干部到抗美援朝部队工作。1952年4月至6月，部队进行整编，任贵州军区政治部干部科科长。1956年6月，经中央军委任命，任贵州军区军事检察院检察长。1959年，入中央政法学校学习。1962年，参加贵州省国防指挥工程建设工作。1964年，调任贵州省遵义军分区副政治委员。

1955年，朱先被授予少校军衔。1957年，被授予三级独立自由勋章、三级解放勋章。1964年，晋升为中校军衔。1988年7月，被中央军委授予中国人民解放军独立功勋荣誉章。2005年，获得抗日战争胜利60周年纪念章。

"文化大革命"期间，朱先先后任遵义军分区政治委员、遵义地区革命委员会主任、地区党的领导小组组长，黔南州革命委员会主任、党的核心领导小组组长、州委第一书记等职务。1970年12月后，先后任贵州省军区副政治委员兼政治部主任、省军区党委常委、政治部党委书记，贵州省委委员等职务。1981年12月，离职休养。

2013年10月22日，朱先因病去世，享年94岁。

刘 民

刘民（1925—1998.7），山东省茌平县（今聊城市茌平区）人。曾任原总参通信兵部纪律检查委员会纪检委员。

1939年9月，刘民参加革命。次年2月，加入中国共产党。全面抗战初期，先后在八路军一一五师华山工作团和茌平县抗日民主政府独立四营任民运干事、文化教员、连队支部书记，鲁西军区第四军分区政治处宣传队宣传员等职。1941年7月，调冀鲁豫军区第三军分区任电台报务员，后任冀鲁豫军区司令部报务员。

抗日战争胜利后，刘民任晋冀鲁豫军区第七纵队司令部报务员、报务主任。随部队参加了解放莘县、南乐、阳谷等县城的战斗，两次围歼聊城之敌，直至聊城解放。后任晋冀鲁豫野战军一纵司令部报务主任、电台台长等，随部队参加了鲁西南战役、淮海战役。1949年2月后，任第二野战军十六军军部电台台长、电台队长，随部队参加了渡江战役、进军大西南等。

中华人民共和国成立初期，刘民任人民解放军第十六军通信营营长、通信科副科长，随部队到贵州剿匪和抗美援朝。1952年，调军委通信工程学院指挥系学习，后到解放军高级通信学校任无线电通信教研室主任、教务处处长，通信兵学院教务处处长、训练部副部长，军委通信兵司令部训练处处长，宣化通信学校校长等。1981年，到总参通信兵部任纪律检查委员会副军职纪检委员。1985年离职休养。

1998年7月，刘民在北京逝世，享年73岁。

刘绍先

刘绍先（1929— ），天津市宝坻区人，少将军衔。曾任山东省军区政治部主任、原济南军区后勤部政治委员。

刘绍先于宝坻县师范肄业后参加抗日活动。1946年，加入中国共产党。1947年，参加解放军，曾任文书、参谋、干事，参加辽沈战役、平津战役和抗美援朝。历任团政治处主任、师干部科科长、团副政治委员、军政治部干部处处长、军后勤部副政治委员等职。1955年，被授予大尉军衔。1976年3月，入中国人民解放军军政大学政治系学习。1979年3月毕业后，任聊城军分区政治委员。1980年10月，入中国人民解放军政治学院高级系学习。同年12月，任山东省军区政治部主任、济南军区内长山要塞区政治委员、济南军区后勤部政治委员。1985年9月，入中央高级党校干部培训班学习。1988年10月，被授予少将军衔。离休。

刘致远

刘致远（1904—1955.2），山东省潍县（今潍坊市）东营村人。曾任山西军区第一副司令员。

刘致远出身贫寒，自幼务农。1922年，为谋生流落异乡。1926年，因生活所迫参加军阀部队，曾在奉军张宗昌所办军事学校学习，在军阀孙殿英部任过连长、副营长，后入西北军冯玉祥部，任第三旅第五团副团长兼营长。1932年，参加反帝大同盟。1933年5月，加入中国共产党。同年8月，率部“暴动”，打死团长，带出千余人改编为察哈尔抗日同盟军第八师，先后任副师长、师长，后改为第二军，任军长。1934年，奉命调到上海，在中共临时中央军事委员会工作，负责情报、保卫和交通工作。1936年，赴延安抗日军政大学学习（第一期），并兼第十一队军事教员。

1937年抗日战争全面爆发后，刘致远被派到山东工作，当年10月到达聊城。1938年1月，为加强共产党领导的武装力量，中共鲁西特委与范筑先将军商定，以堂邑抗日游击大队为基础，联合其他抗日武装组建山东第六区抗日游击司令部第十支队，刘致远任该支队机枪营营长。1938年11月，范筑先牺牲后，为纪念范筑先将军，第十八集团军总部决定以第十支队为主，组建筑先抗日游击纵队，辖七个团，刘致远任第二团团长。其后，刘致远参加组建八路军第一二九师先遣纵队，任纵队参谋长。

1939年夏，刘致远调任延安抗日军政大学第一分校第三支队副支队长，当年冬再回鲁西工作，任中共鲁西区第四地委（运东地委）委员。1940年4月，鲁西军区第四军分区建立，辖聊城、博平、茌平、东阿、阳谷、清平、齐河、禹城等地的抗日武装，刘致远任军分区司令员。1941年7月，中共鲁西区委和冀鲁豫区委合并为新的冀鲁豫区委，原中共鲁西区第四地委改称冀鲁豫军区第四军分区（仍称运东军分区），刘致远任中共冀鲁豫区第四地委委员、第四军分区司令员。同年底，兼任冀鲁豫区第四专署专员。1943 年初，中共冀鲁豫区第一、第四地委合并为第一地委，冀鲁豫军区第一、第四军分区合并为冀鲁豫军区第一军分区，刘致远任中共冀鲁豫区第一地委委员、冀鲁豫军区第一军分区司令员。

1945 年 11 月，刘致远调任冀鲁豫军区副司令员，其后任晋冀鲁豫野战军第七纵队副司令员。1946 年 12 月，随司令员杨勇、政治委员张霖之率部抵达聊城，参加了解放聊城的战役。1949 年 2 月，刘致远任冀鲁豫军区司令员。同年 8 月，任平原省军区司令员。1952 年 11 月，刘致远调任山西军区第一副司令员。

1955 年 2 月，刘致远因病在太原逝世，终年 51 岁。

刘墨卿

刘墨卿（1915—1992.10.2），山东省临清市林潘寨村人。曾任中国人民解放军海军南海舰队参谋长、副司令员。

刘墨卿出生于农民家庭，初中毕业。在临清省立第十一中学读书时，受进步思想影响，参加了抗日爱国的学潮。1934年，在农村小学任教员。1936年4月，考入国民革命军张自忠部第三十八师教导营学兵队当兵。

七七事变后，刘墨卿随同部队与日军血战平津。平津失陷后，1937年9月，返回家乡组织抗日武装，任抗日武装副营长。1937年11月，由他组织的抗日武装被编入时任国民党山东省第六区专员、保安司令兼聊城县县长范筑先的抗日武装第十支队，继任副营长。1938年11月15日，范筑先在聊城以身殉国，抗日武装分化瓦解。1939年1月，中共鲁西特委根据中共中央、毛泽东“迅速促成以十支队为基础的团结其他部队组成纵队，成为鲁西北抗战及团结范之核心”的决策和八路军总部的指示，决定以第十支队为基础建立筑先纵队；14日，筑先纵队在馆陶县正式成立，他仍任副营长。后从筑先纵队调任八路军一二九师先遣纵队卫河支队二营（即馆陶县独立营）营长。1940年6月，筑先纵队与先遣纵队合编为八路军第一二九师新八旅，刘墨卿先后任八路军第一二九师新八旅第二十三团二营副营长，旅直特务大队大队长，新八旅二十二团副参谋长、参谋长等职。他率部转战于鲁西北一带，参加了反对国民党军阀石友三、邯郸战役、平汉战役、百团大战等著名的战役战斗。

抗日战争胜利后，从1946年9月起，刘墨卿历任晋冀鲁豫军区第二纵队第五旅第十三团参谋长、副团长、团长等职。率部参加了聊城战役、龙凤战役、鄄南战役、滑县战役、黄庄攻坚战、豫北反击战役、定陶战役等战役战斗。1947年6月，随晋冀鲁豫野战军强渡黄河，挺进大别山区。1948年7月，任鄂豫军区第七团团长。1949年2月，任中国人民解放军第二野战军第十军第八十八团团长。4月，参加渡江作战。后参加了进军大西南的战役战斗。

中华人民共和国成立后，1950年1月，刘墨卿任中国人民解放军第十军第三十师参谋长。1952年2月，调海军工作。5月，任中国人民解放军海军工程部设计处处长。1954年12月，任中国人民解放军海军工程部副部长兼设计处处长。1955年7月，任中国人民解放军海军工程部部长。后调中南海军工程部部长。同年9月，被授予大校军衔，并荣获二级独立自由勋章、二级解放勋章。1960年12月，任中国人民解放军海军南海舰队副参谋长。1961年9月，入中国人民解放军高等军事学院学习。1964年9月，调任中国人民解放军海军汕头水警区司令员。

“文化大革命”期间，刘墨卿遭受迫害。1975年8月重新工作后，任中国人民解放军海军南海舰队参谋长。1979年2月，任中国人民解放军海军南海舰队副司令员。1983年8月，离职休养。1988年7月，被中央军委授予中国人民解放军独立功勋荣誉章。

1992年10月2日，刘墨卿因病在广州逝世，享年77岁。

刘德海

刘德海（1907—2000.11.14），河南省商城县人，少将军衔。曾任电子工业部第十四研究院院长。

1928年，刘德海参加革命。1929年5月，参加“商城暴动”和农民协会。1930年4月，加入中国共产党，同年参与组织五区三乡农民暴动，任赤卫队队长兼土地委员。后被民团抓获，虽经酷刑但未暴露机密，由父亲托亲友保出。

土地革命战争时期，1931年，刘德海参加中国工农红军，先后在红二十八军、红二十五军二二二团、二二四团，七十四师，红十五军团二十三团、二十五团担任班长、排长、连长、营长、团特派员，参加了长征。长征途中，刘德海被打成“第三党”，降为炊事员。1935年10月，恢复党籍和职务。

抗日战争全面爆发后，刘德海历任八路军一一五师三四四旅政训处保卫科科长、教四旅六八八团特派员、太行第二纵队政治部保卫科暨一一五师政治部保卫科科长，参加了平型关战役。1940年2月，任第十八集团军第二纵队政治部锄奸部部长。1941年6月，任一二九师暨八路军第二纵队政治部锄奸保卫部部长、冀鲁豫军区政治部保卫部部长。1942年4月，部队缩编，任一二九师暨八路军第二纵队兼冀鲁豫军区第八军分区政治委员。12月，任冀鲁豫军区第三军分区（辖基干团、回民支队）政治部副主任。

解放战争时期，刘德海历任冀鲁豫军区鲁西南军分区副政治委员、司令员，冀鲁豫军区后勤部政治委员，平原军区参谋长。参加了定陶战役、开封战役和淮海战役。

中华人民共和国成立后，刘德海任第五十（天津）速成中学校长、北京军区文化学校校长、国防部第十研究院副院长兼院直党委书记、驻第四机械工业部中央监察组组长、国防科委第十四研究院院长、四机部第十四研究院院长。曾参与平原省的筹建、发展及撤销后的善后工作。1955年，被授予少将军衔。“文化大革命”期间，被打成“叛徒”“走资派”，被下放到河南新乡“五七干校”劳动改造。1977年，任电子工业部第十四研究院院长。1982年，离职休养，享受正部长级待遇。

刘德海是政协第五届全国委员会委员、中共七大代表，荣获二级八一勋章、二级独立自由勋章、一级解放勋章。1988年7月，被中央军委授予中国人民解放军一级红星功勋荣誉章。

2000年11月14日，刘德海因病在北京逝世，享年93岁。

刘镜

刘镜（1928.3—2003.2.20），山东省博平县枣刘庄（今属聊城市茌平区）人。曾任中共吉林省委常委、吉林省军区政治委员。

1939年春，刘镜参加八路军第一二九师筑先纵队第七团。1940年6月，随部队编入八路军一二九师新八旅，历任宣传员、敌工干事、分队长、团技术书记等职。1943年，加入中国共产党。抗日战争胜利后，任晋冀鲁豫军区第二纵队十二团、补训团和第二野战军三兵团政治部特派员、保卫干事，参加上党战役、平汉战役、强渡黄河、鲁西南战役、挺进大别山、淮海战役、渡江进军大西南等。中华人民共和国成立后，任四川军区公安纵队保卫科科长。1953年，参加抗美援朝，任中国人民志愿军三兵团保卫部科长。1955年回国后，任旅大警备区直属政治处主任，沈阳军区保卫部科长，沈阳军区守备三师政治部主任、师政治委员，沈阳军区政治部保卫部部长。1981年，任吉林省军区政治部主任。1983年，任吉林省委常委、省军区政治委员。1989年离休。

2003年2月，刘镜因病逝世，享年75岁。

齐钉根

齐钉根（1917—1986.11.6），江西省进贤县齐家村人，少将军衔。曾任军分区司令员、师长、空降兵第十五军第一副军长兼参谋长。

1930 年 12 月，齐钉根参加中国工农红军。1933 年 4 月，加入中国共产主义青年团。1934 年 5 月，转为中国共产党党员。

土地革命时期，齐钉根历任战士、班长、排长、连长等职，参加了第二、第三、第四、第五次反“围剿”。在二万五千里长征中，参加了湘江战役。1936 年，在甘肃曲子镇战斗中，乘夜深战斗间隙，率一个排突袭智擒敌骑兵旅旅长“野骡子”，受到上级表扬。

抗日战争时期，齐钉根历任八路军第一一五师三四三旅六八五团连长，冀鲁边东进抗日挺进纵队第五支队营长，教导第三旅八团副团长、团长，冀鲁豫军区随营学校队长。参加了平型关大战、百团大战等重大战役及奇袭八公桥战斗。

解放战争时期，齐钉根历任晋冀鲁豫军区第一纵队一旅副旅长、第二野战军十六军四十六师师长。参加了平汉战役、淮海战役、渡江战役及进军西南、解放贵阳、成都等战役战斗。齐钉根作战勇敢，指挥果断，战绩卓著，被评为一级战斗英雄，授予一等英雄奖章。

中华人民共和国成立后，齐钉根历任军分区司令员、师长、空降兵第十五军第一副军长兼参谋长等职。1950 年，参加贵州省剿匪。1951 年至 1952 年上半年，在南京军事学院学习。1952 年 7 月，奉命赴朝作战，忠实地执行党中央的指示，同朝鲜人民军并肩战斗。曾荣获朝鲜民主主义人民共和国“红旗勋章”。

1954 年回国后，齐钉根调任空降兵部队工作。齐钉根 1955 年被授予少将军衔，荣获三级八一勋章、二级独立自由勋章、二级解放勋章。1985 年 5 月，享受副兵团职待遇。

1986 年 11 月 6 日，齐钉根在武昌逝世，享年 69 岁。

孙大坤

孙大坤（1913.2—2000.7.7），山东省莘县牛庙村人。曾任原昆明军区后勤部副部长、顾问。

孙大坤8岁入本乡邵庄一个私塾学堂读书。13岁时，在战乱中，学堂被烧，老师被杀，从而失学。1926年，他随舅父到陕西潼关参加了西北军，当学兵。1927年，随军参加北伐战争。其间，他受到该部队进步军官（共产党员）的启发和熏陶，对共产主义产生了浓厚兴趣，初步奠定了对共产党的认识和共产主义信念。北伐战争后，部队学校解散，因读过几年私塾年龄又小，被分配到一个药学班学习药学，改为学医。1931年8月，他参加了著名的宁都起义，从此在江西参加红军，在红三军团任司药和军医。

土地革命战争时期，孙大坤参加了中央苏区的五次反"围剿"斗争。1931年九一八事变后，在江西瑞金苏区加入反帝拥苏大同盟和抚恤会，特别是在1932年至1933年的第三、第四次反"围剿"中，因募捐和扩充红军工作表现出色，先后两次被中央军委《红星报》登报表彰。1932年，加入中国社会主义青年团。1934年9月，红军实行战略大转移，开始从江西瑞金出发，进行二万五千里长征。长征途中，孙大坤调红一军团一师卫生部，负责医疗工作。1935年5月，抢渡大渡河后，调任中央军委干部团任卫生队队长。同年，加入中国共产党。到达陕北后，任红军大学卫生所所长。1936年初，任独立师卫生部部长，同年秋任中央军委卫生科科长。

抗日战争全面爆发后，孙大坤奉命到山东敌后发展抗日武装，曾任冀鲁边支队司令员，又称孙（大坤）彭（天杞）支队。1939年1月，支队升级编入主力部队。此时，孙大坤奉命回到家乡养伤，并发展党的组织，开展党的工作。

1939年6月底，中共朝城县工作委员会正式成立，代号晁化隆，任命孙大坤为工委书记，谢春风为副书记，王史可为组织部部长，郝明甫为宣传部部长。同年秋，孙大坤奉命调任鲁西区地方干部训练队队长，后历任泰（安）肥（城）国民抗敌自卫团参谋长，冀鲁豫军区武装部组织科科长，反日伪武装工作团副团长、团长等职。

解放战争时期，孙大坤任冀鲁豫第二军分区参谋长兼黄河罗楼渡口指挥及二分区战勤司令员。在支援刘邓大军出击陇海铁路、挺进大别山等战役战斗中，先后两次荣立战功。1949 年，随军南下，先后任江西省上饶军分区、贵州省遵义军分区副司令员。

中华人民共和国成立后，孙大坤历任贵阳警备司令部副司令员兼贵州军事管制委员会贵阳军事法庭审判长。1952 年，赴南京高等军事学院学习。1955 年 9 月，被授予大校军衔，任陆军十三军副军长，后任昆明军区后勤部副部长、顾问等职。1983 年离休。曾荣获三级八一勋章、二级独立自由勋章、二级解放勋章。1988 年 7 月，被中央军委授予中国人民解放军二级红星功勋荣誉章。

2000 年 7 月，孙大坤因病在云南昆明逝世，享年 87 岁。

孙万林

孙万林（1922—2014），山东省东阿县人。曾任秦皇岛水警区司令员、海军基地参谋长。

1937年9月，孙万林加入中国共产党。1938年6月，到冀南党校学习。10月，在鲁西北武装工作团工作。后历任八路军第一一五师司令部、黄河支队、冀鲁豫第一军分区、华北军区训练大队大队长、机要股股长、机要科科长等职。参加了梁山战斗、独山战斗、博平战役、聊城战役、郓城战役等。中华人民共和国成立后，转入海军任青岛基地机要处副处长。1956年，入海军学院学习。1958年，任海测大队队长。1964年，任青岛水警区副司令员，同年晋升海军上校军衔。1968年，调任国防科委九院三室部主任。1973年，调回海军工作，历任秦皇岛水警区司令员、海军基地参谋长（副军职）。1984年离休。

2014年，孙万林逝世，享年92岁。

孙绍荣

孙绍荣（1920—2004.1），山东省茌平县（今聊城市茌平区）沈庄人。曾任乌鲁木齐军分区司令员、警备区司令员、东疆军区顾问。

1937 年 10 月，孙绍荣入聊城军训班学习，结业后任聊城六区政干校区队长。1938 年，任泰西六支队巡视员、训练队队长。1939 年，加入中国共产党。后任八路军一一五师教导三旅九团文书股股长、侦察排排长。1943 年，在反日军“扫荡”中负伤。解放战争时期，初任冀鲁豫军区二十一团参谋，不久，随部队调往东北工作，参加东北保卫战。1948 年，任东北野战军十纵队司令部作战参谋，参加辽沈战役、平津战役。北平解放后，随部队南下湖南、四川等地作战。1950 年，任中国人民解放军四十七军测绘大队大队长、一四〇师作训科科长。1951 年，参加抗美援朝战争，任四二〇团团长。1954 年，回国驻防湖南。1956 年，任某军副参谋长。1957 年，入南京军事学院学习。毕业后任新疆军区司令部作战部部长。1962 年，参加中印边界自卫反击战。1966 年后，任乌鲁木齐军分区司令员、警备区司令员、东疆军区顾问（副军职）等职。1984 年离休。曾获独立自由勋章、解放勋章。

2004 年 1 月，孙绍荣在西安逝世，享年 84 岁。

李西林

李西林（1933— ），山东省高唐县人，少将军衔。曾任原兰州军区后勤部政治委员。

1949 年 8 月，李西林在甘肃参加中国人民解放军。兰州战役后，进军新疆。1953 年 2 月，加入中国共产党。先后在第一野战军二军连、营、团、师等单位工作。其间，著有电影剧本《昆仑铁骑》，由长春电影制片厂和西安电影制片厂联合摄制成影片。1958 年，调新疆军区政治部战胜报社工作，历任记者，编辑，编辑处副处长、处长，报社副社长、社长等职。1985 年，任甘肃省军区副政治委员。1990 年 6 月，任兰州军区后勤部政治委员。1988 年，被授予少将军衔。

李 达

李达（1905.4.19—1993.7.12），陕西省眉县人，上将军衔。曾任国防部副部长、中国人民解放军副总参谋长。

李达出身于一个贫苦农民家庭，5 岁时就开始给地主打短工，后来先后考入西安私立东道中学和省立师范学校。受进步思想的影响，在五四运动、五卅运动中，他和同学们积极参加反对北洋军阀政府的游行示威等活动。1924 年，在横渠担任小学教员。1926 年，考入冯玉祥在甘肃平凉创办的西北军第二军官学校。1927 年毕业后，在国民革命军第二集团军八十二旅任迫击炮连排长。1928 年，任旅部参谋。1929 年，任手枪旅副连长。1930 年，任学兵连连长。1931 年到江西，在国民党第二十六路军七十四旅任连长。

20 世纪 30 年代初，中国革命处于低潮，革命营垒中的一些人徘徊、动摇，甚至脱离革命，而李达毅然决定脱离国民党军队，于 1931 年 12 月参加了由中国共产党领导的宁都起义，任中国工农红军第五军团连长。不久，受过正规军校教育并担任过参谋工作的李达被湘赣军区独立一师政治委员王震要走，担任独立一师参谋长兼第三团代理团长。1932 年 9 月，李达加入中国共产党，两个月后被任命为红八军参谋处处长。1933 年夏，红八军改编为红十七师，萧克担任师长，王震担任政治委员，李达担任参谋长兼五十团团长。参加了湘赣苏区第四、第五次反“围剿”的残酷斗争，荣获二等红星奖章。

1934 年，红六军团成立后，任弼时担任军政委员会主席，萧克担任军团长，王震担任军团政治委员，李达担任军团参谋长。同年 8 月，红六军团实行战略转移，他率军团部分部队几经辗转，离开湘赣苏区，去湘西一带寻找已与中央失去电讯联系的贺龙率领的红二军团部，在黔东北石阡甘溪镇被敌重兵分割包围，李达率一部400余人突出重围。10月15日，李达终于在一个叫枫香溪的小镇找到了贺龙及红二军团政治委员关向应。李达马上又用电台联系红六军团。10月26日，红二、红六军团在印江县胜利会师。李达后调任红二军团参谋长，参与指挥了龙家寨、梧溪河、忠堡、龙山、板栗园等战斗，为创建湘鄂川黔革命根据地做出了重要贡献。1935年11月，李达率部从湖南桑植出发，参加二万五千里长征。1936年，先后担任红二军团和红二方面军参谋长，成为任弼时、贺龙、关向应在军事方面的得力助手。1937年初，任援西军参谋长，为接应突围的西路军部队做出了积极贡献。

抗日战争全面爆发后，李达任八路军第一二九师参谋处处长。1938年，任师参谋长。抗日战争期间，1937年，以袭击、伏击、阻击等战法，先后在阳明堡、七亘村、黄崖底等地重创日军；1938年，协助刘伯承、邓小平指挥第一二九师成功地进行了急袭长乐村、伏击神头岭、破袭正太路等一系列以劣胜优的成功战斗。

随后，李达协助刘邓首长，率领八路军第一二九师转战晋冀豫、晋冀鲁豫抗日根据地。作为刘伯承、邓小平的主要助手，李达参与指挥了反“六路围攻”、反“九路围攻”、开辟冀南战役、白晋战役、百团大战、1942年夏季反“扫荡”、沁源围困战、安阳战役等一系列战役、战斗，粉碎了日军的残酷围攻、“扫荡”及其“囚笼政策”“三光政策”“治安强化运动”。1943年10月，根据中央精兵简政的政策，八路军总部和一二九师师部合并，太行、太岳、冀南、冀鲁豫四个军区直属北方局和八路军总部领导，李达兼任太行军区司令员。

1945年8月，李达被任命为晋冀鲁豫军区参谋长，指挥太行军区部队进行战略反攻。同月，刘邓首长在延安参加会议，国民党军蓄谋进犯上党解放区，李达明察善断，预见一场大战即将来临，一面急电延安请刘邓首长速返太行，一面组织部队做好应战准备。他按照刘邓首长的命令，指挥部队首先打下襄垣城，为上党战役作战计划的最后形成提供了依据。他参与指挥上党战役和邯郸战役，有力地配合了毛泽东、周恩来在重庆与蒋介石的和平谈判。在平汉战役中，受刘伯承、邓小平之托，到国民党军新八军与军长高树勋会面，最后促成了该军起义。

1946 年，李达任晋冀鲁豫野战军参谋长。1946 年 7 月至 1947 年 2 月，辅助刘伯承、邓小平指挥野战军主力在鲁西南战场机动作战，先后参与了陇海战役、定陶战役、鄄城战役、滑县战役、巨（野）金（乡）鱼（台）战役和豫皖边战役等。随后，他又协助刘伯承、邓小平指挥部队转战豫北地区，举行局部反攻，支援和配合山东、陕北两个战场，粉碎了国民党的重点进攻。

1947 年 6 月，李达协助刘伯承、邓小平率部强渡黄河。突破黄河防线，发起鲁西南战役之后，又跨越黄泛区，战胜敌人的多次追堵，千里跃进大别山，直插国民党政权的腹心地区，揭开了解放战争战略进攻的序幕。

1948 年，李达调任中原军区和中原野战军参谋长，参与组织指挥了宛西战役、宛东战役、郑州战役等。淮海战役后，1949 年，李达被任命为第二野战军参谋长兼特种兵纵队司令员、政治委员。此后，又协助刘伯承、邓小平组织指挥了渡江战役，渡过长江天险，直出浙赣线，解放皖南、浙西、赣东北和闽北广大地区。随后，在贺龙等部配合下，向西南进军，解放了四川、云南、贵州、西康四省。

中华人民共和国成立后，李达任西南军区副司令员兼参谋长。1952 年，兼任云南省军区司令员，参与领导歼灭国民党残余武装力量和土匪及争取和平解放西藏的工作。1953 年 4 月 18 日，中央军委决定，由李达接任中国人民志愿军参谋长解方的职务。5 月上旬，李达到志愿军总部报到。在朝鲜期间，李达协助邓华代司令员组织指挥了取得重大胜利的夏季反击战役，并帮助朝鲜人民进行战后建设。

1954 年 11 月，李达任中华人民共和国国防部副部长，中国人民解放军训练总监部副部长兼计划部、监察部部长。1955 年，被授予上将军衔，获一级八一勋章、一级独立自由勋章、一级解放勋章。1958 年，因所谓“教条主义”受到错误批判，调任国家体委副主任兼国防体育协会主任。

在“文化大革命”中，李达遭到迫害，被非法关押。1972 年，任中国人民解放军副总参谋长。曾当选为中共第十、第十一届中央委员，第二、第四届全国人大代表，第三届全国人大常委会委员。1980 年，被任命为中共中央军委顾问。1982 年，被选为中共中央顾问委员会委员。是第二、第三届国防委员会委员。1988 年 7 月，被中央军委授予中国人民解放军一级红星功勋荣誉章。退休后，著有《抗日战争中的八路军一二九师》《回顾淮海战役中的中原野战军》和《回忆百团大战》等回忆录，以及《李达军事文选》。

1993 年 7 月 12 日，李达在北京逝世，享年 88 岁。

李方诗

李方诗（1926.12—1999.7.20），山东聊城县（今聊城市东昌府区）叶家园子人。曾任中国人民解放军原总政治部副秘书长（正军职）。

1937 年 12 月，年仅 11 岁的李方诗参加了革命。1938 年 11 月，加入中国共产党。历任冲锋剧团团员、战斗剧社社员、宣传队队员等，八路军冀鲁豫军区第二军分区司令员曾思玉的秘书等职。后被送入太行鲁迅艺术文学院学习，由于未通过封锁线，遂转到中共冀南第三地委机关报《人山报》当记者、编辑。1945 年从中共冀鲁豫分局参加整风回来后，到冀鲁豫军区《战友报》社任记者、编辑组组长、副社长。

抗美援朝战争爆发后，李方诗奔赴朝鲜战场，先后任中国人民志愿军第二十兵团宣传部记者、新华通讯社东线记者组组长。他带领全组记者活跃在前沿部队中，发出大量第一手报道。从朝鲜回国后，他参加了《解放军报》社的筹建工作。历任《解放军报》社编辑、副主编、主编、党委委员，济南军区政治部副秘书长等职。

“文化大革命”结束后，李方诗被调入中国人民解放军军事科学院《军事学术》杂志社任总编辑和社长，在推进拨乱反正和军事理论研究方面做了大量工作。1983 年初，调任解放军总政治部副秘书长（正军职）。任职期间，他主持和参加起草了许多重要的政治工作文件。1988 年离休。离休后，发起并参与主编了《中国人物年鉴》。曾获三级独立自由勋章，三级解放勋章。1988 年 7 月，被中央军委授予中国人民解放军独立功勋荣誉章。

李方诗长期从事军队政治工作和新闻宣传工作，曾写下了大量生动感人的战地报道，参与并具体组织了雷锋、王杰和“南京路上好八连”等重大典型的宣传报道，为增强新闻宣传的针对性和指导性、加强部队的政治工作做出了贡献。

1999 年 7 月 20 日，李方诗因病在大连去世，享年 73 岁。

李来柱

李来柱（1932.10—　），山东省莘县莘亭街道曹屯村人，上将军衔。曾任原北京军区司令员。

李来柱是一位敢打大仗、恶仗、硬仗的战将，戎马春秋，骁勇善战，科学带兵，指挥若定，决胜千里，所向披靡。他是一位博学明哲的儒将，爱学习，善思考，重调研，著理论，将实践、治军、恒学作为人生的三大任务。他是入选《中国人民解放军高级将领传》的一代名将，传奇的人生经历、卓著的战功政绩、丰硕的著作成果具有特殊的意义。他是一位曾被斯洛伐克共和国总统鲁道夫·舒斯特赞誉为和平使者的将军，足迹遍及50多个国家，对和平有着精辟的诠释：我们热爱和平，但不幻想和平；我们反对侵略战争，但不惧怕战争。军人最热爱和平，苦练于演兵场是为了保卫人民江山。他亲历了战争的硝烟，最懂得捍卫和平、为国为民的深远意义；珍爱和平，情铸和平，保卫和平，实现人类命运共同体，是义不容辞的责任。他是一位关注民生的公益将军，倾心老少边穷，立法执法，扶贫助残；关心下一代，捐资助学，办校育人，铸魂固根，传承优良作风，以无私奉献点燃祖国的未来、民族的希望。

1932年10月，李来柱出生在山东省莘县曹屯村的一个贫农家庭。童年参加儿童团和青抗先，12岁参加八路军游击队，多次圆满完成侦察任务，被誉为“童子侦察兵”。

解放战争时期，李来柱南征北战，参加了平汉战役、聊博战役、淮海战役、渡江战役、进军大西南、成都会战、连天山战役等200多次战役战斗，12次负伤。特别是淮海战役中血战顿庄，他冲锋在前，被炮弹炸伤昏死一个多小时，醒来后继续战斗。在全连129人打得只剩12名战斗员的情况下，作为阵地上的最高指挥员，凭着人在阵地在、誓与阵地共存亡的英勇顽强，果断指挥，近战歼敌，硬是坚守住了阵地。此战他全身百余处负伤，面部血肉模糊，仅八角帽上留下大小弹孔42个，右眼曾一度失明，从头部、肩部取出较大弹片32块，微小的无以数计，至今体内仍有残留。在7200里进军大西南时，一昼夜徒步奔袭240里，练就了一双“铁脚板”，磨炼了连续行军打仗的战斗作风，经受了艰难困苦的考验。

1950年，李来柱在川南戎州地区执行征粮剿匪建政任务，担任便衣队队长，在深山密林与土匪进行了殊死斗争。创造了奇袭连天山、恶战佛尔崖、血战青峰寺、激战万里箐、活捉战犯王陵基、三打无名洞和抓捕匪特头子等一系列经典战例，带出了一支令敌匪闻风丧胆的便衣队。

社会主义建设时期，李来柱带领部队圆满完成修库建渠、开荒生产、施工营建、抢险救灾、大练兵大比武等任务，被评为先进工作者、工学代表、一等学习模范。《华北解放军报》以《文化战线上的优秀指挥员——李来柱同志》为题进行了报道。在十三陵水库建设中，被毛泽东赞为“标准的军人”。培养出“爱民模范谢臣”“谢臣班”“张振生班”等一批英雄人物和集体。他卫戍北疆12年，在人无房、马无棚、食无菜、喝无水、坚守无工事的情况下，组织部队进行环境建设和阵地练兵，构筑了盘踞祖国北疆的地下钢铁长城，时刻履行着卫戍京畿的使命。总参谋部在师召开了三北四大军区阵地工事配套现场会，总后勤部在师召开了北线寒区部队生活保障现场会，北京军区在师召开了阵地通信保障现场会，先后分别推广了其经验。

在石家庄陆军学校的8年间，李来柱白手起家、艰苦创业，改革创新、大胆突破，科学管理、开放办学。编写了260多种教材，制定的新教学大纲被总参谋部转发全军院校试行，培养了一批批一专多能四会的未来复合型人才，创办了享誉世界的一流学校，被称为中国的“西点”“中点”“重点”。

在北京军区任职13年，胸怀全局，运筹帷幄，宏观指导，严格带兵治军。担负着内卫首都、外镇北疆、跨区机动作战的重大使命，贯彻积极防御的战略方针，瞄准强敌，立足打赢高技术战争。面向未来，科学练兵，建设朱日和训练基地，进行了严寒、炎热、边境、呼包、集二、津承、抗登陆、反突袭、反空降、三打五防、五维战场、野营拉练、联合训练、跨区作战等现代高技术条件下的练兵。特别是“北国利剑”战役演习，开创了现代战役演习的先河，探索了适应未来高科技战争的新路子。圆满完成了精简整编、训练改革、战备建设、首都维稳、南疆轮战、国防工程、抢险救灾、国庆盛典、保卫亚运、植树造林、迎外促内、基层建设、国防动员和人防建设等重大任务。培养了现代战役指挥员及英模连队、三军仪仗大队等先进单位和个人，带出了精兵劲旅，推动了战区建设，开创了拱卫京畿的新局面。他提出并倡导的四边思想、一线带兵人、一线战斗堡垒、一线指挥部、战斗力标准、军人健康标准、拥军书记、带兵十三法、战役训练法、议军制度等得到了发扬光大，有的被军委机关写入文件，在全军推广。

李来柱 20 多次立功，3 次荣立大功，是模范共产党员、一等功功臣、著名战斗英雄、热心绿化事业领导干部、中国首届公益将军。荣获淮海战役、渡江战役、华北解放、华东解放、华中南解放、西南解放等军功章。被授予独立自由奖章、三级解放勋章、独立功勋荣誉章，以及纪念抗战胜利 60 周年、70 周年和在党工作 50 年奖章。毕业于随军学校、第六政治干部学校、第二高级步兵学校、军政大学、中央党校。是中国作家协会会员、中国书法家协会会员、中国军事科学学会特约高级研究员、聊城大学名誉教授、平津战役纪念馆名誉馆长、北京军地两用人才专修学院名誉董事长、莘县将军希望小学名誉校长等。筹建捐助 26 所希望小学，组织修建 30 多个革命纪念场馆。他笔耕不辍，著述颇丰，出版发行了《连长》《带兵论》《情铸雄师》《带兵六十讲》《带兵人的桥和船》《血洗征尘》《军校管理》《军事教练员精要》《带兵经要》《情铸和平》《军地两用人才学》《培养现代战役指挥员》《战区建设》《险峰砺人生》《朝阳情怀》《诗记》《文集》《日记》等 68 部著作，2000多万字。以多种形式向部队和地方捐赠书籍70余万册。

人生就是行军，李来柱经历了跨世纪的历练，经过文武考验。他遇到过60次险情，有过6次死的体验，多次与死神擦肩而过，可谓九死一生。他有英勇善战、视死如归的豪气；高屋建瓴、高瞻远瞩的大气；敢为人先、处变不惊的勇气；慷慨直言、刚正不阿的硬气；廉洁伴行、两袖清风的正气；学而不倦、诗化人生的儒气，始终鞠躬尽瘁，为实现共产主义大业而不懈奋斗。

1993年12月后，李来柱历任北京军区司令员、党委常委、副书记，北京军区第五、第六、第七次代表大会代表。系中共第十四届中央委员，中共第十五次代表大会代表，第七届全国人大代表，第九届全国人大常委会委员、全国人大农业与农村委员会委员，中斯友好小组主席。1988年9月，被授予中将军衔；1994年5月，晋升为上将军衔。

李杰民

李杰民（1921—2010.3），山东省茌平县（今聊城市茌平区）冯官屯镇大吕村人。曾任中国人民解放军海军榆林基地政治委员、海军东海舰队政治部副主任。

1939年，李杰民加入中国共产党，同时参加革命工作，任青年游击队副队长。1940年，在抗日军政大学学习。1941年后，历任莘（县）朝（城）县青年游击队中队长、县武委会组织部部长，聊（城）堂（邑）县武委会主任、县大队副队长。抗日战争胜利后，历任解放军某部团副政治委员，中国人民志愿军新编某团副政治委员，硇洲岛海军巡防区政治委员，海岸炮兵某团政治委员，海口水警区政治部主任、副政治委员、政治委员，南海舰队政治部副主任，海军榆林基地政治委员（正军级），海军东海舰队政治部副主任等职。1988年7月，被中央军委授予中国人民解放军独立功勋荣誉章。

2010年3月，李杰民逝世，享年89岁。

李惠民

李惠民(1921.11—),山东省茌平县(今聊城市茌平区)胡屯镇陈庄人。曾任内蒙古生产建设兵团副政治委员。

1938年,李惠民参加革命工作。1940年5月,加入中国共产党。历任山东省第六区抗日游击司令部第三十二支队班长,八路军第一二九师新八旅二十四团排长、连长、连指导员,新八旅二十二团营教导员等职。1947年后,任华北军政大学学员、华北军政大学组织部巡视员。参加百团大战和上党战役、平汉战役、鄄南战役、郓城战役等,曾4次负伤,系三等甲级残废军人。中华人民共和国成立后,历任青年纵队、绥远学习团政治部组织科副科长、大队政治部主任,解放军第三十二步兵学校大队政治委员、干部科科长、干部部部长、政治部副主任。1965年,任北京军区工程兵第一工区政治委员。1968年,任华北农垦兵团政治部主任。1969年,任内蒙古生产建设兵团副政治委员(副军职)。1975年,任山西省军区顾问。曾获三级独立自由勋章,三级解放勋章。1980年10月离休。1988年7月,被中央军委授予中国人民解放军独立功勋荣誉章。

李福尧

李福尧（1917—2000.3.23），河北省冀州区门庄乡西堤北村人，少将军衔。曾任原中国人民解放军政治部副主任、主任、军副政治委员，原广州军区炮兵政治委员、政治部副主任。

李福尧出生于一户富裕家庭，先在保定的一所小学读书，后又到北平的燕京大学附属中学念书。在北平读书时，他接触到了共产主义思想。

1935 年，面对日本帝国主义的侵略，一二·九学生爱国运动在北平发起，18 岁的李福尧毅然加入爱国运动的行列，和同学们走上街头，高声呼喊“停止内战，一致抗日”“打倒日本帝国主义”等口号。1936 年，李福尧加入中国共产主义青年团，并在同年转入中国共产党。

七七事变后，在平津共产党组织的领导下，李福尧随着党组织渡海来到山东，成为第三集团军政治工作人员训练班中的一员。

1937 年 10 月初，日军占领德州，侵入鲁西北地区。因情况紧急，原西北军爱国将军、聊城六区专员范筑先诚心邀请共产党到这一地区协同抗战，共产党早就准备好与范筑先共同抗日。10 月 12 日，聊城派人到第三集团军政治工作人员训练班挑选学员，李福尧被挑选在内。10 月 13 日，李福尧他们分批离开济南，向聊城进发。

1937 年 10 月 16 日下午 5 点，李福尧等学员们来到聊城。晚上，范筑先突然接到国民党山东省政府主席韩复榘的命令，让其急速向黄河南撤退。当时带领这批学员的是共产党员张维翰，他听到这个消息后，表示不想走，经请示范筑先同意后留下守聊城。张维翰把自己的想法告诉了大家，愿随他打游击的留下，不愿意的可以跟随国民党撤走。最后，李福尧等 28 人留了下来。

这就是后来人传说的“二十八宿守聊城”的原型。他们没有枪支弹药，为了找枪，便来到附近的堂邑县，县长牟锡山没有撤退，他所在县政府里有枪，于是政训队伍就派口才较好的李福尧等人去找牟锡山要枪。经过说服，牟锡山当时就给他们发了10条枪。就这样，政训处把抗日游击队伍成立起来了。后来队伍渐渐发展到三四十条枪、六七十个人。这年11月，中共鲁西特委就此建立了第一支游击队，与此同时，范筑先率队从黄河岸边返回聊城，并通电全国，坚持敌后抗日。12月，这支游击队被命名为山东省第六区抗日游击第一支队，李福尧被任命为支队指导员、党支部书记。第一支队不断发展壮大，后来以该支队为基础，合并冠县、范县、博平、寿张等县地方党组织和政训办事处掌握的武装，在冠县正式成立了中国共产党领导的山东省第六区抗日游击司令部第十支队。

1938年5月，第十支队组建机枪营，李福尧担任教导员。此后，部队不断扩充改编。1938年11月，范筑先将军殉国后，第十支队改编为筑先纵队，李福尧任二团政治委员。1940年6月，筑先纵队和先遣纵队合编为八路军第一二九师新八旅，任旅政治部组织科科长。当年8月以后的几个月内，参加了百团大战。后任冀南军区第三军分区政治部副主任、主任，独立第四旅政治部主任。1945年春，升任冀南军区第三军分区副政治委员兼政治部主任。

抗日战争胜利后，1945年11月，李福尧任晋冀鲁豫军区冀南军区独立第四旅政治部主任。后随晋冀鲁豫野战军强渡黄河，千里跃进大别山，拉开了人民解放军战略进攻的序幕。1947年冬，升任桐柏军区第二十八旅副政治委员。后随中原野战军参加了淮海战役。1949年2月17日，中原野战军第十纵队（即桐柏军区）第二十八旅奉命改编为第二野战军中原军区第五十八军第一七二师，李福尧任第一七二师政治委员。此后参加了渡江战役。1949年5月22日，第五十八军奉命划归第四野战军兼华中军区建制，李福尧任湖北军区（以中原军区、汉江军区、鄂豫军区和桐柏军区一部合编而成）独立三师政治委员。

中华人民共和国成立后，李福尧历任解放军高级工兵学校政治委员，第五步兵学校副政治委员，师政治委员，军政治部副主任、主任、军副政治委员，广州军区炮兵政治委员，广州军区政治部副主任，南京高级陆军学校副政治委员。

1964 年 4 月，李福尧晋升为少将军衔。荣获二级独立自由勋章、二级解放勋章。1988 年 7 月，被中央军委授予中国人民解放军一级红星功勋荣誉章。

2000 年 3 月 23 日，李福尧因病在南京逝世，享年 83 岁。

李聚奎

李聚奎（1904.12.31—1995.6.25），湖南省涟源市龙塘镇新石桥村人，上将军衔。曾任石油工业部部长、原总后勤部政治委员、高等军事学院院长。

1926年9月，李聚奎参加了国民革命军第八军工兵营（后编入湖南独立第五师），在唐生智部任士兵、班长，参加了北伐战争。

1928年7月，中国革命处于低潮，李聚奎在湖南独立第五师一团团长彭德怀等许多共产党人的影响下，毅然参加了平江起义。从红五军班长、排长、中队长（连长）到大队长（营长），他一直在彭德怀指挥下打仗，参加了攻打文家市、长沙、演陂桥等战斗。1928年12月，在军长彭德怀、党代表滕代远的统一指挥下，红五军进军井冈山，与毛泽东、朱德领导的红四军在宁冈会师。

1929年1月中旬，李聚奎参加了井冈山保卫战，率部与敌激战四昼夜，终因兵力众寡悬殊，彭德怀决定撤离井冈山，转战湘鄂赣。1930年1月，黄公略任军长、陈毅任政治委员的红六军成立，下辖第一、第二、第三三个纵队，李聚奎调任第三纵队纵队长。同年6月，红六军归红一军团建制并改称红三军，不久下辖各纵队也改称红七师、红八师、红九师，李聚奎历任红九师二十七团团长、红八师师长、红七师师长，参加了中央苏区的前三次反“围剿”。

1933年2月，中央苏区第四次反“围剿”作战正炽，在江西宜黄南部的大龙坪，李聚奎挟江西金溪西南黄狮渡、浒湾战役大胜之威，果断指挥组织全师穿插包抄，以伤亡46人的较小代价，消灭了敌人一个师部及一个旅3000余人，生俘敌师长李明。同年8月1日，他受到中央革命军事委员会的表彰，荣获二等红星奖章。

1934年2月，时任红一师师长的李聚奎指挥红一师第一团，冒雨疾奔福建建宁西北的三甲嶂，先敌抢占制高点，苦战一昼夜，以1个团顶住了敌3个师（陈诚部）在飞机大炮掩护下的猛烈进攻，使阵地岿然不动。

1934年10月，中央红军被迫长征，李聚奎被中央军委点将，由后卫变为前锋，出潇水、战湘江，抢渡乌江、攻占遵义城、四渡赤水河。他组织部队抢渡大渡河，为掩护中央和红军主力摆脱险境、打开北上通道建立了奇功。

1935年1月，李聚奎奉命指挥红一团担任突破乌江、为全军开路的任务，最终胜利完成。

1935年5月，红军进至大渡河时，蒋介石调集大军围追堵截，妄图使红军成为“石达开第二”。在全军生死存亡的危急关头，李聚奎命令杨得志组织了由17名勇士组成的渡河奋勇队。17名勇士仅凭着一只小船，在火力掩护下，强渡成功，为全军夺占了生死攸关的渡河立足点。

1935年6月，红一、红四方面军会师，为加强两军联系和交流，李聚奎先后调任红四方面军红三十一军、红九军参谋长，对张国焘在红四方面军搞分裂活动进行了坚决抵制。由于张国焘的错误领导，红四方面军一度南下，损兵折将后再度北上。北上途中，李聚奎指挥攻占通渭城，为红军三大主力会师开辟通路。1936年10月，中央军委决定由红四方面军执行宁夏战役计划，执行建立河西根据地和“打通远方”（指苏联）的任务。11月中旬，中央军委决定，渡河部队组成西路军。李聚奎率红九军和红五军、红三十军一起西渡黄河，遭遇到驻守甘肃、青海的马步青和马步芳以骑兵为主力的“马家军”3万余人和10万“民团”的疯狂围追堵截。李聚奎参与指挥红九军攻占甘肃土城、永昌等战斗，予敌以重大杀伤。

1937年1月，西路军全军覆没。在整个河西走廊，骄横凶悍的“马家军”骑兵撒开了一张张密密实实的大网，围追捕杀打散的红军，许多同志惨遭杀害。李聚奎孤身一人，躲藏在荒无人烟的祁连山。在近两个月的逃亡中，他带着一只干粮袋、一根讨饭棍、一个指北针，行乞千里，机智地躲过了敌人的三次搜捕，最后终于回到了红军的行列。

1937年8月，红军改编为八路军北上抗日，李聚奎任第一二九师三八六旅参谋长，是旅长陈赓的得意助手。1938年3月，山西境内神头岭一战，是刘伯承、陈赓、李聚奎共同追求强势缩节、“以石投卵”的典型战例之一，这次战斗的设伏地点是李聚奎提出的。

神头岭战斗后，日军长驱直进的势头不减，很快进占临汾。一时间，从邯郸到长治及从长治到临汾的公路，成为侵华日军为南犯部队提供后方支援的重要交通线。根据掌握的敌情，一二九师首长决心以主力于东阳关与涉县之间的响堂铺伏击敌往返的运输部队，断敌前方补给。李聚奎根据师首长指示，具体部署本旅任务，最终以较小的代价换取了重大的胜利。

1938年春，李聚奎任八路军第一二九师青年纵队政治委员。是年12月，调任一二九师抗日先遣纵队司令员兼任政治委员。1941年春，华北敌后抗日战争进入最艰苦的时期。这时，李聚奎已调任山西青年抗敌决死队第一纵队副司令员。同年8月，决死队第一纵队改称太岳纵队兼太岳军区第一旅，李聚奎担任旅长兼太岳军区岳北军分区（也称第一军分区）司令员。他领导岳北军分区军民进行了开辟太岳抗日根据地的斗争，组织部队和地方民兵开展游击战争。

1942年冬，日军为建立华北“剿共实验区”，分14路进攻太岳区，侵占岳北军分区中心沁源县城，妄图消灭军分区领导机关和主力部队。由于李聚奎部署军民进行了彻底的坚壁清野，日军得到的是一座空城。敌占领沁源后，一面分区“清剿”，一面安据点、修碉堡、筑公路，企图长期占领。根据太岳军区首长的指示，李聚奎首先成立沁源围困指挥部，以第三十八团为主，还有第二十五团、五十四团、洪赵支队等为骨干。结合全县民兵和基干队，组成13个游击兵团，开展群众性的伏击战、麻雀战、冷枪战、地雷战，使敌人一举一动都遭到打击。为孤立敌人，在军队和县委领导下，广泛开展人民战争，实行坚壁清野，埋雷破路，把沁源城及沁源到沁县的公路控制起来，使沁源敌人所需一切物资，既无法从内部找到，也无法从外面运入。1945 年 3 月，我军对沁源城发动最后进攻，敌人的衣食、弹药、水源全断了来源，陷于绝境，最后被迫撤走。

1946 年 12 月，为经营东北，李聚奎和一大批军政干部远赴东北。1947 年初，西满军区成立，李聚奎担任参谋长，协助司令员黄克诚、政治委员李富春工作，率部参加“三下江南，四保临江”战役和东北民主联军发起的夏季、秋季攻势作战。1948 年 4 月，李聚奎担任东北军区后勤部参谋长兼西线后勤司令员、政治委员。

1949 年秋，中华人民共和国成立后，李聚奎担任第四野战军司令部副参谋长。1950 年 6 月，朝鲜战争爆发时，又调任东北军区后勤部部长，受命组建东北军区后勤部，重点担负战争后方勤务工作。1951 年 10 月，荣获朝鲜政府颁发的一级自由独立勋章。

1952 年 9 月，李聚奎出任中国人民解放军后勤学院院长，筹备和创建我军第一所培养后勤专业干部的学府，并提出“以教学为中心”的办学思想，为我军后勤建设的现代化培养了一大批骨干和专门人才。

1955 年，李聚奎荣获一级八一勋章、一级独立自由勋章、一级解放勋章。同年 7 月，我国成立石油工业部，任部长。1958 年，被授予上将军衔。同年 2 月，李聚奎重回军队工作，担任总后勤部政治委员。

1966 年 4 月，李聚奎出任高等军事学院院长。在我军的军事教育战线上，他大力强调建设科学化、专业化的发展思路。“文化大革命”中，被陷害、非法关押。

1977 年 12 月，李聚奎重新落实工作，担任复建的后勤学院政治委员。1981 年 7 月，身体欠佳的李聚奎从领导岗位上退下来，担任中央军委顾问。1988 年 7 月，被中央军委授予中国人民解放军一级红星功勋荣誉章。

1995 年 6 月 25 日，李聚奎在北京逝世，享年 91 岁。

杨方朋

杨方朋（1919.3—2013.2），山东省莘县柿子园镇杨行村人。曾任湖北省军区司令部参谋长。

杨方朋出身于农民家庭，在家乡读过8年书。初中肄业，考入六区政治干部学校学习。后被分配到山东省第六区抗日游击司令部第十支队当文化教员，之后当小学教员。抗日战争全面爆发后，1939年2月，加入中国共产党。9月，任八路军第一二九师筑先纵队第一营第三连排长。1940年3月，任八路军第一二九师新八旅二十二团第一营第四连副连长。1940年9月，任冀南第三军分区永年大队第二连连长。1941年，任第三军分区司令部通信参谋。1945年9月，任第三军分区交通局局长。1945年12月，任冀南第九军分区司令部通信科科长。1946年10月，任冀南第九军分区基干团（后改为八十六团）第一营营长。1948年4月，任十纵二十九旅八十五团第三营营长。1949年，任该团参谋长。参加过淮海战役、渡江战役。中华人民共和国成立后，先后任湖北省军区某团副团长，湖北省军区孝感军分区参谋科科长，湖北省军区司令部治安科科长，武汉军区司令部军训处组织计划科科长、作战处作战科科长、作训处副处长、作战部副部长、交通部副部长，武汉军区某军司令部副参谋长。1973年3月，任湖北省军区司令部参谋长。1978年1月，任湖北省军区顾问。1981年离休。

2013年2月，杨方朋在武汉逝世，享年94岁。

杨俊生

杨俊生（1916—1998.2.15），江西省瑞金市叶坪乡下吴坊村人，少将军衔。曾任原旅大警备区第一政治委员、警备区党委第一书记。

1932 年，杨俊生加入中国共产主义青年团。1934 年，参加中国工农红军，历任队长、文书、班长、政治指导员。参加了长征。1935 年 1 月，转为中国共产党党员。

全面抗日战争时期，1937 年 10 月至 1938 年 11 月，任八路军第一一五师五支队教导员、股长。1938 年 11 月起，任一一五师五支队六团政治委员。1939 年 4 月起，任东进纵队随营学校政治委员。1940 年 2 月起，任运河支队五团政治委员。1943 年 8 月起，任晋冀鲁豫军区第八军分区七团政治委员兼团长。1945 年 1 月起，任第八军分区政治部副主任。

解放战争时期，1945 年 9 月起，任晋冀鲁豫野战军第一纵队一旅旅长。1949 年 2 月起，任中国人民解放军第二野战军第十六军参谋长。

中华人民共和国成立后，1950 年 2 月起，任陆军第十六军参谋长兼贵州省遵义军分区司令员。1950 年 12 月，入解放军军事学院学习。1952 年 9 月至 1955 年 9 月，先后任陆军第十六军、中国人民志愿军第十六军副军长兼参谋长、第一副军长兼参谋长。1955 年 9 月起，任志愿军炮兵指挥所司令员（任期之内，1956 年 3 月起，任志愿军炮兵指挥所党委副书记）。同年 9 月，被授予少将军衔。1959 年 2 月起，任陆军军长。1964 年 8 月至 1968 年 4 月，任旅大警备区政治委员。其间，1964 年 10 月起，任警备区党委第一书记。1968 年 5 月起，任北京卫戍区政治委员、卫戍区党委书记（1968 年 6 月起）。1968 年 9 月至 1969 年 5 月，任第二炮兵司令员、第二炮兵党委书记。1969 年 5 月至 1980 年 5 月，任北京卫戍区政治委员、卫戍区党委书记（1969 年 6 月起）。其间，1968 年 10 月至 1976 年 10 月，任北京市革委会副主任；1971 年 3 月至 1979 年 11 月，任中共北京市委书记（当时设有第一书记）。1980 年 5 月至 1983 年 5 月，任旅大警备区第一政治委员、警备区党委第一书记（1980 年 9 月起）。1981 年 7 月起，享受正兵团职待遇。曾获三级八一勋章、二级独立自由勋章、一级解放勋章。1988 年 7 月，被中央军委授予中国人民解放军一级红星功勋荣誉章。

1998 年 2 月 15 日，杨俊生在北京逝世，享年 82 岁。

吴永光

吴永光（1919.11.13—1982.1.13），湖北省大悟县四姑镇横山村左家人，少将军衔。曾任原武汉军区政治部副主任。

1930年，吴永光加入中国共产主义青年团。1931年，参加中国工农红军。1933年，加入中国共产党。土地革命战争时期，任红四军排长，参加了鄂豫皖革命根据地第二至第四次反“围剿”和长征，转战川陕革命根据地反“三路围攻”和反“六路围攻”。1935年3月，为迎接中共中央和中央红军，强渡嘉陵江，参加红四方面军长征。抗日战争全面爆发后，历任八路军一二九师司令部译电员、机要科副科长、新编第八旅司令部机要股股长、新编第四旅司令部机要股股长、冀鲁豫军区司令部机要科科长。参加了反“扫荡”斗争。

抗战胜利后，吴永光任晋冀鲁豫野战军第二纵队机要室主任、冀南军区机要室主任、晋冀鲁豫野战军第十纵队司令部军政处副处长、桐柏军区司令部军政处副处长。1949年2月17日，晋冀鲁豫野战军第十纵队（桐柏军区）改编为第二野战军暨中原军区第五十八军，吴永光任第五十八军司令部参谋处处长。

中华人民共和国成立后，吴永光历任河南军区陕川军分区政治部主任、副政治委员，洛阳军分区司令员，河南省军区干部部部长、政治部副主任，军区司令部参谋长、副司令员，武汉军区政治部副主任、顾问。1955年，被授予大校军衔。1964年，晋升为少将军衔。曾荣获三级八一勋章、二级独立自由勋章、二级解放勋章。1968年2月5日，湖北省革命委员会成立，吴永光当选为常委（时任武汉军区政治部副主任）。

1982年1月13日，吴永光因病在武汉逝世，享年63岁。

吴 忠

吴忠（1921—1990.2.26），四川省苍溪县人，少将军衔。曾任原广州军区副司令员。

1933 年，12 岁的吴忠在木门镇参加了红军。经过短暂的新兵训练后，被编入红三十军九十师二六八团做宣传员。这年秋天，他加入中国共产主义青年团。同年 11 月，被派往连队任班长，不久升为排长，参加了粉碎敌人“六路围攻”的万源保卫战。当红军展开全面反击时，红三十军直插敌军第一、第二路后方的黄木垭，他在追击中左腿不幸负伤。伤愈后，又被调回政治处任共青团干事。1935 年，成为中共党员。这年 6 月中旬，被调到红三十军第八十九师政治部任共青团书记。1936 年夏天，进入红军大学学习。同年冬天，随“红大”到达陕北。

1937 年春，吴忠从延安抗日军政大学毕业后，被派往云阳镇八路军总部特务团，先后任排长、副连长，不久又调绥东游击大队任大队长。1939 年冬，调任八路军一一五师晋西独立支队中队长。1940 年，调任一一五师教三旅八团，先后任副营长、营长，率部参加了反“扫荡”战斗。1942 年 11 月底，调任冀鲁豫区昆山张秋地区游击支队支队长，以恢复和扩大昆山、张秋一带的抗日根据地。

1944 年 5 月 7 日，昆张一带 7 处据点的伪军向游击支队投降。鉴于此有利形势，从 5 月 11 日开始，曾思玉率领的军分区主力，在吴忠领导的昆张支队、地方武装及民兵的配合下，向伪军展开了强大的政治攻势。7 天之内，我军攻克或迫使敌人放弃了昆张地区的大部分农村据点。1944 年 7 月，冀鲁豫第八军分区主力和昆张支队围攻张秋城，虽久攻不克，但伪军亦伤亡惨重。10月12日，伪军放弃张秋城，逃往阳谷。张秋城解放后，吴忠奉命离职前往冀鲁豫分局党校参加整风学习。1945年5月，整风结束，又被调往冀鲁豫军区第八军分区第五团任副团长、团长。率部参加了1945年7月下旬发起的解放阳谷的战役，并担任攻城部队的主攻任务，还参加了冀鲁豫三路大军对日伪军展开的反攻战役。

抗战胜利后，吴忠被任命为晋冀鲁豫军区第七纵队第二十旅第五十八团团长。1946年6月下旬，奉命率领第五十八团在兄弟部队的配合下，一举攻占宁陵西北的吕庄，全歼敌整编第五十五师第一八一旅旅部及一个团。接着又奉命率部开往巨野附近的章缝集地区，参加围歼国民党五大主力之一的第五军和整编十一师的巨野战役。

1947年3月中旬，吴忠被任命为晋冀鲁豫野战军第七纵队第二十旅副旅长。9月，升任旅长。同年底，他同政治委员刘振国率第二十旅护送中原野战军司令员刘伯承和野战军领导机关、中原局机关，乘敌之隙，隐蔽开进，北渡淮河，创建新的根据地。1948年冬，当中原、华东野战军发起淮海战役后，吴忠奉命率部阻击黄维兵团东进，以确保我军全歼徐州守敌。1949年2月，吴忠被任命为第二野战军第五兵团十八军第五十二师师长，率部参加了渡江战役和协同华东野战军占领南京国民党总统府及攻占上海战役。之后又随军南下，参加了解放贵阳和成都等战役。

中华人民共和国成立后，吴忠率先遣部队奉命到甘孜地区调查兵要地志，侦察敌情道路，修筑机场、造船，进行昌都战役的准备和着手进藏的工作。1950年10月，任第五十二师师长兼政治委员的吴忠参加了西南军区决定发起的昌都战役。随后，调南京军事学院学习。1952年，吴忠从南京军事学院毕业后，被任命为志愿军第十二军第三十一师师长，率部入朝，参加了

1952年冬季和1953年的春季战役。1954年5月后，历任解放军机械化师师长，第四十军副军长、军长。1968年5月后，任北京卫戍区第一副司令员、司令员。1971年3月至1977年9月，任中共北京市委书记（当时设有第一书记）。1973年5月至1977年9月，任北京市革委会副主任。1976年，奉命抓捕“四人帮”。1977年9月，在担任了7年北京卫戍区司令员后奉调到广州军区，任副司令员。1979年1月，参加对越自卫反击战。1987年离休后，仍在为部队建设贡献余力。

吴忠于1955年被授予少将军衔。曾荣获三级八一勋章、二级自由勋章、二级解放勋章。1988年7月，被中央军委授予中国人民解放军一级红星功勋荣誉章。

1990年2月26日，吴忠在海南岛不幸逝世，享年69岁。

何光宇

何光宇（1910—2008.6.11），湖北省大悟县宣化店镇墨斗关人，少将军衔。曾任甘肃省军区司令员、原兰州军区副司令员兼后勤部部长。

1929年，何光宇参加中国工农红军，同年加入中国共产主义青年团并转为中国共产党党员。土地革命战争时期，何光宇先后任红四军第十三师三十九团连长、豫鄂皖游击队第六支队便衣队队长、红十五军团司令部管理科科长、第七十八师三十四团团长。参加了鄂豫皖苏区反“围剿”和直罗镇战役。参加了长征。1937年，入延安“抗大”学习。

1938年春，党中央派中共陕甘宁边区党委书记郭洪涛率50名干部到山东工作，何光宇就是其中之一。他从延安启程，在西安上火车，再从西安坐闷罐车到河南民权县下车，经郓城进入山东泰西地区。

1938年5月，泰西特委成立，段君毅任特委书记，何光宇负责军事工作。后“山东西区人民抗敌自卫团”建立，张北华任自卫团主席，何光宇任副主席。后来，这支部队发展到2700余人，整建制地编成八路军山东纵队六支队，刘海涛任司令员，何光宇任副司令员。

1939年5月，山东纵队六支队与八路军一一五师师部会合。同年6月，何光宇任司令员兼泰西军分区司令员。1940年，任鲁西军区运河支队四团团长。1942年，任冀鲁豫军区第二（运西）军分区副司令员。1944年5月，冀鲁豫、冀南军区合并后，原冀鲁豫军区第二（运西）军分区改为冀鲁豫军区第八（运西）军分区，何光宇任司令员，为中共冀鲁豫区第八地委委员。

解放战争时期，何光宇任冀鲁豫军区第二、第七军分区司令员，参与指挥了朝南战役、阳谷战役等。1946年3月，调任济宁市卫戍区司令员。11月，复任冀鲁豫第七军分区司令员。后任冀鲁豫军区副参谋长、第二野战军第五兵团司令部军政处处长。参加了淮海战役、渡江战役等。

中华人民共和国成立后，何光宇任贵州军区副参谋长、参谋长、第二副司令员兼参谋长、司令员，甘肃省军区司令员，兰州军区副司令员兼后勤部部长。

1955 年，何光宇被授予少将军衔。曾荣获二级八一勋章、二级独立自由勋章、一级解放勋章。1988 年 7 月，被中央军委授予中国人民解放军一级红星功勋荣誉章。是中华人民共和国第四、第五届全国人民代表大会代表。

2008 年 6 月 11 日，何光宇在西安病逝，享年 98 岁。

张士诚

张士诚（1921—1998），山东省茌平县（今聊城市茌平区）韩屯镇魏田庄人。曾任原武汉军区政治部副主任。

张士诚自幼读书，武训中学肄业。1938 年 6 月，参加革命，同时加入中国共产党。曾任八路军一二九师先遣纵队供应处科员、工作团团员、指导员，冀南三分区交通站指导员、政治委员，冀南军区轮训大队、中共冀南区党校学员，晋冀鲁豫军区二纵二十三团党总支书记、股长、教导员、团政治处主任，二野三兵团政治部科长。中华人民共和国成立后，历任十二军政治部科长、团政治委员，师政治部副主任、主任。1951 年，参加抗美援朝战争。1955 年，任南京军事学院政工教授会教员、基本系政治处主任、训练部政治处主任。1969 年，任中央广播事业局军管组副组长。1973 年，任二十军副政治委员。1979 年，任武汉军区政治部副主任。1983 年 5 月，任武汉军区政治部正军职顾问。1986 年离休。1955 年，被中央军委授予三级独立自由勋章、三级解放勋章。1988 年 7 月，被授予中国人民解放军独立功勋荣誉章。

1998 年，张士诚逝世，享年 77 岁。

张正光

张正光（1916—2004.4.26），湖南省平江县人，少将军衔。曾任中国人民解放军总参三部第一政治委员。

1930年，张正光参加中国工农红军。1932年，由中国共产主义青年团转入中国共产党。土地革命战争时期，任红五军政治部宣传员、团宣传队队长、政治部青年干事、政治教员、红军大学二科队政治指导员、中央红军教导师特科团政治主任教员，教导师政治部宣传科副科长、俱乐部主任，参加了长征。抗日战争时期，任中国人民抗日军政大学大队政治处主任，第三分校政治部副主任，八路军留守兵团宣传部部长，陕甘宁、晋联防军政治部宣传部副部长，鄂东地区中心县委书记兼军事指挥部政治委员。解放战争时期，任冀鲁豫军区第四军分区政治部主任，八分区副政治委员、冀鲁豫军区军政干部学校政治委员、冀鲁豫军区政治部副主任。1949年8月至1952年6月，任平原省军区政治部副主任。1952年6月后，任华北军区政治部青年部部长、干部部部长，北京军区副政治委员，总参三部第一政治委员。1955年，被授予少将军衔。是政协第六届全国委员会委员，中共第九次全国代表大会代表。

2004年4月26日，张正光在北京逝世，享年89岁。

张光华

张光华（1912—1986.10.10），江西省宁都县固厚乡小洋旻村人，少将军衔。曾任总高级步兵学校干部部部长。

1931年，张光华参加当地游击队，后在乡苏维埃政府任土地委员。土地革命战争时期，历任红一军团二师三十四团班长、二师六团三营八连指导员、陕北第三后方医院总支书记。参加了中央革命根据地第四、第五次反“围剿”作战和长征。

抗日战争全面爆发后，张光华任八路军前方总指挥部卫生部政治处教育股股长、第一兵站总支书记、兵站政治委员。1940年5月起，任冀鲁豫军区卫生部政治委员、军区政治部组织部部长。

抗日战争胜利后，张光华任冀鲁豫军区随营学校政治委员兼教导团政治委员。1949年2月，中原野战军第十一纵队和冀鲁豫军区部队奉命合编为第二野战军第五兵团十七军，张光华任十七军政治部组织部部长。1949年4月，任第二野战军第五兵团第十七军五十一师政治委员。解放战争时期，张光华参加了淮海战役、渡江战役等。

中华人民共和国成立后，1950年4月1日，贵州军区独山军分区（第五兵团第十七军五十一师兼）成立，张光华兼任政治委员。同年5月，第二野战军和所属兵团番号取消，所辖部队划归西南军区建制，张光华兼任贵州军区独山军分区政治委员。1952年，西南军区炮兵军械部领导开展“三反”运动，张光华被评为模范工作组组长。1954年，任西南军区干部部任免处处长。1955年4月，任总高级步兵学校干部部部长。同年，被授予少将军衔。

1986年10月10日，张光华因病在济南逝世，享年74岁。

张步峰

张步峰（1914—1999.10.28），河南省安阳市人，少将军衔。曾任原总后勤部卫生部部长。

张步峰出身于农民家庭。7岁读私塾，后因家里无力交纳地租辍学。1926年，父亲把他送到开封伯父家，在铁工厂当学徒。1928年，到冯玉祥部队当兵，在师训练队学医，毕业后到七十四旅一团，任看护、司药。1931年，参加红军。1935年，加入中国共产党。

土地革命战争时期，张步峰任中国工农红军第五军团四十三师一二七团医生，红一军第一师卫生部医生，红一军团第一师二团卫生队队长、第二师卫生队副队长、第四师卫生队队长。参加了长征。

抗日战争时期，张步峰任八路军一一五师三四三旅六八六团卫生队队长、独立旅卫生处处长，鲁西军区卫生部副部长兼黄河支队卫生处处长。1942年，任冀鲁豫军区卫生部副部长、部长，所辖医院收治量达千人。

解放战争时期，张步峰任冀鲁豫军区卫生部部长。其间，1946年，任晋冀鲁豫军区卫生部副部长；1948年，任十八兵团后勤部副部长。

中华人民共和国成立后，张步峰任西南军区卫生部副部长，云南军区后勤部副部长。1953年，任志愿军后勤部副部长兼卫生部部长，组建志愿军总医院。曾获朝鲜二级国旗勋章。1955年，被授予少将军衔。获二级八一勋章、二级独立自由勋章、二级解放勋章。1988年7月，被中央军委授予中国人民解放军一级红星功勋荣誉章。1958年回国，任第四军医大学校长。1964年，任总后勤部卫生部部长。1967年，因病离职休养。

1999年10月28日，张步峰因病在北京逝世，享年85岁。

张希才

张希才（1912.10—1986.5.12），安徽省霍邱县毛清窑村人，少将军衔。曾任原南京军区后勤部皖南基地政治委员，原南京军区后勤部副政治委员、顾问。

1929年，张希才加入中国共产主义青年团。1931年参加中国工农红军后，被分配到霍邱县红军游击师任通信员。11月，由共青团员转为共产党员。同年，先后从战士、班长、排长被提拔为连指导员。1932年，霍邱保卫战失利以后，游击师因减员太多，被编入红二十五军，张希才在红二十五军政治部保卫局担任指导员。9月，大英山战斗中，张希才负了重伤，伤愈后调军部任连政治指导员，两个月后又调任红二十五军七十五师二二三团一营政治委员、军供给部政治委员、红十五军团供给部政治委员。参加反“围剿”战斗和长征。

抗日战争全面爆发后，张希才到抗日军政大学学习。抗大毕业后，被派到前方八路军一一五师三四四旅直属队担任党总支书记。不久，被派到六八七团一营担任政治委员，后任旅供给部政治委员，冀鲁豫军区供给部政治委员、后勤部部长，教导第七旅政治部主任，冀鲁豫军区第三军分区政治委员，冀南军区第七军分区政治部主任，冀鲁豫军区第七军分区政治委员。

解放战争时期，张希才任冀南军区第七（鲁西北）军分区副政治委员、第一军分区副政治委员兼政治部主任、冀南军区参谋长。1948年3月，冀南军区部队改编为晋察冀野战军第十四纵队，同年5月编入华北军区野战第一兵团，张希才调任十四纵四十二旅政治委员，参加了临汾战役、太原战役和进军中原的战斗，参与指挥了郑州战役、新乡战斗、旬封战斗、安阳战役等。1949年1月，四十二旅改编为华北军区第七十军二一〇师，张希才任师政治委员，不久调任华北军区二〇七师政治委员，率部开赴天津、塘沽地区，执行海防任务。年底，华北军区组建炮兵部队，张希才调任炮兵政治部主任。

中华人民共和国成立后，张希才先后华北军区第二〇七师政治委员、华北军区炮兵政治部主任、华东军区防空部队政治部主任。1955 年，被授予少将军衔。荣获二级八一勋章、二级独立自由勋章和一级解放勋章。是上海市第三届人大代表、第四届全国人大代表。1960 年，担任南京军区炮兵副政治委员。1961 年后，先后任南京军区后勤部皖南基地政治委员，南京军区后勤部副政治委员、顾问。1982 年 9 月，张希才离休。

1986 年 5 月 12 日，张希才因病在南京逝世，享年 74 岁。

张宜步

张宜步（1913—2011.3.23），福建省永定区湖雷镇莲塘村人，少将军衔。曾任中国人民解放军海军舟山基地副司令员。

1928年，闽西爆发了由张鼎拯、邓子恢领导的农民暴动，在永定溪南创建了福建第一块革命根据地，成立了苏维埃政权。1929年，张宜步参加乡苏维埃少年先锋队。1930年5月，正式参加苏维埃游击队。1931年2月，张宜步所在的苏维埃游击队被编为红十二军三十四师一〇一团一连，参加中央苏区反"围剿"战斗。同年12月，调任福建军区后方留守处文印员。1932年3月，任驻宁化红十二军后方医院书记，加入中国共产主义青年团。1934年6月，任红八军团卫生部书记，后任军团部书记。1934年12月，任红五军团第三十九团二营营部书记兼通信班班长，同年转为中国共产党党员。在长征途中，张宜步经历了诸多战斗，跟随部队连续突破四道封锁线，参加了湘江阻击战和突破乌江、抢渡金沙江等战斗。1935年11月，任红四方面军三十一军九十一师二七三团书记。1936年3月，调任红三十一军九十一师宣传队分队长。

抗日战争全面爆发后，1937年8月，张宜步任八路军一二九师三八六旅七七一团政治处技术书记。1938年9月，任一二九师青年纵队政治部总务科长兼秘书。1939年7月，任一二九师青年纵队新四旅供给处政治委员。1942年6月，任冀南军区军工科政治委员。9月，调任冀南军区后勤部政治处主任。12月，调任冀南军区第四军分区后勤科政治委员兼供给处政治委员。1944年10月，任冀鲁豫军区后勤部政治处副主任，后任主任。

解放战争时期，1945年10月，张宜步任晋冀鲁豫军区第二纵队供给部政治委员。1946年7月，任冀南军区供给部第一副政治委员。1947年5月，任晋冀鲁豫军区第二纵队供给部政治委员。1947 年 7 月，任晋冀鲁豫军区第二办事处政治委员兼第二纵队供给部政治委员。1949 年 3 月，任中国人民解放军第二野战军第三兵团第十军后勤部副政治委员兼供给部政治委员。

中华人民共和国成立后，1950 年 2 月，张宜步调任川南行署工商厅厅长兼劳动局局长。1951 年 2 月，任第二野战军第三兵团第十军后勤部部长。1952 年 4 月，第十军改编转入海军，先后任华东军区海军后勤部副部长、部长，海军东海舰队第一任后勤部部长。1955 年，被授予海军大校军衔。1960 年 3 月，进入中国人民解放军海军学院学习。1962 年 3 月，调任海军舟山基地副司令员。1964 年，晋升海军少将军衔，荣获三级八一勋章、二级独立自由勋章、二级解放勋章。1966 年，因病离职休养，享受副兵团职待遇。在海军工作期间，张宜步作为高级后勤干部，为新中国海军的基础建设呕心沥血，做出了巨大贡献。1988 年 7 月，被中央军委授予中国人民解放军一级红星功勋荣誉章。2005 年，获中国人民抗日战争胜利六十周年纪念荣誉奖章。

张宜步离职休养后，仍然潜心学习，老有所为。1988 年 6 月，荣获全国“老有所为”精英奖。1995 年，参加干休所老干部讲师团，各类宣讲累计 350 多场。2001 年，荣获海军东海舰队优秀离休干部称号。

2011 年 3 月 23 日，张宜步在上海逝世，享年 98 岁。

陈中民

陈中民（1918—1987.5.5），山东省长清县（今济南市长清区）人，少将军衔。曾任中国人民解放军军政大学副校长兼军事系主任、军事学院副院长。

1935年，陈中民参加革命。1936年8月，加入中国共产党。1937年七七事变后，受党组织派遣到鲁西北参加创建中国共产党直接领导的抗日武装——山东省第六区游击司令部第十支队，任连长。后赴延安抗日军政大学学习。1938年11月15日范筑先将军殉国后，中共鲁西特委决定以第十支队为基础，于1939年1月建立第一二九师筑先纵队。这时，陈中民从延安学习结业后，被派回鲁西，历任筑先纵队副营长、营长。1940年6月，筑先纵队与先遣纵队合编为第一二九师新八旅。8月，根据八路军总部命令，新八旅参加了百团大战。1941年，陈中民升任八路军一二九师新八旅团参谋长，后任副团长、团长。

解放战争时期，1945年11月，陈中民升任晋冀鲁豫军区第二纵队第五旅参谋长。先后参加了陇海战役、定陶战役、巨野战役、滑县战役等。1948年，升任中原野战军第二纵队第五旅副旅长兼鄂豫军区第一军分区副司令员。年底，率部参加了淮海战役。1949年2月后，任中国人民解放军第二野战军第十军第二十八师师长，后参加了渡江战役及进军大西南和成都战役。

中华人民共和国成立后，1950年，陈中民任二十八师师长兼川南军区宜宾军分区司令员、地区专员。1951年，入南京军事学院学习。1954年底赴苏联，先后在伏龙芝军事学院、伏罗希洛夫军事学院学习。1955年，被授予大校军衔。1958年，任中国高等军事学院科研部副部长。1961年，晋升为少将。荣获二级独立自由勋章、二级解放勋章。1963年后，任高等军事学院训练部部长、副教育长兼战役教研室主任。1969年，任北京军区副参谋长。1972年后，任中国人民解放军军政大学副校长兼军事系主任、军事学院副院长。为政协第五届全国委员会委员。

1987年5月5日，陈中民在北京逝世，享年69岁。

陈　庚

陈庚（1921.6—2013.9.2），聊城市清平县晁寨村（今属临清市）人。曾任中国人民解放军原北京军区装甲兵政治委员。

陈庚在教师训练班毕业后，任小学教员。1938春，参加清平县抗日救国团；7月，赴延安抗日军政大学学习。1939年4月，加入中国共产党。1940年4月毕业，历任晋察冀军区青年支队、雁北支队连指导员，分区直属队、繁峙支队特派员、总支书记兼协理员、军分区政治部科长。1945年，在繁代战役中负伤，定为二等残废军人。参加平津战役后，历任北岳军区前线政治部组织科科长，察哈尔军区政治部组织科科长、编练基地政治部副主任，华北装甲兵部队科长、技术部副政治委员，军委第四坦克学校政治部副主任。其间，入解放军政治学院速成系学习。1956年8月后，任坦克某师政治部主任、政治委员。1969年，任北京军区装甲兵副政治委员、政治委员。1978年，任北京军区装甲兵顾问。1983年4月离休。

2013年9月2日，陈庚因病在北京逝世，享年92岁。

陈 沂

陈沂（1912.1.22—2002.7.26），贵州省遵义市新舟镇人，少将军衔。曾任原总政文化部部长、中共上海市委副书记兼宣传部部长。

陈沂曾在遵义省立三中读书。中学毕业后，考入四川大学工学院。1929 年，在祖母的资助下，去了上海，在上海中华艺术大学参加青年反帝同盟、左联外围组织，投身革命。

1930 年，中国左翼作家联盟在上海成立，陈沂作为进步的文学青年，列席了成立大会。1931 年，他考入北平中国大学，参加了北平左联，并担任候补执委。九一八事变后，北平各大学学生组织南下请愿示威团，陈沂是示威团的领导成员，并担任纠察队队长。同年，加入中国共产党。

1932 年，北方文化总同盟成立，陈沂担任北方文化总同盟主任、党团书记。1933 年，被国民党当局逮捕，押送南京，被判处 5 年徒刑。1935 年，由其父亲营救出狱，先回贵州，后去上海，担任《救国日报》编辑。西安事变后，现代著名诗人、文艺理论家冯雪峰，《革命军报》总编辑潘汉年来到上海，帮助他恢复了党组织关系。

1937 年，陈沂去了南京，李克农安排他到国民党军事委员会抗敌剧团工作。抗敌剧团到武汉时，他受李涛邀请，去了晋城，又进入太行山，在干部培训班当教员。

1938 年，日军进犯晋北后，陈沂担任太行游击司令部民运科科长。朱瑞创办晋南军政干部学校后，他出任校务部主任。晋南军政干部学校停办后，到北方局任宣传干事。

1939 年，陈沂到冀南，任《冀南日报》总编辑。1941 年，到聊城地区任鲁西日报社社长。1942 年，到山东分局任宣传部代部长、大众日报社社长。后任山东分局宣传部部长，主抓文艺宣传工作。

1946 年，陈沂被任命为华东局宣传部部长。后经陈毅同意批准，跟随罗荣桓去了东北，担任东北民主联军总政治部宣传部部长。之后东北局任命陈沂为野战政治部副主任、代主任。

野战政治部撤销后，陈沂回到东北民主联军总政治部，被安排到西满，担任西满军区政治部副主任兼宣传部部长。

1947 年，陈沂回到哈尔滨，任东北民主联军后勤司令部政治部主任。1948 年，担任东北野战军后勤部副政治委员兼政治部主任。辽沈战役结束后，升任东北野战军后勤部政治委员。

中华人民共和国成立后，陈沂担任总政文化部部长。在抗美援朝战争中，三度作为副总团长去朝鲜慰问参战部队。1955 年，被授予少将军衔。

1957 年 3 月，总政文化部和总政宣传部合并为总政宣传部。11 月，陈沂被调到对外文化委员会工作。1958 年 3 月，被错划右派，下放到黑龙江省齐齐哈尔园艺试验站任副站长，主要负责监督劳动。1959 年，被调到嫩江农业科研所担任办公室副主任，不久去畜牧场任副场长。1961 年，被调回哈尔滨，担任黑龙江省作家协会副主席。

1962 年，陈沂从黑龙江作家协会被调离出来，安排到双城拖拉机站工作，任副站长。1965 年 11 月，他又回到哈尔滨工作。1966 年 4 月，担任哈尔滨市二轻局副局长。

1979 年 6 月起，陈沂担任中共上海市委副书记兼宣传部部长，主要负责意识形态方面的工作。

1983 年 2 月起，陈沂担任上海市人大常委会副主任兼财经委主任。曾先后列席了辽沈战役纪念馆建馆委员会第二次和第四次会议。1986 年 10 月 31

日，辽沈战役纪念馆新馆落成。1987 年 6 月 15 日，辽沈战役纪念馆建馆委员会第二次会议决定，任命陈沂为《辽沈决战》编辑部主编。

陈沂曾荣获二级独立自由勋章、一级解放勋章。是中共中央委员会第八次代表大会列席代表、第十二次代表大会代表，政协第七届全国委员会委员。1996 年，陈沂被聘为中国文联荣誉委员，被誉为“文化将军”。著有《把人民解放军的文艺工作提高一步》《停战后的朝鲜》《在国际主义大家庭中》《五十年一瞬间》等书。

2000 年 7 月 26 日，陈沂在上海病逝，享年 90 岁。

陈鹤桥

陈鹤桥（1914.8—2008.12.21），安徽省霍邱县曹家庙镇火烧楼村人，少将军衔。曾任中国人民解放军第二炮兵政治委员。

20世纪20年代，陈鹤桥参加了中国共产党领导的霍邱县农民协会的青年农会。1931年，参加了霍邱县四区农民武装暴动。同年3月，加入中国共产主义青年团，担任七乡团支部书记、四区区委宣传委员等职。1932年夏，蒋介石到鄂豫皖根据地进行第四次“围剿”，霍邱县城失守，陈鹤桥随县机关撤退到英山、霍山境内。10月，被编入红十二军。不久，红十二军番号撤销，于1933年1月被编入红二十八军（又称八十二师），陈鹤桥任政治部宣传部宣传队队长兼中共皖西北道委会文印科科长。1934年，调任红二十五军政治部文印科科长，同年转为中国共产党党员。这年11月，红二十五军开始了长征。在长征中，他担任军政治部党支部书记。到达陕北后，参加了直罗镇战役、东征战役、西征战役等。

1937年8月，陈鹤桥到延安抗大学习。12月，由于工作需要，还没毕业就被调到校部当秘书。1938年春，又被调到抗大政治部宣传科工作。先后担任了抗大政治部党务科副科长兼校直党总支书记，抗大总校政治部秘书处副处长、政治部党务科科长、政治部组织科科长、上级干部科政治处主任、总校党务委员会委员等职。由于工作成绩突出，1941年6月，在庆祝抗大五周年大会上，被授予“忠诚党的教育事业的模范干部”荣誉称号并得到奖证。

1942年8月，陈鹤桥调任太行陆军中学政治委员兼政治处主任。1943年9月，调到八路军总部任中共北方局秘书处处长。1944年，调任冀鲁豫军区政治部组织部部长。

1947年6月，陈鹤桥奉命从冀鲁豫军区调到晋冀鲁豫野战军政治部，任组织部副部长，之后又任组织部部长、中原军区政治部组织部部长、第二野战军政治部组织部部长等职。参加了鲁西南战役、进军大别山、淮海战役、渡江战役、西南战役。

中华人民共和国成立后，陈鹤桥任西南军区政治部组织部部长兼政治干部管理部部长，并担任军区党委常委、军区纪律检查委员会副书记。

1954 年 5 月，陈鹤桥担任陆军第十四军政治委员。1955 年，被授予少将军衔，并获得二级八一勋章、二级独立自由勋章、一级解放勋章。1957 年 4 月到 1958 年 9 月，入解放军政治学院学习。1960 年 5 月，担任昆明军区副政治委员。1965 年 8 月，担任军委通信兵部政治委员。“文化大革命”期间，他始终坚持真理，坚持党性，在遭受残酷的政治迫害的情况下，以极大的勇气和魄力，同林彪反革命集团、“四人帮”进行了坚决的斗争。

1975 年 5 月，陈鹤桥任第二炮兵政治委员。1982 年 11 月，退出第二炮兵领导岗位后，他一如既往地关心党和国家大事，关心军队特别是战略导弹部队建设，关心革命老区的经济建设，积极参加社会活动和公益事业，为党和人民做出了许多有益工作，撰写了《我在西北经历的三次红军大会师》《回忆刘邓首长指挥二野渡江作战和准备向大西南进军》等几十篇回忆文章。

1988 年 7 月，陈鹤桥被中央军委授予中国人民解放军一级红星功勋荣誉章。是第六届全国人大常委会委员，中共第十一届中央军事委员会委员，中共十一大、十二大代表，第七届全国人大华侨委员会委员。

2008 年 12 月 21 日，陈鹤桥在北京病逝，享年 94 岁。

范阳春

范阳春（1913.10—1994.2.24），福建省永定县金砂乡古木村人，少将军衔。曾任原通信兵政治部主任、通信兵副政治委员兼政治部主任、原总参谋部通信部副政治委员。

1928年，范阳春参加县赤卫团。1930年，加入中国共产主义青年团。1931年，闽西特委开展了轰轰烈烈的“扩红运动”。范阳春作为共青团员，带头参加中国工农红军，被编入左权任军长的闽西红军第十二军。土地革命战争时期，范阳春历任红十二军军部收发员，红一军团一师师部文书、译电员。1932年，转为中国共产党党员。曾参加中共苏区第四、第五次反“围剿”作战和二万五千里长征。到达陕北后，参加了直罗镇战役。

抗日战争时期，范阳春任八路军一一五师师部连副指导员、指导员，师卫生部教导员，师政治部组织干事，八路军东进抗日挺进纵队政治部组织部副部长，鲁西军区运河支队政治处副主任、军区政治部组织科科长。参加了平型关战役等。1941年，入中共北方局党校学习，随后任冀鲁豫军区第八军分区后勤处政治委员、军分区政治部主任。

解放战争时期，范阳春任冀鲁豫军区第八军分区副政治委员、第二野战军第五兵团第十六军四十六师政治委员，率部参加了渡江战役、西南战役等。

1951年，范阳春参加了抗美援朝战争，任中国人民志愿军第十六军政治部主任，参加了第一至第五次战役，荣获朝鲜二级自由独立勋章。1955年回国后，入解放军政治学院速成系学习。1956年毕业后，任通信兵政治部主任、通信兵副政治委员兼政治部主任、总参谋部通信部副政治委员。其间，范阳春在1955年被授予中国人民解放军少将军衔，曾荣获三级八一勋章、二级独立自由勋章、一级解放勋章。1988年7月，被中央军委授予中国人民解放军一级红星功勋荣誉章。

1994年2月24日，范阳春在北京逝世，享年81岁。

林 彬

林彬（1922.12—2003.3），山东省冠县清泉街道西街村人。曾任原总参纪律检查委员会副军职专职委员。

沙春莲（即林彬）7 岁进入冠县女子学堂。后来，冠县女子学堂改为师范学校。1936 年夏，15 岁的沙春莲从师范学校毕业，应聘到冠县城外两公里的元庄小学教书。

1937 年秋，沙春莲加入中国共产党外围组织。1938 年 3 月，参加了冠县举办的第一期军政干部训练班，结业后到冠县妇救会工作，任教育股股长。同年 7 月，光荣地加入中国共产党。接着，沙春莲参加了冠县游击大队。出于安全和工作的需要，党组织让她改名字，沙春莲改名林彬。

1939 年，林彬在鲁西四县边区从事妇女工作，担任寿张县妇女委员会书记。1940 年 1 月至 3 月，在鲁西区党校学习。在学习期间，与时任八路军一一五师第三四三旅旅长兼鲁西军区司令员的杨勇结婚。同年 4 月，林彬调入八路军一一五师三四三旅任报务员，后调任三四三旅政治部任副政治指导员。1941 年 5 月至 1944 年 4 月，在延安中央党校、延安大学学习。1944 年 5 月起，先后任冀鲁豫财办生产指导处干部科副科长、冀鲁豫区党委工作团组织委员。抗日战争胜利后，1945 年冬，任晋冀鲁豫军区第七纵队政治部干事、副科长。

中华人民共和国成立后，林彬转地方工作，先后任河南省开封贸易公司干部科科长、贵州省贸易总公司干部科科长兼办公室主任、贵州省百货总公司经理。1953 年调北京后，先后任商业部中国百货公司纸张科副科长，商业部中国文化用品公司业务处副处长，国务院财贸办公室工业组织员、副组长。“文化大革命”中，遭受迫害。当时，任中国人民解放军副总参谋长兼北京军区司令员的杨勇于1969年初被林彪反革命集团、“四人帮”关押后，林彬带着身边的三个子女，被迫下放宁夏“五七干校”达三年之久。

“文化大革命”结束后，1978年8月，林彬任新疆维吾尔自治区人民政府驻北京办事处主任。1979年9月，调入中国人民解放军总参谋部办公厅任正师级秘书。1980年6月，出任总参军事法院院长。1984年1月，任总参纪律检查委员会副军职专职委员。同年12月，担任总参政治部顾问。

1988年9月，林彬被中央军委授予中国人民解放军独立功勋荣誉章。离职休养后，享受正军级生活待遇。

2003年1月，林彬在北京逝世，享年81岁。

罗仁全

罗仁全（1911.2.17—1993.6.4），江西省吉水县小沙村人，少将军衔。曾任湘南军区司令员兼党委书记、原湖南军区第一副司令员。

1929 年，罗仁全参加中国工农红军。1930 年，加入中国共产党。土地革命战争时期，历任红一方面军赣江独立团连长、副营长、营长，公略独立营营长，红八军团七团营长，红四方面军九军二十五师七十三团参谋长、团长等职。参加了中央苏区反“围剿”，后参加了长征。1937 年七七事变后，罗仁全在延安抗日军政大学任队长，后任冀鲁豫军区湖西军政干部学校校长，教导四旅十团副团长、团长等职。解放战争时期，1946 年秋，任冀鲁豫军区第六（运东）军分区参谋长。1947 年夏，任冀鲁豫军区第六军分区副司令员；秋，调任冀鲁豫军区独立一旅旅长。1948 年春，任冀鲁豫军区第六军分区司令员。1949 年 4 月，渡江南下后，历任江西上饶军分区司令员、湖南常德军分区司令员、湘南军区司令员兼党委书记、湖南军区第一副司令员等职。1955 年，被授予少将军衔。1965 年离休，住济南。系政协第三、第四届全国委员会委员。荣获二级八一勋章、一级独立自由勋章、一级解放勋章。1988 年 7 月，被中央军委授予中国人民解放军一级红星功勋荣誉章。

1993 年 6 月 4 日，罗仁全在济南逝世，享年 82 岁。

庞 展

庞展（1920.7—2013.1），山东省茌平县（今聊城市茌平区）蔡屯镇张贾庄人。曾任国防科委第二炮兵二十二基地副政治委员、党委副书记、纪委书记。

庞展，寿张山东省立第八乡村师范肄业。1938年4月，参加革命工作；7月，加入中国共产党。曾任山东聊城政治干部学校政治辅导员、八路军一二九师筑先纵队机枪营连指导员、一二九师新八旅政治部干部干事、冀南军区第三军分区政治部组织科副科长、晋冀鲁豫军区二纵队五旅政治部组织科科长等职。1947年7月，在鲁西南羊山集战斗中，庞展身负重伤，定为二等残废。1948年10月，任中共中央组织部干部处干事。1950年6月，调中央军委总干部部工作，曾任一处任免科科长，二处副处长、处长。1955年，被授予上校军衔。1957年6月，荣获三级独立自由勋章、二级解放勋章。1960年，晋升大校军衔。同年，调任国防科委第八局局长。1979年，任国防科委第二炮兵二十二基地副政治委员、党委副书记、纪委书记（正军职）等职。1982年离休。1988年7月，被中央军委授予中国人民解放军独立功勋荣誉章。

2013年1月，庞展因病在北京逝世，享年93岁。

赵华青

赵华青（1919—2014.1），山东省茌平县（今聊城市茌平区）人，少将军衔。曾任原昆明军区副参谋长，原福州军区参谋长、副司令员。

赵华青，平原山东省立第四乡村师范学校肄业。1937年10月，参加中华民族解放先锋队。是年，入山西民族革命大学学习。1938年5月毕业后，分配到山西省开展抗日工作。是年9月，加入中国共产党。历任山西吉县自卫队指导员，山西新军第二一三旅连长、政治教导员，八路军第一二九师三八六旅七七二团营教导员、团政治处主任。参加吕梁、太岳、中条山抗日根据地的创建，白晋线的破袭，百团大战、浮翼反顽等战役、战斗。抗日战争胜利后，历任晋冀鲁豫中原军区第十纵队十旅二十八团政治处主任、副团长、团长，第二野战军四兵团十三军三十七师副师长，十三军随营学校副校长等职。中华人民共和国成立后，任某师副师长、师长兼云南普洱边防分区副司令员、司令员。1952年9月，入军事学院速成系学习。1954年10月，赴苏联，先后入伏龙芝军事学院、伏罗希洛夫军事学院学习。1955年，被授予大校军衔。1957年6月，荣获二级独立自由勋章、二级解放勋章。1957年11月毕业回国后，历任军事科学院战争理论研究所研究员，昆明军区副参谋长，福州军区副参谋长、代参谋长、参谋长、副司令员等职。1964年，晋升为少将军衔。1988年7月，被中央军委授予中国人民解放军独立功勋荣誉章。

2014年1月，赵华青在福州病逝，享年95岁。

赵晓舟

赵晓舟（1916—2007.8.21），生于河南省郾城县（今漯河市郾城区）城关东大街人，少将军衔。曾任中国人民解放军海军装备部政治委员、部长，海军装甲技术部部长。

1929年，赵晓舟加入中国共产主义青年团。1931年，加入中国共产党。1934年，到郾城党组织创办的小学教书。1935年，受党指示到国民党军队当兵，开展党的工作。1937年入伍，参加八路军。同年，奉命以中华民族解放先锋队队员的身份到鲁西特委武装工作队，协助山东第六区范筑先部开展游击战争，参加了范筑先指挥的柳林镇界碑村战斗，后到清平县康庄乡团做统战工作，将其改编为第六区抗日游击总队。他还协助中共阳谷县委发动群众，在景阳冈上树起抗日旗帜，建立了县特务大队，任大队长。1938年第十支队成立后，济南第一乡村师范学校100余人北上冠县，编为第十支队教导队，赵晓舟担任队长。后奉命创办第十支队学兵大队，任大队长、随营学校副校长兼学员总队队长。范筑先殉国后，第十支队被命名为筑先纵队，赵晓舟担任筑先纵队司令部参谋主任。不久，被调到八路军一二九师先遣纵队司令部任作战股股长、第五大队大队长、三团团长。后筑先纵队与先遣纵队合编为八路军一二九师新八旅，赵晓舟任二十四团三营营长、二十二团参谋长。

1942年，赵晓舟调到冀南军区司令部任作战科科长。1944年，任冀鲁豫军区司令部作战科科长，参与组织冀鲁豫军区“春季攻势”。1945年，任晋冀鲁豫军区二纵四旅参谋长，参与指挥平汉战役、肥乡战役、聊博战役，先后参加鄄南战役、定陶战役、陇海战役、豫西汤阴战役、安阳战役和鲁西南战役、宛西战役、宛东战役、平汉路南段破袭战、淮海战役。1949年，任第二野战军第十军副参谋长，参与指挥解放安庆城和渡江战役。

中华人民共和国成立后，赵晓舟先后任川南军区副参谋长、参谋长。1952 年，任海军第一航空学校校长。1955 年，被授予海军大校军衔。1959 年解放军政治学院毕业后，历任海军技术部部长、海军副参谋长兼技术部部长、海军第三研究院副院长。1961 年，晋升为海军少将军衔，获二级独立自由勋章、二级解放勋章。1963 年起，先后任海军装备部政治委员、部长，海军装甲技术部部长，海军航空兵部顾问等职。1988 年 7 月，被中央军委授予中国人民解放军一级红星功勋荣誉章。

2007 年 8 月 21 日，赵晓舟在北京逝世，享年 91 岁。

赵遵康

赵遵康（1913.7—1983.7.12），安徽省金寨县赵家院村人，少将军衔。曾任原广州军区后勤部部长。

1928年8月，赵遵康参加农民革命暴动。1929年，加入中国共产主义青年团，同年参加商南起义。1930年，参加中国工农红军。1931年，正式转为中共党员。

土地革命战争时期，赵遵康先后任安徽金寨县游击队排长、连长，红四方面军红四军十二师二十六团排长，红二十五军七十五师二二三团连指导员，红二十五军七十五师政治部民运科科长。参加了鄂豫皖苏区反“围剿”作战，后随部队长征。

抗日战争全面爆发后，赵遵康任八路军第一一五师三四四旅六八八团政治处敌军工作股副股长、股长。1938年8月，奉命到晋南中条山、稷王山一带扩军发展1100多人，组成了三四四旅晋南游击支队，任支队政治部主任。后任冀鲁豫第五军分区南乐县独立团团长。1941年8月，任冀鲁豫第三军分区（鲁西北）副司令员。1943年，进入延安中央党校学习。1945年8月20日，晋冀鲁豫军区成立，任晋冀鲁豫军区第四军分区副司令员。

1947年6月，赵遵康任晋冀鲁豫军区第十一纵队第三十三旅旅长。先后参加睢杞战役、淮海战役等。1948年8月，晋冀鲁豫野战军和陈赓、谢富治部队奉命改编为中原野战军，赵遵康任第十一纵队第三十三旅旅长，后改任三十一旅副旅长。1949年1月，中原野战军第十一纵队和冀鲁豫军区一部奉命改编为第二野战军第五兵团十七军，赵遵康任解放军第二野战军十七军补训师师长。同年9月，任十七军后勤部部长，保证了部队的军需供应。

中华人民共和国成立后，1950年4月至1952年7月，赵遵康先后任贵州军区后勤部副部长、部长。1952年8月至1955年7月，在军委后勤学院学习。1955年7月至1960年5月，任海南军区副司令员兼后勤部部长。1960年5月至1969年1月，任广州军区后勤部副部长。1969年1月至1975年5月，任广州军区生产建设兵团副司令员。1975年5月至1978年，任广州军区后勤部副部长。1978年至1980年1月，任广州军区后勤部部长。1979年，参加了对越自卫反击战。1980年1月至1982年7月，任广州军区后勤部顾问。1982年7月，离职休养。

1955年，赵遵康被授予大校军衔。1961年，晋升为少将军衔，荣获二级八一勋章、二级独立自由勋章、二级解放勋章。

1983年7月12日，赵遵康因病在广州逝世，享年70岁。

胡正平

胡正平（1915—1994.8.26），湖北省红安县高桥镇汪家畈村张家湾人，少将军衔。曾任原宁夏军区副司令员。

1931年10月，16岁的胡正平瞒着家人报名参加了红军，开始被分配到鄂豫皖革命军事委员会领导的红四军军部手枪营当战士。11月，红四方面军在黄安七里坪宣告成立，红四军归属其建制。1932年初，手枪营整编，胡正平被调到红四方面军总指挥部（兼红四军军部）交通队担任通信员。同年，加入中国共产党。

1933年2月，胡正平任红四方面军总部通信队排长。7月，随部队参加了红四方面军粉碎川军"三路围攻"的战役、战斗。1934年1月，胡正平调红四军第十师师部通信队任政治指导员。同年9月，任第十师三十团二营副营长。11月，调任十二师三十六团三营政治委员。长征结束后，胡正平被选入红军大学（后改为抗日军政大学）学习。

1937年10月，胡正平在抗大毕业，被派往处在抗日斗争前线的山西青年抗敌决死队工作，开始在晋东南的遂县中心区牺盟会担任游击教员，做发动群众、武装群众的工作。1938年春，调决死队一纵队三总队任中校团副。同年5月，任决死队三纵民大四分校游击教员。当时，该校有200多名学生，奉命编成三纵队游击第四支队（辖两个中队），胡正平任支队长。这年底，游击四支队转移到山西沁水县，被整编为游击第十团二营，胡正平任营长。1939年春，山西牺盟总会将翼城、浮山、曲沃、绛县、沁水、阳城六县的人民武装自卫大队合编为政卫（政治保卫）四支队，胡正平任支队长。同年8月，决死队第三纵队以政卫四支队、纵队军政干校一部和五行政区民族革命中学部分参军学生组建三十二团，胡正平担任团长。

1940年2月，党组织调胡正平到北方局党校进行了为期半年的学习。随后调十八集团军总部巡视团工作，先后赴冀南、冀鲁豫、冀中等地检查和帮助工作。

1943年3月，胡正平调任冀鲁豫军区独立第三团政治委员。1945年1月，调冀鲁豫军区湖西军分区九团任政治委员，参加了开辟并坚持微山湖根据地的斗争。

抗日战争胜利后，1945年10月，胡正平任中共湖西地委委员、湖西军分区政治部主任。1946年1月，冀鲁豫军区组建独立旅。2月，胡正平调任该旅副政治委员。1947年春，冀鲁豫军区组建独立第二旅，胡正平调任该旅旅长。

1948年3月，独立旅调归晋冀鲁豫军区第八纵队建制，编为第二十二旅，胡正平任旅长，参加了当年3月10日至5月17日的解放临汾的战役。这年5月初，晋冀鲁豫军区“前指”及所属部队（包括第八纵队二十二旅）改为华北野战军第一兵团，徐向前任司令员兼政治委员。临汾战役之后，胡正平又率部参加了晋中战役、太原战役。1949年1月15日，中央军委决定将野战军按序数统一排列。2月，华北军区第一兵团改为第十八兵团，归中央军委直接指挥，辖3个军，第八纵队改编为第六十军，第二十二旅改编为第六十军一七八师，胡正平任师长。太原战役之后，胡正平升任第六十一军参谋长。

中华人民共和国成立后，1950年1月，胡正平任西南军区川北军分区参谋长，后入中国人民解放军军事学院学习。1952年毕业后，历任中国人民解放军第二步兵学校校长、重庆步兵学校校长。1955年，被授予少将军衔。曾荣获二级八一勋章、二级独立自由勋章、一级解放勋章。1961年2月1日，胡正平担任甘肃省军区副司令员，负责甘肃省军区的筹建工作。同年3月1日，甘肃省军区筹备会成立，胡正平任主任。后经兰州军区党委批准，成立了7

人组成的军区筹委会临时党委，胡正平任书记。4月，各单位组建完成。5月1日，开始办公。司令员由兰州军区副司令员兼，政治委员由省委第一书记兼，省军区工作实际仍由胡正平负责。1962年1月，胡正平兼任兰州卫戍区司令员。1970年1月，调任宁夏军区副司令员。1970年10月，国务院、中央军委决定由兰州军区负责组成陕甘宁地区石油勘探指挥部，组织“石油大会战”。11月，胡正平被任命为会战指挥部副指挥、党委委员兼宁夏石油勘探指挥部（后称三分部）指挥、党委书记。1975年5月，胡正平离开油田，又回到宁夏军区机关工作。1977年，当选为第五届全国人大代表。经中共中央批准，1980年5月，中央军委命令：宁夏军区副司令员胡正平按正军职待遇离职休养，后提高为副兵团职待遇。1988年，被中央军委授予中国人民解放军一级红星功勋荣誉章。

1994年8月26日，胡正平在西安去世，享年79岁。

胡代耕

胡代耕（1920.3—1998.6），河北省临西县大十二里庄（原属山东临清县）人。曾任中国人民解放军海军后勤部副政治委员。

胡代耕在临清山东省第十一中学读书时，积极参加爱国抗日学生运动，反对国民党反动派镇压进步学生。1936年，到北平读高中。12月，在北平加入中华民族解放先锋队。1937年2月，考入国民革命军二十九军学兵营当兵；8月，日军进犯天津，胡代耕随部队与日军激战几昼夜，被连续指任为班长、代理排长。后在对日作战中负伤，返回临清老家养伤。同年10月，胡代耕在家乡加入中国共产党。先后任中共临清党组织交通员、临清《力报》记者、中共鲁西北特委一中队指导员。

1939年10月，胡代耕任中共临清县委委员、武装部部长，兼县抗日民主政府武装科科长。他参加建立抗日县政府，同时负责组建县抗日武装先遣第十大队。

1940年5月，胡代耕任中共临清县委副书记兼宣传部部长。1941年2月至7月，代理中共临清县委书记。同年8月，调冀南区党校学习。12月，任中共广曲县委书记。1944年，广曲县并入邱县。8月，任中共邱县县委书记。

1945年5月，胡代耕任冀南军区第四军分区武委会主任。同年8月31日，率临清县独立营和企之、宏毅、清江三县县大队组成的基干民兵武装2000余人，参加了解放临清县城的战役。

临清战役后，1945年冬，胡代耕任冀南军区第四军分区独立团团长兼政治委员。1946年8月，任冀南军区独立四旅十二团副政治委员。其间，先后参加了解放衡水、南和、高唐、定陶、鄄南、濮阳、滑县、豫北等战役、战斗。

1947年9月，胡代耕随十二团改编后任晋冀鲁豫野战军第十纵队第二十八旅第八十四团副政治委员。10 月，奉命挺进大别山，与刘邓大军主力会师。桐柏县城解放后，12 月，任中共桐柏县委书记。1948 年 7 月，任中共信随县委书记。1948 年，调任八十四团政治委员。

1949 年 2 月，胡代耕任第二野战军第五十八军第一七二师第五一六团政治委员、湖北军区独立第四师第十二团政治委员。

1950 年 1 月，胡代耕任中共湖北大冶地委委员兼崇阳县委书记。同年 10 月，调中国人民解放军海军部队任海军干部管理部军衔奖励抚保科科长。1951 年 5 月，任海军干部部任免处处长。1952 年 5 月，任海军政治部干部部副部长。

1954 年 9 月，胡代耕入苏联列宁格勒伏罗希洛夫海军学院指挥系学习。1955 年 9 月，被授予上校军衔。1957 年底毕业回国，先后任海军潜艇第一支队副司令员、第十二支队司令员。1960 年，晋升为大校军衔，荣获二级独立自由勋章、二级解放勋章。1960 年 9 月后，先后任海军司令部潜艇部副部长、部长。1964 年 10 月，任海军后勤部副政治委员。“文化大革命”中受到错误批判、审查。1975 年 9 月，任海军后勤部顾问组组长（正军级）。1982 年，离职休养。离休后，主持编写了《海军潜艇部队三十年大事记》，为海军潜艇部队建设总结了宝贵经验。1988 年 7 月，被中央军委授予中国人民解放军独立功勋荣誉章。

1998 年 6 月，胡代耕在北京病逝，享年 78 岁。

胥金城

胥金城（1908—1993.7.26），山东省阳谷县阿城镇吕场村人。曾任山西省军区顾问、政协山西省第四届委员会委员。

胥金城曾任国民政府江苏省保安第三团营长、团长，“苏北挺进第七纵队”副司令。1934年，在中共地下党的引导下，他的思想不断进步，之后多次帮助掩护共产党开展工作。全面抗战爆发后，他率部在苏中、苏北水乡平原上抗击日伪军，被老百姓赞誉为“抗日英雄”。1943年3月，他率部起义，参加新四军，任新四军苏中军区第二军分区特务一团团长，先后参加和指挥了安徽含山县的昭关阻击战、江苏江都的樊川保卫战、江苏兴化攻坚战。1945年8月，他指挥主攻团，血战两昼夜，率先攻入兴化城内。兴化城解放后，胥金成被任命为兴化城防司令员，他指挥的团被苏中军区命名为“兴化团”。解放战争时期，历任新四军苏中军区新七纵队司令员、华东野战军特纵炮二团团长。中华人民共和国成立后，历任华东军区吴淞要塞副司令员兼参谋长、华东海军舟山基地海炮团团长、军区军械部驻太原区域军事副代表和代表、总后勤部大同办事处和太原办事处副主任、山西省军区顾问、政协山西省第四届委员会委员，正军级。1955年，被授予上校军衔。1964年，晋升为大校。

1993年7月26日，胥金城因病逝世，享年85岁。

姚克佑

姚克佑（1918—1967.5.5），北京市人，少将军衔。曾任第一航空学校政治委员、校长，中国人民解放军空军军训部部长、空军副参谋长。

姚克佑，北平大学肄业，祖籍是安徽省池州市贵池区梅街镇刘街村。1936年，他参加中华民族解放先锋队。1937年，入陕北公学学习。1938年，参加八路军，同年加入中国共产党。曾任八路军一二九师政治部干事。当年，一二九师组建东进纵队，开辟冀南，陈再道任纵队司令员，宋任穷任政治委员，姚克佑有较长时间在东进纵队，历任第五支队政治部民运科科长、教育科科长，第五支队骑兵团政治委员，东进纵队骑兵大队副教导员、教导员，东进纵队教导队政治教导员，第三团政治教导员、团政治处主任、团政治委员，冀南军区第二军分区政治部副主任、主任，冀鲁豫军区旅政治部主任等职。

解放战争时期，姚克佑任晋冀鲁豫野战军第二纵队四旅政治部主任，后在十军二十八师任政治委员。

中华人民共和国成立后，1949年10月，中央军委批准创办7所航空学校，由于当时空军缺少干部，毛泽东主席同意从各野战军中挑选航校政治委员。各野战军共上报了19名预选对象，在他们当中选了7名，姚克佑就是其中之一。第二野战军第十军二十八师政治委员姚克佑任第一航空学校政治委员、校长，空军军训部副部长、部长，空军副参谋长。1955年，被授予大校军衔。1961年，晋升少将军衔。荣获二级独立自由勋章、二级解放勋章。

1967年5月5日，姚克佑因病在北京逝世，终年49岁。

袁凤仪

袁凤仪（1920.5—2013.2），山东省茌平县（今聊城市茌平区）袁楼村人。曾任原南京军区空军政治部主任、空军党委常委。

1939年8月，袁凤仪加入中国共产党，任八路军津浦支队政治部宣传、民运队队员。同年11月，任山东纵队第二支队八大队指导员、三营副教导员、二旅营教导员。1942年10月后，任中共山东干榆县委常委、县大队副政治委员、金山区委书记。1944年10月，入中共滨海区委党校学习，结业后留校工作。1946年8月后，历任滨海军分区二团党委委员、政治处副主任，中共莒县县委常委，莒县独立团副政治委员、党委书记，滨海训练团政治委员、党委书记。1949年4月后，历任华东军区大伞兵总队政治委员、党委书记，华东军区教导总队党委常委、政治部主任。1951年9月，任华东军区空军政治部组织部部长、空军纪委委员。曾参加抗美援朝，获朝鲜二级国旗勋章。1955年，被授予上校军衔，荣获三级独立自由勋章、二级解放勋章。1956年，任南京军区空军后勤部政治委员、党委书记、空军党委委员。1959年3月，任解放军空军第八师政治委员、党委书记。1960年，晋升大校军衔。1972年，任空军第十军副政治委员、党委副书记。1980年，任南京军区空军政治部主任、空军党委常委。1983年离休。1988年7月，被中央军委授予中国人民解放军独立功勋荣誉章。

2013年2月，袁凤仪在南京逝世，享年93岁。

顾延邦

顾延邦（1916.9—2013.2），山东省聊城市东昌府区湖西街道小顾庄人。曾任黑龙江省生产建设兵团后勤部副部长。

1932年，顾延邦就读于聊城山东省立第二中学。1933年，考入寿张山东省立第八乡村师范学校。1937年七七事变后，考入国民党中央军校桂林分校。1939年毕业后，未接受国民党军队的职务，毅然参加了八路军第一一五师三四三旅（教导队），任军事教员。1942年12月，任冀鲁豫第八军分区教导大队军事教员兼区队长。1943年7月，任第八军分区七团作训参谋。同年8月，加入中国共产党。1945年12月，因负伤住院治疗。1946年10月伤愈后，任晋冀鲁豫军区一纵队随营学校军事主任教员。1947年7月，任晋冀鲁豫野战军一纵队一旅司令部作训股股长。1948年12月，任中原野战军十六军司令部作训科科长。1950年1月，任贵州遵义剿匪指挥部指挥长。1951年2月，到南京军事学院学习。之后，参加抗美援朝，历任志愿军第十六军第四十六师副参谋长、第四十七师炮兵副师长。1955年2月，到南京军事学院炮兵系学习。1957年10月，任第二十三军第六十九师炮兵司令员。1963年5月，任黑龙江省军区合江军分区副司令员。1968年12月，任黑龙江省生产建设兵团后勤部副部长（副军级）。1978年9月离休。

2013年2月，顾延邦因病逝世，享年97岁。

顾　良

顾良（1919.10—　），山东省莱西县（今莱西市）顾家村人。曾任聊城军分区司令员、党委副书记，中共聊城地委常委，山东省军区顾问。

1938 年 6 月，顾良参加革命工作。翌年 2 月，加入中国共产党。历任胶东抗日军队班长、排长、连指导员、连长，胶东军区司令部一科副科长、科长兼侦察营营长。参加孟良崮战役，立三等功。1948 年后，历任华野九纵司令部教导团副团长、二十六师参谋主任，九兵团司令部作战处副处长等职。其间，曾立三等功。1951 年 4 月，赴朝鲜抗美援朝，任中国人民志愿军九兵团情报处处长。1953 年 5 月回国，任某炮师副参谋长、副师长，济南军区炮兵射击场主任，山东军区独立师师长。1976 年 11 月，调任聊城军分区司令员、党委副书记，中共聊城地委常委。1979 年 7 月，任山东省军区顾问（副军职待遇）。1956 年 4 月，被授予上校军衔。1980 年 10 月离休。

高　林

高林（1918—1999.7.7），湖北省大悟县人，少将军衔。曾任高等军事学院院务部部长、原兰州军区后勤部政治委员、总后高级后勤学校政治委员。

1931年1月，高林加入中国工农红军。同年2月，加入中国共产主义青年团。参加了长征。1936年12月，转为中国共产党党员。

土地革命战争时期，高林历任红二十五军及红十五军团七十五师二十二团司号员、班长，二二五团文印员。参加了鄂豫皖地区七里坪围攻战，郭家河、四道河运动战，于家河阻击战，老山伏击战，榆木桥攻坚战，直罗镇运动战等战斗、战役。

抗日战争时期，历任八路军一一五师三四四旅政治部青年干事、青年股股长、宣传队队长，八路军第二纵队新编第三旅八团营政治教导员，冀鲁豫军区独立团政治处组织股股长、团政治委员。参加了沙河运动战，板山伏击战，"四一二"、"七二九"、反"扫荡"等战斗、战役。

解放战争时期，高林历任晋冀鲁豫野战军第一纵队三旅二十团政治委员，冀鲁豫军区独立第一旅二团政治委员，鲁中南军区第七军分区二团政治委员，华东军区警备第二旅五团政治委员。参加了黄土梁子阻击战、张家口保卫战、太西分区游击战、济南攻坚战、淮海战役等。

中华人民共和国成立后，高林历任徐州警备旅政治部副主任，师政治部主任，华东军政大学第一总队一科主任，中国人民解放军军事学院高级系政治处主任、院务部政治处主任，军事学院第二政治处主任、物资保障部政治委员，高等军事学院院务部副部长、部长，兰州军区后勤部政治委员，总后高级后勤学校政治委员等职。

1955年，高林被授予大校军衔。1958年，荣获八一勋章、独立自由勋章和解放勋章。1964年，晋升为少将军衔。1985年，离职休养。1988年，被中央军委授予中国人民解放军一级红星功勋荣誉章。

1999年7月7日，高林在北京逝世，享年81岁。

郭奇

郭奇（1910—1972），河南省范县白衣阁乡郭庄人，少将军衔。曾任南京中国人民解放军军事学院政治教育部副部长、宣传教育部第二部长兼政治经济教授会主任。

郭奇曾就读于濮县高小。1928年夏至1930年春，在聊城山东省立第三师范学校读书。1930年7月，考入北平大学俄文法商学院法商系学习。1931年9月，与段君毅、董伯鲁两位老乡同学一起，加入了中国共产党的外围组织中国社会科学家联盟。1932年，参加了反帝大同盟，担任组织委员。后又在法商学院参加了“马列主义学习团”。之后还参加了社会科学研究班。1935年，在北平参加了一二·九运动。1936年7月，加入中国共产党。

1937年7月，发生了震惊中外的七七事变。中共中央北方局决定，平津地区的进步学生分别向南京、太原、济南等地撤退。这时，郭奇等去了革命圣地延安。同年底，延安抗日军政大学决定，让他留校从事教育工作。郭奇在抗大教学，并先后担任抗大总校教育干事、政治委员、主任教员，第四大队政治部主任。

1945年8月，奉中央指示，郭奇到晋冀鲁豫军区筹备建立军政大学，被任命为政治部副主任。1948年，晋冀鲁豫军政大学与晋察军政干校合并组成华北军政大学，叶剑英任校长，郭奇被任命为校教育部副部长兼政治教育部部长。

中华人民共和国成立后，郭奇任南京中国人民解放军军事学院政治教育部副部长、宣传教育部第二部长兼政治经济教授会主任；在北京中国人民解放军高等军事学院担任社会科学教授会主任、社会科学教研室主任、政治部副主任兼社科教研室主任等职。1955年，被授予少将军衔。

郭奇在北京中国人民解放军高等军事学院任职后期，正值“文化大革命”时期。他被错误批判，被审查、关押。1971 年 1 月，被分配到石家庄印染厂劳动改造。在这里下放劳动时患上了癌症，后被送进北京医院。

萧克到华北军政大学工作时，得知郭奇病重，不久，就根据华北军政大学党委的决定，到医院看望他，为他平反。

1972 年，郭奇在北京医院去世，享年 62 岁。

席　一

席一（1920—2011.2），山东省聊城市东昌府区于集镇席庙村人。曾任中国人民解放军原总参谋部二部副部长、党委常委。

席一生于农民家庭，聊城山东省立二中肄业。1938 年 2 月，任山东省第六区抗日游击司令部青年抗日挺进大队副组长，参加了坡赵庄战斗。同年秋，赴延安入抗日军政大学学习。1940 年 8 月，加入中国共产党。1941 年夏，抗大参训队毕业后，调中央军委情报部专业班学习。1942 年，任西北公学教育干事、八路军前方总部情报处参谋，曾六次深入敌区开展工作，参与了高树勋部起义的联络工作。

解放战争时期，先后任晋冀鲁豫军区、华北军区情报处派遣科科长。1950 年春，任中央军委情报部副处长。1951 年 2 月，参加抗美援朝，任志愿军政治部俘管处副主任、党委委员，两次获朝鲜二级自由独立勋章。1955 年，任总参谋部二部美军情研究处处长、党委委员。同年 9 月，被授予上校军衔，嗣后晋升大校。1975 年，国防部授予其三级独立自由勋章、二级解放勋章。1958 年，任中国驻瑞士大使馆武官、党委委员。1963 年，北京高等军事学院速成系毕业。1964 年春，任中国驻民主德国大使馆武官、党委委员。1975 年春，任中国人民解放军总参谋部二部副部长（正军级）、党委常委。1978 年，以中国驻联合国代表团顾问身份出席联大；先后在中国驻日本、美国、法国、埃及、印度使馆武官处工作。1984 年离休。1988 年，被中央军委授予中国人民解放军独立功勋荣誉章。1989 年，被中国国际战略学会聘为高级顾问。

2011 年 2 月，席一在北京病逝，享年 91 岁。

唐 亮

唐亮（1910—1986.11.20），湖南省浏阳县（今浏阳市）人，上将军衔。曾任原南京军区政治委员。

1926年秋，唐亮怀着对旧社会的仇恨，抱着寻求生存之路的希望，参加了“青年工人俱乐部”，被选为学徒生活调查组组长，开始了革命活动。1927年，参加农民赤卫队。1930年8月，加入中国工农红军，同时加入中国共产党。1930年10月到1935年10月，唐亮在红三军团参加了第一至第五次反“围剿”，以及红三军团进行的西路军、东路军入闽作战等所有战斗和二万五千里长征。1935年12月，调任红一军团二师政治部组织干事。1936年4月，升为组织科科长，参加了红一方面军东征战役和西征战役。11月，调任红二师政治部副主任，参加了红军发起的山城堡战役。1937年4月，任红二师政治部主任。

1937年9月，唐亮调任八路军一一五师第三四三旅政训处组织科科长。到任后奉命到红一军团第二师改编的第六八五团，帮助进行政治动员，并随六八五团参加了平型关战役。同年12月，调任一一五师教导大队政治委员，对基层干部和骨干及新参加八路军的青年学生进行培训，然后将他们派往前线。

1938年底，一一五师奉命挺进山东。部队行至太行山区的高平、长治一带时，唐亮调任三四四旅政治部副主任。1939年春，杨得志、崔田民带领新组建的冀鲁豫支队进至冀鲁豫边区的内黄，创建沙区抗日根据地。唐亮带着大部队仍留在太行山区。他主持了政治机关工作，狠抓了政治部的作风建设，建立了必要的生活、工作制度，以适应战争的需要。

1940年2月上旬，遵照中央军委和八路军总部命令，三四四旅、二旅和3个军分区等部合编为八路军第二纵队。4月，第二纵队主力从太南东进冀鲁豫地区，同冀鲁豫支队等部合编，仍称第二纵队；同时，成立冀鲁豫军区，唐亮任第二纵队兼冀鲁豫军区政治部副主任。6月，升任冀鲁豫军区政治部主任，在冀鲁豫地区狠抓地方武装整训。

冀鲁豫边区是日军“扫荡”的重点。唐亮和军区其他领导同志一道，带领根据地军民多次粉碎日伪对濮阳、聊城、清丰地区的“扫荡”。1942年6月，八路军第二纵队番号取消，所属武装力量归冀鲁豫军区领导，唐亮仍任军区政治部主任。同年7月，冀鲁豫军区配合冀南、鲁西两军区进行直南反顽作战，狠狠打击了顽固派石友三集团的反动气焰。

唐亮在抓部队建设的同时，也重视加强机关建设和部队的时事教育。1942年1月，他主持创办了冀鲁豫军区机关刊物——《战友月刊》，宣传党的政策，传达上级的指示精神，交流部队作战和建设经验。

1942年8月，唐亮调任一一五师教导第四旅政治委员，同时兼任湖西军分区政治委员和中共湖西地委书记，负责对湖西抗日根据地的一元化领导。10月，湖西军分区划归冀鲁豫军区，教四旅与湖西军分区合为第六军分区，唐亮任军分区政治委员。唐亮到达湖西地区后，和其他领导同志一起，先从增强内部团结着手，通过各种方式消除1939年湖西“肃托”造成的恶劣后果，让同志们认清形势的严峻，一致对外。唐亮十分重视发动群众，由于有群众的帮助掩护，湖西地区的被服厂、炸弹厂在当时十分困难的条件下也保存了下来。他还领导湖西区军民同国民党顽固派进行反“摩擦”斗争，粉碎了他们企图吞并占领湖西抗日根据地的阴谋。

1944年6月，唐亮兼任滨海军区滨中军分区政治委员，陈士榘兼任司令员。7月，唐亮参加了山东军区在日照县碑廓镇召开的军事工作会议。7月5日，独立团进行大兴庄战斗，唐亮做了战斗动员，群情激昂。随后经过激烈的战斗，拿下了大兴庄。

1944年9月，唐亮调任山东滨海军区政治委员兼中共滨海区委书记。11

月，他和滨海军区司令员统一指挥滨海军区主力，在鲁中军区部队的配合下，采取里应外合的手段，发起莒县战役，解放莒县。六七月间，唐亮和陈士榘一道，在中共山东分局和山东军区的统一组织领导下，指挥滨海军区部队，向日伪力量薄弱的地区接连发动夏季攻势，共歼日伪军6000余人，解放了大片地区，扩大了滨海抗日根据地。

1946年6月下旬，解放战争爆发。唐亮先后担任山东野战军政治部主任、华东军区政治部副主任、华东野战军政治部主任、中共华野前委委员兼华东野战军第三兵团政治委员、第三野战军政治部主任、中共三野前委委员等职。后来，又相继担任上海市军政接管委员会副主任、南京市军管会副主任、中共南京市委第一副书记。

中华人民共和国成立后，唐亮任中共南京市委书记，华东军区党委第三书记、政治部副主任、主任兼军区干部管理部部长，军区副政治委员、党委第二书记，华东军政委员会委员，南京军区政治委员，解放军军政大学政治委员、临时党委第一书记。1977年12月至1978年12月，任解放军政治学院院长、党委书记。1978年12月至1983年6月，任解放军政治学院政治委员、党委第一书记等职。

1955年，唐亮被授予上将军衔。荣获二级八一勋章、一级独立自由勋章、一级解放勋章。是中共第八届（八大二次会议增选）至第十一届中央候补委员，中共第十一届一中全会任中央军事委员会委员，中华人民共和国国防委员会第一、第二、第三届委员，在中共十二大上当选为中央顾问委员会委员。

1986年11月20日，唐亮于北京病逝，享年76岁。

陶国清

陶国清（1911—1992.8.19），安徽省金寨县丁家埠人，少将军衔。曾任山西军区副司令员。

1929年，陶国清参加中国工农红军。同年，加入中国共产主义青年团。1933年，转入中国共产党。

土地革命战争时期，任金寨县乡游击队中队长、大队长，红四方面军总医院第三分院政治部科长，红四军十二师连长、营长，参加了长征。

抗日战争时期，任八路军一二九师营长、副团长、团长，太行军区第二团团长，第五军分区司令员。

解放战争时期，任晋冀鲁豫军区豫北指挥部司令员、太行军区副司令员、晋冀鲁豫军区组织的南下军区司令员。

中华人民共和国成立后，1949年12月，任平原省军区聊城军分区司令员、党委书记、中共聊城地委委员。1952年8月，调任河北省邯郸军分区司令员，后任山西军区副司令员。1955年，被授予少将军衔。

1992年8月19日，陶国清在北京逝世，享年81岁。

曹里怀

曹里怀（1909.11.15—1998.5.19），湖南省资兴县（今资兴市）下洞村人，中将军衔。曾任中国人民解放军空军副司令员兼军训部部长。

曹里怀幼时念过私塾。1923 年，考入县乐成高小。1926 年，先后就读于彬侯书院和资兴县中学。1928 年春，参加湘南起义。同年 5 月，在井冈山加入中国共产党，任红三十二团二营技术书记。1929 年 1 月后，任红四军军部秘书处文书，红四军二总队连党代表，红三军军部参谋，红三军七师作战科科长、师参谋长、代理师长和少共国际师师长，红五军团参谋长，参加了中央苏区历次反“围剿”战争。

1934 年 10 月长征开始后，曹里怀协助军团长董振堂、军团政治委员李卓然指挥红五军团担负后卫，掩护红军主力突围。红一、红四方面军会师后，调至红四方面军司令部任一局局长。1936 年 2 月，因曾向红一方面军未能北上的干部透露了中央命令南下红军北上抗日的消息，被张国焘诬为泄露军事机密，被开除党籍，调红四方面军红军大学当教员。不久，因广大学员反映其教学有方，得以恢复党籍，并调红军大学上级指挥科任科长。1936 年 10 月，随部队到达延安，任中国人民抗日军政大学第四队、第六队队长。

抗日战争全面爆发后，1937 年 8 月，八路军主力开赴华北抗日前线，建立敌后抗日根据地。党中央仍然留守陕北，抽调少数兵力组成八路军后方总留守处，曹里怀任总留守处参谋处副处长、处长。同年 12 月，留守处改为留守兵团，他亦改任留守兵团参谋长，协助司令员萧劲光指挥部队固守黄河西岸千里防线，保卫陕甘宁边区。自 1938 年春开始，日军先后对留守兵团黄河河防进攻 23 次，每次使用兵力少则 2000 余人，多则 20 000 余众，但始终未能越河防一步。

1943年5月，曹里怀入延安中央党校学习，参加延安整风运动。同年8月，任冀鲁豫军区参谋长。1944年5月，冀鲁豫和冀南两区合并后，成立新的冀鲁豫军区，宋任穷任军区司令员，王宏坤、杨勇任副司令员，黄敬、苏振华分别担任正副政治委员，曹里怀任参谋长。在此期间，曹里怀参与指挥了南乐战役、海子战役和安阳以东战役，在他的精心部署和得力指挥下，取得了骄人的战绩。1945年4月，曹里怀参加了中共七大会议。

1945年8月，曹里怀奉命率千余干部赶赴东北，任东北民主联军长春卫戍区司令员、长春军分区司令员。在首次攻克长春的战斗中，任东北纵队司令员，率部同西南纵队、东南纵队分进合击，浴血奋战，一举攻克长春。1946年6月后，历任吉林军区司令员、吉黑纵队司令员、独立三师师长、东北野战军六纵队副司令员兼参谋长、一纵队副司令员兼参谋长。

1948年9月，曹里怀率部参加辽沈战役。之后，随东北野战军入关参加平津战役。同年11月，他所在的东北野战军第一纵队改成军，他也由纵队副司令员兼参谋长改为三十八军副军长兼参谋长。1949年，三十八军奉命攻打天津，75个师的兵力部署在主攻方向上。1月14日，总攻开始。曹里怀带着参谋和两个警卫员奔向第一线，坐上刚缴获的敌人的装甲车，为战士们打冲锋。15日凌晨，曹里怀踏上金汤桥。经过29个小时的激战，人民解放军全歼天津国民党守军13万余人，俘天津警备司令陈长捷，解放天津市。

1949年5月，曹里怀任第四野战军四十七军军长。7月中旬，组织指挥了宜昌战役、当阳战役。之后，奉命率部配合刘邓大军进军大西南。9月下旬，率部进驻湘西，执行剿匪任务。

中华人民共和国成立后，曹里怀指挥部队在湘西围歼大庸之敌，解放了大庸、桑植两县城，并兼任刚成立的湘西军区司令员。1951年4月，率四十七军6万人参加抗美援朝。1952年春，因十二指肠溃疡，回国治疗。病愈后，调空军工作。

1952 年 4 月 3 日，曹里怀被中央军委任命为中南军区空军司令员。1955 年 10 月，调任广州军区空军司令员。同年，被授予中将军衔。1956 年 6 月，任中国人民解放军空军副司令员兼军训部部长。1957 年 9 月，任空军副司令员。1969 年，兼任航空工业领导小组组长。1971 年 9 月 29 日至 1973 年 5 月 20 日，兼任空军五人小组组长。先后负责组织“强 –5”“轰 –5”“歼 –6”“歼 –8”等型号战斗机的试飞定型等工作，为人民空军的创建和发展做出了重大贡献。

曹里怀是中共第九、第十、第十一届中央委员，在中共十二大、十三大上当选为中顾委委员，是第三届全国人大代表。获一级八一勋章、一级独立自由勋章、一级解放勋章。1988 年 7 月，被中央军委授予中国人民解放军一级红星荣誉章。著有《怀念井冈》《千里追穷寇》《湘南起义，永垂千古》《难忘的战斗——忆解放天津二三事》等革命回忆录。

1998 年 5 月 19 日，曹里怀在北京病逝，享年 89 岁。

崔田民

崔田民（1912—1991.11.16），陕西省绥德县崔家湾乡铁茄坪村人，中将军衔。曾任原中国人民解放军铁道兵政治委员、党委书记。

1927年，崔田民加入中国共产主义青年团。1928年，转为中共党员。此后，先后担任中共绥德县铁茄坪村党支部书记兼团支部书记、绥德南区党委委员兼区团委书记、绥德中心区党委书记、陕北党团特委委员兼团特委组织部部长、陕北省苏维埃政府副主席、陕甘晋省委委员等。还参与领导组建游击支队，开展武装斗争，创建陕北红军，建立苏维埃政权。

1935年10月，崔田民被调到红十五军团七十八师任政治委员、党委书记、军团党委委员。随后，参加了直罗镇战役，东征战役、西征战役和山城堡战斗。1936年5月，被选为中共陕甘宁边区委员会执行委员。

1937年8月，崔田民任八路军第一一五师三四四旅六八七团政治处主任、政治委员，参加了著名的平型关战役。平型关大捷后，调任六八九团政治委员。1938年1月，该团参加了在冀西洪子店伏击日军的战斗。战后，崔田民率群众工作团，发动群众征兵、征粮，两个月扩充新兵近6000人，征粮数万斤。同年8月底，杨得志、崔田民根据八路军总部命令，协同东进纵队发起漳南战役，消灭伪军和顽匪4000多人。

1939年2月初，杨得志、崔田民奉命东进冀鲁豫。3月9日，整编成立了冀鲁豫支队，下辖5个大队，杨得志任支队司令员，崔田民任行动委员会书记兼政治部主任（后任政治委员）。冀鲁豫支队成立当月，杨得志、崔田民率主力开赴鲁西南，对这一地区的“牛毛司令”“土皇帝”“响马”分类做工作，取得了很好的效果，有些被改造成抗日武装。他们还有计划地在鲁西南打了几个胜仗，攻克曹县、定陶两个县城，歼灭反动武装2000余人；在曹县建立抗日游击队，建立抗日根据地。冀鲁豫支队的战果引起了敌人注意，从7月到11月，日伪连续对鲁西南进行了3次大规模的“扫荡”。杨得志、崔田民指挥部队分散行动，相继成立了独立大队和豫北支队，在道口以东先后进行了10余次战斗，制止了敌人向东扩张。在反“扫荡”期间，冀鲁豫支队还协助进行地方党组织建设。之后，冀鲁豫支队发展到17 000多人，“整编扩大部队”的任务完成后，发电提出归建一一五师。中央军委复电，在该地区进一步创造、扩大、发展和巩固抗日游击根据地。

1939年底，崔田民去延安参加党的七大，刚到山西壶关，便接到七大延期、代表暂缓赴延安的指示。1940年3月，他又从太行返回冀鲁豫。这时，三四四旅刚扩编为八路军第二纵队，主力将开赴冀鲁豫地区。1940年4月23日，崔田民跟随黄克诚所率二纵回到冀鲁豫根据地清丰县。4月30日，根据八路军总部的命令，二纵与冀鲁豫支队合编，二纵兼冀鲁豫军区，直属八路军总部。杨得志任二纵司令员，黄克诚任二纵政治委员兼军区司令员，崔田民任二纵政治部主任兼军区政治委员。

1940年6月10日，日、顽军发起“五五大扫荡”。根据中央军委命令，黄克诚率二纵主力跳出敌人合围，开赴华中豫皖苏抗日根据地，留在冀鲁豫的主力部队只剩下相当于3个团的兵力。根据中央新的指示，留在冀鲁豫的部队整编后组成新的第二纵队兼冀鲁豫军区，杨得志任纵队司令员兼军区司令员，崔田民任纵队政治委员兼军区政治委员，并任军政委员会书记。重新整编后，部队打击根据地内的顽军，进行扩军，整顿、恢复了被打散的县区组织和武装。至1940年底，主力部队发展到12 300多人，地方武装3000多人，民兵2000多人，边区形势渐有好转。

1941年1月，冀鲁豫边区行政主任公署成立，晁哲甫为主任，崔田民、贾心斋为副主任。同年4月12日，日、伪军发起“四一二大扫荡”。杨得志、崔田民得到消息，马上指挥部队转移，并派出战斗部队带领党政机关和群众

2000多人突围。9天后，部队回到沙区，协助地方党政组织进行救济工作。

“四一二大扫荡”过后，冀鲁豫与鲁西根据地合并为统一的冀鲁豫边区，鲁西军区与冀鲁豫军区合并为新的冀鲁豫军区，两区所属主力部队编入第二纵队；新的冀鲁豫军区机关仍由第二纵队兼，归八路军总部指挥。纵队司令员为杨得志，军区司令员为崔田民，苏振华任纵队政治委员兼军区政治委员。冀鲁豫军区所辖部队增加到7个军分区，总兵力达到27 300人。

为扭转敌人不断“扫荡”“蚕食”和封锁的斗争局面，根据中央军委指示，冀鲁豫军区决定，在崔田民领导下，专门负责地方武装和民兵工作。在抗战陷入困难的1942年，对7个军分区的独立团和近50个县的县大队、区干队有计划地进行集中整训或分散轮训，全区地方武装普遍得到巩固和提高。

冀鲁豫根据地是华北、山东、华中根据地与太行、延安之间的交通枢纽，“四一二大扫荡”后交通线被敌占区阻隔，冀鲁豫军区决定开辟第二条交通线。1942年5月，崔田民派第三军分区政治委员王乐亭出任沙区办事处主任，专门负责组织领导卫西地下交通线工作，保证了从冀鲁豫直至太行全长300里交通线的畅通。

1943年初，冀鲁豫根据地开展整风学习运动。面对严重灾荒和敌人的不断“清剿”“蚕食”，黄敬、杨得志、苏振华、阎揆要、崔田民商定主动出击，首先打击盘踞在军区门口的朝城伪军石友三旧部，然后兵分两路，杨得志、崔田民指挥东歼李仙洲，歼敌5900多人，开辟了南北、东西近百里的根据地。9月下旬，日、伪军出动30 000余兵力对冀鲁豫根据地进行又一轮“秋季大扫荡”，军区迅速转移到第三军分区所在鲁西冠县地区，领导全区各部队展开又一轮反“扫荡”斗争。

1943年底，崔田民抵达延安，成为中央党校学员。1945年4月，作为晋冀鲁豫代表团代表出席了中共七大。同年8月20日，中共中央决定撤销北方局和中共冀鲁豫分局，成立晋冀鲁豫中央局，中央局辖冀鲁豫、冀南、太行、太岳四个区党委。同时，成立晋冀鲁豫军区。10月7日，冀鲁豫军区主力升编为晋冀鲁豫军区第一纵队，崔田民任一纵政治部主任。10月，参加了邯郸战役。1946年6月，随一纵参加了陇海战役。1947年4月，调任冀南军区政治部第二主任。5月，调任中央华北局党校政治处主任。1949年9月，调任解放军铁道兵团副政治委员。

中华人民共和国成立后，崔田民历任铁道兵团副政治委员兼政治部主任，志愿军铁道兵团副政治委员，解放军铁道兵副政治委员、政治委员、党委书记，为铁道兵兵种部队建设竭尽全力。

1955年，崔田民被授予中将军衔，并荣获一级八一勋章、一级独立自由勋章、一级解放勋章。1988年7月，被中央军委授予中国人民解放军一级红星功勋荣誉章。是第三届国防委员会委员，第四、第五、第六届全国人大代表，中共七大、八大代表，十三大特邀代表。1982年，离职休养。

1991年11月16日，崔田民在北京病逝，享年79岁。

阎揆要

阎揆要（1904—1994.3.26），陕西省佳县刘家山乡阎家峁村人，中将军衔。曾任原济南军区副司令员兼参谋长，中国人民解放军军事科学院秘书长、副院长、顾问。

阎揆要自幼受到家庭的良好熏陶，养成了勤奋好学、纯朴坚毅的性格。他在榆林中学读书时，毕业于北京高等师范学校和北京大学的魏野畴、李子洲等共产党员先后在此任教，传播革命思想；学校图书馆也有《新青年》等进步书刊。他通过听老师传授革命道理和阅读进步书刊，接受了马克思主义教育，逐步树立了革命理想。1924年春，他和几名青年南下广州，通过于右任的引荐，进入黄埔军校第一期，编入学生第三队。同年10月，广州商团陈廉伯发动武装叛乱。阎揆要和黄埔军校师生奉孙中山之命参加平定叛乱，攻占了广州普济桥一带全部据点。

1926年，阎揆要回到家乡之后，由共产党员呼延震东介绍，到井岳秀部第十一旅做兵运工作，为武装起义做准备。同年8月，加入中国共产党。当时，共产党员李象九和谢子长均在第十一旅石谦团当连长，石谦团的多个连有共产党的支部。1927年10月12日，唐澍、李象九、谢子长领导清涧起义，并南下宜川，占领了宜川城。起义部队失败后退到韩城，剩余的二三百人接受西北军改编，编为独立旅，李象九任旅长，唐澍任参谋长，阎揆要任教导队队长。不久，陕西省委指示准备再次起义，并成立军委，成员有唐澍、谢子长、白乐亭、史唯然、阎揆要。起义后，部队被命名为“西北工农革命军游击第一支队”，唐澍、谢子长分别任正副总指挥，阎揆要任参谋长。

1928年初，阎揆要被派到杨虎城部队开展兵运工作。1931年以后，先后任陕西省政府警卫团营长、团副。1935年2月，陕西省政府警卫团改编为陕西警备第三旅，阎揆要任该旅第九团团长。同年5月，该团改编为西安绥靖公署特务第二团。年底，杨虎城与共产党就停止内战、互派代表、在西安建交通站等问题达成协议。杨虎城命阎揆要在西安留守处设立招待所，作为双方联络人和物资进出的交通站。1936年8月，周恩来派共产党员刘克东在阎揆要团建立了秘密电台。

1936年12月12日，西安事变爆发，国民党亲日派派兵“讨逆”，西安周围重兵压境。阎揆要率领部队在赤水镇、渭南源一线抢占有利地形，坚守阵地，使亲蒋的国民党军队不敢轻举妄动。而后，又奉命转移到蓝田，同红二十五军并肩战斗，为和平解决西安事变做出了贡献。

西安事变后，杨虎城部进行了改编，特务二团改编为一〇五七团，阎揆要任团长。七七事变后，阎揆要奉命率部开赴抗日前线。1937年10月18日，在忻口阵地全线危急的紧要关头，阎揆要率部赶到，连夜收复已失阵地并坚守。他率部同装备精良的日军板垣师团血战14个昼夜，虽然全团官兵伤亡三分之二以上，但所守阵地无一丧失。

1938年秋，共产党组织指示阎揆要退出国民党军队，直接参加八路军。同年底，阎揆要担任八路军总司令部第一科（作战科）科长，并先后任参谋处处长、军政处处长等职。他跟随朱德总司令深入华北敌后，在创建抗日根据地等方面做了大量工作。1940年8月，八路军总部成立巡视团，周桓任团长，阎揆要任副团长，先后到冀南、鲁西、冀鲁豫等军区检查指导工作。

1942年7月，阎揆要任冀鲁豫军区参谋长，具体负责军区情报系统组建工作。经过充实和完善情报系统，在冀鲁豫军区到太行山八路军总部之间，以及湖西至鲁南之间，建立和恢复了地下交通线，经常性地转送过往人员。几年中，从这两条交通线西上太行、延安，东下山东、华东抗日根据地的干部共达4000多人。刘少奇、陈毅等都曾经此秘密交通线到达太行、延安。在抓情报系统建设的同时，阎揆要还注意抓司令部的全面建设。他结合冀鲁豫军区的实际，相继建立值班制度、办公制度、汇报制度、通报制度、检查制度、学习制度等。他还进一步明确了司令部各科的分工，建立了办公会议制度。

在冀鲁豫艰苦、激烈的敌后斗争中，阎揆要协助军区司令员杨得志积极开展游击战争，拔除敌伪军数十个据点，粉碎了敌人的“扫荡”和“清剿”，为抗战做出了重要贡献。

1945 年 9 月初，中央军委任命阎揆要担任军委第一局局长。在上党战役、平汉战役期间，阎揆要同大家一道夜以继日地努力工作，保证了中央军委对战役的指挥，赢得了战役的胜利。

1946 年 4 月，阎揆要任陕甘宁晋绥联防军副司令员。1947 年 2 月，任陕甘宁野战集团军参谋长。3 月初，国民党军队进攻延安。在这关键时刻，中央军委决定撤销陕甘宁集团军番号，成立西北野战兵团。同年 7 月，西北野战兵团改称西北野战军，阎揆要任西北野战军参谋长。1949 年 2 月，西北野战军改称第一野战军，彭德怀任司令员兼政治委员，阎揆要任参谋长。他先后协助彭德怀组织西府战役、荔北战役、陕中战役、扶眉战役及兰州战役等。

中华人民共和国成立以后，阎揆要历任第一野战军暨西北军区参谋长，西北军政委员会委员，西北军政委员会人民监察委员会委员，中央军委情报部部长，中国人民解放军武装力量监察部副部长，济南军区副司令员兼参谋长，军事科学院秘书长、副院长、顾问等职。

1955 年 9 月，阎揆要被授予中将军衔，荣获一级独立自由勋章、一级解放勋章。1957 年 6 月，被授予三级八一勋章。1964 年 12 月，任政协第四届全国委员会委员。1978 年 2 月，任政协第五届全国委员会常务委员。还曾当选为第一届全国人大代表和中共八大代表。1982 年 9 月，在中共十二大上，当选为中央顾问委员会委员。1984 年 6 月，黄埔军校同学会成立后，被推选为理事。1988 年 7 月，被中央军委授予中国人民解放军一级红星功勋荣誉章。1990 年 6 月，经中央军委批准成立第一野战军战史编审委员会，他担任副主任委员。

1994 年 3 月 26 日，阎揆要在北京病逝，享年 90 岁。

彭 勃

彭勃（1921.12—2022.4.23），山东省朝城县前马村（今属莘县）人。曾任江苏省军区政治委员、中共江苏省委常委。

彭勃出生于农民家庭。12岁时，尽管家境清贫，家里还是送他去小学读书。当时，学校里有两位老师是中共地下党员，经常宣传抗日救国的道理，对他影响很大。

1938年8月，17岁的彭勃怀着对日本帝国主义的满腔仇恨，毅然决然地只身赶到聊城寻找地下党组织，要求参加革命，时任六区政干校教育长兼《抗战日报》社总编辑的齐燕铭介绍他在报社工作。他还参加了中华民族解放先锋队，加入了中国共产主义青年团。

1938年秋，日军发动对聊城地区的进攻，报社遭到攻击，被迫解散。聊城失守后，彭勃调山东省六区抗日游击司令部第十支队任政治部民运干事，后任八路军第一二九师筑先纵队政治部民运干事。1940年百团大战后，调一二九师教导大队学习。1941年1月，被调往抗日军政大学学习。

1943年夏，彭勃被派往林县开展工作，并参加林县战役。战役结束后，调任太行军区第八分区政治部组织科干事、分区特务连指导员、抗日决死纵队七团三营教导员等职。

解放战争期间，彭勃随部队转战晋南地区。1946年12月5日，奉命对垣曲守敌发起攻击，以配合吕梁战役。彭勃领导焦五保等几名骨干战士，研究敌情，试探敌人的火力点，善用计谋，成功解决了碉堡内的敌人，扫清了纵深战斗的障碍，获得了垣曲战斗的胜利。之后他总结“焦五保的工作做法”，即“三大互助”经验，在太岳军区得以全面推广。

1947年3月，国民党第一战区胡宗南部集中兵力进攻陕甘宁解放区，津南地区守备兵力薄弱。为保卫陕甘宁边区和党中央，中共中央军委指示晋冀鲁豫野战军第四纵队及太岳军区三个独立旅转入战略性反攻。5 月 17 日，彭勃奉上级组织命令组建突击队。作为解放晋西要地乡宁的先锋，他率领部队智取印台山，俘敌 3000 余人，成功解放乡宁。

1948 年 3 月，彭勃调任解放军二十二旅作战科科长，后任教导大队队长兼政治委员。同年 9 月，任解放军六十军五三七团副团长兼副政治委员。参加了临汾攻坚战、晋中战役、太原战役、秦岭战役、解放成都战役等。

中华人民共和国成立后，彭勃任解放军六十军五三七团政治委员，参加了抗美援朝战争，曾率部孤军深入打到汉城。此后，任解放军六十军一七九师政治部副主任、主任，师政治委员、军政治部主任，南京市革委会主任兼南京长江大桥建设副总指挥等职。1969 年，彭勃调任总政八一电影制片厂革委会主任兼党组书记，组织拍摄了《红灯记》《闪闪的红星》《红色娘子军》《平原作战》等许多优秀的影片，后被江青反革命集团诬陷打倒。1975 年，任第十六军副政治委员、政治委员。1981 年，调任江苏省军区政治委员、中共江苏省委常委。1986 年，离职休养。著有 20 余万字的革命回忆录。

彭勃曾荣获朝鲜民主主义人民共和国二级独立勋章。1955 年，被授予二级独立自由勋章、二级解放勋章。1988 年 7 月，被中央军委授予中国人民解放军独立功勋荣誉章。同时，彭勃也是著名的将军书法家，曾任江苏省书法家协会名誉理事。

2022 年 4 月 23 日，彭勃因病在江苏南京逝世，享年 101 岁。

董志常

董志常（1915—1984.4.7），湖北省大悟县人，少将军衔。曾任中国人民解放军原总后勤部营房部部长、司令部顾问。

1929年，董志常14岁时，在宣化店找到表哥邓作武和邓墨林，要求参加革命。同年，加入中国共产主义青年团并参加了红军。几个月后，因为表现突出，成为一名光荣的共产党员。

土地革命战争时期，董志常任共青团陂麻北县区委书记、红二十五军第七十三师第二十九团共青团委会书记，此后又调往其他部队做军需工作。1931年11月至1932年6月，红四方面军进行了黄安战役、商潢战役、苏家埠战役、潢川战役四次战役，董志常随军参战，战役均获得胜利。1932年10月，董志常跟随红四方面军开始了艰苦悲壮的三千里西征。经过两个多月的艰苦奋战，至1932年底，红四方面军冲破层层重围，踏平千阻万险，到达陕南。不久，又进军川北，创建了川陕革命根据地。1933年春至1935年春，董志常先后参加了反“三路围攻”和反“六路围攻”。1935年5月至1936年10月，由于张国焘进行分裂党和红军的阴谋活动，致使红四方面军先后三次往返于“雁过不落脚”的草地、数次翻越终年积雪的高山，进行了17个月的长征。

抗日战争时期，1937年8月，红军改编为八路军后，董志常任八路军第一一五师三四四旅供给部军需股股长。同年9月下旬，董志常参加了平型关战役。1940年4月30日，八路军为支援新四军，在太南地区新组成了八路军第二纵队，黄克诚任司令员，董志常任供给部军需科副科长，后任科长。当部队从林县行至菏泽、濮阳地区时，黄克诚所率部队与冀鲁豫支队统一整编，仍称第二纵队，杨得志任司令员，黄克诚任政治委员。后黄克诚率领南下支队前去支援新四军，由崔田民继任政治委员。董志常随部队留在冀鲁豫根据地。1941 年 7 月，经中共中央北方局和八路军总部批准，冀鲁豫、鲁西两区党委合并为新的冀鲁豫区党委，两区所属主力部队统一编为八路军第二纵队，杨得志仍任纵队司令员，崔田民任冀鲁豫军区司令员，董志常任冀鲁豫军区后勤处处长。董志常参加了军区组织的反封锁、反“蚕食”、反“扫荡”斗争，组织根据地抗日军民进行大生产运动，为抗日战争的胜利、中华民族的独立做出了突出贡献。

解放战争时期，1945 年 9 月，董志常任晋冀鲁豫军区第七纵队供给部部长，后又调任第一纵队供给部部长。1947 年，随同晋冀鲁豫野战军强渡黄河，跃进大别山。1948 年底，参加淮海战役。1949 年 2 月，中原野战军改编为第二野战军，下辖第三、第四、第五兵团，董志常任第五兵团后勤部供给部部长，随部队参加了渡江战役和解放大西南的战役。

中华人民共和国成立后，1952 年起，董志常先后任贵州军区后勤部副部长、部长。1955 年，晋升大校军衔；荣获二级八一勋章、二级独立自由勋章、二级解放勋章。1957 年，任中国人民解放军总后勤部营房管理部副部长。1959 年，任总后勤部副参谋长兼特种部队计划供应局局长、总后勤部驻白城办事处主任。1961 年，晋升少将军衔。1966 年，任总后勤部物资部部长。1970 年起，任总后勤部营房部部长、总后勤部司令部顾问。

1984 年 4 月 7 日，董志常因病在北京逝世，享年 69 岁。

董荆玉

董荆玉（1916—2003.10.19），山东省博平县河西刘村（今属聊城市茌平区）人。曾任原中国人民解放军后勤学院党委副书记、训练部副教育长。

董荆玉幼时在博平县第二小学读书。1929 年，考入济南育英中学。1931 年，转入高唐县中学。1933 年夏，考入聊城山东省立第三师范。1936 年春，赴济宁乡村建设学校受训。10 月，因反对乡村建设理论和揭露乡建派的黑暗，被宣布开除学籍，由于党组织积极做工作而幸免。1937 年 2 月，被分配至高唐县孙家庙乡校任校长。10 月，回家乡博平县二区参加地方党领导的民众自卫队。

1938 年 3 月，董荆玉加入范筑先领导的山东省第六区抗日游击司令部第二十六支队任上尉政训员。同年 11 月，聊城失陷，范筑先将军壮烈殉国，二十六支队解散，董荆玉回到家乡博平二区一带。12 月，经陶东岱介绍加入中国共产党，任八路军第一二九师先遣纵队五大队中队政治指导员，参与伏击博平县旧城顶抢粮的日伪军。1939 年夏，任中共鲁西第四（运东）地委军事部部长兼十三侦察大队大队长，参与组建鲁西北地方武装，后任五大队第三中队指导员。同年 8 月，参加蔺桥、高粪堆战斗，打击土顽势力，扩大党的影响，后随五大队活动在聊城沙镇以西和金滩镇之间。1940 年 6 月，五大队编为八路军第一二九师新八旅二十四团三营，董荆玉任二连副指导员，随部队开赴冀南抗日前线。参加了百团大战、夜袭沙河县城、平汉路破击战、邯大路伏击战。9 月 10 日，上级调董荆玉到曲周县独立营任副教导员，他不同意战前调离连队，坚决要求留在连队参战。在潘寨、辛安镇战斗中，董荆玉率二连成功掩护部队撤退。13 日，随部队在邯肥路梨林堡西埋伏，伏击邯郸日伪军 300 人。战斗结束后，董荆玉离开部队，赴曲周县独立营任职。12

月，任八路军一二九师新八旅二十四团一营副教导员。1941 年 7 月至 8 月，随部队参加攻打邱县、肥乡、广平的战斗。同年秋，任二十四团党总支书记。1942 年 1 月，随部队参加吕洞固战斗，因作战勇敢受到军分区表扬。6 月，调任冀南三分区武装工作队队长，带领武工队深入曲周、广平、肥乡一带，打击日伪新建的情报网，扭转了对敌工作的不利局面。8 月，改任八路军一二九师新八旅二十二团党总支书记，乘驻成安之敌外出“扫荡”、城内空虚之际，随部奔袭成安县城。1943 年 9 月，任八路军一二九师新八旅二十三团政治处主任。11 月，随二十三团二连活动，在冠县兰沃曲村南门外打击“红枪会”金大牙部。参加卫东战役，带部队深入敌区拔碉堡；带领二连由冠县无人区边缘一夜急奔通过无人区，到达贾寨西运河对岸，在博平县地方武装及党组织的帮助下，胜利完成筹粮任务；帮助博平县大队攻克寺后王据点，击毙汉奸头子谢以海。1944 年 5 月，率部与滏西支队奔袭周村、孔村之敌，获得胜利。1945 年 1 月，率部攻克贾庄据点，消灭日伪军一个大队。1 月 16 日，奔袭大名县城，全歼日军一个小队，击毙伪“东亚同盟自治军”军长刘昆等，创造了里应外合进攻县城的范例。4 月，参加南乐战役，率部消灭大名西北面的杨桥、于海子、金岗村一带的伪军郭德会部。7 月，为配合太行部队发起的安阳战役，率部向临漳地区之敌发起进攻，攻克据点多处，消灭日伪军一部。

1945 年 9 月，董荆玉奉命赴东北工作。1946 年 2 月，到达洮南县任洮北办事处主任。4 月上旬，任突泉县县长。他带领全县人民开展清剿土匪、反霸清算、减租减息、土地改革和大生产运动，将突泉县建设成为辽吉军区可靠的后方根据地。1947 年 6 月，调任骑兵纵队第一师政治部主任。8 月，骑兵纵队改编为东北骑兵师，任师政治部主任，参加了大洼战斗和清河门截击战。1948 年 9 月，任东北野战军第八纵队二十三师组织部副部长，参加了辽西决战之后六间房战斗，阻断国民党廖耀湘兵团向营口撤退。11 月，部队整编，任东北野战军第四十五军一三四师组织部副部长；同月任第四十五军一三四师直工部部长，随一三四师四〇二团入关。1949 年 1 月，参加平津战役，所在一三四师四〇二团在战役中作战勇敢，突破民权门，攻克长江造纸厂、中山公园、体育场、火车总站、北洋大学等目标。6 月，随军南下江西，转战广西。

中华人民共和国成立后，1949 年 12 月，董荆玉随部队到达广西贵县，参加广西战役和广西剿匪斗争。1950 年 12 月，任四十五军后勤部政治委员。1952 年 8 月，四十五军与四十四军合编为中国人民解放军第五十四军。12 月，奉命入朝作战。1954 年回国后，代理副军长。1955 年，入南京军事学院学习。

1957 年 6 月，董荆玉毕业后被分配到北京高等军事学院任后方教授会主任。1959 年 2 月，任解放军后勤学院教研室主任。1960 年 10 月，任训练部副部长兼后方教研室主任。1965 年 2 月，任中国人民解放军后方勤务科研所政治委员。为军队后勤正规化建设做出了贡献。“文化大革命”开始后，受到冲击。1969 年 9 月，被下放到总后贺兰山“五七干校”劳动，任副校长。1973 年 9 月，任中国人民解放军后勤学院党委副书记。1978 年，任后勤学院训练部副教育长。1981 年，任训练部顾问。1983 年离休。

2003 年 10 月 19 日，董荆玉在北京逝世，享年 87 岁。

傅家选

傅家选（1909—1995.3.20），河南省光山县白雀园镇鸡冠村人，少将军衔。曾任原济南军区副司令员、顾问。

傅家选出生于贫农家庭。1928年，他鼓动贫穷青年与反动组织“黄枪会”做斗争。1929年10月，参加了周维炯领导的赤卫队。

1930年6月，傅家选加入中国共产党。不久，任中共白雀区五乡党支部书记兼乡苏维埃主席、模范营副营长，参加打土豪、分田地。1931年6月，进入鄂豫皖省苏维埃财经学校学习。商光边区政府成立后，他未毕业即被调到余集做税务工作。1932年初，任商城县经济公社（省属第六分社）支部书记兼副经理，接收商店、工厂十余处，职工近千人。9月，经红四方面军总顾问郑位三介绍到红二十五军经理处任财务科科长。后随红二十五军担负掩护红四方面军转移西进四川的任务。远距离急行军至鄂东北黄安县，参加了红寿二战斗。之后，任重新组建的红二十五军财务科科长，并担任经理处党支部书记，参加了鄂豫皖苏区的游击战争。1934年，随红二十五军长征，经历了方城县独树镇恶战、陕南庾家河激战。嗣后，参加创建鄂豫陕革命根据地的斗争。1935年7月，辗转于西（安）兰（州）公路，作战28天。不久，到达陕北延川永平县，同红二十六、二十七军胜利会师，成立了红十五军团。参加了劳山、榆林桥战斗。毛泽东率领的中央红军（当时称北上抗日先遣队陕甘支队）到陕北与红十五军团会师后，红十五军团编入红一方面军，接着参加直罗镇战役，大获全胜。继之，东渡黄河进入山西、进逼太原。接着又西渡黄河，与红二、红四方面军在会守地区会师后，参加了山城堡战役。1936年12月28日，红十五军团由商州转至咸阳，奉令带骑兵排到前敌总供给部（驻淳化）领钱。翌日早晨往回赶时，得知泾河的王桥被国民党占领，不能通过。傅家选在工兵的帮助下，将经费用绳索、竹竿传送过河，自己冒着严寒泅渡泾河，完成了任务。

1937 年七七事变后，傅家选所部编入八路军第一一五师三四四旅。8 月下旬，东渡黄河北上抗日，参加了平型关战役。之后，任旅供给处处长、供给部部长，第二纵队后勤部部长，冀鲁豫军区供给部部长、后勤部部长兼政治委员。参加了永年东辛店遭遇战，粉碎了日军对濮阳沙区的“四一二扫荡”和对冀鲁豫中心区的“九二七扫荡”。

解放战争时期，傅家选任冀鲁豫军区副参谋长、冀鲁豫区经济部副部长。1946 年 12 月，任冀鲁豫军区参谋长，参加了平阴、羊山、魏店战斗和鲁西南战役。1949 年 2 月，冀鲁豫地区组织南下干部支队，傅家选任支队司令员。他们随五兵团由安庆渡江，进到鹰潭同四兵团司令员陈赓、江南游击队曾敬冰会合后，成立赣东北军区，傅家选任第一副司令员。他积极组织部队收缴土匪枪支，整编土、杂、顽，建立各级政权和地方武装，并筹集公粮，支援上海。同年 9 月底，南下干部支队改称西进干部支队，随五兵团进至贵州后，由兵团统一组织接管。傅家选任省政府委员、财经委员会主任、建设接管部部长，同时兼任抢建乌江公路大桥工程总指挥。

中华人民共和国成立后，1950 年 6 月，傅家选任西南交通部第一副部长兼长江航务局民生公司董事。1951 年后，调任解放军总后勤部军需部部长、军需生产部部长。1955 年，被授予少将军衔。1956 年，入高等军事学院学习。1960 年毕业后，任总后勤部技术装备研究院院长、党委书记。1962 年 10 月，任济南军区后勤部部长兼党委书记、军区常委。1964 年后，任济南军区参谋长、副司令员、顾问。

傅家选曾荣获二级八一勋章、二级独立自由勋章、一级解放勋章。1988 年 7 月，被中央军委授予中国人民解放军一级红星功勋荣誉章。系政协第五届全国委员会委员。撰有《忆红二十五军在鄂豫皖苏区》《忆三四四旅在平型关大捷前后的片段》《回忆彭总的三次谈话》等回忆文章。

1995 年 3 月 20 日，傅家选因病在济南逝世，享年 86 岁。

曾思玉

曾思玉（1911.3.2—2012.12.31），江西省信丰县游庄堡人，中将军衔。曾任原济南军区司令员、党委第一书记。

1927年，曾思玉参加农民协会。1928年，参加信丰县农民起义，后加入江西信丰游击队，任小队长。1930年8月，参加中国工农红军第二十二军六十四师，历任通信班副班长，青年学校学员，宣传队分队长、中队长。同年加入中国共产主义青年团。1931年11月，转入中国共产党。1932年春，入瑞金红军学校学习。同年秋，任红十二军三十六师一〇八团二连政治委员。1933年春，任红十二军三十六师一〇七团代政治委员、一〇九团政治委员，红一军团第二师六团、五团俱乐部主任。1934年秋，任第二师政治训练队队长兼政治指导员、第二师司令部通信主任。参加了第一至第五次反“围剿”和长征。红军长征到陕北后，任红一军团司令部侦察参谋，参加了直罗镇和东征战役。1936年，入抗日红军大学学习。同年底，调任中央革命军事委员会警卫第三团政治委员，后任警卫一团政治委员、红一军团第二师政治部组织科科长、第二师第四团政治委员。

全面抗战时期，1937年秋，曾思玉任八路军第一一五师三四三旅六八五团政治处民运股股长、六八六团政治处主任。1938年底，任一一五师三四三旅六八九团政治委员，随第一一五师由山西挺进山东。1939年12月，鲁西军区成立，任政治部主任。后任鲁西军区运河支队政治委员，八路军一一五师教导第三旅政治部主任、政治委员。1942年冬，任冀鲁豫军区第二军分区司令员。1944年10月至1945年10月，任晋冀鲁豫军区第八军分区司令员。参与指挥了八公桥、昆（山）张（秋）、郓北、豫北等战役战斗；具体指挥了朝南战役，收复朝城、张秋、寿张县城，解放阳谷战役，对冀鲁豫抗日根据地的巩固、发展做出了贡献。

解放战争时期，1945 年 10 月，曾思玉任晋冀鲁豫军区第一纵队副司令员。1946 年秋，任冀察军区副司令员，冀热察军区司令员，晋察冀军区第四纵队副司令员。1947 年 6 月，任晋察冀军区第四纵队司令员。1949 年 4 月，任中国人民解放军第十九兵团第六十四军军长。

中华人民共和国成立后，曾思玉任陆军第六十四军军长。1951 年至 1955 年，任中国人民志愿军第十九兵团第六十四军军长、志愿军第十九兵团副司令员兼参谋长，率部参加了抗美援朝战争第五次战役、防御作战和反击马良山、高旺山等战斗。1954 年 6 月回国。1955 年至 1957 年 7 月，在解放军军事学院战役系学习。1958 年 1 月至 1959 年 10 月，任沈阳军区参谋长、军区党委常委。1959 年 10 月至 1967 年 7 月，任沈阳军区副司令员兼参谋长。其间，1960 年 3 月，任沈阳军区党委副书记、第四书记；1966 年 1 月至 1967 年 8 月，任中共中央东北局委员。1967 年 7 月至 1973 年 12 月，任武汉军区司令员。其间，历任军区临时党委书记、党委第一书记、书记。1968 年 2 月至 1973 年 12 月，先后任湖北省革委会主任、湖北省革委会党的核心小组组长、中共湖北省委第一书记。1973 年 12 月至 1980 年 1 月，任济南军区司令员、军区党委第一书记。1980 年 1 月至 1982 年 8 月，任南京军区顾问。1983 年离休。

曾思玉系中共第九、第十、第十一届中央委员，第三、第四、第五届全国人大代表，第九届中央政治局第一次会议、中共十一届一中全会相继任中央军委委员。1955 年 9 月，被授予中将军衔。曾荣获二级八一勋章、一级独立自由勋章、一级解放勋章。1988 年 7 月，被中央军委授予中国人民解放军一级红星功勋荣誉章。

2012 年 12 月 31 日，曾思玉病逝于辽宁大连，享年 101 岁。

温先星

温先星（1914—1990.10.9），江西省石城县人，少将军衔。曾任四川军区副参谋长、原成都军区副参谋长。

温先星出生在贫苦农民家庭，从小一边帮家里干活，一边上学读书。1932年，参加中国工农红军。1933年二三月，随红军参加了第四次反“围剿”。同年6月，红军整编，红一军团第十一师缩编为红五团，温先星任红一军团二师五团排长。第五次反“围剿”失败后，1934年10月，随中央红军进行长征。1935年，加入中国共产党。

抗日战争全面爆发后，温先星所在的红一军团第二师改编为八路军第一一五师第三四三旅第六八五团，红五团改编为六八五团二营。温先星随部队参加了1937年9月的平型关战役。1938年4月，温先星所在的二营随同第三四三旅副旅长周建屏深入敌后河北井陉以北、平山以西开展游击战争。同年7月，二营进入冀南所属的鲁西北地区，扩编为一一五师第五支队，温先星任第五支队连长。9月，二营编入八路军第一一五师东进抗日挺进纵队，开辟冀鲁边抗日根据地。在山东，二营的五连、七连和八连都扩编为营，组成第五支队五团。1939年，温先星由连长升为副营长，不久营长牺牲，温先星升任营长。第五支队先后又称鲁西支队、运河支队，五团始终是支队的主力。1940年，五团改成冀鲁豫军区教导第三旅七团。1941年，在潘溪渡战斗中，担任七团一营营长的温先星率领所部向进村的日伪军猛冲猛打，在狭窄的村庄里与敌军短兵相接，把敌军追击到黄河故道大堤旁的坟地里歼灭。同年，温先星任七团副团长。在郓城伏击战中，创造了鲁西战场全歼日军的模范战例。1942年，正规军地方化，七团改为小团制，直辖9个连。1943年，温先星任七团团长。1944年7月，入中共冀鲁豫分局党校学习，参加了历时5个月的整风运动。1945 年，温先星回到七团，此时七团已改为大团，属冀鲁豫军区第八军分区建制。

解放战争时期，温先星所在的冀鲁豫军区第八军分区七团编为晋冀鲁豫军区第一纵队第一旅第一团，他仍任团长。在攻打汤阴县城时，一团率先破城，全歼国民党守敌暂编第七军军部直属队 7000 人。1946 年，温先星任冀鲁豫军区第一纵队第三旅副旅长，同时兼任冀鲁豫军区第四军分区副司令员。1948 年 3 月，调任晋冀鲁豫军区第八纵队二十二旅副旅长，参加攻打山西省临汾城的战役。同年 5 月初，晋冀鲁豫军区“前指”及所属部队，改为华北野战军第一兵团。温先星所在的部队在临汾战役胜利后，立即参加了晋中战役，后又投入解放太原的战役。1949 年 2 月，华北军区第一兵团改为第十八兵团，归中央军委直接指挥，辖 3 个军，第八纵队改为第六十军，第二十二旅改编为第六十军第一七八师，温先星先后任副师长、师长。

中华人民共和国成立后，温先星先后担任中国人民解放军第六十军第一七八师师长兼四川军区绵阳军分区司令员、川西军区副参谋长、四川军区副参谋长、成都军区副参谋长、成都军区司令部顾问等职。系第四、第五届全国人民代表大会代表。1961 年，晋升为少将军衔。曾荣获三级八一勋章、二级独立自由勋章。1988 年 7 月，被中央军委授予中国人民解放军一级红星功勋荣誉章。

1990 年 10 月 9 日，温先星因病在成都逝世，享年 76 岁。

谢良

谢良（1915.4—1991.11.28），江西省兴国县长冈乡塘石村人，少将军衔。曾任中国人民解放军炮兵副政治委员。

1930年，谢良参加中国工农红军。同年，加入中国共产主义青年团，后转入中国共产党。曾任工农红军第三军第八师炮兵连政治指导员。1934年，入瑞金红军大学学习。后任第五军团十三师三十七团政治委员。中央革命根据地第二至第五次反“围剿”中，参加了老营盘、东黄陂、金鸡县、建宁洛阳堡和兴国等战斗。红军长征途中，他率部担任后卫任务，三过雪山、草地，因胜利完成掩护主力行动，受到中央军委电令嘉奖。1936年，任西路军第三纵队二十三师政治委员。参加了甘肃华家岭战斗，后在丹山战斗中负伤，失去左腿。1937年，入延安抗日军政大学学习。1938年，调任八路军一一五师留守处主任。1946年9月起，先后任陕甘宁晋绥联防军政治部组织部副部长、后勤部政治部主任。1947年，先后任冀鲁豫军区政治部组织部部长、冀鲁豫军区政治部主任。1949年8月至1952年11月，任平原省军区政治部主任、军区副政治委员兼政治部主任、中共平原省委委员、省协商委员会委员。1952年12月后，任石家庄高级步兵学校政治委员、炮兵学院政治委员、中国人民解放军炮兵副政治委员。系政协第六届全国委员会委员、政协第七届全国委员会常务委员。1955年，被授予少将军衔。曾荣获二级八一勋章、二级独立自由勋章、一级解放勋章。1988年7月，被中央军委授予中国人民解放军一级红星功勋荣誉章。

谢良系中国作家协会会员，翻译出版了《军队战斗力的重要条件》等论著，著有长篇报告文学《铁流后卫》《独脚将军传》《狱中怒火》《边城女囚》等作品。

1991年11月28日，谢良在北京逝世，享年76岁。

鄢思甲

鄢思甲（1916.7—1983.7.16），河南省光山县砖桥乡高泊镇人。曾任原山东省军区副司令员、顾问。

鄢思甲出身农民家庭。1931 年 3 月，加入中国共产主义青年团。同年 8 月，参加中国工农红军。1933 年 7 月，加入中国共产党。入伍后，历任红四方面军第十师第二十九团警卫员、第三十一军警卫队副班长、班长。参加了鄂豫皖革命根据地反“围剿”作战、开辟川陕革命根据地的斗争和长征。1937 年七七事变后，调入八路军一一五师教导大队学习。结业后，任一一五师补充团通信排副排长、排长，陈（士榘）黄（骅）支队六连副连长、四团八连连长。他所在连队因作战勇敢，被授予“钢铁英雄连”称号。1943 年 2 月起，鄢思甲任八路军一一五师教导二旅四团三连连长，山东滨海军区第二军分区四团三连连长，四团三营副营长、营长、教导大队队长。1947 年 10 月，任滨海军区第二军分区一团副团长、团长。1949 年 6 月，任滨海军分区参谋长。

中华人民共和国成立后，1951 年 3 月，鄢思甲任华东军区步兵某师参谋长。同年 4 月，调华东军区高干训练班学习。1952 年 7 月，任山东省临沂军分区第一副司令员。1955 年 7 月，任临沂军分区司令员、中共临沂地委常委。同年 9 月，被授予大校军衔。1957 年，任济南军区守备某旅旅长。1961 年 3 月，任聊城军分区司令员、中共聊城地委常委。1967 年 3 月，任聊城驻军“三支两军”领导小组负责人。1968 年 7 月，任聊城地区革委会副主任。1969 年 8 月，任聊城地区革委会党的核心领导小组副组长。1970 年 4 月，调任山东省军区副司令员、党委常委。1979 年 8 月，任山东省军区顾问。1981 年 6 月离休。

鄢思甲于 1955 年 9 月被授予大校军衔。曾荣获三级八一勋章、二级独立自由勋章、二级解放勋章。

1983 年 7 月 16 日，鄢思甲因病在济南逝世，终年 67 岁。

赖春风

赖春风（1913.10.17—1993.1.1），江西省宁冈县人，少将军衔。曾任原广州军区副参谋长。

赖春风出生于贫苦农民家庭。1928 年，参加中国工农红军。1929 年，加入中国共产主义青年团。1930 年，转入中国共产党。曾任红六军团连长、营长。参加了湘赣、湘鄂川黔苏区反“围剿”斗争和长征。1936 年，入陕北红军大学学习。后任八路军延安留守兵团教导营营长、陕甘宁陇东军分区参谋长，八路军三五九旅南下支队第三大队参谋长、中原军区独立第三团团长、西北民主联军第一纵队副司令员、中原军区第一纵队参谋长、第十四旅副旅长、冀鲁豫军区随营学校副校长。参加了中原突围和淮海战役等。1949 年 8 月至 1952 年 11 月，任平原省军区副参谋长兼平原军政干部学校校长。1953 年后，任长春军事师范学校校长。1954 年，赖春风入朝，任中国人民志愿军第五十四军参谋长。回国后，历任北京高等军事学院训练部副部长、广州军区副参谋长、广州军区顾问。1955 年，被授予少将军衔。曾荣获二级八一勋章、二级独立自由勋章、一级解放勋章。1988 年 7 月，被中央军委授予中国人民解放军一级红星功勋荣誉章。系政协第六届全国委员会委员。

1993 年 1 月 1 日，赖春风在广州逝世，享年 80 岁。

訾修林

訾修林（1915—1978.9.20），山东省阳谷县訾海村人，少将军衔。曾任原广州军区副政治委员、铁道兵副政治委员。

訾修林出身于书香门第，幼年在本村学堂读书。1934 年 8 月，考入寿张山东省立第八乡村师范学校学习。1935 年 6 月，经段延铭、王福昌介绍，加入中国共产党。因宣传共产主义和革命思想，引起校方注意。为保存革命力量，经党组织批准后，于 1936 年暑假离开省立八乡师，考入邹平师范学校，一面学习，一面继续从事党的工作。

1937 年七七事变后，訾修林和同学到济宁接受军事训练。训练结束后，被编入机枪大队。同年底，奉组织指示，离开部队到单县一带进行抗战发动工作。1938 年 4 月，回到鲁西北。后受中共鲁西特委派遣，到莘县政训处工作。同年春，任莘县保安大队政治处主任。11 月 17 日，被调至中共鲁西特委青年部工作。11 月 15 日聊城失陷后，与郭英一起在冠县组建陶山抗日大队。1939 年 2 月，调任中共馆陶县委组织部部长。

1939 年春，中共鲁西特委改建为鲁西区第一地委，当年又改称第三地委（鲁西北地委），訾修林任中共鲁西区第三地委候补委员、军事部副部长兼鲁西北游击大队大队长，将鲁西北游击大队由七八十人扩充至二三百人。同年，奉命开赴邱（县）北、临（清）西一带，协助当地建立地方抗日政权，开辟抗日根据地。1939 年 10 月，鲁西北游击队与临西工作团、陶山游击队等抗日武装合编为卫河支队，訾修林任支队政治处主任。1940 年 2 月，调任八路军第一二九师筑先抗日纵队第七团政治处主任，率部活动在茌平、博平一带。同年 6 月 6 日，根据八路军总部决定，筑先抗日游击纵队和八路军一二九师先遣纵队合编为一二九师新八旅，訾修林任新八旅二十四团政治处主任、营政治教导员。1941 年初，奉命到曲周一带扩兵，任永年县大队大队长，后调中央北方局党校学习。1942 年 2 月学习结束后，被分配到冀南军区第三军分区基干团任政治处主任。同年 5 月，改任滏西支队政治处主任，与支队长赵海峰、政治委员甘思河等率部深入敌后，到滏西一带开展分化瓦解日伪军工作。1943 年 5 月，訾修林对滏西各中心据点的伪军进行策反，将其改编为抗日部队。同年 11 月，奉命调冀南区党委参加整风运动。1945 年 5 月，訾修林调任冀南军区第五军分区政治部主任，与军分区司令员牟海秀率军向敌伪腹心地区发动猛烈反攻，连克景县、东光等地，全歼守敌。

1946 年 1 月，訾修林率部进逼德州，配合渤海军区部队完成了对德州国民党部队的战略包围。1 月 14 日，依照“和”字号命令实施停战后，奉上级指示，一面在德州附近整训部队，一面参加与国民党方面的谈判。同年 5 月，谈判破裂，遂向驻守德州之敌发动进攻，解放了德州城。1947 年 1 月，訾修林调任冀南军区独立第五旅政治部主任，参加了楚旺、崔桥、安阳等外围战役。同年 5 月，改任晋冀鲁豫军区第十纵队第二十九旅政治部主任。10 月，第十纵队作为刘邓大军的第二梯队南下。11 月，到达大别山区。桐柏军区成立后，訾修林任第三军分区政治部主任。1948 年 8 月，随军分区司令员张廷发、参谋长王明坤率两个团插入汉江南岸，到鄂西北开展工作，同时筹备建立第四军分区。1949 年 1 月，部队开始向汉江沿岸之敌反击。同年 3 月，解放襄阳。8 月，任湖北省襄樊军分区副政治委员。

中华人民共和国成立后，訾修林历任湖北军区政治部宣传部副部长、组织部部长、政治部第一副主任，中南军区后勤部政治部副主任、主任，广州军区后勤部副政治委员、装甲兵政治委员，陆军第五十五军政治委员。1961 年 3 月，被授予少将军衔。1966 年 8 月，参加援越抗美战争，任工程兵工程指挥部政治委员。1969 年，任广州军区副政治委员。1975 年，任铁道兵副政治委员。

1978 年 9 月 20 日，訾修林因病在北京逝世，享年 63 岁。

鲍奇辰

鲍奇辰（1916.11—2007.9.14），山东省临清县（今临清市）尖冢村（今属河北省临西县）人，少将军衔。曾任中国人民解放军原总政治部党委委员、群工部党委书记。

鲍奇辰幼时在尖冢村上义学、读私塾。1930年，在临清山东省立第十一中学读书。1934年，入济南省立高中就读，受到了马列主义的启蒙教育。1935年高中肄业后，回家乡任小学教员。1937年夏，考入山东省济宁市乡村服务人员训练处。1937年七七事变后，训练处停办，鲍奇辰以实习为名被分配到乡村进行抗日宣传。同年11月，鲍奇辰相约同学十余人奔赴延安。1938年2月，入陕北公学二期学习。5月，加入中国共产党。

1938年8月，鲍奇辰被派往山东抗日根据地，历任八路军山东纵队政治部组织部干部科干事、副科长，八路军第一纵队政治部组织部干部科副科长，山东军区政治部组织部干部科副科长。1943年4月，任鲁中军区党委委员、政治部组织科科长，鲁中军区党委委员、政治部组织部部长。在抗日战争中，参加了沂蒙山区历次反“扫荡”及葛庄战斗、第三次讨伐伪军吴化文等战役。

解放战争时期，1946年8月，鲍奇辰任山东军区第四师政治部主任。1947年1月，成立华东野战军第八纵队，四师改为二十二师，继任政治部主任、党委委员，参加了莱芜战役、孟良崮战役等。1948年7月，改任华东野战军第八纵队政治部副主任，参加了沙土集战役、洛阳战役、豫东战役等。同年11月，调任山东兵团政治部组织部部长、兵团直属队党委书记，参加了淮海战役。后调任华东野战军第八兵团政治部组织部部长、党委常委，参加了渡江战役。1949年7月，任华东军区、第三野战军政治部组织部副部长。

中华人民共和国成立后，鲍奇辰历任华东军区、第三野战军政治部组织部部长，华东军区政治部秘书长、军区纪检委员。1955 年 8 月，调任福建军区政治部副主任、军区党委委员、纪检（监委）副书记、政治部党委副书记。1956 年 7 月，升任福州军区政治部副主任、军区党委委员、军区监委书记、政治部党委副书记。这期间，参加了炮击金门作战。1965 年 9 月，调任中国人民解放军总政治部群众工作部部长、总政治部党委委员、群工部党委书记。

“文化大革命”期间，鲍奇辰先后调到济南军区、成都军区任职。1970 年 12 月，调任济南军区政治部副主任、政治部党委副书记。1972 年 9 月，调任成都军区政治部主任，军区党委委员、政治部党委书记。

“文化大革命”后期至改革开放初期，1975 年 9 月，鲍奇辰调任中国人民解放军军政大学政治部主任、校党委常委、政治部党委书记。1978 年，调任中国人民解放军军事学院政治部主任、院党委常委、院纪检委副书记、政治部党委书记。1983 年 5 月，退居二线。1998 年 7 月，离休。

鲍奇辰离职休养后，仍然十分关心国家和军队的建设发展。1985 年，担任《八路军》（史料丛书）编委会委员兼办公室主任。1990 年，担任《八路军山东纵队史》编审委员会副主任。为编纂《八路军》（史料丛书）和撰写《八路军山东纵队史》倾注了大量心血，并将所得稿费 9000 元于 1993 年捐赠给家乡河北省临西县的东尖冢小学和革命战争年代与自己血肉与共的第二故乡山东省沂蒙山区的希望工程。

1955 年 9 月，鲍奇辰被授予大校军衔，1961 年 8 月，晋升为少将军衔。1955 年，荣获二级独立自由勋章、一级解放勋章。1988 年 7 月，被中央军委授予中国人民解放军独立功勋荣誉章。2005 年 8 月，荣获抗日战争胜利 60 周年纪念章。系政协第六、第七届全国委员会委员。

2007 年 9 月 14 日，鲍奇辰因病在北京逝世，享年 91 岁。

解长林

解长林（1917.4—2002.1.16），山东省堂邑县凤凰集村（今属聊城市东昌府区）人，少将军衔。曾任原武汉军区空军副政治委员。

解长林出生于农民家庭。8 岁读私塾，9 岁起先后在聊城道立模范小学、省立三师附小读书。

1931 年九一八事变后，解长林因要求到南京请愿，组织罢课，被学校开除。1932 年，考入山东省立聊城第二中学。1936 年，考入北平弘达高中，参加抗日救亡运动，加入中华民族解放先锋队，任北平沙滩街头“民先”分队长。

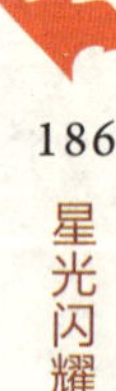

1937 年，解长林到太原参加牺盟会，任国民兵教导一团五连战士、国民兵教导三团排工作员、山西第二战区随营学校二队工作员。1938 年春返乡。同年 5 月，加入中国共产党，任山东省六区抗日游击司令部十支队连指导员、聊城军事教育团指导员、政治部组织科科长。同年 12 月，调八路军山东纵队，任山东纵队六支队司令部二科科长，参加攻打东平县城的战斗。1939 年，先后任山东纵队六支队泰安独立团政治处主任，鲁西军区郓汶钜嘉支队政治处副主任、八支队政治处副主任、黄河支队三团政治处副主任。1940 年 8 月，任鲁西军区军政干校政治处副主任。1941 年，任鲁西军区后勤部政治处主任、冀鲁豫军区第三（鲁西北）军分区政治部主任。1943 年 1 月，任冀鲁豫军区政治部敌工部副部长、冀鲁豫军区政治部生产部部长。1945 年 10 月，任冀鲁豫军区第五军分区政治部主任。1947 年，任冀鲁豫军区第五军分区副政治委员。参加了定陶战役、陆房战斗、开封战役、睢杞战役、淮海战役等。1949 年 1 月后，历任华北军区补训八旅副政治委员兼政治部主任、旅党委书记，第二野战军军政大学四总队副政治委员，组织技术兵种训练工作。

中华人民共和国成立后，1950 年，解长林任第二野战军军政大学高级研究班政治委员，负责国民党起义 100 多名将官、300 多名校官的教育、改造工作。后任第二高级步兵学校校务部部长。1951 年，任西南军区空军第四预科总队政治委员。1955 年，任空军第一航空学校政治委员。1957 年，中央军委将防空军对空情报兵指挥部改为空军雷达兵部，调解长林任雷达兵部主任。1969 年，任武汉军区空军副政治委员。1971 年被免职。1983 年 4 月离休。

1955 年 9 月，解长林被授予大校军衔。1964 年，晋升为少将军衔。荣获二级独立自由勋章、二级解放勋章。1988 年 7 月，被中央军委授予中国人民解放军一级红星功勋荣誉章。

2002 年 1 月 16 日，解长林在北京逝世，享年 85 岁。

解长泰

解长泰（1923.2—1988.12.3），山东省堂邑县凤凰集村（今属聊城市东昌府区）人。曾任中国人民解放军原海军航空兵部副政治委员。

1937 年 11 月，解长泰在家乡参加组织鲁西北抗日游击第一大队。1938 年 6 月，加入中华民族解放先锋队。1939 年 1 月，加入中国共产党。历任游击队员、民运工作员、八路军一二九师先遣纵队第五大队第一中队指导员、八路军第一二九师新编第八旅第二十四团连政治指导员、冀鲁豫军区政治部干事、冀南军区运河支队第二大队代理政治委员。曾参加冀南反“扫荡”、百团大战，保护徐向前通过平汉铁路进入太行山区。

解放战争时期，解长泰任晋冀鲁豫军区第二纵队政治部组织副科长、科长，中国人民解放军第二野战军第十军军政干部学校副政治委员，第十军组织部副部长。参加了平汉战役、淮海战役、渡江战役、遵义战役、成都战役等。

中华人民共和国成立后，1952 年，解长泰调海军工作，先后任中国人民解放军海军第一航空学校政治部副主任，中国人民解放军海军航空兵某师政治部主任、政治委员。1968 年 10 月至 1975 年 5 月，任中国人民解放军海军南海舰队政治部副主任。1975 年 8 月至 1979 年 5 月，任中国人民解放军海军南海舰队政治部主任。其间，1979 年 2 月，任中国人民解放军海军航空兵部副政治委员（副兵团级）。1955 年 9 月，被授予上校军衔。1960 年，晋升为海军大校军衔。曾荣获三级独立自由勋章、二级解放勋章。1988 年 7 月，被中央军委授予中国人民解放军独立功勋荣誉章。

1988 年 12 月 3 日，解长泰病逝于北京，享年 65 岁。

新 斧

新斧（1916.9—1989.2.21），山东省东阿县刘集镇谭庄村人。曾任原总后勤部政治部副主任、纪律检查委员会副书记。

1932年，新斧考入济南华北中学读书。1934年3月，加入中国共产党。1935年中学毕业后，回乡开展党的工作，发展党员，壮大党组织。1936年初，组建中共东阿县谭庄党支部，任支部书记。同年2月，中共东阿县委成立后，任县委委员、军事部部长。分工负责谭庄一带发展党员等工作，主持建立了贾山、韩堂、贾集、赵洼、梁庄、黄胡同、南谭等10多个支部。

抗日战争全面爆发后，按照东阿县委的安排，经过艰苦工作，新斧等人成功完成教育改造胡家团“红枪会”的工作。1938年10月，调冠县任冀南二地委先遣纵队工作团党支部书记、陶山大队二中队政治指导员。1939年春，调回东阿专门搞武装建设，参与组建聊阳阿边区游击队第四大队，四大队建立后不久离开东阿。同年8月，着手建立运东工作团，任团长。1940年5月，运东武装工作团改编为独立营（东阿县大队），新斧先后任东阿县大队政治教导员、副政治委员、副大队长等职。随部参加攻打伪军刘德超部、广粮据点等战斗。1941年4月，到冀鲁豫军区轮训队学习。1942年下半年结业后，任冀鲁豫军区第一军分区大队政治教导员、党总支书记。1943年夏，任平阿县大队（独立营）任政治指导员。

1946年1月，平阿县大队加入晋冀鲁豫野战军二纵四旅十团，新斧任十团组织股股长。同年6月，任十团政治部主任。淮海战役结束后，1949年1月，调任解放军补充旅二团政治委员。同年5月，改任中国人民解放军十军二十八师八十二团政治委员。

中华人民共和国成立后，1949年12月，新斧任中共四川省荣县县委书记兼县长。1951 年 6 月，任四川内江军分区政治部主任、副政治委员。1952 年 10 月，调任中国人民解放军总后勤部干部部任免处处长。1960 年，任总后勤部干部部部长。1965 年，任总后勤部政治部副主任兼干部部部长。

“文化大革命”中，新斧被下放到湖南岳阳化工生产管理局任副政治委员。1971 年，调回总后勤部工作。1975 年，恢复总后勤部政治部副主任职务。1982 年 8 月，任总后勤部纪律检查委员会副书记（副兵团职）。1987 年离休。

1989 年 2 月 21 日，新斧因病去世，享年 73 岁。

谭甫仁

谭甫仁（1910.4.1—1970.12.17），广东省仁化县城口镇城群村人，中将军衔。曾任原昆明军区政治委员兼云南省革命委员会主任。

谭甫仁出生于贫苦农民家庭。6 岁入私塾，9 岁起就读于仁化县立第四高小。1926 年高小毕业时正值国共合作的北伐战争开始，仁化地区的工农运动蓬勃兴起，遂投身家乡的革命斗争，任区农民协会秘书，负责宣传工作。同年 11 月，入广东省农民协会在韶关创办的江北农军学校，毕业后返回家乡继续从事农民运动。1927 年，“四一二”反革命政变后，随江北农民军北上武汉，7 月移师南昌编入国民革命军第二十军贺龙部，参加了南昌起义。起义军南下时，与主力部队失掉联系，在寻找部队时，误入江西国民党军第二十七师，被编在该师七十九团一营当兵。1928 年 1 月，随军“进剿”井冈山，在新城战斗中被俘，参加工农革命军第四军。同年 5 月，加入中国共产党。后任红四军士兵委员会干事、红十二军连政治指导员、第三十六师一〇八团政治委员，红一军团一师政治部组织科科长。参加了井冈山革命根据地斗争和中央苏区历次反“围剿”。

1933 年，谭甫仁入瑞金红军大学学习。1934 年 9 月，任红军总政治部组织部组织科科长。10 月，参加中央红军二万五千里长征。1935 年 9 月，任红军陕甘支队第二纵队第十二大队政治处主任。1936 年春，任红十五军团第七十八师政治部主任，不久改任第七十五师政治部主任。参加了东征战役、西征战役和山城堡战役。1937 年初，任红十五军团第七十三师政治部主任。

抗日战争全面爆发后，谭甫仁先后任八路军一一五师三四三旅六八七团政治处主任兼灵丘县县长、六八七团政治委员，三四四旅政治部副主任、主任，八路军野战政治部组织部副部长、部长。1939 年，任晋冀豫军区独立游击支队政治委员。翌年随部队挺进冀鲁豫边区，任八路军一二九师第二纵队新编第三旅政治委员，一一五师教导第七旅政治委员。1940 年 7 月，任冀鲁豫军区副司令员。1941 年，入延安中央党校学习。

解放战争时期，谭甫仁历任吉辽军区舒兰军分区政治委员、第二十三旅政治委员，东满军区政治部主任。1946 年 4 月，任吉辽军区第三路东北纵队政治委员，会同司令员统一指挥第二十三旅等部 6000 余人，在兄弟部队的配合下攻占长春，后任长春卫戍部队东分区政治委员。四平保卫战后，奉命率部队撤离长春，任吉林军区政治部主任。1948 年 4 月起，调任东北野战军第七纵队副政治委员兼政治部主任，参加了辽沈战役。同年 11 月，第七纵队改称人民解放军第四十四军，任副政治委员兼政治部主任，随后参加了平津战役、湘赣战役、广东战役等。

中华人民共和国成立后，1950 年 4 月，谭甫仁任中国人民解放军第十五兵团第四十四军政治委员，参与指挥解放万山群岛。1952 年 4 月起，任广西军区副政治委员兼政治部主任、第三政治委员，武汉军区副政治委员、第二政治委员，最高人民法院军事审判庭庭长，中国人民解放军工程兵政治委员，昆明军区政治委员兼云南省革命委员会主任等职。1955 年，被授予中将军衔。曾获二级八一勋章、一级独立自由勋章、一级解放勋章。系中共第九届中央委员，第九届中央政治局第一次会议任中央军委委员。

1970 年 12 月 17 日，谭甫仁在昆明殉职，终年 60 岁。

谭善和

谭善和（1915.3.1—1991.6.22），湖南省茶陵县人，少将军衔。曾任乌鲁木齐军区政治委员、军区党委书记。

谭善和出生于贫苦农民家庭。1926年，在家乡参加童子团。1929年，参加游击队。1930年9月，参加中国工农红军。同年10月，编入湘东独立师。1931年1月，加入中国共产党。历任湘东独立师二团特派员，红八军二十三师政治部党支部书记、宣传干事，红十七师五十团、四十九团特派员。1934年10月，奉红六军团参谋长李达之命，将从湘赣边突围西征被打散的四十九团、五十一团各一部集中，临时组成400人的特务营，任政治委员，率部转战，率先与贺龙率领的部队接上了头。红二、红六军团会师后，任红六军团保卫局一科科长、红十六师特派员。参加了湘赣根据地反"围剿"斗争、开辟湘鄂川黔根据地斗争和长征。1936年10月，入红军大学（后更名为抗日军政大学）学习。

1937年8月，谭善和到八路军总部警卫团工作，随八路军总部奔赴山西抗日前线。1938年，任八路军野战政治部锄奸部一科科长。1940年，随八路军总部巡视团前往冀中、冀南、冀鲁豫根据地，任巡视团党总支书记。1941年，任冀鲁豫军区政治部保卫科科长。1945年，任冀鲁豫军区后勤部政治委员。部长因病离职，他负责后勤部的全部领导工作。

解放战争时期，谭善和任晋冀鲁豫野战军第十一纵队旅政治委员、军区司令部军械处处长。1947年9月，奉命带领部分工兵长工人和警卫部队到达大别山地区，边打游击边筹建兵工厂。不久，兼任大别山区商城县委书记。1948年，任鄂豫军区独立旅副政治委员。不久，调任中共鄂豫三地委书记兼军分区政治委员。1949年2月，任第二野战军特种兵纵队副政治委员。参加了渡江战役。南京解放后，兼任渡江指挥部司令员、支援上海长江运输指挥部副司令员。

中华人民共和国成立后，1950年1月，谭善和与孔从洲率特种兵纵队挺进大西南，参加解放西南的战斗。同年3月，特种兵纵队改编为西南军区炮兵司令部和工兵司令部，任工兵司令员兼政治委员。

1952年，谭善和参加抗美援朝战争，任中国人民志愿军工兵指挥所司令员兼东北军区工兵司令员。荣获朝鲜民主主义人民共和国授予的一级独立自由勋章和二级国旗勋章。

1955年3月回国后，谭善和任长沙高级工兵学校校长。1958年，入解放军高等军事学院基本系学习。三年学习毕业后，历任工程兵副参谋长、参谋长、副司令员兼参谋长、党委常委。“文化大革命”中受迫害，被关押。1973年，重新工作。同年12月后，历任新疆军区副司令员，工程兵司令员、党委第一书记，乌鲁木齐军区政治委员、军区党委书记。1984年2月至1985年10月，任中共新疆维吾尔自治区委常委。

1955年，谭善和被授予少将军衔。曾获二级八一勋章、二级独立自由勋章、一级解放勋章。1988年7月，被中央军委授予中国人民解放军一级红星功勋荣誉章。系中共第十一届中央候补委员、第十二届中央委员（任职至1985年9月中共全国代表会议召开）。1977年8月至1982年9月，任中央军委委员。是第五届全国人大代表。在1985年9月中共全国代表会议、中共十三大上分别增选、当选为中央顾问委员会委员。

1991年6月22日，谭善和在北京逝世，享年76岁。

潘焱

潘焱（1916.4.1—1999.4.24），河南省光山县（今新县）卡房乡潘家下湾村人，少将军衔。曾任原北京军区副司令员兼北京卫戍区司令员。

潘焱出生于贫农家庭。6岁被家族公推上私塾。1929年11月，参加赤卫军，任鄂豫边特区光山独立团三营营部通信班战士。1931年10月起，先后在红四方面军四军十师二十九团团部特务连、二营营部通信班、二十八团三营任传令兵。参加了鄂豫皖革命根据地第二、第三、第四次反“围剿”。1932年10月，随红四方面军撤出鄂豫皖革命根据地，向西战略转移，进入四川，开辟川陕革命根据地。到四川后，潘焱下到基层担任排长。1932年底，加入中国共产党。1933年2月起，先后任红四军十师二十八团三营九连副连长、七连连长、三营副营长、营长，三十团一营营长，教导二队队长，红四军通信科科长等职。参加了红四军反“三路围攻”和反“六路围攻”。1935年5月后，任红四军教导队队长，红四军十二师三十五团二营政治委员、一营政治委员，川陕指挥部第三团政治委员。1936年2月后，任红四军军部侦察科科长、红四军十二师作战股股长。同年12月整编后，任红四军十二师三十四团参谋长。参加了长征，三过草地两越雪山。

抗日战争全面爆发后，1937年9月，潘焱入抗日军政大学第三期学习。1938年6月留校，任抗日军政大学一大队四中队队长兼军事教员。1940年3月，任抗大一团一营营长。1941年3月，任抗大总校三科副科长兼军事主任教员。1942年10月，任冀鲁豫军区教导第三旅参谋长。同年12月，任冀鲁豫军区第二军分区参谋长。

1944年5月，冀鲁豫军区与冀南军区合并，原第二、第三军分区合并成立第八军分区，潘焱任参谋长。当月，潘焱指挥第八军分区部队，在第四军分区卫河大队和二十二团的配合下，一举攻下清丰县城。6月，指挥部队发起昆（山）张（秋）战役，收复昆山、张秋产麦区，随后再次攻克清丰、内黄等县城。8月，指挥部队进行讨伐郓城县伪县长刘本功的战役，摧毁刘本功的黄河大堤封锁线。之后，又指挥部队向盘踞在巨野、菏泽和定陶县东北的顽军展开了全面的反击作战。1944年冬，潘焱就任冀鲁豫军区随营学校副校长兼第八军分区参谋长。1945年8月，任冀鲁豫军区参谋长。

解放战争时期，1945年8月，潘焱任冀鲁豫军区参谋长。1946年12月，任晋冀鲁豫野战军第七纵队参谋长。1947年3月，晋冀鲁豫野战军第一、第七纵队合编为第一纵队，潘焱任第一纵队参谋长。参与指挥了强渡黄河和鲁西南战役。在刘邓大军千里跃进大别山、执行战略进攻的任务中，潘焱和司令员杨勇率领第一纵队和中原独立旅为西路，到达大别山北麓，指挥一纵取得高山铺大捷，歼敌整编第四十师和第八十二旅12 600余人。1948年初，汝（南）正（阳）确（山）指挥部成立，潘焱任指挥长兼工委副书记，开辟了汝南、正阳、确山、新蔡、息县根据地。后率领一纵参加了淮海战役，和兄弟部队在双堆集地区全歼黄维兵团。1949年1月，第一纵队改编为第二野战军第五兵团，任副参谋长。同年11月，任第二野战军第五兵团参谋长兼贵州军区参谋长。在部队南下期间，参与指挥了渡江、挺进浙赣、进军大西南、解放贵州、会战成都等战役。

中华人民共和国成立后，1951年初，潘焱任贵州军区副司令员，参与领导和指挥了贵州省的剿匪斗争。1952年11月，入南京高等军事学院高级速成系学习。1955年，任中国人民志愿军第十六军军长，率领部队入朝作战。1958年回国。1959年8月至1961年，以第二野战军战史编辑室副主任的身份，奉命组织中国人民解放军第二野战军战史的编写工作，完成了编写任务。1961 年 12 月，任海军北海舰队副司令员。1968 年 11 月，调任海军参谋长。1979 年 1 月，担任北京卫戍区司令员。同年 8 月，任北京军区副司令员兼北京卫戍区司令员。

潘焱系中共十二大代表，第六、七届全国人大常务委员会委员，全国人大经济委员会委员，第七、第八届北京市人大常委会副主任。1955 年 9 月，被授予少将军衔，荣获二级八一勋章、二级独立自由勋章、一级解放勋章。1988 年 7 月，被中央军委授予中国人民解放军一级红星功勋荣誉章。1988 年 7 月，被中央军委授予中国人民解放军一级红星功勋荣誉章。

1999 年 4 月 24 日，潘焱因病在北京去世，享年 83 岁。

第一编

在中华人民共和国成立前参加革命，曾在聊城战斗、工作，以及生活过一年以上的

第三部分　部长及行政职务为副部（省）级（含）以上的

本部分收录了 101 位在中华人民共和国成立前参加革命，曾在聊城战斗、工作，以及生活过一年以上的部长及行政职务为副部（省）级（含）以上的人物。

丁原

丁原（1917.5—2001.8.23），山东省清平县冯庄（今属临清市）人。曾任原建材工业部副部长、国家建材总局顾问。

丁原幼时在临清麻佛寺读高小。1932年赴平原省立第五乡师读书，开始接受马列主义思想。毕业后到济宁乡村建设训练处学习，之后任邱县北辛庄乡农学校校长，后调任临清林园村、夏津郭庄乡农学校任教育主任。七七事变后，1938年5月，赴延安抗大五大队学习。6月，加入中国共产党。同年底，随抗大二分校赴晋察冀边区继续学习。1939年5月，学习结业后，分配至晋察冀通讯社任特派记者。1939年8月至1953年1月，历任晋察冀日报社特派记者、通讯采访科科长、主编，平溪黎明报社社长，中共平西地委秘书长，冀察群众报社社长，新察哈尔报社社长，北岳时报社社长，察哈尔日报社社长兼总编，中共察哈尔省委宣传部副部长，省文化局局长，省新闻出版局局长、党委书记等职。1953年1月，任中共华北局宣传部宣传处处长。1954年6月，任重工业部技术司副司长。1956年6月，调国家建材部工作，任技术司司长、玻璃陶瓷局局长。“文化大革命”期间赴干校劳动。1972年4月恢复工作后，任建材局生产组组长、局办公室主任。1979年2月，任建材工业部副部长、国家建材总局顾问。是中国硅酸盐学会第二、第三届副理事长，中国建材学会会长、中国玻璃钢工业协会会长、中国矿石协会会长、中国建材工业会计协会会长、国务院技术经济研究中心顾问、中国建材报顾问等。

2001年8月23日，丁原在北京逝世，享年84岁。

于希岭

于希岭（1931.12— ），山东省茌平县（今聊城市茌平区）人。曾任辽宁省人大常委会副主任、党组副书记。

1947年10月，于希岭于东北参加革命工作。1948年11月，加入中国共产党。历任吉林省双辽县郑家屯区第九街人民政府秘书、副街长、区委组织干事等职。中华人民共和国成立后，历任双辽县工会文教委员、组织委员，辽西总工会干事、副科长，中共辽西省委、辽宁省委工业部组长、科长、副处长、办公室主任、部委委员等职。1972年7月，调辽宁省革命委员会计划组工作，任计划委员会调研室、办公室负责人，省邮电管理局副局长。后任中共辽宁省委办公厅副主任、主任、秘书长、省委常委。1990年，任辽宁省人大常委会副主任、党组成员。1993年3月，任辽宁省人大常委会副主任、党组副书记。1998年1月离休。

马继孔

马继孔（1914.10—2001.2），山东省肥城市孙伯镇红山村人。曾任中共甘肃省委书记、江西省第六届人大常委会主任。

马继孔出生在一个富裕的农民家庭，从小学、初中到中师成绩都名列前茅，后入读清华大学。在此期间，受进步思想影响，于1936年9月在清华园加入中华民族解放先锋队。

1937年七七事变后，马继孔毅然投笔从戎，回到家乡肥城县，在青年中宣传共产党的抗日救国主张。同年10月，建立了抗日游击队，他任队长。曾率领游击队攻占肥城，收复宁阳。1938年2月2日，他带领游击队与山东西区人民抗敌自卫团会合。此时，在鲁西北坚持抗日的范筑先将军任命他为宁阳县抗日民主政府县长。同年5月，游击队编入山东西区人民抗敌自卫团，任自卫团参谋长。11月，加入中国共产党。12月，自卫团编入八路军山东抗日纵队第六支队，任支队参谋长。1939年9月，他再次复任宁阳县抗日民主政府县长，领导宁阳人民坚持抗战。1941年2月，任鲁西第一（泰西）专署秘书主任。1942年6月，河西县抗日民主政府改名为长清县抗日民主政府，他兼任长清县代理县长。1943年2月，敌数次疯狂“扫荡”泰西抗日根据地，泰西地区抗日形势恶化，以泰西、运东地区组建新的冀鲁豫第一（泰运）专署，他奉命任鲁西区濮县抗日民主政府县长。1944年4月，任冀鲁豫第二（运西）专署昆张办事处主任兼办事处指挥部指挥长。他带领昆张办事处武装，恢复重建革命政权，开辟新区，配合八路军主力进行反攻，昆张地区很快由敌后区恢复为游击区。1946年1月，调任冀鲁豫七专署专员。3月，任济宁市政府市长。同年9月，他集中公安大队和民兵700余人，成立了运河支队，任支队长。1946年秋，调中共晋冀鲁豫中央局党校学习，任学员党支部书记。

毕业后，留在中央局政策研究室工作，任专职秘书。1948 年 3 月，随军南下，任新成立的豫皖苏中央分局办公室主任。1949 年春，调任中共安徽省委办公厅主任。同年 4 月，南京宣告解放，他任南京市军管会办公厅主任。中共南京市委成立后，任市委办公厅副主任。6 月，人民解放军第二野战军向大西南进军，成立西南服务团云南支队，他任支队政治委员。1950 年 3 月，任云南省军管会秘书长兼工业接管部主任。7 月后，任云南省政府秘书长兼工业厅厅长。1951 年 5 月，任中共昆明市委书记。1955 年 5 月，任中共云南省委第一副书记、书记处书记。1965 年 7 月，调任中共甘肃省委书记处书记。

1972 年，任甘肃工业大学党委书记兼革委会主任，后又任甘肃省革命委员会副主任。1977 年 8 月后，任中共甘肃省委书记（当时设有第一书记）。1978 年 12 月，调任中共江西省委书记（当时设有第一书记）。1983 年 4 月，任江西省第六届人大常委会主任。

1985 年 6 月离休后，他仍以坚忍的毅力、丰富的学识和多年积累的经验投入研究工作，笔耕不辍，成果累累，出版《彝史》《云南文化史》《云南陆军讲武堂史》《续资治通鉴评要》《中华精神文明史略》《紫苑随笔》《明天更美好》《青年成长之路》8 部著作，约 320 万字。他所得稿费及部分图书，全部捐献给云南省教育基金会，用于奖励边疆模范教师和资助希望小学。他还为边疆少数民族地区及家乡贫困山区捐献 1000 余册图书。

2001 年 2 月，马继孔在昆明病逝，享年 87 岁。

王化云

王化云（1908.1.7—1992.2.18），河北省馆陶县南馆陶镇人。曾任水利部党组成员、副部长，黄河水利委员会主任、党组书记，河南省第五届政协主席。

王化云生于1908年1月。1935年8月，毕业于北京大学法学院，学习期间积极参加革命活动。1937年10月，参加革命工作。1938年，加入中国共产党。曾任山东第六区政训处总务干事，邱县、冠县抗日政府县长，鲁西行署民政处处长，冀鲁豫行署党组成员、民政处处长、司法处处长等职。抗日战争时期，他为建立鲁西北地区抗日民族统一战线和革命根据地，巩固发展抗日政权，做出了重大贡献。

解放战争时期，王化云担任冀鲁豫区黄河水利委员会主任、黄河河防指挥部司令员。在冀鲁豫区党委和行署的领导下，王化云多次参加与国民党关于黄河问题的谈判，与国民党反动派进行了英勇的斗争，修复黄河两岸堤防，抗洪抢险，保卫了解放区，取得了“反蒋治黄”斗争的伟大胜利。

中华人民共和国成立以后，王化云曾当选中共平原、河南省委委员，历任水电部党组成员，黄河水利委员会主任、党组书记，三门峡工程局副局长、党委第三书记。1970年以后，担任黄河水利委员会副主任，党的核心小组成员、副组长。粉碎“四人帮”以后，担任水利部党组成员、副部长，兼任黄河水利委员会主任、党组书记。1983年4月，任河南省第五届政协主席。是第一至第六届全国人大代表。

1955年7月，全国人大一届二次会议审议通过《关于根治黄河水害和开发黄河水利的综合规划的决议》后，王化云参与组织领导了黄河上第一座大型工程——三门峡水利枢纽的筹建和建设工作，为我国水利水电工程建设积累了经验，培养了大批建设人才。

1958 年 7 月，黄河下游发生了有实测资料以来最大的洪水，王化云组织指挥了这场抗洪斗争。他提出的不使用北金堤滞洪区分洪，依靠堤防和人防战胜洪水的建议得到了周恩来总理的批准。经过河南、山东两省党政军民的共同奋斗，最终战胜了洪水，保证了大堤的安全，避免了分洪的重大损失。

王化云十分重视水土保持工作，他在 20 世纪 50 年代初期就多次深入黄土高原考察水土流失情况，总结和树立了一批水土保持先进典型，积极组织筹建了水土保持机构，提出了一整套治理方针，推动了水土保持工作的开展。

王化云是我国南水北调的积极倡导者之一，早在 1952 年毛泽东视察黄河时他就提出了南水北调的建议，后来他多次组织队伍并参加了调水线路的查勘工作，推动了南水北调工作的开展。

“文化大革命”期间，王化云受到“四人帮”的严重摧残，但他仍然心系黄河，继续为治黄事业操劳。粉碎“四人帮”后，他又负责治黄的全面工作，为拨乱反正做了大量工作，特别是为争取小浪底水利枢纽工程的早日兴建倾注了大量心血。

王化云不断总结治黄经验教训，先后提出了宽河固堤、蓄水拦沙、上拦下排、调水调沙等治黄方针，撰写发表了《关于开凿万里长河南水北调，为共产主义服务的意见》《我的治河实践》等专著。在他主持黄河工作的 40 多年中，为黄河岁岁安澜和治理开发做出了重大的贡献。

1992 年 2 月 18 日，王化云在北京逝世，享年 84 岁。

王玉珍

王玉珍（1921.5—1966.3.14），山东省东阿县刘集镇王庄村人。曾任中共湖北省委书记处书记、武汉市委第二书记。

1933年，王玉珍在东阿姜楼高小读书时，加入中国共产主义青年团。同年8月，加入中国共产党，任中共东阿县姜楼高级小学支部书记。1934年，考入济南省立第一中学，在校期间积极开展党的工作，曾任该校支部书记，组织抗日救亡活动。1936年2月，中共东阿县委成立，任县委委员。同年11月，领导成立援绥抗敌后援会，开展声援募捐活动，并派代表赴绥远前线慰问抗日战士。七七事变后，发动群众，建立武装，开展抗日斗争，曾任中共东阿县委组织部部长。1938年，调离东阿。1939年，任中共泰西特委调查统计科科长。1940年，调任中共汶上县工委书记，后调任平阿县委副书记、书记。1942年，调任冀鲁豫区总工会、抗日联合救国会宣传部部长。1943年初，调任冀鲁豫泰运地区抗联主任。1945年日本投降后，调任中共东平县委书记兼县大队队长。1947年，随军南下，任中共鄂豫区扎山县委副书记、书记。中华人民共和国成立后，1949年，调任湖北省孝感地委组织部部长。1951年，任孝感地委副书记。1952年，调任湖北省委组织部副部长。1954年，任中共湖北省委组织部部长。1959年，任湖北省委秘书长兼组织部部长。1960年，调任中共湖北省荆州地委书记。1964年5月，任中共湖北省委书记处书记。同年9月，兼任中共武汉市委第二书记。

1966年3月14日，王玉珍在武汉病逝，终年45岁。

王乐亭

王乐亭（1913.11—1996.11），河南省偃师县（今洛阳市偃师区）府店镇庙前村人。曾任中共贵州省委党校副校长、党委副书记，政协贵州省第四届委员会副主席。

1913年，王乐亭出生在一个富裕农民家庭。早在1932年在北平中大附中读书时，他就受进步思想的影响投身革命，参加了反帝大同盟、互济会等共产党的外围组织，积极投入爱国学生运动，组织并参加学生抗日游行示威活动。1933年4月，参加李大钊的送葬大游行。同月，在北平中大附中加入中国共产主义青年团。1935年12月，参加一二九学生爱国运动。1936年9月，加入中国共产党，并担任党支部书记。

1937年七七事变后，王乐亭由北平党组织统一组织南下济南。同年9月，入国民党第三集团军政治工作人员训练班学习。10月学习结束，由党组织派往聊城，经鲁西北山东省第六区抗日游击司令部政训处和中共鲁西特委分配，任政训处驻馆陶县办事处干事，并担负馆陶县党组织的联络工作。其间，积极帮助范筑先收编一些民团、绿林武装。到1938年秋，第六区共建立了35个支队、3路民军，还有一些独立团、营，共约6万人。王乐亭任第十一支队政治部主任。1938年5月，中共山东省馆陶县中心支部成立，他任统战委员。同年8月，任中共山东馆陶县委统战部部长，兼县保安大队主任。

1940年4月，鲁西军区鲁西北军分区成立，王乐亭担任鲁西军区第三（鲁西北）军分区政治委员。1941年7月，冀鲁豫、鲁西区对敌斗争形势更趋紧张，为了统一对敌斗争力量，冀鲁豫、鲁西军区合并为新的冀鲁豫军区，他担任新冀鲁豫军区第三（鲁西北）军分区政治委员，后任冀鲁豫军区政治部民运部部长。1942年2月下旬，军区领导决定派王乐亭和第五军分区政治部副主任魏克仁等到北方局十八集团军总部汇报迅速建立秘密交通线的问题。他们返回后，根据彭德怀的提示，在内黄县井店建立了沙区工作团，同年8月，改名为沙区办事处，王乐亭担任沙区办事处主任。在他的领导下，先后成功地建立起了4条秘密交通线，护送约4000名干部、学生过路，刘少奇、邓小平、陈毅、朱瑞、萧华、杨勇、苏振华等曾先后从此安全通过。从1942年到1945年，运入太行山区的布匹达15万丈，粮食达百万斤以上；运食盐最多的一次出动230头牲口驮运；帮助运送太行山区生产的军火、研制的冀钞；安排和引导吕正操部5000余人从老官咀渡过卫河敌人封锁线，也是通过地下交通线运往冀鲁豫的。

1945年后，王乐亭担任冀鲁豫区党委城市工作部副部长、军区敌工部副部长。1949年起，任中国人民解放军第二野战军第五兵团政治部敌工部部长。

中华人民共和国成立后，王乐亭先后任贵州军区敌工部部长，干部部副部长、部长，贵州军区政治部主任。1949年12月7日，他争取了国民党第十九兵团八十九军军长张涛在贵州普安县率部武装起义。随后，又于12月10日与王伯勋、谭本良、石勋、余君佑等在普安县盘水镇后街王宅八十九军军部举行了起义签字仪式。这样，国民党陆军第八十九军、第四十九军，贵州西南绥靖区、贵州西北绥靖区将领31名，代表31 000多名官兵掀起了解放贵州最大规模的国民党和平起义——普安起义。

1958年7月，王乐亭转业到地方工作，任中共贵州铝业公司委员会第一任书记，并兼任中共白云区委第一书记，后又任中共贵州省委统战部副部长。

“文化大革命”中，王乐亭受到冲击。1973年下半年恢复工作后，任中共贵州省委党校副校长、党委副书记，政协贵州省第三届委员会常务委员。1979年，任政协贵州省第四届委员会副主席。1984年，任贵州省顾问委员会常务委员。

1996年11月，王乐亭病逝于贵阳市，享年83岁。

王幼平

王幼平（1910.8—1995.3.28），山东省桓台县索镇马家村人。曾任外交部副部长。

1910年8月，王幼平出生在一个较贫困的书香人家。1927年，在济南山东省立第一师范读书，后因参加学潮被开除，回家务农、教书。1930年上半年，在济南正谊中学初三插班学习，因家境不济，9月辍学出走，10月在国民党二十六路军当了兵。1931年春节，随军开进江西进行"剿共"行动。当年4月，秘密加入中国共产党，任国民党第二十六路军中共士兵支部负责人。同年12月14日，参加了著名的宁都起义。起义后在中国工农红军第五军团先后任连长、师政治部秘书处处长、宣传科科长、军团政治部教育科科长等职，参加了中央苏区第四、第五次反"围剿"斗争和中央红军长征。在二万五千里长征中，任中央工作团团员。1935年底，成功做通东北军被俘军官上校团长高福源的争取工作，为建立中国共产党与东北军的联系提供了重要保障。1936年4月起，受党组织派遣，先后赴宁夏、绥远、山东开展白区工作，出色地完成了任务。

抗日战争全面爆发后，1937年11月，王幼平由中共山东省委自济南派到聊城国民党山东省第六区保安司令部政训处工作，初到时任驻范县政训干事，在范筑先领导的抗日游击队中从事党的工作，开辟革命根据地，组建并领导了拥有6000人的第十支队。12月，任中共鲁西特委委员、军事部部长。1938年，兼任第十支队政治部主任，积极开展抗日游击战和瓦解伪军工作，受到特委的肯定。7月后，以聊城政治部副秘书长名义专职特委军事部部长。聊城失守后，任八路军一二九师先遣纵队政治部主任。

1940年6月，先遣纵队与筑先纵队合编为八路军一二九师新八旅，王幼平任旅政治部主任。新八旅成立后即开进冀南军区三军分区（后来旅与军分区合并），先后任旅（军分区）政治部主任，副政治委员、代政治委员兼冀南三地委委员、副书记、代书记。1944 年 8 月，到冀鲁豫（平原）分局党校学习。抗日战争胜利后，任冀鲁豫军区政治部主任兼冀鲁豫区党委城工部部长。1946 年 7 月后，专任冀鲁豫区党委城工部部长，之后调任豫皖苏军区政治部主任兼豫皖苏区党委城工部部长。淮海战役后任中国人民解放军第十八军副政治委员。1949 年 5 月，调任第五兵团政治部代主任。

中华人民共和国成立后，1949 年 11 月，王幼平被调入外交部工作，历任中国驻罗马尼亚、挪威、柬埔寨、古巴、越南、马来西亚和苏联等国大使，在国外工作长达 30 年，其中四次为首任大使。在越南抗美救国战争最紧张、最艰苦的时候，他出使越南。在敌机不断袭击轰炸的情况下，他跑遍越南各省、区，坚持开展外交活动。在柬埔寨任大使期间，他多次到援柬项目现场检查指导工作，到柬北部人烟稀少地区看望援柬工作人员，被授予“友好合作十字勋章”。1963 年 4 月，在国家领导人访问柬埔寨前夕，他重返金边执行特殊使命，使外访工作取得圆满成功。1979 年 7 月，他担任外交部副部长。

1979 年 9 月，王幼平任中国政府特派代表、中国代表团团长，率团赴莫斯科参加中苏第一次国家关系谈判。在政治斗争十分激烈的情况下，他既坚持原则、讲明道理，又利用各种机会，做了许多友好工作。

王幼平曾任中共十二大、十三大代表，第三届、第五届全国人大代表。在中共十二大、十三大上相继当选为中央顾问委员会委员。

1995 年 3 月 28 日，王幼平在北京逝世，享年 85 岁。

王庆延

王庆延（1912.12—1996.10），山东省高唐县人。曾任政协贵州省第五、第六届委员会副主席，九三学社贵州省委副主委。

1936年，王庆延毕业于北京大学农业化学系，同年考取日本东京大学农学部研究生。抗日战争全面爆发后回国，任国民革命军陆军第二十师政治部科长，后任四川农业改进所农化技师。日本投降后，任湖北农学院教授、系主任、教务长，西北农学院教授。1948年后，任贵州大学农学院教授、系主任。贵州农学院成立后，任教授、教务长、副院长。1975年后，任贵州农学院教授、贵州科学院副院长兼山地资源研究所所长。1983年后，任政协贵州省第五、第六届委员会副主席，九三学社贵州省委副主委，贵州科学院顾问。主编《贵州综合农业区划》，发表过多篇论文。

1996年10月，王庆延病逝，享年84岁。

王克东

王克东（1915.5—1991.6），山东省恩县（今平原县）恩城镇刘庄村人。曾任中共河北省委常委、河北省副省长。

王克东12岁入小学读书，从县立职业学校毕业后考入山东省立平原乡师。在乡师读书期间，王克东担任班长，接受了地下党员教师李竹如、马霄鹏的革命教育，思想得到进步。1935年5月，全校学生在地下党组织的发动领导下，举行“反会考”罢课学潮，因为在学生中威信较高，他被推选为学生会会长。

1936年底，王克东从平原乡师毕业后被分配到武城县一所乡农学校担任校长。1937年10月，在同学马诚斋的介绍下加入中国共产党。1938年2月，中共恩县县委建立，他任县委宣传委员。5月，和马诚斋在武城县张官寺一带发展了十几名进步青年入党，同时发动和指导白金荣、李华珍组建起了一支80多人的抗日武装，开展破袭铁路、袭扰日军的游击活动。1939年7月，任中共恩县县委书记，抗日工作有了较大发展，并逐渐影响到了周边县市。1939年冬，入鲁西区党校学习。1940年夏学习结束后，任三大队（三地委武装）民主干事，之后又在茌（平）长（清）禹（城）办事处任副主任。1941年春，被调到冀鲁豫抗日根据地中心区观城县，任县委委员兼抗日民主政府县长。至1942年底，在日伪顽匪杂“五鬼闹边区”和严重自然灾害的情况下，领导抗日军民克服种种困难，取得反击战的重大胜利。1943年3月，调任昆吾县抗日民主政府民教科科长，后调任曹县县委委员、抗日民主政府县长兼县武装大队大队长。他组织带领群众，为发展抗日游击战争、巩固扩大抗日根据地，进行艰苦卓绝的斗争。到1945年夏，全县基本解放。

抗战胜利后，1945年10月，王克东被调往东北，途中被留在热河省工作。先在热西专署任秘书室主任，后调任围场县任县委书记。上任后，他立即投入减租减息和清算汉奸恶霸群众运动的领导工作，并取得了很好的成效。1946 年 8 月，内战爆发，国民党军队进犯热西、热北，王克东率领围场县党政机关进行了艰苦危险的千里战略转移，直到 1947 年 5 月围场重新解放。1948 年，他又领导全县干部群众战胜了极为严重的灾荒。

中华人民共和国成立后，1949 年 10 月，王克东调至热河省政府，先后任副秘书长、秘书长。1953 年又调至省委任秘书长，直至 1955 年热河省撤销。

1956 年 1 月，王克东担任了中共承德地委第一书记。1957 年整风“反右”之后，在“大跃进”运动高潮时，遭到错误批判。1959 年中央庐山会议后，他被戴上了右倾机会主义分子的帽子。1960 年 3 月，被撤销承德地委第一书记职务，下放到石家庄藁城县，任副县长。1962 年初平反后，仍担任中共承德地委第一书记，两个月后被调到国家农垦部工作，先后任分局局长、计划局局长。“文化大革命”中受到错误批斗、长期审查。1969 年初，下放到江西省永修县“五七干校”劳动改造。1973 年春节前夕，回到农林部，任政治部主任。1979 年初，任畜牧总局副局长。

1979 年春，王克东任河北省委常委、副省长，分管农业。他跑遍全省各个乡镇农村进行调查研究，行程二万五千余里，落实党的农业政策，推行农村家庭联产承包责任制，尽快发展生产力，切实改善农民生活。1982 年，王克东任省政府顾问。1986 年 1 月离休。

1991 年 6 月，王克东在北京病逝，享年 76 岁。

王雨亭

王雨亭（1918.3—2000.7.28），河南省南乐县近德固乡近德固村人。曾任中共北京市委常委、组织部部长。

1925年，王雨亭入家乡小学读书。1931年，考入南乐第一高小。九一八事变后，日军侵占中国东北三省，激起王雨亭和同学的抗日救国之情。1934年春，王雨亭考入南乐县简易师范学校，在学校参加由进步学生组织的读书会，加入中华民族解放先锋队，接受革命思想教育。

1937年七七事变后，日军沿平汉、津浦铁路南侵。8月，王雨亭从县简易师范毕业；10月，加入中国共产党，参加中共直南特委组织的抗日武装四支队，任文化教员、救亡室主任。

在全民族抗日战争和解放战争时期，王雨亭一直在冀南抗日根据地工作。1938年5月，王雨亭从四支队调地方工作，先后任中共冀南区成安工委书记、书记兼任县大队政治处主任。他和县长张西三共同建立了成安县民主政权，发展中共党员，并在全县建立党的各级组织，还组建了青年救国会、妇女救国会、学生救国会等抗日群团组织，为抗日做了大量卓有成效的工作。1938年11月至1940年3月，先后在中共永年县委、曲周县委任民运部部长兼县战委会主任。1940年后，调任中共企之县委书记兼县大队政治委员、中共广曲县委书记兼县大队政治委员。他广泛发动群众抗日，不断打击日伪政权和武装。1943年，王雨亭先后任中共冀南区四地委组织部干事、党校副校长。1945年8月，抗日战争取得胜利，王雨亭调任中共临清县委副书记、书记。1947年7月，调任中共冀南区一地委组织部副部长。1948年3月，再次调任临清县委书记。1949年3月，王雨亭任中共冀南一地委委员，后为宣传部部长。8月，调中共中央华北局组织部，任王从吾的秘书。

1950 年 3 月，王从吾调任中共中央组织部副部长，王雨亭随调仍任其秘书。同年 9 月，王雨亭任中共中央组织部办公室副主任。1954 年，改任办公厅副主任。1960 年，任主任。1966 年 6 月，王雨亭调任中共北京市委常委、组织部部长。9 月，回中共中央组织部机关参加“文化大革命”运动，受尽折磨。1975 年 11 月，王雨亭恢复工作，先后任青岛医学院党委副书记、书记。1978 年 6 月，王雨亭调回中共中央组织部，担任新组建的组织局局长。他以拨乱反正和奋力拼搏的精神开展工作，为平反冤假错案、恢复和整顿党的组织、加强党员教育、做出了极大的努力。1983 年，王雨亭离职休养。1986 年 3 月，他被聘为中国共产党组织史资料编审委员会委员和中央编纂领导小组成员。

2000 年 7 月 28 日，王雨亭在北京病逝，享年 82 岁。

王树成

王树成（1912.3.3—2001.1.22），生于山东省诸城县（今诸城市）皇华镇王家庄子村。曾任中共湖北省委副书记，中共河南省委副书记、河南省副省长。

王树成，原名王绍云，少时就读于诸城初小，后进入青岛市教会学校读高小，之后又回到诸城县立初级中学读书。1931 年，考入山东省立第一师范学校。1934 年毕业后，先后在山东省立莱阳乡师附小、诸城县立府前小学任教。1935 年 12 月起，任诸城县立府前小学校长。1936 年西安事变发生后，在全国抗战形势的影响下，王树成组织领导府前小学的进步师生开展了广泛的抗日救亡宣传活动。

抗日战争全面爆发后，府前小学参加了国民党县政府成立的“抗战后援委员会”，王树成利用这一组织将宣传工作抓到手里，在县城内外展开了更大规模的抗日宣传活动。1937 年 12 月，王树成在赵志刚、董昆一的介绍下加入中国共产党，同时成立党支部，并任支部书记。此后不久，中共诸城临时县委成立，王树成成为临时县委成员。在他的帮助下，第四游击区独立第一中队成功组建。

1938 年 1 月，日军侵占高密。此前，高密县地主武装蔡晋康部转移到了诸城县城，中共诸城临时县委主动与蔡部内中共地下工作委员会取得联系，将两个党组织合并成立了“中共鲁东南工作委员会”，积极筹建武装力量。王树成等 30 余人参加了蔡晋康的游击队开始革命工作，编入独立第四中队。1938 年 2 月，王树成脱离蔡部，奔赴徐州抗日前线，任中共特别党员万毅领导的国民党东北军五十七军一一二师三三四旅六六七团新兵连党支部书记，从事友军工作，成功策动了万毅五十七军起义投诚。1938年四五月间，任东平县政府秘书，后因故转到冀鲁豫边区工作。同年12月，任山东纵队第六支队三团政治处主任。

1940年，王树成任泰西日报社社长、总编。1940年5月至1941年5月，任鲁西日报社社长。1941年5月，调任鲁西区第三（鲁西北）专署（后改冀鲁豫行署第三专署）秘书主任。1942年冬，调任观城县抗日民主政府县长。1943年2月，观城县、朝城县合并为观朝县，他任观朝县抗日民主政府县长。1944年春，调任冀鲁豫第二（运西）专署第二办事处主任。1945年11月，任濮（县）范（县）观（城）朝（城）清（丰）南（乐）六县办事处主任，后任冀鲁豫行署建设处副处长，晋冀鲁豫后方战勤总指挥部动员部部长，办公室主任等职。其间，将名字由王绍云改为王树成。

1947年8月，王树成随军南下大别山。曾任中共鄂豫边区经扶县委民运部部长，鄂豫边区第二专署副专员，中共鄂豫边区第四地委委员、宣传部部长。1949年5月，任中共湖北省黄冈地委宣传部部长，中共湖北省黄冈地委第二副书记兼宣传部部长。

1951年7月，王树成任中共湖北省委副秘书长，后任中共湖北省委政策研究室主任。1952年2月，任中共武汉市委（中央直辖）委员、副秘书长，中共武汉市委常委、市委秘书长。1954年，任中共湖北省委秘书长。1956年2月至7月，任中共湖北省委副书记。1956年7月，任中共湖北省委书记处书记。

中共八大后，王树成在中共中央高级党校学习。1957年底结业后，回到湖北省委。1958年2月，任中共湖北省委书记处书记兼荆州地委第一书记。1959年初，兼任宜都工业区书记。不久，工业区撤销，返回省委。

“文化大革命”中，王树成坚决抵制林彪反革命集团、“四人帮”的干扰和破坏，为维护社会秩序做了大量富有成效的工作。1968年2月，任湖北省革命委员会常委。1969年，兼任丹汉线建设（建设丹江口至武汉220千伏超高压输变电线路）指挥部副指挥长。1969 年 8 月，任江汉油田勘探会战指挥部副指挥长，常驻油田现场。1973 年 7 月，任中共湖北省委工交政治部副主任，其间兼任湖北省革命委员会工交办公室副主任。

中共十一届三中全会后，1979 年 3 月至 1980 年 10 月，任中共河南省委副书记、河南省副省长，分管工业，为河南省的经济建设和改革开放事业付出了大量的心血和汗水。

1980 年 10 月至 1983 年 12 月，任中共湖北省委顾问。1983 年 12 月至 1986 年 5 月，任中共湖北省顾问委员会常委。同年，王树成应邀参加中共冀鲁豫边区革命史工作组，任副组长，并与谷正范等利用5年时间写作编辑了《冀鲁豫边区战勤工作资料选》。1986 年 5 月，离职休养。

2001 年 1 月 22 日，王树成病逝于武汉，享年 89 岁。

王振文

王振文（1919.10—2010.2.6），山东省茌平县韩集乡门庄（今聊城市东昌府区韩集镇门李村）人。曾任中共新疆维吾尔自治区党委常委兼秘书长。

王振文，1919年10月出生，七七事变前任小学教员，七七事变后在家乡从事抗日活动。1938年7月，投身抗日革命队伍，经八路军第一二九师政治部选派到延安抗日军政大学学习。12月，加入中国共产党。1940年11月抗大毕业后，被分配到八路军晋西北（晋绥）军区后勤部工作，历任政治指导员、第一二〇师组织干事、分总支组织股副股长等职。1943年，参加晋北大生产运动。1945年8月，随部参加吕正操、许光达指挥的绥北战役。

1946年冬，王振文随三五九旅七一九团团长张仲瀚到华东地区参与组建新军工作。1947年2月25日，渤海军区教导旅举行建军典礼，王振文任一团政治处主任。11月，教导旅归入西北野战军建制，改称中国人民解放军西北野战军第二纵队独立第六旅，王振文任十六团政治处主任。12月，随部参加运安战役，这是教导旅组建以来参加的首次战斗。1948年2月，独立六旅进至晋南闻喜县，改番号为西北野战军独立六旅，下辖一、二、三团改称十六团、十七团、十八团，王振文任十六团副政治委员。2月23日，由禹门口西渡黄河，随部夺取韩城，坚守阵地，堵敌北援。3月，随部挺进渭北，进击韩城，追敌于百良镇，消灭伪县府保警队近300人。4月中旬，随部参加西府战役，于铁佛寺西南高地顽强阻击国民党军乾县三十八师五三一团援军，击溃进攻第五村、大唐村、雍山之敌；下旬，在凤翔地区阻击裴会昌兵团六十五师、三十六师的猛烈进攻，为进攻宝鸡的部队赢得了时间。5月，随部扼守荔镇，苦战国民党整编三十六师、整编一三六旅，完成抗击任务，掩护西北野战军进入边区根据地。6月，随部开展评斗志、评政策、评工作、评战斗作风、评功查过的政治运动。8月，十六团参加澄合战役之壶梯山战斗，全歼敌整编第三十六师二十八旅第八十二团。10月，参加荔北平原攻坚战役，在小壕营与敌激战。11月中下旬，西北冬季攻势开始，随部奔袭东马村，全歼守敌；26日，随部参加永丰镇攻坚战，在永丰镇南楼子塬抗击敌援军九十军，经惨烈战斗迫敌撤回，完成任务。1949年2月部队整编，独立旅十六团改称第二军第六师第十六团，王振文任政治委员。随后率部参加陕中战役。3月4日，率部在交口镇攻击溃敌一二三师三六九团；9日在周至县横渠镇抗击敌“王牌”部队六十五军。5月，随六师进到高陵地区，配合友军分割包围、歼灭泾河北岸之敌。5月18日，率部突破渭河防线，攻占咸阳；23日在五丈原与十八团抗击敌三十六军一六五师；24日攻克棋盘山；28日率部参加辛口子战斗，攻克西骆峪、红岩子之敌阵地，歼灭敌三十六军第一二三师一部；29日随六师全歼黑山寺姚家山敌。6月12日，在金渠镇以东、槐牙镇以西与十七团、十八团歼灭敌三十六军一六五师、二十八师。7月，参加扶眉战役，率部由渭河南岸向周至、眉县攻击前进，10日歼敌一二三师一部，并沿渭河以南向西追击逃敌。7月下旬至8月上旬，参加陇东追击战，率部随兵团主力连续追击近20天，前进4000余公里，随六师相继解放陇县、清水、甘谷、漳县、天水、陇西等地。8月20日，参加兰州战役，由临洮越过洮河，取道康乐、和政向临夏疾进，随兵团主力解放甘南重镇临夏，保证了我军主力攻击兰州的左侧安全。9月9日，随六师由循化乘自制木筏强渡黄河，突破敌右翼，进入青海东南部，向西宁展开迂回攻势，15日进抵西宁，截断兰州之敌退路。9月，河西走廊追歼战开始，20日从门源翻越风雪祁连山，到达坂城、冷龙岭，进至寺湾，阻歼兰州西逃之敌。在民乐歼敌骑兵十五旅三十二团，在六霸歼敌二四五师七三五团；以30分钟战斗攻克张掖，歼敌二四五师七三三团和七三四团；然后迫降山丹西逃之敌一七二师骑兵团和张掖以西之敌九十一军二四六师七三六团。9月27日，进军甘肃张掖。

1949年10月，王振文随六师率部入疆。1950年2月，率十六团进驻焉耆县城，一手拿镐屯垦，一手拿枪剿匪。1951年8月，率减租反霸工作团进驻轮台开展减租反霸、镇压反革命斗争。1952年4月，任步兵六师政治部主任。8月，步兵第六师派王振文任土改工作团团长，赴轮台县领导土地改革。

1953年2月，步兵六师整编为中国人民解放军新疆农业建设部队，就地参加生产建设，并抽调人员组建焉耆军分区机关，十六团改编为新疆军区建筑工程独立第一团调出；另从全师抽调干部组成焉耆军分区，集体转业执行农垦任务。4月，王振文任中共焉耆地委副书记兼地区工作团团长，赴且末县领导参加土地改革。1954年10月，王振文担任新疆维吾尔自治区巴音郭楞蒙古自治州书记。按照慎重稳进的方针，领导焉耆各族人民在全区开展土地改革运动，进而对全州农业、畜牧业、手工业和资本主义商业进行社会主义改造。1961年7月，任中共阿克苏地委书记。1967年1月，兼任阿克苏军分区政治委员。1970年9月，任喀什地区革委会副主任、地委书记。

1978年3月，王振文任新疆维吾尔自治区革委会副主任、自治区人大常委会副主任。他坚持从实际出发，创造性地开展工作，结合新疆实际组织制定了民族区域法实施条例等一系列地方性重要法规，为自治区民主法制建设做出了重要贡献。1981年7月，任新疆维吾尔自治区党委常委、自治区人大常委会副主任。1983年2月，任新疆维吾尔自治区党委常委。5月，任自治区党委常委兼秘书长。1985年，退居二线，任自治区顾问委员会副主任。1992年1月，经中共中央组织部批准，离职休养。

2010年2月6日，王振文逝世，享年91岁。

王笑一

王笑一（1916.2—2010.7.24），河北省威县侯贯镇杨长屯村人。曾任中共河北省委秘书长、统战部部长，北京市副市长兼外事办公室主任。

1931年，王笑一在济南山东省立第一中学读书。在此期间，参加了九一八事变后中共地下党组织领导的读书会，参加了到南京请愿的学生运动。1935年，在北平通州潞河高中学习时，参加了中华民族解放先锋队。燕京大学肄业。

1937年七七事变后，王笑一任临清县第十区抗日游击队队长。同年10月，加入中国共产党。1938年2月，八路军第一二九师东进纵队津浦支队奉命东渡卫河，进入卫东地区。5月初，徐向前率第一二九师和第一一五师各一部进入冀南；15日，第一二九师东进纵队进入临清县城（13日，日军撤出临清县城）。随着八路军开进冀南，临清筹建成立了民族解放战争动员委员会（简称战委会），王笑一任战委会主任。战委会随东进纵队进入临清县城，并充实健全了组织，分别成立了农救会、妇救会、青救会。同年5月，王笑一任中共临清县工委委员、宣传部部长。8月，任中共临清中心县委委员、宣传部部长。10月，任中共临清县委委员、组织部部长。八路军第一二九师部队进驻临清一带后，鲁西北地方党组织在以临清为中心的第四区，开始以八路军的名义公开进行工作；在以聊城为中心的第六区，则是按照独立自主的统一战线原则，在范筑先的旗帜下，通过政治部开展抗日斗争。1938年6月，中共冀鲁豫边区省委根据第四、第六区的不同特点，决定以聊城为中心的中共鲁西特委仍称中共鲁西特委，徐运北任书记，以临清为中心组建中共鲁西北特委，张承先任书记。1938年10月15日，日军攻陷聊城，范筑先及700余名守城健儿壮烈殉国。聊城失守后，山东第四区的形势也迅速恶化。11月

17 日，日军第二次占领临清城，几天以后又撤离。临清地方党组织和战委会的王笑一、李蕴华、黑若仙等 30 多人转移到临清城北杨长屯一带，与当地的十几个党员组织了一支四五十人的抗日队伍。

1939 年 1 月，鲁西区党委在馆陶成立。2 月，王笑一任中共临清县委书记。6 月，任八路军临清武装工作团政治主任。9 月，任鲁西北行政委员会委员、秘书长。10 月，八路军卫河支队成立后，于笑虹任支队长，王笑一任支队政治部主任。

1940 年 4 月 15 日，鲁西行政主任公署成立，萧华任主任，段君毅、贾心斋任副主任。公署下辖 5 个专署和 1 个办事处，鲁西北区域内各县分别归属运西、鲁西北、运东 3 个专署，王笑一任鲁西北地委委员、专署专员。11 月，运西、鲁西北、运东专署分别改为鲁西二、三、四专署。

1941 年 5 月，王笑一到中共中央北方局党校学习。1942 年 3 月 30 日，伪华北政务委员会推行第四次“治安强化运动”。日伪军数千人大举“扫荡”昆（山）张（秋）地区，并在阿城以南陶城铺、张秋、尚那里等地安设据点 10 余处，该地区局势相当严峻。为加强昆山、张秋、寿张等县的对敌斗争，在这一带建立了中共冀鲁豫区第八地委、冀鲁豫军区第八军分区，成立了晋冀鲁豫边区第二十三专署，即昆（山）张（秋）专署。同年 7 月，王笑一任中共冀鲁豫区第八（昆山、张秋）地委委员，第二十三（昆山、张秋）专署专员，领导了昆（山）张（秋）地区的对敌斗争。

1945 年 4 月，王笑一当选为冀鲁豫边区政府委员，后任冀鲁豫行署民政处处长，后任冀鲁豫行署秘书长。1949 年 1 月下旬，王笑一与万晓塘等率一批干部到天津，任天津市军事管制委员会军法处处长、天津市军事管制委员会市政接管处法院接管组组长。1949 年 1 月 17 日，任天津市人民法院院长。

中华人民共和国成立后，王笑一历任天津市政法委员会副主任，中共天津市委委员、市委统战部部长，天津市人民政府副秘书长。1958 年，任中共河北省委常委、省委统战部部长。12 月，在政协河北省第一届委员会第四次会议上，增选为政协河北省第一届委员会副主席。1959 年，当选为政协第三届全国委员会委员。1960 年 2 月，当选为政协河北省第二届委员会副主席。1964 年 10 月，当选为政协河北省第三届委员会副主席。1960 年 12 月至 1966 年 5 月，历任中共河北省委常委、省委秘书长、省委统战部部长。

1965 年，王笑一到北京外交学院英语专科学习。此后，在"文化大革命"外事工作最艰难的时期，他长期主管北京市的外事工作。1967 年 4 月至 1971 年 3 月，任北京市革命委员会外事组副组长。1971 年至 1973 年，任中共北京市委副秘书长，兼任北京市革命委员会副秘书长。1973 年 6 月至 1976 年 10 月，任北京市革命委员会外事组组长。1976 年 10 月至 1977 年 7 月，任中共北京市委外事办公室主任、北京市革命委员会外事办公室主任。

1977 年 2 月至 1980 年 12 月，王笑一任中共北京市委直属机关党委临时党委书记。1977 年 7 月至 1979 年 12 月，任中共北京市委常委、市革命委员会副主任。其间，1977 年 11 月，当选为政协北京市第五届委员会副主席。1979 年 12 月至 1982 年，担任北京市副市长兼外事办公室主任。1983 年 3 月至 1987 年 12 月，任中共北京市顾问委员会常委。1984 年，兼任北京市人民对外友好协会会长。1992 年，任北京市人民对外友好协会顾问。

2010 年 7 月 24 日，王笑一在北京病逝，享年 94 岁。

王维群

王维群（1914.9—2001.3.19），山东省冠县贾镇王辛村人。曾任河南省副省长、中共河南省委副书记。

1914年9月，王维群出生于一户贫苦农民家庭。北伐战争时期，王维群在冠县许辛村初小读书，1930年，考入冠县高小。九一八事变后，不满国民党的不抵抗政策，与以赵健民为首的进步同学上街游行，宣传抗日，抵制日货。1932年夏天，王维群考入冠县师范讲习所，翌年又考入寿张第八乡村师范。他和冯干才、朱冠富、沙延孝等一批进步同学成立读书会，阅读马列主义著作，逐渐了解共产党及其领导的红军的具体政策。1934年冬，在冯干才的介绍下，加入中国共产党。

1935年，因家庭负担过重，王维群被迫退学，转而通过书信等方式与上级党组织和同志们保持联系。1936年夏初，中共冠县支部成立，王维群任支部书记。同年秋，中共冠县工作委员会成立，他任书记。同年冬，中共冠县工作委员会改为中共冠县中心县委，他任中心县委书记。随着工作的开展和形势发展的需要，1937年夏初，中共鲁西北特委成立，王维群任组织委员兼冠县中心县委书记。

1937年9月，经组织批准，王维群到达延安，经中央组织部介绍，到桥儿沟中央党校学习，不久被调到第一中队任队长。1938年春末，党校学习结业后分配到中共中央机关任总务处科长，后任处长。之后兼任中央直属机关生产指导处处长，参与并指导了南泥湾等生产基地开展工作。1942年2月，调任中央高级党校一部学习，参加整风运动。1944年夏，调往陈云主持的西北财经办事处做筹备工作，负责建立办事处机关。在此期间被选为党的七大代表。1945 年 4 月至 6 月，作为冀鲁豫边区代表出席了中国共产党第七次全国代表大会。

1945 年 11 月，王维群被调回冀鲁豫边区工作，任冀鲁豫一地委（泰运地委）委员兼地委宣传部部长。1946 年夏，地委在阳谷县搞土地改革试点，由他兼任中共阳谷县委书记。1947 年秋，区党委决定成立九地委（濮阳地委），他任地委副书记兼专员。

1949 年 7 月，中共中央决定撤销冀鲁豫区党委，成立中共平原省委，王维群任中共平原省聊城地委书记兼军分区政治委员。1952 年夏，任平原省企业党委会副书记兼工业厅厅长。1952 年底，平原省撤销，任中共河南省委委员、省委工业部副部长兼省财政经济委员会副主任、工业厅厅长。

第一个五年计划时期，中央决定把洛阳市作为全国 7 个重点建设的基地之一，将苏联援建的第一批重点建设项目中的 4 个大型工厂放在洛阳。为了加强重点工程建设的领导，专门成立了洛阳建设委员会，省委第一书记潘复生兼任主任，王维群任副主任，负责日常工作，并兼任第一拖拉机厂筹建处主任。不久，任中共洛阳市委第二书记兼洛阳建筑工程局党委书记、局长。

1958 年 9 月，王维群任河南省副省长，分管基本建设工作，兼任省基本建设委员会主任。1959 年秋，又分管省计划委员会的工作。1962 年，中共河南省委领导班子调整后，他分管农业。曾任中共河南省委候补书记、副省长，省人委党组副书记，负责省人委的日常工作。同时兼任省农委主任、党组书记，重点仍是抓农业。在此期间，他发现中共兰考县委书记焦裕禄的思想作风很好，以及林县要求继续建设红旗渠的意见是对的等情况，于是分别向省委做了汇报，省委同意在全省提倡学习焦裕禄和红旗渠精神。

“文化大革命”初期，王维群受到批斗并被关押。1967 年底，他被分配到省革命委员会筹备委员会生产指挥部农业组，具体抓生产工作。1968

年 1 月，河南省革命委员会成立，他任省革委常委。1973 年 2 月，任中共河南省委副书记、省革命委员会副主任兼生产指挥部指挥长、党的核心小组组长，全面负责河南省的工农业生产及财经工作，并被选为第四届全国人民代表大会代表。

1977 年秋，王维群带领中国人民友好代表团参加罗马尼亚建国 30 周年活动，回国后没再工作。1984 年夏离休。离休后，移居山东。山东省人民政府聘其为政府咨询顾问，他经常到基层调查研究，为山东省委、省政府提出建议，为四化建设和富民兴鲁发挥余热。

2001 年 3 月 19 日，王维群因病在济南逝世，享年 87 岁。

王路宾

王路宾（1913.9—2003.11.7），生于山东省聊城县王洪木村（今属聊城经济技术开发区蒋官屯街道）。曾任山东省委常委兼秘书长、北京大学党委副书记兼常务副校长。

王路宾少时就读于聊城三师附小，1925 年 8 月，考入聊城省立二中。1929 年，考入济南乡村师范特科，同年加入中国共产主义青年团。1930 年 4 月，转为中国共产党党员。7 月毕业后，由党的外围组织介绍赴江苏沭阳国民党二十七师做兵运工作。该军被蒋介石缴械后，王路宾逃往哈尔滨避难，与党失掉联系。1931 年 9 月，到北平找党组织未果。1933 年 8 月，20 岁的王路宾考入青岛国立山东大学生物系，入校不久恢复党的关系。1934 年夏，负责山东大学党支部工作，并于 1935 年在校期间，参加了一二九学生爱国运动。1936 年春，他辗转来到北平，参加了中华民族解放先锋队，在北京大学接上党组织关系，并担任沙滩街道党支部书记。

1936 年 8 月，王路宾考取成都国立四川大学生物系，在成都参与发展“民先”组织，成立“民先”四川省总队部，任副总队长。1938 年 2 月，王路宾因组织革命文化活动被国立四川大学开除，党组织委派他到四川名山中学任教导主任，开展党的工作，后遭到国民党县党部和青年党的打击。1938 年 9 月，暴露身份被捕入狱，后经党组织营救出狱。1939 年秋，随董必武一行到达延安，到中央社会部工作。后赴莫斯科学习。1940 年回国后，仍在中央社会部工作。1942 年 5 月，任陕甘宁边区保安处研究组组长。1945 年抗战胜利后，先后调任冀鲁豫区党委社会部办公室主任、副部长，行署公安处处长。1949 年 8 月，平原省成立后，任中共平原省委委员、省政府委员，省公安厅副厅长、厅长。

中华人民共和国成立后，1952 年 11 月，平原省建制撤销，王路宾被调到山东工作，先后任中共中央山东分局委员、分局政法委副书记，山东省公安厅厅长、省委常委兼秘书长，中共济南市委第一书记。

1958 年，王路宾被错误地划为右派，开除党籍，并取消了其行政级别。1965 年，山东省委撤销了对他的错误结论，恢复党籍，并恢复了其行政级别。

1967 年，王路宾受到严重迫害，被关进监狱。在狱中的他，仍然没有停止学习，继续学习马克思主义。1975 年，山东省委为他彻底平反，并安排他到曲阜师范学院工作，任曲阜师范学院核心小组副组长、党委书记。

1979 年 3 月，王路宾赴中央党校学习。同年 11 月，调任北京大学党委副书记兼常务副校长，协调周培源校长负责北京大学行政工作，并参加北京大学拨乱反正、平反冤假错案工作，为北京大学的稳定做出了贡献。1983 年，应邀担任中纪委特邀检查员。1984 年退居二线，任北京大学顾问。1989 年，创办民办北京建设大学，任校长。1990 年离休。

2003 年 11 月 7 日，王路宾在北京逝世，享年 90 岁。

王黎之

王黎之（1921.11.21—2014.3.28），山东省冠县崇文街道办事处朱霍三里庄社区人。曾任中共四川省委书记，政协第七、第八届全国委员会常务委员。

王黎之从7岁开始在村小学及县城一中读书。1937年，在本村共产党员带领下，时常阅读一些革命书刊，参加一些抗日活动。

1938年3月，考入冠县抗日军政学校。4月，加入中国共产党。6月，被派往河北省南宫县八路军驻地接受中华民族解放先锋队训练，后任冠县民先队部组织委员。1939年初，日本侵占县城，他转入农村开展抗日工作，并担任冠县青年抗日救国会主任。1940年春，被选为鲁西北抗日救国会主任，组织领导各县、区广大农村青年进行抗日活动，组织青年武装团，兼任政治指导员，动员大批青年参加八路军并培养了一批青年干部。1941年，任冀鲁豫边区青年抗日先锋队总队部政治教导员。1942年，任冀鲁豫运东分区抗联主任、中共运（河）西地委青委书记、青救会主任等职。1943年，任范县抗联主任、县委民运部部长。1945年，被选为参加延安各界代表大会代表，后会议因故取消，遂任中共濮阳市委委员、南区区委书记。同年，任冀鲁豫第七纵队（后改为一纵队）政治部民运部副部长，曾兼任纵队补充政治委员，参加解放郓城、济宁的战斗和鲁西南战役、陇海战役。1947年，进军大别山创建根据地，任光（山）商（城）县（后改为白雀县）县委书记兼光商支队政治委员。1948年，任中共鄂豫二地委委员、宣传部部长。

1949年春，王黎之任中共潢川地委宣传部部长、组织部部长、地委副书记。1952年，任中共信阳地委书记兼军分区政治委员。1953年春，毛泽东主席路经信阳，他受到亲切接见并详细汇报了工作，所反映的问题得到重视和解决。

1954 年春，王黎之任中共洛阳市委书记、政协主席、河南省委委员，参与了洛阳城市规划和建设，筹备国家重点项目拖拉机、矿山机械等一批大型工业的建设。1955 年，在中央高级党校学习。1956 年秋，任中共郑州市委第一书记、政协主席兼军分区、警备区政治委员。在郑州工作的十多年间，参与组建了一批纺织、机械、冶金、轻化工厂和几所大专院校，大搞城市建设，兴建城市各种服务设施；大搞城市绿化，在郊区挖沙填土植树造林，变沙丘为绿洲；在花园口用引黄（河水）淤沙填平低洼地，将大片荒地、芦苇荡改造成稻田。

“文化大革命”开始后，他被打成走资派，被关押一年多。恢复工作后，1968 年，任郑州市革委会副主任、河南省革委会常委。1970 年 10 月，任四川省革委会常委，农业组副组长、组长。

1974 年 10 月，任中共四川省委书记（当时设有第一书记），分管农业和财贸。同年被选为第五届全国人大代表。1984 年，任四川省政协副主席。1988 年 3 月起，任政协第七、第八届全国委员会常务委员。

2014 年 3 月 28 日，王黎之在成都逝世，享年 93 岁。

丹彤

丹彤（1918.1—1995.3.7），生于山东省冠县城内南街（今清泉街道办事处南街社区）。曾任国家民族事务委员会副主任、农机部副部长。

丹彤幼年丧母，生计艰难。1934年，入冠县师范讲习所学习，毕业后任小学教员，并在共产党员的引导下，参加了进步书刊的阅读和传播活动。

1937年10月，丹彤参加革命工作。同年12月，加入中华民族解放先锋队，在鲁西北抗日游击司令部（对外称山东第六区保安司令部）政训处（次年5月，改称政治部）从事抗日斗争，随范筑先将军进行抗日宣传，参加了司洼、南镇抗日战斗。1938年3月，回到冠县政训处，任中华民族解放先锋队鲁西北总部冠县分部队长。同年7月，加入中国共产党。

1938年9月，丹彤争取到何克佥、何鸣玉等人的支持，建立了冠县回民抗日救国会，任主任。10月，任冠县战地动员委员会宣传科科长。1939年秋，调任莘县动委会主任、宣传部部长。1941年夏，调任鲁西北专区动委会宣传部部长、鲁西北文化界救国会主任、冀鲁豫一专区联立学校校长等职，并被选为晋冀鲁豫边区参议员。

1944年7月1日，冀鲁豫分局第七地委（鲁西北地委）《鲁西北日报》创刊，丹彤任社长、总编辑。该报对于鼓舞和发动群众、揭露和打击敌人、推动鲁西北的抗日救亡运动起到了重要作用。

1945年底，《鲁西北日报》停刊，丹彤调任中共冀南区第一地委（鲁西北）工作，任宣传部副部长。1948年2月，任中共临清市委书记，同时兼任临清市市长，3月后专任市长，并当选为华北人民代表大会代表。1949年3月，再次担任中共临清市委书记、市长，5月后专任书记，直至1950年4月。

1950年春，丹彤先后调任河北省委研究室科长、省财委办公室主任，从事城市管理和发展经济的调查研究等工作。1951年秋，调中共中央组织部工作，历任党员管理处华北组组长、副处长、处长、秘书长，参与整党、建党、党员管理、组织建设的政策研究和管理工作。1961年初，调任国家民族事务委员会副主任、党组副书记，继而兼任机关党委书记、中国伊斯兰教协会副主任、中华全国青年联合会副主席，当选为第三届全国人大代表。其间，他走遍了边疆各省、自治区，对民族情况和民族政策进行调查研究，解决民族团结、民族经济文化发展、边疆建设等方面的问题，为民族团结、民族经济文化发展和边疆建设呕心沥血，做了大量卓有成效的工作。

“文化大革命”开始后，丹彤遭受迫害。1969年，重新恢复工作。1973年，任国家民族事务委员会临时领导小组组长。在中央党校学习半年后，1979年，调任国家农机部副部长、党组成员、机关党委书记，并任全国人大法制委员会委员，主要致力于拨乱反正、平反冤假错案和干部队伍建设等方面的工作。

1982年，丹彤退出一线领导岗位后，任机械工业部教育委员会副主任、机械工业职工教育研究会会长。丹彤不顾年高体弱，深入基层，了解机械工业职工现状，提出整改措施，还受聘任山东省政府经济顾问。系政协第五、第六、第七届全国委员会委员，积极参政议政，就农机等工作提出大量提案，推动了农机事业的健康发展。

1995年3月7日，丹彤在北京逝世，享年77岁。

邓存伦

邓存伦（1914—1991.3.16），江西省兴国县长冈乡仁田村人。曾任中共内蒙古自治区党委书记，铁道部常务副部长、党组副书记。

1928 年，只有 14 岁的邓存伦在三叔邓道培（共产党员）的带领下，参加了乡农民协会，出席过在石门塅阙耀华家召开的东一区农协会议。同年冬，跟随当地农民协会武装队伍参加了兴国“武装暴动”。1929 年初，参加了打土豪、分田地的斗争。1930 年 4 月，报名参加兴国县地方武装独立团。同年 10 月，随南廓岭小学教员鄢华、邓道培一起奔赴吉安东固镇，参加中国工农红军第二十军，成为一名红军战士。同年冬，“富田事变”发生，邓存伦与邓道培等几个兴国人扮成掮担客，翻山越岭偷偷回到兴国县家中，躲过了一场浩劫。1931 年，年仅 17 岁的邓存伦又参加了中国工农红军，同时加入中国共产主义青年团。他被分配到江西省苏维埃政府警卫连当战士，后又调任赣西红军独立师当班长、排长。1932 年 5 月，加入中国共产党。历任红三军团第五师十五团二连政治指导员、侦察连政治指导员，红三军团卫生部政治指导员，军委卫生部某大队政治指导员。同时，参加了中央苏区第一至五次反“围剿”和二万五千里长征。胜利抵达陕北后，任第四野战医院党总支书记、中央军委直属俱乐部主任。

抗日战争全面爆发后，进入延安中央党校和马列主义学院学习。1939 年 3 月学习结业后，先后任八路军第一一五师三四四旅六八七团政治处主任，三四四旅政治部组织科科长，冀鲁豫军区政治部组织部部长，冀鲁豫军区第七军分区政治委员。1943 年精兵简政后，邓存伦调任冀鲁豫军区第一（泰运）军分区政治部主任；同年 6 月至 10 月，任第一军分区副政治委员兼政治部主任；1943 年 10 月至 1945 年 10 月，任第一军分区政治委员兼中共冀鲁豫区第一（泰运）地委书记。

1945 年 10 月后，邓存伦任晋冀鲁豫军区第一纵队第一旅政治委员。1946 年后，任晋冀鲁豫野战军第十纵队第三十旅政治委员兼桐柏军区第二军分区政治委员及地委书记。1949 年，任第二野战军后勤部政治部主任。

中华人民共和国成立后，邓存伦转到地方工作，先后任西南区盐务局局长、西南军政委员会机械工业局局长、国家第一机械工业部局长、国家经委党组成员兼物资总局副局长、国家物资部副部长。1970 年，任中共内蒙古自治区委书记（当时设有第一书记）。1975 年，任国家铁道部常务副部长、党组副书记。1982 年 1 月，任铁道部顾问。他是第四届全国人民代表大会代表，政协第六、第七届全国委员会委员。

1991 年 3 月 16 日，邓存伦在北京逝世，享年 77 岁。

叶谷霖

叶谷霖（1914.5—2011.7.30），山东省冠县人。曾任贵州省高级人民法院院长、贵州省人大常委会副主任。

1931 年，叶谷霖在临清山东省立第十一中学毕业，遂考入聊城省立第三师范。1934 年 6 月师范毕业后，任堂邑县第一、第三完小教员。

抗日战争全面爆发后，1937 年 8 月，叶谷霖在山东省济宁乡村建设人员训练班学习。同年 11 月，赴延安。1938 年 9 月，在延安抗日军政大学四大队学习。当年 12 月，加入中国共产党。1939 年底，任延安八路军后方留守处、秘书处秘书。1942 年 8 月，任鲁西北专署秘书。1943 年 1 月，任冀鲁豫行署办公室秘书。1944 年 12 月，任冀鲁豫行署民政处干部科科长。

解放战争时期，1946 年 6 月，任冀鲁豫行署民政处副处长。同年 11 月，调晋冀鲁豫中央局党校学习。1947 年 8 月，学习结束，任冀鲁豫战勤总指挥部河北分指挥部政治主任。1948 年 2 月，任冀鲁豫战勤总指挥部河北办事处主任。同年 5 月，任冀鲁豫战勤总指挥部动员部部长。1949 年 2 月，随军南下。同年 6 月，任赣东北行署民政处处长兼秘书处处长。同年 11 月，到达贵州省贵阳后，任军管会民政接管部秘书主任兼民政处处长。

中华人民共和国成立后，1950 年 7 月，叶谷霖任贵州省人民法院党组书记、副院长，审判委员会委员。1955 年 2 月至 1967 年 1 月，任贵州省高级人民法院院长。其间，曾任中共贵州省委委员、省纪委副书记、省政法委秘书长、省委党群政法办公室主任、政法党组副书记等职。“文化大革命”期间，公检法人员受迫害。人民法院恢复设置后，1973 年 3 月至 1980 年 1 月，叶谷霖继续担任贵州省高级人民法院院长、审判委员会委员、党的核心小组组长。改革开放后，1980 年 1 月，任贵州省人大常委会副主任兼秘书长、办公厅党组书记。1986 年 1 月，离职休养。曾任贵州省法学会名誉会长、贵州省律师协会名誉会长。

2011 年 7 月 30 日，叶谷霖因病在贵阳逝世，享年 97 岁。

申云浦

申云浦（1916.3—1991.5.13），山东省阳谷县安东镇人。曾任中共贵州省委副书记兼省政协主席。

申云浦高小毕业后考入阳谷师范讲习所学习。1930 年 8 月，考入聊城省立第三师范第八级（初级部）学习。

1931 年，申云浦加入中国共产主义青年团。1932 年 10 月，转为中国共产党党员。1934 年暑假，任聊城师范学校党支部书记。当年寒假前夕，因开展党的工作被学校当局“勒令”退学，之后在阳谷县崇实小学任教。1935 年 2 月，任中共鲁西特委宣传部部长（未到职）。同年夏，增补为中共阳谷县委委员。1937 年春，受中共鲁西北特委的派遣在博平还驾店小学当教员，负责开展博平、清平、高唐一带党的工作。同年 5 月，成立中共清博高支部，任支部书记。

1937 年七七事变后，申云浦返回阳谷，发动民众，组建武装，开展抗日。10 月，任中共阳谷县（工）委书记。1938 年 8 月，任中共鲁西特委宣传部部长。11 月，聊城失陷后，改任特委民运部部长。1939 年 4 月，任中共鲁西区第二（运西）地委书记。同年 11 月，鲁西二、七地委合并为二地委，继任地委书记。1941 年 7 月，鲁西、冀鲁豫区合并后，任中共冀鲁豫区委宣传部副部长兼冀鲁豫日报社社长、总编。1944 年 5 月，冀鲁豫、冀南区合并后，任中共冀鲁豫分局（又称平原分局）宣传部副部长兼冀鲁豫日报社社长、总编。

解放战争时期，从 1945 年 10 月至 1947 年 9 月，先后任中共冀鲁豫区第一（泰西）、第六（运东）地委书记兼军分区政治委员。此后，任中共冀鲁豫区委宣传部部长。1949 年 2 月，南下江西，任中共赣东北区党委宣传部部长。3 月，冀鲁豫南下干部支队召开誓师大会，他作为冀鲁豫区党委宣传部部长、支队政治部主任，在大会上作了南下动员报告。1949 年 8 月，这支干部队伍由赣东北进军贵州，他又作了动员报告。在贵州，他先后担任贵阳军管会文教卫生部部长，中共贵州省委宣传部副部长、部长。1954 年，任中共贵州省委副书记兼省政协主席。

1955 年 8 月，申云浦被错误定为“反党集团头领”，受到降职降级处分。同年 9 月后，任京山农场副场长、贵州电缆厂等厂厂长、贵州省机械工业厅厅长。“文化大革命”时期受到迫害，1968 年 3 月，进“五七干校”劳动，后到柴油机厂当工人。1970 年，到贵州工学院工作。1972 年后，在省革委办公室研究室工作。1977 年，调任贵州工学院院长兼党委书记。1979 年，问题得到平反，恢复原职务和行政八级工资待遇，遂任贵州省革命委员会副主任，后任副省长。1985 年，申云浦从贵州省副省长的位置退下来，后担任省顾问委员会副主任。1987 年，辞去省顾委副主任，担任老年大学校长。他是第一、第七届全国人民代表大会代表。

1991 年 5 月 13 日，申云浦在贵阳市逝世，享年 75 岁。

白桦

白桦(1920—1993.3)，山东省临清市里官庄人。曾任中共天津市委常委、天津市政府副市长，天津市人大常委会副主任、党组书记。

1927年，白桦入小学读书。1934年，考入济南育英中学。抗日战争全面爆发后，白桦回到家乡开展抗日活动。1938年3月，参加临清民族解放战地动员委员会，任宣传干事，积极进行抗日救亡的宣传动员工作。5月，入山东省第六区政治干部学校学习。在校期间，加入了中华民族解放先锋队，不久被分配到山东省第六区抗日游击司令部政治部宣传科任科员。同年6月，加入中国共产党。8月开始，白桦先后在长清、齐河、茌平、博平等县开展武装抗日的发动与组织工作。为策应保卫大武汉，范筑先发起了济南战役，将前方司令部向东移至潘店，将军事力量深入齐河、长清，前军一度攻入济南飞机场。为配合这一军事行动，设立了前方政治部。白桦被派往前方政治部宣传动员群众，建立抗日武装。前方政治部借潘店小学办起抗日革命干部学习班，白桦任指导员。10月初，中共鲁西特委拟组建山东省第六游击区三十一支队。为筹建这支党领导的武装，先行成立了中共三十一支队筹建支部，白桦担任宣传委员。至10月底，三十一支队建成，白桦任支队政治部宣传科科长兼二团政治委员。同时，支队成立了政治大队，白桦兼任大队政治主任。

1938年11月，聊城失守。12月，三十一支队改编为八路军平原纵队后，白桦仍担任政治部宣传科科长、党委宣传委员。1939年3月底，平原纵队转移至泰安、肥城边界之大柱子、小柱子一带改编，编入八路军一一五师，白桦到一一五师六八六团政治处工作。4月，鲁西区党委决定成立区党委党校，调白桦到区委党校学习，任学员党支部宣传委员，其间参加陆房战斗。同年7月，白桦党校结业，调任中共郓（城）、鄄（城）、巨（野）、菏（泽）

县委委员、宣传部部长。11月，任中共郓（城）、鄄（城）、巨（野）、菏（泽）四县工作委员会书记。

1941年4月，白桦任中共鲁西区第二地委委员，宣传部副部长、部长。7月，任中共冀鲁豫二地委委员、宣传部部长兼青委书记。1942年10月，任中共鄄城县委副书记兼组织部部长。1945年5月，任中共朝城县委书记。1945年8月，入中共冀鲁豫分局党校学习。党校学习结束后，到中共冀鲁豫分局工作团做农村调查工作。同年10月，任中共濮阳市委副书记，后任书记。

解放战争时期，1946年3月，白桦任中共济宁市二区区委书记。同年9月，调任中共南旺县委书记。1947年8月，任中共冀鲁豫区第七地委宣传部部长。1949年8月平原省成立后，任平原省中苏友好协会总干事，平原省文教厅副厅长兼省文学艺术节联合会主席。

中华人民共和国成立后，1951年1月，白桦任华北文学艺术界联合会筹委会秘书长、常委、党组副书记。1954年12月，调天津工作，先后任中共天津市委宣传部副部长、常务副部长。1960年10月，任天津市委常委、宣传部部长。1965年10月，任天津市政府副市长。

“文化大革命”中，白桦受到迫害，被下放劳动。1973年3月恢复工作，先后任天津纺织工学院革命委员会副主任、党委常委。同年10月，任天津市体育运动委员会主任、党组书记。1977年12月，任天津市革命委员会副主任兼市体育运动委员会主任。1978年6月，任天津市革命委员会副主任兼中共天津市委宣传部部长。1980年6月，任天津市委常委、天津市政府副市长。1983年4月，任天津市人大常委会副主任、党组书记。1988年3月，白桦当选为第七届全国人民代表大会代表。5月，退居二线。后曾任天津市计划生育协会名誉会长、天津市政府地方病防治小组顾问、天津市老年大学教育委员会主任、天津市老年教育学会会长等职。

1993年3月，白桦在天津逝世，享年73岁。

朱永顺

朱永顺（1921.11— 2018.10），山东省寿光县（今寿光市）前下舟庄人。曾任中共山东省委顾问委员会常委。

1937 年冬，朱永顺参加其兄朱志明领导的“抗日救国团”。1938 年，任寿光县侯镇前下舟庄抗日自卫团团长。1939 年 5 月，加入中国共产党。抗日战争时期，历任寿光县柴庄乡青救会会长，寿光县第十区（侯镇）青救会会长，寿光县青救会会长，县青委书记、县委委员，清东地委青救会（也称清河区青救总会清东地委青救分会）会长，中共清东地委青委书记，清河区青救总会副会长，渤海区青救总会副会长。解放战争时期，历任渤海区青联主任，中共渤海区委青委书记，渤海区党委实验区区委书记，渤海区党委政策研究室科长、组长。中华人民共和国成立后，历任中共盐山县委书记，中共德州地委宣传部部长、德州地委第二书记，中共聊城地委第二书记，聊城地委书记、第一书记兼聊城军分区党委书记、政治委员，山东省委财贸部副部长，聊城地委第一书记兼聊城军分区党委第一书记、第一政治委员，聊城地区革命委员会副主任、党的核心领导小组副组长，聊城地委副书记、地区革命委员会副主任，惠民地区革命委员会主任、中共惠民地委书记，山东黄河河务局局长、党组书记，山东省农委副主任、党组副书记，中共山东省顾问委员会委员、常委（副省级）。1997 年 12 月，离职休养。系中共第八次全国代表大会代表、中共山东省第二届委员会候补委员。

朱穆之

朱穆之（1916.12—2015.10.23），江苏省江阴市人。曾任文化部部长、党组书记。

1933 年至 1937 年，朱穆之在北京大学外语系学习并参加中华民族解放先锋队。抗日战争爆发后，1937 年至 1939 年，任南京《金陵日报》编辑，山东聊城、临清专署秘书。其间，1938 年 4 月，加入中国共产党。1939 年至 1941 年，任八路军第一二九师政治部宣传部副部长、统战部副部长，1941 年至 1943 年，任太行军区第六军分区政治委员、中共中央太行分局宣传部宣传科科长。1943 年至 1945 年，任中共中央北方局宣传部秘书。

抗日战争胜利后，1945 年至 1946 年，朱穆之被派做敌军孙殿英、高树勋部工作。1946 年至 1947 年，任中共晋冀鲁豫中央局宣传科科长、新华通讯社特派记者、新华通讯社临时总社蒋管区组组长。1947 年至 1949 年，任新华通讯社解放区部主编、编辑部副主任、社委会成员、编辑委员会成员、新华通讯社第二副总编辑。

中华人民共和国成立后，1949 年至 1966 年，朱穆之任新华通讯社副总编辑、副社长。1964 年 12 月，任新华通讯社编委会党组第二书记。

1966 年至 1972 年，“文化大革命”中受迫害，被关押。1972 年 9 月至 1977 年 12 月，任新华通讯社社长、党的核心小组副组长、组长，党组书记。1976 年 10 月至 1977 年 10 月，任中央宣传口领导成员。

1977 年 12 月至 1982 年 4 月，任中共中央宣传部副部长。1978 年 3 月，任政协第五届全国委员会常务委员。1982 年 4 月至 1986 年 3 月，任文化部部长、党组书记。1980 年 9 月至 1988 年 2 月，任中共中央对外宣传小组组长。1990 年 3 月至 1992 年 11 月，任中共中央对外宣传小组负责人、组长。1991

年4月至1992年12月，任国务院新闻办公室主任。曾任中国对外文化交流协会会长，全国文联委员。

朱穆之是中共第十届、第十一届、第十二届中央委员（任职至1985年9月中共全国代表会议），中共十一届三中全会上当选为中央纪律检查委员会委员。1985年9月，中共全国代表会议、中共十三大上分别增选、当选为中央顾问委员会委员。

2015年10月23日，朱穆之在北京逝世，享年99岁。

任仲夷

任仲夷（1914.9—2005.11.15），河北省威县人。曾任中共广东省委第一书记兼广东省军区第一政治委员。

1935年，任仲夷参加革命工作。1936年2月，加入中国共产主义青年团。同年6月，转为中国共产党党员。

1935年至1936年，在北平中国大学学习，参加一二九学生爱国运动。1936年至1938年，任北平中国大学党支部组织委员、书记，中共北平西北区委书记，晋西南阎锡山军六十六师政训处组织科科长、党总支部委员，鲁西北聊城政治干部学校政治教员、党总支部委员。1938年至1945年，任鲁西北抗日游击第三纵队司令部秘书长，泰西八路军六支队军政干部学校校长，冀南行署教育处副处长，冀南区党委干部教育科科长，冀南政治学校校长，冀南行署教育处处长，中共冀南五地委常委、专员，中共冀南二地委常委兼专员。1945年至1952年，任中共邢台市委书记、市长，中共辽南三地委常委、三专署副专员、专署党组书记，中共大连市委书记、市长，旅大行署秘书长、行署党组副书记，中共旅大市委常委、秘书长。1952年6月至1953年9月，任中共松江省委秘书长。1953年8月，任中共哈尔滨市委第二书记。1955年3月，任黑龙江省哈尔滨市政协主席。1955年4月至1956年3月任中共哈尔滨市委第一书记。1956年3月至7月，任中共哈尔滨市委书记。1956年7月，任中共黑龙江省委常委、哈尔滨市委第一书记。1960年3月至12月，任中共黑龙江省委书记处候补书记兼哈尔滨市委第一书记。1960年12月至1967年1月，任中共黑龙江省委书记处书记兼哈尔滨市委第一书记。曾兼任哈尔滨警备区政治委员。1966年至1972年“文化大革命”中受冲击，下放农村劳动。1972年7月至1977

年11月，任中共黑龙江省委常委、黑龙江省革命委员会副主任。其间，1973年4月，任中共黑龙江省委书记（当时设有第一书记）。1977年2月至1978年9月，任中共辽宁省委第二书记，辽宁省革命委员会第一副主任、副主任。1978年9月至1980年11月，任中共辽宁省委第一书记。1978年9月至1980年1月，任辽宁省革命委员会主任。1980年11月至1985年7月，任中共广东省委第一书记兼广东省军区第一政治委员（1981年10月起）。

任仲夷是中共第十一、第十二届中央委员（任职至1985年9月中共全国代表会议）。1985年9月，中共全国代表会议、中共十三大上分别增选、当选为中央顾问委员会委员。

2005年11月15日，任仲夷因病在广州逝世，享年91岁。

刘 放

刘放（1912—2007.11.26），河北省临西县人。曾任原第六机械工业部副部长、党组副书记。

刘放少年时期就读于聊城三师附小、临清武训小学、临清山东省立第十一中学、济南高级中学。九一八事变后，曾参加到南京请愿等反蒋抗日活动。1934 年，考入上海复旦大学，参加进步组织“读书会”和“社会科学联盟”。同年 11 月，加入中国共产党，积极参加并领导学校及上海的爱国学生运动。1936 年春，被国民党反动当局通缉。1939 年后，到河南及新四军部队，历任中共河南竹沟地委常委、宣传部部长兼统战部部长。“竹沟事变”突围后，曾先后任新四军五师政治部宣传部部长、统战部部长，第十五旅政治部主任，襄南指挥部政治委员兼襄南工委书记等职。解放战争时期，在东北白城子任中共辽宁省委宣传部部长。1949 年初，被分配到抚顺矿务局任第一副局长。中华人民共和国成立后，1952 年，调任国家燃料工业部石油总局副局长。1954 年，任中国驻苏联大使馆商务参赞。1957 年，兼任石油部部长助理。1959 年，任石油工业部副部长。1964 年，任驻罗马尼亚大使。1966 年回国，任第六机械工业部副部长、党组副书记。“文化大革命”期间，在渤海造船厂蹲点，在困难中进行建设、组织生产，为建造我国第一艘核潜艇做出了突出贡献。1982 年退居二线后，担任国务院农村能源领导小组咨询成员、辽宁省人民政府经济咨询顾问。系政协第五届全国委员会委员。曾著有《热望集》一书。

2007 年 11 月 26 日，刘放因病逝世，享年 95 岁。

刘　星

刘星（1914—2004.3.21），安徽省萧县人。曾任国家计划委员会副主任、四川省人民政府副省长、中共四川省顾问委员会常委。

1934年9月，刘星以优异的成绩考入北平清华大学，并加入中国共产主义青年团。1936年2月，参加中华民族解放先锋队，并任清华大学“民先”分队副队长。1936年8月，加入中国共产党。在清华大学读书时，参加了由中国共产党领导的一二九学生爱国运动。

1937年七七事变后，因抗日战争全面爆发，他于清华大学肄业后，辗转到山东济南与当地党组织取得了联系。1938年2月，他根据鲁西南工委的指示，在中共东平县工委书记万里和于汶上县进行抗日活动的济南齐光中学教务主任陈伯衡等人的配合下，从汶上、东平两县动员100多名进步青年教师、学生和农民等，携带50余支枪，在汶上县申垓村的永安寺大庙举行抗日武装起义，成立了汶上县人民抗日自卫队，刘星、陈伯衡、曹志尚三人为主要负责人，东平县工委派杜子俭到自卫队负责党的建设工作。同年4月，抗日自卫队从汶上经聊城到冠县开展抗日活动。根据中共鲁西特委决定，自卫队被编入由共产党领导的山东省第六区抗日游击司令部第十支队（支队司令员张维翰，政治部主任王幼平）挺进队。9月，这支队伍又奉命返回东平、汶上一带活动。经东平县工委与县长周持衡（共产党员）商定，将其与东平县几个区队合编为第十支队东进梯队，陈伯衡任司令员，刘星任政治委员。11月，东进梯队开赴大峰山区，被编为山东纵队第六支队一团，刘星任一团政治委员，后又任第八支队政治委员。1940年4月，调任鲁西军区第二（运西）军分区政治委员。

1942年冬至1943年秋，刘星先后调任冀鲁豫军区民运部部长、统战部部长，冀鲁豫军区第三（鲁西北）军分区政治委员兼第三地委书记。

1943年秋，鲁西北地区划归冀南，刘星遂调任以昆吾、清丰、南乐为中心新建的冀鲁豫军区第三军分区政治委员，后又调任冀鲁豫军区第五军分区（鲁西南）政治委员兼地委书记。

1949年2月起，刘星历任中国人民解放军第二野战军第五兵团第十七军参谋长、第二野战军军政大学第五分校副校长、贵阳市军事管理委员会秘书长等职。

中华人民共和国成立后，1950年起，刘星历任西南军政委员会交通部副部长、工业部副部长，财政委员会副主任。1954年，任国家建设委员会委员、副主任，国家计划委员会副主任。1958年，任华北经济协作区委员会副主任兼办公厅主任，中共中央华北局经济委员会主任。1963年，任国家第六机械工业部副部长。1971年5月起，任中共新疆维吾尔自治区委书记（设有第一书记）、革命委员会副主任，国家第八机械工业总局负责人。1980年，任四川省人民政府副省长。1983年2月，任中共四川省顾问委员会常委。1992年，离职休养。系中国共产党第八次全国代表大会代表。

2004年3月21日，刘星在成都逝世，享年90岁。

刘晏春

刘晏春（1903.12.18—1971.6.29），河南省濮阳县五星集人。曾任原平原省委组织部部长兼省委党校校长、河南省政协副主席。

刘晏春少时因家贫不能上学，仅读了半年便退学随祖父种田，抽时间自修。1921年，在本村当小学教员，后考入县立师范讲习所。读书期间，他接触了进步思想，初步了解了共产党组织，毕业后在县第一模范小学任教。1930年7月，加入中国共产党。他领导学生组织读书会，联络教职员，在农民、盐民中宣传和发展党组织。不久，成立校党支部，刘晏春任党支部书记。

1931年，九一八事变后，刘晏春的工作转向宣传抗日救国。1934年4月，任中共濮阳县委宣传部部长、县委书记。1935年，任直南（又称冀鲁豫边）特委巡视员，与河北省委代表、直南特委书记黎玉，以濮县徐庄支部为核心，在范县、濮县北部地区组织游击队，领导了农民分粮吃大户斗争。同年底，他在徐庄引荐山东省工委负责人赵健民会见黎玉，此后山东通过河北党组织与党中央取得了联系。1936年5月，恢复成立了中共山东省委，同时直南特委领导的濮范地区党组织划归山东省委领导。同年6月，在山东省境内黄河以北、临清以南、茌平以西地区成立鲁西北特委，刘晏春任特委书记，并直接领导聊城寿张第八乡师党的工作。同年9月，担任山东省委委员、组织部部长兼鲁西特委书记，并领导鲁西北和鲁西南的工作。

1937年春末，根据抗日工作需要，鲁西北特委分设两个特委。南部地区为鲁西特委，刘晏春任特委书记；北部地区为鲁西北特委，刘仲莹任特委书记。同年11月，山东省委为加强津浦铁路以西、黄河以北地区抗日，新建中共鲁西特委，由赵健民任特委书记、省委常委，组织部部长张霖之为驻特委代表，刘晏春为特委成员。1938年3月，濮范地区党组织计划归直南特委领导，刘晏春先后任直南特委宣传部部长、组织部部长。后入北方局党校学习，结业后任豫北地委书记。1940 年 3 月，任冀鲁豫区党委常委、宣传部部长。后赴延安参加整风学习，1943 年当选为中国共产党第七次全国代表大会代表并出席了中共七大。

抗日战争胜利后，1945 年 11 月底，刘晏春任冀鲁豫区党委常委、社会部部长。1947 年 7 月，任区党委组织部部长。

1949 年 8 月后，刘晏春历任平原省委组织部部长兼省委党校校长、省纪律检查委员会书记、黄河防汛指挥部政治委员等职。1952 年 11 月，平原省建制撤销，调任中共中央华北局纪律检查委员会副书记。1954 年 5 月，调任中央纪律检查委员会专职常委。1955 年，任中共中央监察委员会监察员。1958 年 3 月，任河南省委专职常委、农委副主任，后任河南省政协副主席。1959 年当选为第二届全国人民代表大会代表，1964 年当选为第三届全国人民代表大会代表。

“文化大革命”期间，遭到错误批判，后下放到“五七干校”劳动，身心受到严重折磨，忧愤成疾，于 1971 年 6 月 29 日去世。党的十一届三中全会后，河南省委为刘晏春举行了平反昭雪追悼大会。

刘海泉

刘海泉（1921—2015.4.19），山东省莘县宫庄村人。曾任四川省人民政府副省长兼秘书长、第七届四川省人大常委会副主任兼秘书长。

刘海泉高中毕业后，任宫庄村农会副会长。1940年1月，加入中国共产党并参加革命工作，任本村党支部副书记，同年任山东省莘县区委宣传委员。1943年，任区委书记。1946年，任中共莘县县委委员。1947年，带兵南下，历任中国人民解放军第十军二十八师八十二团新兵营教导员、团组织股股长。中华人民共和国成立后，刘海泉随军进驻大西南，转业到地方，历任四川省资中县委副书记、书记，内江地委办公室主任，农工部部长，内江地委副书记、书记，地区革命委员会副主任，后调任涪陵地区革命委员会副主任、主任，地委第一书记。1978年5月，任四川省革命委员会副主任、四川省人民政府副省长兼秘书长、省爱国卫生运动委员会主任。1983年6月和1988年，分别任第六、第七届四川省人大常委会副主任兼秘书长等职。1994年12月，离职休养。

2015年4月19日，刘海泉因病在成都逝世，享年94岁。

刘鸣九

刘鸣九（1919—1990.12），河南省范县南李桥村人。曾任监察部党组副书记、副部长。

1934 年，刘鸣九加入中国共产党，同年参加濮县武装暴动。曾任中共濮县三区区委书记、安阳敌工委书记、冀鲁豫边区交通总局局长、冀鲁豫行署邮政管理局局长。1949 年 8 月平原省成立后，任省劳动局副局长（局长由省政府主席兼任）。劳动局与民政厅合并后，任省民政厅副厅长。1953 年后，任重工业部有色机械安装公司经理兼党委书记、冶金部河南郑州铝业公司经理兼党委书记等职。1964 年任冶金工业部有色研究院党委书记。1965 年任国家建材部纪检组副组长。“文化大革命”中受到迫害。1977 年，任国家测绘总局副局长。在中共十一届三中全会和中共第十二次全国代表大会上当选为中央纪律检查委员会委员兼任纪检室主任。1987 年，调任监察部党组副书记、副部长。是政协第七届全国委员会委员。

1990 年 12 月，刘鸣九在北京逝世，享年 71 岁。

齐燕铭

齐燕铭（1907—1978.10.21），生于北京市。曾任中共中央统战部副部长，国务院代理秘书长兼总理办公室主任，文化部党组书记、副部长。

1911年到1919年，齐燕铭在家里接受祖母和父亲的教育。1919年至1923年，就读于北平市立一中。1924年，考入中国大学，先在预科学了两年，后转入本科国语系。

1930年6月，齐燕铭大学毕业，和同班同学冯慧德结婚，后在北平第一女中、大同中学教书。1931年，到保定六中任教。1932年，回到北平，先在大同中学、北平三中任教，后到中法大学、中国大学、民国大学、东北大学教中国文学史、中国戏曲史和文字学等课程。

七七事变后，1937年8月，齐燕铭从北平到达天津，本拟留津办报，但因出刊困难，改去济南协助余心清创办了“第三集团军政治工作人员训练班”，并主持训练班教务处工作。

1938年1月，政训班宣布解散；下旬，齐燕铭即赴聊城参加抗日。2月，加入中国共产党。3月，任范筑先将军的秘书。5月，范筑先任命他为中共鲁西特委机关报《抗战日报》总编辑，主持翻印了《共产党宣言》《政治经济学》《论持久战》《抗日游击战争的战略问题》等30余种马列主义书籍及毛泽东著作。

1939年1月，齐燕铭调任冀南行政主任公署参议，同时加入冀南抗战文化协会。3月，日军加紧“扫荡”，冀南行政主任公署为加强平汉路西的工作，决定在太行山设立办事处，齐燕铭被任命为太行办事处主任，并于3月16日上山。是年，冀南大水成灾，遂由各界组织冀南救灾委员会，推举齐燕铭等6人组成呼吁团，齐燕铭为团长，到重庆呼吁救灾。

1940 年 11 月至 1945 年 12 月，齐燕铭先后在延安的中央马列学院、中央研究院、中央党校，任教员、研究员、文教科科长。他的主要任务是编写《中国文学史》，还到陕北公学、延安鲁迅艺术学院教授中国文学史。

1945 年 10 月，重庆谈判后，国共双方签订了《双十协定》。12 月 16 日，以周恩来为首的出席政治会议的中央代表团飞抵重庆，齐燕铭任中共代表团秘书长，主管对外联络、宣传等工作。

中华人民共和国成立后，齐燕铭历任中共中央城工部秘书长，中共中央统战部秘书长、副部长，中央人民政府办公厅主任，政务院副秘书长、代理秘书长兼秘书厅主任，国务院副秘书长、代理秘书长兼总理办公室主任，专家局局长，文化部党组书记、副部长等职。“文化大革命”中，受到残酷迫害。

1978 年，齐燕铭担任全国政协秘书长、机关党组书记和中共中央统战部副部长。

1978 年 10 月 21 日，齐燕铭病逝于北京，享年 71 岁。

安法乾

安法乾（1917.2—2007.12.22），河南省清丰县普马寨村人。曾任商业部副部长、党组成员，粮食部副部长、党组成员。

1933 年冬，安法乾高小还没毕业，就报考了清丰简易师范，以高分被录取。1934 年暑假，他又参加巩营高小在县城的毕业统考，拿到了高小文凭。之后，在保定考入河北省立第二师范，安法乾接触了一些进步师生，阅读了一些诸如《政治经济学》《社会进化史》等进步书刊，思想逐步发生了变化。1936 年冬，他在保定其他学校组织了清丰县旅保同乡会，并被推举为会长。

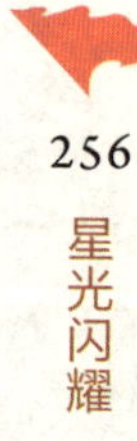

1937 年 10 月，中共直南特委负责人刘大风到清丰，与晁哲甫等人共同组织恢复中共清丰县委。由刘大风介绍，安法乾加入中国共产党。此后，参加了中共清丰县委成立会议，被选为县委宣传部部长。同年 12 月，调任中共边东县委组织部部长、冀鲁豫边区抗日救国总会党团书记。1938 年 5 月，任中共清丰县委书记。11 月，任直南特委民运部部长。

1940年4月17日，经冀鲁豫抗日救国总会的筹备，大名、南乐、清丰、濮阳、东明、长垣六县代表在清丰安庄召开军政民代表大会，成立冀南六县行政督察专员公署，选举安法乾为专员。1944 年 2 月，安法乾奉命到区党委整风队参加整风学习。不久，分局党校成立，即转入分局党校继续学习。1945 年 3 月，返回冀鲁豫，在滑县做群众工作和调查研究工作，至 6 月党校结业后，被分配到中共冀鲁豫分局，任办公室主任。

解放战争时期，安法乾先后担任二地委二工委书记、二地委战勤指挥部政治委员和二地委副书记、书记等职。

1949 年 8 月，安法乾调任平原省政府委员、省供销合作社主任，开始了新的革命历程。1953 年 1 月，调任华北合作总社任副主任。8 月，调任华北行政委员会粮食局局长。1955 年 12 月，调任中央粮食部仓储局局长，后为部长助理、党组成员。1960 年 10 月，任粮食部副部长，直到“文化大革命”开始被停职。

“文化大革命”中，安法乾遭受批斗，于 1967 春被停职检查，到“五七干校”参加劳动。1971 年 11 月，选为干校党委副书记，分工抓生产和后勤工作。1973 年底，任干校党委书记。1975 年干校结束，他被任命为与粮食部合并后的商业部副部长、党组成员，主要抓粮食工作。

1979 年春，粮食部成立，安法乾仍任粮食部副部长、党组成员。1980 年，因大脑中风，卧病在床，虽经休养治疗，但精力大减，于 1982 年退居二线。1982 年后，又任中华全国供销合作总社理事会副理事长。1983 年，任政协第六届全国委员会委员。1988 年，任政协第七届全国委员会委员。1995 年 7 月离休。

2007 年 12 月 22 日，安法乾因病在京逝世，享年 90 岁。

许梦侠

许梦侠（1919.12—2004.11.9），山东省冠县斜店乡许盘村人。曾任中共四川省委书记、四川省顾问委员会主任。

许梦侠出生于一个贫苦的农民家庭，早年受爱国主义教育和进步思想的熏陶。1935 年 6 月，参加革命工作。7 月，加入中国共产党。1937 年 8 月，任冠县县委委员。先后在冠县、临清县以教书为掩护，从事革命活动。

抗日战争全面爆发后，许梦侠先后任冠县抗日游击队副队长，范筑先抗日卫队营党支部书记，冠县县委书记兼组织部部长，鲁西区一地委组织部部长、地委书记，冀鲁豫区三地委书记，冀南一地委副书记兼军分区副政治委员，冀南一地委书记兼军分区政治委员。

解放战争期间，许梦侠任中国人民解放军第二野战军第二纵队政治部主任、第十军政治部主任。带领部队先后参加了豫北战役、强渡黄河天险、千里跃进大别山及淮海战役、渡江战役、进军大西南和成都战役等著名战役。

中华人民共和国成立后，许梦侠历任中共川南区党委委员兼组织部部长、川南军区政治部主任，中共四川省委委员、常委、组织部部长，中共四川省委副书记、省委书记处书记兼省委秘书长等职。

“文化大革命”期间，许梦侠受到残酷迫害。1971 年 5 月，恢复工作后被安排到成都市工作，历任中共四川省委常委，中共成都市委书记、市委第一书记，市革命委员会副主任、主任。1975 年 10 月至 1982 年 12 月，任中共四川省委书记（当时设有第一书记、第二书记）、省委常务书记兼省纪律检查委员会第一书记、省委常委兼省纪律检查委员会书记。1982 年 9 月，在中共第十二次全国代表大会上当选为中纪委委员。

1985 年 7 月，许梦侠担任中共四川省顾问委员会主任。1994 年 12 月离休后，仍心系党和人民的事业，关注四川经济社会发展，积极建言献策，努力发挥作用。

2004 年 11 月 9 日，许梦侠在成都逝世，享年 85 岁。

纪登奎

纪登奎（1923.3.17—1988.7.13），山西省武乡县人。曾任中共中央政治局委员、国务院副总理。

1937年，纪登奎加入由中共领导的牺牲救国同盟会（简称“牺盟会”），1938年4月，加入中国共产党。抗日战争全面爆发后，曾任晋东青救总会委员兼和顺县青救会主席。1940年，任中共鲁西区委青救会总会组织部部长。1942年，任中共冀鲁豫二地委抗联分会组织部部长、副主任。1943年初，任中共冀鲁豫一地委委员兼民运部部长、中共平阴县委副书记。1943年11月，中共中央决定设立冀鲁豫分局，又称平原分局，辖冀鲁豫边区和冀南2个区党委，之后，撤销2个区党委，直辖12个地委。在民主民生运动中，全边区的12个地区中涌现出2个热点地区：一个是运西地区，一个是直南豫北地区。

1943年秋之前，纪登奎担任运西地区抗联组织部部长，在万里领导下，于观城南北一带进行民主民生运动；1943年秋之后，担任直南豫北地区抗联副主任兼滑县抗联主任，在赵紫阳领导下，于滑县进行民主民生运动。1944年春，纪登奎和赵紫阳率领部分干部到滑县蹲点，以取得深入开展民主民生运动的经验。滑县的民主民生运动经历了“清算不法地主恶迹的民主斗争”“佃雇独立运动”“民主大动”三个阶段。

1944年10月，纪登奎系统地总结了滑县民主民生运动的经验和教训，现存两篇文献：一是向冀鲁豫分局领导人汇报的提纲，共17个问题；二是1944年发表在报刊上的《滑县查减运动简报》。运西和直南豫北两地区开展民主民生运动的结果是：根据地由缩小到巩固再到大发展，人口将近两千万，成为敌后最大抗日根据地；经济制度得到了改良，政治制度得到了改变，社会性质变革为新民主主义社会；广大贫苦农民确立起“人”的地位。

1946年初，纪登奎任中共晋冀鲁豫中央局组织科科长，冀鲁豫区党委党校组教科科长。1948年，任豫西区党委工作团书记兼鲁山县委书记。1949年后，任河南许昌地委副书记兼宣传部部长。1951年春，毛泽东南下视察工作，途经许昌时，得知当地有这样一个年轻能干的领导干部后，就特别在专列上召见了他，听他汇报工作。这也成为纪登奎政治生涯的一个重要转折点。1951年4月29日，《人民日报》刊登了中共中央中南局宣传部郭小川撰写的《中共许昌地委的宣传工作》，同日，《人民日报》还在头版配发了一篇题为"学习许昌地区经验，做好党的宣传工作"的社论；5月，纪登奎出席了全国第一次宣传工作会议。在会上，毛泽东对他赞赏有加。不久，纪登奎被任命为中共许昌地委书记，时年28岁。1954年，任洛阳矿山机械厂党委书记兼厂长。1959年，任中共洛阳地委第一书记、河南省委委员。1963年后，任中共河南省委常委、候补书记兼秘书长，并兼商丘地委第一书记。1968年后，任河南省革命委员会副主任、中共河南省委书记。在1969年召开的中共第九次全国代表大会上，纪登奎当选为中央委员；在九届一中全会上，当选为中央政治局候补委员。1970年，他正式进入中央工作，出任中共中央组织宣传组成员、国务院业务组成员，被任命为中央军委领导成员、军委办事组成员。1973年，当选为中共中央政治局委员。1975年1月，出任国务院副总理。1980年2月，在中共十一届五中全会上，纪登奎正式辞去了担任的所有领导职务。1983年后，被安排到国务院农村发展研究中心工作，为正部长级研究员。

1988年7月13日，纪登奎因病在北京逝世，享年66岁。

苏 钢

苏钢（1920.7—2002.9.23），山东省乐陵县人。曾任中共贵州省委书记、贵州省省长。

1927年，苏钢在本村小学上学。1933年，小学毕业后，考入镇中学。1936年6月，中学毕业。1937年10月，参加中华民族解放先锋队，从事抗日宣传工作。

1938年11月，苏钢进入延安抗日军政大学一分校学习。其间，他比较系统地学习了马列主义和毛泽东的有关著作，特别是毛泽东的军事思想，并学习了时事政治和一些军事知识。1939年1月，加入中国共产党。同年8月，到八路军总参谋部训练班，学习了正规严格的军事训练知识。1940年3月，训练班结束后，分配到中共鲁西区党委党校任校党总支委员、军事大队长，具体负责军事教学和训练工作。1941年初，调任鲁西区支队参谋、鲁西区公安局一科科长。1942年初，调冀鲁豫区第三专署（后为冀南七、冀鲁豫七、冀南一，均俗称鲁西北专署）任专署公安督察处处长。

1946年春，苏钢调任中共冀南一地委社会部副部长兼专署公安局局长。此年，鲁西北一带敌顽、汉奸、特务等反革命分子相互勾结，活动十分猖獗，危害特别严重。按照一地委、行署的指示，苏钢上任后即逐级召开会议，集中境内公安、民兵力量，组织开展坚决有力的锄奸反特运动，粉碎了国民党反动派、还乡团、武装匪帮等反革命分子的行动，打击了敌人的嚣张气焰，维护了地方治安。

1948年2月，苏钢调任中共冠县县委书记。任职期间，带领县委一班人主要开展了发展生产、兴修水利，减租减息、土地改革，支援前线、拥军优属，整党建党和农民教育等工作。

1948年3月，冠县县委召开县、区干部大会，苏钢在会上作工作报告，部署春季生产和拥军优属工作。

1948年秋，根据冀南第一地委的安排，冠县县委对农村党组织进行了认真整顿。这次整顿主要是解决土地遗留问题和农村政权、组织建设问题。整顿大体经历了宣传发动、民主整党、组织处理、扩大党组织四个阶段，于1949年春节前结束。经过县委的努力工作，全县土地改革工作全部结束，县内不同阶级、不同阶层的人均土地全部确定，并颁发了土地证，真正实现了“耕者有其田”。以苏钢为书记的冠县县委认真贯彻党中央和毛泽东关于重视农民教育的指示，积极开展农民教育，取得了显著成绩。1948年，《人民日报》专文介绍了冠县大花头村办群校的经验。同年冬，苏钢任中共冀南一地委委员。

1949年2月，苏钢随军南下。当年7月，南下到达目的地后，任湖北省大冶地委委员、社会部部长兼公安局局长、秘书长等职，为开辟新区的革命和建设做了大量工作。1952年3月后，先后调任武汉市裕华纺织总公司副总经理，裕华纺织厂党委书记、经理，武汉国棉一厂党委书记。1955年5月，调任湖北省委副秘书长。1959年9月，调任湖南省委秘书长。1960年3月，任湖南省委常委、秘书长。1964年5月至1967年8月，任湖南省委书记处候补书记兼省委秘书长。1965年11月至1967年8月，兼任省委农村政治部主任。

在“文化大革命”中的1967年至1972年间，苏钢受到冲击，下放“五七干校”劳动。1972年6月，恢复工作后，历任湖南省涟源钢铁厂革命委员会第一副主任、党委书记、革命委员会主任，湖南省委经济工作领导小组副组长。

1977年3月，苏钢调任中共贵州省委副书记、省革命委员会副主任。1980年1月起，任中共贵州省委书记（当时设有第一书记）、省长。1985年3月至1993年11月，任贵州省顾问委员会主任。1993年12月离休。

2002年9月23日，苏钢在贵阳逝世，享年82岁。

李力殷

李力殷（1918.10—2010.6.13），山东省冠县人。曾任中央调查部副部长、党委副书记，国务院办公室副主任，国务院副秘书长。

1936年至1937年，李力殷在济南军事教育团学习。抗日战争初期，参加中华民族解放先锋队。七七事变后，在共产党的影响和鼓励下，山东省第六区行政公署专员、保安司令兼聊城县县长范筑先将军发出誓死不渡黄河南、坚决抗战到底的“皓电”。这份通电的发表，震动了全国，极大地激发了鲁西北人民的抗日热情。

1938年3月，中共中央军委联络部冀鲁豫联络局派李力殷等一批进步学员到达聊城，任第六区抗日游击司令部参谋、前方参谋主任。

1938年11月中旬聊城失守后，李力殷赴太行山八路军总部抗日军政大学一分校学习，毕业后任三十队副队长。1939年7月，加入中国共产党。12月被派往山东抗日，任鲁西独立旅第一独立营政治委员、鲁西军区第二军分区司令部作战参谋、冀鲁豫鄄城大队政治委员、冀鲁豫军区第八军分区司令部第一股股长、中央分局党校学员等职。

抗日战争胜利后，李力殷历任晋冀鲁豫（后为晋察冀）第一纵队独立团政治委员，晋冀鲁豫、晋察冀第一纵队司令部第一科科长，一纵五团政治委员、党委书记，中原野战军一纵队干部学校副政治委员。

中华人民共和国成立后，李力殷担任第二野战军十四军随营学校政治委员、党委书记等职。1950年3月以后，历任中央军委武官训练班学员，军委天津联络局办公室主任，军委联络部高训班学习班主任、支部书记，中华人民共和国驻缅甸大使馆参赞，中央调查部第一局副局长、第七局局长，总参谋部第二部副部长，中央调查部副部长、党委副书记，国务院办公室副主任，国务院副秘书长等职。李力殷是第四届全国人大代表、政协第五届全国委员会常委。1982 年 12 月离休后，任国家安全部咨询委员会主任委员。

2010 年 6 月 13 日，李力殷在北京逝世，享年 92 岁。

李飞

李飞（1919—2014.6.12），山东省郓城县人。曾任中国人民银行副行长、党组成员兼政治部主任，中国人民银行党组副书记兼机关党委书记。

1933年9月，李飞考入山东省第一乡村师范。1934年5月，加入中国共产党，在校积极参加进步学生运动，被学校当局"勒令"退学。1935年夏，化名李松明考入山东省立聊城师范读书。1936年春，师范应届毕业生盛广灿、钱杰东等去济宁受训，由李飞接任聊城师范党支部书记。学生运动时，李飞要求并参加了赴南京请愿、请国民政府出兵的活动。同年，李飞支持姜作军、邵玉琢等，发起建立中华民族解放先锋队并参加了该组织。

1937年9月，聊城师范南迁，李飞未随校南行，在聊城参加了鲁西北的抗日工作。1937年冬开始，李飞先在山东第六区抗日游击队司令部第十支队教导队工作，后入冀鲁豫省委党校学习，结业后任冀南区党委宣传部干事。1938年11月后，任冀南军区四分区政治部组织股股长，冀南军区政治部巡视员，八路军一二九师新九旅政治部干事、旅直属队党总支书记、二十七团党总支书记，冀南军区第五军分区政治部组织科副科长，阜东县抗日民主政府县长、县委书记。1943年12月，赴冀南区党委（后为中共平原分局）党校参加整风学习。1945年春结业后，任中共聊、堂县委书记兼马颊河支队政治委员。6月，任中共冀南一地委委员、中共莘县县委书记。11月，调任晋冀鲁豫野战军二纵五旅政治部副主任。1947年7月，参加了鲁西南作战，随后挺进大别山。曾兼任二纵五旅十三团政治委员，同年冬，任二纵五旅政治部主任兼鄂豫军区第一军分区政治部主任、地委宣传部部长。1949年5月，武汉解放后，李飞在湖北省工作，曾任宜昌军分区副政治委员、党委副书记，宜昌地委常委。

中华人民共和国成立后，李飞先后任湖北省人民检察委员会秘书长，省人民法院副院长，省统计局副局长、党组书记，省计委副主任、党组副书记，省革命委员会生产指挥组副组长，省委常委兼省委工交政治部主任，省计划、工交党的核心小组组长，省计委主任。1977年秋，赴中央党校学习。结业后，1978年2月，任中国人民银行副行长、党组成员兼政治部主任，中国人民银行党组副书记兼机关党委书记，全国银行工会工作委员会主任，中国人民银行理事会理事。系中共第十二次全国代表大会代表。1985年离休后，被聘为中国人民银行特约顾问。

2014年6月12日，李飞在北京逝世，享年95岁。

李明实

李明实（1918.3—2019.1.31），山东省泰安市人。曾任国家第七机械工业部一院党委书记兼院长、部党组成员、副部长。

1931年4月，李明实在泰安第三小学读书时，参加了中国共产主义青年团。九一八事变爆发后，李明实遵照中共泰安特殊支部指示，成立泰安小学反日联合会，任主席。同年冬，参加中国共产党。1933年，被叛徒出卖，在泰安育英中学被捕，押送济南。1936年，李明实的家人敦请山东省参议长、泰安人范明枢，恳请驻扎在泰安普照寺的冯玉祥出面斡旋营救。李明实出狱后，立即恢复了中共地下党组织关系。

1937年7月，七七事变爆发，日军大举入侵中国。在中共山东省委的直接领导下，聊城人民立即纷纷行动起来，筹备举行抗日武装起义。1938年元旦，李明实参加中共领导的收缴菏泽散乱枪支的行动，把抗日积极分子武装了起来。同年7月，任山东省第六区抗日游击司令部第十支队一团参谋长；8月，为配合保卫武汉进行济南战役，奉命率部队攻打济南市郊区。

1939年初，李明实入山东干校参谋班学习，后任八路军山东纵队司令部作战参谋。1940年夏，任鲁西区党委机关支部书记，先后调鲁西区委党校、冀鲁豫区委党校任组织科科长、教育科科长。1942年，任中共范县代县委书记。1944年，任中共昆吾县委书记兼县大队政治委员。

解放战争时期，1946年1月起，先后任冀鲁豫区二地委组织部副部长、冀鲁豫七地委副书记。1948年7月，济宁解放，任市委副书记兼市长。

1950年2月起，李明实先后任中共济宁市委书记、山东省民政厅厅长、山东省政法委员会副主任。1952年，他主持召开山东首次全省县长会议，推动了全省建政工作。1954年，李明实调转国防工业，任国防工业重点项目太原743厂筹备主任、工厂厂长、党委书记，中共山西省委委员。1960年4月，他接到中共中央命令，调沈阳航空发动机厂任党委书记、沈阳市委委员。

1965年，李明实任国家第三机械工业部党组成员、副部长。1966年，在“文化大革命”中受到迫害。1975年7月以后，任国家第七机械工业部一院党委书记兼院长、党组成员、副部长。在从事国防科技事业中，李明实荣立二等功，获献身国防科技事业荣誉证章、航空事业创建特别荣誉奖。

1982年12月离休后，他参与筹组国防系统神剑文学艺术学会。1984年，参加编写《中共冀鲁豫边区党史大事记》。同时结合编写党史搞文艺创作，出版了《冀鲁豫解放区文艺丛书》《冀鲁豫文学史料》《冀鲁豫文学作品选》等图书。

2019年1月31日，李明实因病在北京逝世，享年99岁。

李学智

李学智（1923.2—2005.9.23），山东省临清市魏湾镇丁马庄人。曾任中共宁夏回族自治区委书记，宁夏军区第一政治委员，第七、第八届全国人大民委副主任委员。

李学智7岁开始上学，先后就读于丁马庄小学、清平县赵官营县立高小。1936年，考入山东省立第十一中学。

抗日战争全面爆发后，1937年9月，李学智参加了清平县李光斗领导的抗日游击队。同年冬，游击队编入山东省第六区抗日游击司令部第二十九支队，任战士、班长、文书。1938年5月，赴河北南宫县八路军一二九师学习，后任二十九支队连政治指导员。同年秋，参加中华民族解放先锋队。冬季，入筑先学院学习。12月，加入中国共产党。1939年至1945年，历任中共肥城县委青年团团长、青委会干事、青救会主任，中共鲁西区泰西地委青委委员、副书记，青救会组织部部长、主任，泰西地委抗联主任，中共平阴县委委员、民运部部长、抗联主任。1945年春至1946年春，任中共东阿县委书记、县大队政治委员。1946年春至1949年2月，任冀鲁豫区中共济宁市四区区委书记。

1945年，李学智复任中共东阿县委书记，动员千余名青年参军入伍，开赴东北，投入解放东北的战斗中。1946年秋，任中共汶上县委书记、县大队政治委员。解放战争时期，他坚守阵地，采取敌进我进的方针，依靠群众、掌握武装、勇于斗争，得到了地委的好评。

中华人民共和国成立后，李学智渡江南下，历任中共浙江建德地委委员、民运部部长，中共金华地委委员、宣传部部长、民运部部长、农委书记、农会主任，中共金华地委副书记、书记，监委书记，金华军分区政治委员，省委委员。

1966年“文化大革命”开始，李学智受到关押和严重迫害。1971年秋，浙江省为他平反，中央将他调往宁夏工作，负责发展农业，解决宁夏人民的吃饭问题。曾任中共宁夏回族自治区党委委员、革委会生产指挥部副主任、农业组组长、农办主任。1976年，先后任中共宁夏回族自治区委副书记、书记（当时设有第一书记）、第一书记。1978年4月至1981年10月，兼任自治区纪委书记。1983年5月起，兼任宁夏军区第一政治委员。

1987年1月至1989年，任中共中央农村政策研究室特邀研究员。1988年4月、3月分别当选为第七届全国人大常委会委员、全国人大民族委员会副主任委员、全国人大常委会代表资格审查委员会委员。1993年3月，当选为第八届全国人大常委会委员、全国人大民族委员会副主任委员。同年7月起，任第八届全国人大常委会代表资格审查委员会副主任委员。系中共第十一届中央候补委员、第十二届中央委员。

2005年9月23日，李学智因病在北京逝世，享年82岁。

李菁玉

李菁玉（1911.11—1972.3.19），河北省南宫市凤岗街道十里铺村人。曾任华北区农机局局长兼北京农业机械化学院院长、党委书记。

李菁玉出身于贫农家庭，4岁丧父，与母亲相依为命。8岁入本村小学读书，14岁因家贫辍学，先后到南宫庆聚银号、衡隆花粮店、高阳天庆德洋布庄、唐山中德大药房等当学徒。1929年4月，考入烟台芝罘陆军军官学校；5月，经张锡珩介绍加入中国共产党，不久又任该校支部宣传委员、党支部书记，长期从事党的秘密工作。1930年10月，因“政治嫌疑”被勒令退学后，很快与中共河北省委接上组织关系，被派往唐山市委军委工作。1931年1月，调中共天津市委任军委书记。不久，被派往国民党东北军驻津炮团组织兵运，策划兵变未果。中共天津市委遭到破坏后，李菁玉回家探亲期间与中共直南特委取得联系，并于1932年5月担任中共南宫特支书记，不久又任南宫县委书记、南宫中心县委书记。1933年，磁县党组织遭到破坏，李菁玉调任磁县中心县委书记，领导峰峰铁路工作取得增资斗争的胜利。

1934年，李菁玉改任中共直南特委巡视员，积极稳妥地组织农民武装，展开以砸警察局、打盐巡和分粮吃大户等形式的直南农民暴动，组建了中国工农红军平汉线游击队。他到六河沟煤矿开展工运工作，组织工人同资本家和黄色工会进行斗争。1934年夏初，根据直南特委决定，到峰峰中和煤矿当罐道工人，在中和煤矿发展党员多人，建立了两个党支部，任支部书记、支部指导员。1935年10月，调任保属特委书记，半年余使保定市委和所属大多数县的党组织相继恢复、建立。

1937年5月，李菁玉参加了延安白区代表会议后，担任了平汉线省委（后改为冀豫晋省委）书记，数月内组建了正太铁路工人游击队、井陉抗日游击大队和阳泉煤矿工人游击队。1938 年 1 月，与陈再道率领八路军第一二九师东进纵队进入冀南，通过举办党员培训班和冀南抗日军政干部学校，培养了一大批党员干部，为冀南抗日根据地的蓬勃发展奠定了基础。同年 3 月，中共冀鲁豫边区省委（后称冀南区党委）成立，任省委书记。1943 年 11 月，为了加强对冀南和冀鲁豫的统一领导，中共中央决定成立中共冀鲁豫分局（平原分局），李菁玉任分局宣传部部长。当时，他正在华北局党校主持冀南干部整风班的整风学习。1944 年 5 月，冀南、冀鲁豫正式合并后，成立了平原分局党校，李菁玉任教务长。1945 年春，分局党校结束整风学习，李菁玉返回分局驻地清丰县单拐村，在邓小平和北方局的指导下，积极投身减租减息群众运动。1945 年 8 月，冀南区党委重建，李菁玉仍担任书记。1946 年以后，李菁玉先后在中央党校、中央马列学院学习近 3 年时间，理论水平有了很大提高。

中华人民共和国成立后，自 1952 年 1 月，李菁玉开始从事农业管理工作，先后任华北区农林水利局副局长、农林局局长，农业部农机管理总局局长，农业部部长助理，农机局局长兼北京农业机械化学院院长、党委书记等职。1956 年，李菁玉率农机考察团赴苏联考察半年后，带领工作组在河北省进行农业规划，推行了一系列切合实际的农机管理新措施。

1960 年 11 月，李菁玉被强加以“资产阶级个人野心家”的罪名，在农业部受到批判。1961 年，被开除党籍，撤销一切行政职务，但他始终对党的信仰坚定不移。“文化大革命”初期，周恩来总理指出：“开除李菁玉的党籍处理不当。”但林彪、江青反革命集团却置若罔闻，仍将李菁玉关押审查。

1972 年，李菁玉在狱中含冤逝世，终年 61 岁。1979 年 7 月 7 日，农业部为李菁玉平反昭雪，并召开了隆重的追悼大会。

杨立功

杨立功（1919.1—2010.12.11），山东省莘县河店镇枣徐苏村人。曾任农林部、农业部、农业机械部部长兼党组书记。

杨立功幼年在枣徐苏村小学读书，后入县立第一高小学习。1935年毕业后，考入莘县师范讲习所。1936年底，因家境贫寒，无力继续求学，遂辍学谋生，到本区大赵庄小学任教。

抗日战争全面爆发后，杨立功投身革命队伍。1938年5月，到县农民协会任干事。同年7月，经县委副书记陈尚文、县委民运部部长王惠卿介绍加入中国共产党。不久，调入莘县第四区任区委书记。他以区队政治教员为掩护，开展党的工作，创建了一批农村党支部，受到县委的肯定和表扬。1938年11月聊城失陷后，莘县的抗日斗争和革命活动暂时处于低潮，在白色恐怖下，他继续顽强地坚持斗争，先后任鲁西北地委和莘县县委地下交通员和县委秘书。1940年2月，任莘县县委宣传部部长。10月，任中共莘县县委副书记。1941年5月，任中共莘县县委书记。

1942年后，根据上级实行党的一元化领导的指示，杨立功兼任莘县县大队政治委员。1943年7月，莘县与朝北县合并为莘朝县，杨立功任中共莘朝县委书记兼县大队政治委员。当时，莘朝县划归冀南区，这里成为冀南区党、政、军机关常驻的地方。同年11月，杨立功奉命去北方局党校学习。1945年学习结束后，为开辟聊城西地区工作，他担任了中共聊（城）堂（邑）县委书记。

抗日战争胜利后，1946年2月，聊（城）堂（邑）县与武训县合并，杨立功遂调任中共冠县县委书记。1947年秋，又担任中共冀南区第一地委委员。为支援全国的解放战争，莘县一次扩军2200余人，组建一个新兵团，杨立功遂调该团任政治委员，后该团被编入中原野战军十纵队。

1948 年 8 月，杨立功调地方工作，先后担任桐柏区党委政策研究室主任、区党委办公室主任，河南省南阳地委秘书长。

中华人民共和国成立后，杨立功先后担任中共南阳地委副书记、书记兼军分区政治委员，领导并参与了南阳地区剿匪反霸和土地改革运动。1953 年 7 月后，领导和参与了我国第一拖拉机厂的选址、工厂设计、基本建设、设备安装、生产装备、调试投产等全过程建厂工作。先后任洛阳第一拖拉机厂副厂长、厂长、书记。洛阳工学院成立之初，被任命为第一任院长。1962 年 7 月，调北京工作，先后任农业机械部副部长、第八机械工业部副部长。

“文化大革命”期间，杨立功被下放到“五七干校”劳动。1970 年重新出来工作，任农林部副部长。粉碎“四人帮”后，先后担任农林部、农业部、农业机械部部长兼党组书记。1982 年，退居二线，担任机械工业部顾问。1995 年 10 月离休。系中共十二大代表，第五届全国人大代表，第六、第七届全国人大常委会委员。

2010 年 12 月 11 日，杨立功在北京逝世，享年 91 岁。

杨寿山

杨寿山（1913—1988.8.11），河北省巨鹿县官亭镇鱼家营村人。曾任原卫生部副部长兼国家医药管理总局局长、党组书记。

杨寿山中学毕业后，于1935年冬参加党领导的冀南“盐民暴动”，在队伍中做宣传工作。抗战全面爆发后，他积极联络教员、学生投入抗日救亡运动。1937年12月，加入中国共产党。在残酷的环境中，组织和领导当地的抗日武装斗争，先后担任冀南行署巨鹿县战地动员委员会主任、南宫县抗日政府县长兼八路军游击队队长。1940年后，历任鲁西行政公署实业处处长、冀鲁豫工商管理局局长。

1946年冬，杨寿山任冀鲁豫第六专员公署副专员。1947年秋，随军挺进大别山后，任鄂豫区党委及行署秘书长、财政处处长。1949年初，任第二野战军供给部副部长。当年夏，参加了具有历史意义的解放南京的战斗和接管国民党南京政府的工作，担任南京市人民政府税务局局长。当年秋，又随第二野战军进军西南，担任二野西南服务团川南支队支队长。

中华人民共和国成立后，杨寿山曾在四川省担任领导工作。1949年12月5日，自贡市和平解放，中国人民解放军自贡市军事管制委员会（主任王维纲，副主任杨寿山）任命杨寿山为接管川康盐务管理局军事总代表。完成接管后，杨寿山被任命为西南区盐务管理局副局长兼川康盐务管理局局长。1950年4月至1952年11月，又任中共自贡市委第一书记。后任川南行署经济委员会主任、西南军政委员会盐务局局长、地方工业局局长兼党组书记等职。

接收川康盐务管理局后，杨寿山一方面请川南军区调派解放军部队驻防，肃清沿江匪患；另一方面在川康盐务税警部队中，抽调足够兵力，集中邓井关待命，实行分段武装护运，建立运道秩序。到1950年11月底，提前完成了当年盐税任务。

1954年，杨寿山被调到北京工作，历任国家地方工业部、中央第三机械部供销局局长，电机部党组成员、部长助理兼办公厅主任，第一机械工业部党组成员、部长助理、副部长等职。1966年，被派到北京市，先后任北京市革委会政治部副主任，市革委会副主任，北京市副市长，中共北京市委常委、市委书记（当时设有第一、第二、第三书记）。1978年，调任卫生部副部长兼国家医药管理总局局长、党组书记。系第四届全国人大代表。1985年离休。

1988年8月11日，杨寿山在北京病逝，享年75岁。

吴肃

吴肃（1914—2000.1），山东省阳谷县安乐镇于营村人。曾任贵州省人大常委会副主任兼秘书长、党组副书记，中共贵州省委常委。

吴肃在学生时代就接受了马列主义和共产党的主张，并积极在聊城地区开展抗日活动。1937年10月，参加中华民族解放先锋队，积极投身抗日运动。1938年初，在山东聊城政训班学习，参加抗日宣传队。3月，到延安抗日训练班学习，参加抗日宣传队，后到延安抗日军政大学学习。9月，加入中国共产党。1938年底，任八路军一一五师民运部干事。1940年，任梁山区动委会主任、寿张县动委会主任、运西专署动委会主任。1941年至1942年，任中共冀鲁豫区党委民运部科长、总农会组织部部长、党总支书记。1942年5月至1946年3月，任中共冀鲁豫二地委委员，民运部副部长、部长，抗联主任，中共范县县委书记。在抗日战争中，曾率部参加梁山战斗、陆房战斗。1946年3月至1949年2月，先后任中共濮县、范县、观城、朝城、南乐、清丰六县工委组织部部长，二地委委员、组织部部长。

1949年3月，吴肃参加南下支队，随军渡江解放赣东北。5月，任中共贵溪地委副书记。8月，参加西进支队，随军解放贵州。11月，任中共镇远地委副书记、书记，镇远军分区政治委员。1952年，任中共贵州省委委员、省农委副书记。1953年5月，任中共贵州省委委员、农工部部长。1956年9月，任中共贵州省委书记处书记。“文化大革命”中受到冲击。1970年2月，任省革委生产领导小组副组长。1973年1月，任贵州省革委农林办公室副主任、党组副书记。1977年11月，任贵州省农林办公室主任、省革委副主任、中共贵州省委常委。1980年1月，任贵州省人大常委会副主任兼秘书长、党组副书记，中共贵州省委常委。是中共八大代表、贵州省第七届人民代表大会代表。1985年5月离休。

2000年1月，吴肃在贵州病逝，享年86岁。

吴逢惠

吴逢惠（1924—2014.7），山东省茌平县（今聊城市茌平区）振兴街道吴小庄人。曾任中共西藏自治区委员会常委、政法组组长、政法委员会副书记。

1938 年 10 月，吴逢惠参加革命工作。曾在八路军平原纵队当战士，在冀鲁豫行署当警卫员。1942 年，到冀鲁豫第一中学学习。1944 年毕业后，历任冀鲁豫军区水东军分区文化教员、连指导员、营教导员，第十八军政治部保卫部副科长。1944 年 10 月，加入中国共产党。1951 年，到西藏工作，历任中共西藏工委社会部科长、政策研究室研究员、农村工作部处长。1956 年后，历任中共山南地委副书记、书记。1979 年 8 月后，历任中共西藏自治区委员会常委、政法组组长、政法委员会副书记。1985 年 3 月离休。

2014 年 7 月，吴逢惠在郑州逝世，享年 90 岁。

宋振明

宋振明（1926—1990.6.13），河北省馆陶县人。曾任石油工业部部长、党组书记。

1938年，12岁的宋振明参加了范筑先领导的“抗日少年先锋队”。1942年16岁时入党，曾任八路军一二九师旅宣传员、指导员。1944年，入抗日军政大学七分校学习，后任陕甘宁边区关中军分区营教导员、党委书记，独立团政治处主任，安康军分区干部部副部长。参加了百团大战和攻克广平县、沙河县、馆陶县等对日伪的战斗和多次对日反“扫荡”战斗。解放战争时期，任营教导员。1949年7月，在陕西扶眉（扶风县、眉县）战役中，胸、腿两处负伤，成为“二等甲级残疾军人”。

1952年，26岁的宋振明任安康军分区十三团副政治委员、代政治委员。7月，十三团调归十九军五十七师。8月1日，五十七师改编为中国人民解放军石油工程第一师，十三团改为第三团，宋振明任三团代政治委员。五十七师改编为石油师后，按照分工，三团从事石油汽车运输事业。

1953年7月，三团与西管局运销公司兰州总站合并，成立玉门矿务局运输处，宋振明任副处长，参与玉门油田的开发建设。为确保东运任务的完成，玉门局决定由宋振明兼任原油东运大队大队长和党总支书记，以加强东运工作的具体领导。1955年末，为了加强采油工作，玉门局调宋振明任采油厂党委书记兼厂长。

1959年初，玉门发现了鸭儿峡新油田，宋振明被任命为鸭儿峡前线指挥部指挥兼党组书记，领导开展了把日产搞到1700吨的夺油大战。

1959年国庆前夕，我国东北松辽盆地的松基三井喷出了工业油流，发现了大庆油田。1960年初，经中央批准，石油部党组调集各石油企业的精兵强将，齐聚大庆，开展了一场史无前例的“石油大会战”。2月，宋振明奉调到达大庆。当时，石油部党组根据情况，将参战队伍划分为三个探区，宋振明任三探区指挥兼党委副书记。1960年末，三个探区合并，成立了大庆石油会战指挥部，宋振明任下属采油指挥部指挥兼党委书记。1961年5月，石油部党组决定会战指挥部实行领导工作一、二线分工，成立会战总部生产办公室，专门负责日常生产的指挥和组织协调，宋振明任大庆石油会战指挥部副指挥兼生产办公室主任。

1964年，中共中央表扬了大庆，毛泽东主席号召“工业学大庆”，此时宋振明协助时任会战工委书记兼指挥的徐今强，认真贯彻中央指示，使大庆油田进一步得到发展。他协助徐今强在1965年提出大庆向科学技术进军，实现“两高两发展”（高速度、高水平，发展新工艺、新技术）。

1966年下半年，徐今强调走，大庆的实际工作由宋振明主持。正当他谋划大庆进一步发展时，“文化大革命”来临。在被批斗近五年的时间里，他推功揽过，保护干部，铮铮铁骨，宁折不弯，充分体现了一个优秀共产党员的高尚品德。1971年，他得以复出。

1973年，按照周恩来总理和国务院的指示，为了缓解我国能源紧张的局面，决定开发喇嘛甸油田，要求在两年内建成800万吨的生产能力。刚被任命为大庆党委副书记的宋振明排除多种干扰，组织领导了这场会战。

1975年，宋振明担任大庆党委书记兼革委会主任。同年10月，宋振明被任命为石油化工部副部长、党组副书记，仍兼任大庆党委书记和革委会主任。1978年3月，国务院进行机构改组，撤销石油化工部，成立石油工业部和化学工业部，宋振明被任命为石油工业部部长、党组书记。

1979年11月25日，石油部海洋石油勘探局“渤海2号”钻井船在渤海湾迁移井位拖航作业途中翻沉。由于这一事件，1980 年 8 月，宋振明被解除部长职务。1982 年，国务院批准“中原油田生产建设技术攻关会战”，宋振明被任命为会战领导小组组长。1985 年，国务院在继海上石油对外开放的基础上，决定加快陆上石油对外开放的步伐，成立中国石油开发公司，调宋振明任总经理、党组书记。

1988 年，宋振明积劳成疾，住进了医院。1990 年 2 月，根据宋振明的请求，经组织批准，他回到大庆进行治疗。

1990 年 6 月 13 日，宋振明在大庆逝世，享年 64 岁。

张玉环

张玉环（1922.3— ），河北省邢台市信都区浆水镇坡子峪村人。曾任中共贵州省委常委、秘书长，贵州省人民政府常务副省长，贵州省人大常委会主任。

1937年10月，张玉环在坡子峪村参加革命，同时加入中国共产党。抗日战争全面爆发后，在中共邢台县委和太行六地委任职。1939年，在反“摩擦”斗争的艰苦年月里，组织上决定派张玉环到路罗接替侯敏国任中心区委书记。

解放战争时期，1947年，张玉环从太行党校到冀鲁豫工作，初任中共博平县委副书记。1948年春，任书记。1949年春，张玉环奉命带领干部和工作人员100余人南下。他带领着这些人员，随中国人民解放军第二野战军第五兵团，于1949年5月4日接管江西贵溪。

1949年7月，张玉环等人奉命进行集中，于9月离开贵溪，为继续解放全中国向大西南进军。1949年9月，任中共贵州省黄平县委书记、镇远地委组织部部长。1952年后，任中共镇远地委副书记、书记，黔东南苗族侗族自治州委第一书记等职。1956年后，任中共贵州省委委员、常委、省委农林办公室主任。“文化大革命”中受到错误批判。1970年恢复工作后，任贵州省革委会生产指挥部领导小组成员、省革委会常委。1972年恢复中共贵州省委常委、省委农林办主任职务并任省委秘书长。1980年，任贵州省人民政府常务副省长。1985年，任贵州省人大常委会主任。1993年离休。是第七、第八、第九届全国人大代表。

张同钰

张同钰（1919—1998.10.20），河北省文安县人。曾任地质部副部长、党组副书记。

张同钰6岁入小学读书，8岁时因家贫而辍学，随母亲在天津生活，靠母亲做纺纱工度日。1933年，父母靠东借西凑，使他重新入学读书。高小毕业后，到天津百城书局印刷厂当学徒。1934年，考入文安县简易师范。其间，受革命思想的影响，开始信仰共产主义。

1938年5月，张同钰与同学、同乡10余人参加八路军冀中军区独立二支队，从此走上了抗日救国的道路。同年6月，加入中国共产党。同年12月，任独立二支队一营教导员。1939年4月，调任冀中军区第一军分区卫生部政治委员。同年8月，调二十一团任三营教导员。不久，随部队南下，转战冀鲁豫，与日军进行艰苦卓绝的斗争。1940年10月，任二十一团政治处主任、团代政治委员。参加指挥收复古云集的攻坚战。1941年11月，他与团长率部参加由杨得志司令员布置和指挥的东北庄战役，顺利完成围攻的任务。1942年9月，党组织派他到马本斋领导的回民支队任政治委员。之后，为了加强对敌斗争的统一领导，三地委决定，组织两个地区委员会：一是冠堂（冠县、堂邑）地区委员会，由赵健民兼任书记；二是莘朝（莘县、朝城）地区委员会，由张同钰兼任书记。1943年7月初，他参加了朝城战役。1944年7月，离开回民支队，入延安中央党校三部学习。

抗日战争结束后，1945年8月，张同钰随陕甘宁边区干部大队奔赴东北，到辽宁省辽中专署任副专员。1946年2月，调任鞍山市市长。同年5月，东北局决定在吉林省成立双阳、九台、德惠战勤工作团，张同钰任副团长兼德惠县委组织部部长。同年7月中旬，吉北地委、专署、军分区组建，任专署副专员。1947年，任吉林省粮食局局长。1948年11月，东北全境解放后，他于1949年初随南下干部大队南下。1949年6月，任江西省九江市市长兼军管会主任。7月，任江西省工商厅副厅长。

中华人民共和国成立后，1950年3月，张同钰调任中南有色金属管理总局副局长。1952年12月，调国家地质部工作，先后任计划司副司长、司长、部长助理、办公厅主任等职。1962年，任地质部地质科学院党组书记、副院长。1966年3月，任地质部副部长。“文化大革命”中，受到批斗和迫害。1975年恢复工作后，任国家地质总局副局长。1979年8月，任地质部副部长、党组副书记，兼任中国地质工程公司董事长，中国地质经济学会会长、名誉会长。1983年4月，任地质矿产部顾问。1995年7月，离职休养。系第三届全国人大代表，政协第六、第七届全国委员会委员。

1998年10月20日，张同钰因病逝世，享年79岁。

张全景

张全景（1931.12—2022.11.8），山东省平原县三唐乡姚屯村人。曾任中共中央组织部部长，政协第八、第九届全国委员会常务委员。

1946年2月，张全景参加革命工作。1949年9月，加入中国共产党。1946年2月至1960年3月，历任平原县第六区小学教员、校长，德州地委组织部干部科副科长。1960年3月至1961年6月，任聊城地委工业交通工作部、组织部干部科副科长，办公室主任。1966年4月，任中共德州市委副书记（未到职）。后任德州地革委政治部副主任、党的核心领导小组副组长，山东省革委会组织组核心领导小组成员、党务组组长，山东省委组织部三处处长，山东省委组织部副部长。1985年6月至1988年12月，任中共山东省第四届委员会委员、常委，省委组织部部长。1988年12月至1991年12月，任中共山东省第五届委员会委员、常委，省纪律检查委员会书记。1991年12月至1994年10月，任中共中央组织部副部长。1994年10月至1999年3月，任中共中央组织部部长。1999年3月，任中共中央党的建设工作领导小组副组长。1999年至2000年，任全国“三讲”教育联席会议负责人。2000年至2005年，任全国党建研究会会长。系中共十三大、十四大、十五大代表，政协第八、第九届全国委员会常务委员。主编了《干部人事工作概述》《干部人事制度改革论丛》《建设社会主义新农村的带头人》等书。

2022年11月8日，张全景因病在北京逝世，享年91岁。

张赤侠

张赤侠（1920—2007.2.10），山东省临清市唐园镇唐元村人。曾任中共河南省委常委、组织部部长。

张赤侠青少年时期因家境贫寒，上学较晚且中途辍学，17岁时投靠国民党二十九军三十八师随营学校。抗战全面爆发后，积极参加抗日救亡活动。1938年6月，参加中华民族解放先锋队。同年10月，加入中国共产党。1938年秋至1939年秋，在八路军一二九师工作团、一一五师民运部工作。其间，参加了鲁西陆房战斗。1939年后，任鲁西北地委青委宣传部部长。1940年1月，任中共朝城县委民运部部长兼动委会主任。9月，任朝城县委宣传部部长。1942年夏，任中共朝城县委书记。1943年初，朝城、观城合并为观朝县，张赤侠先后任中共观朝县委组织部部长、副书记、代理书记。1944年下半年后，任中共临泽县委书记。后任中共冀鲁豫二地委组织部组织科科长、郓巨县委书记等职。

1947年冬，张赤侠随大军南下。1948年1月至1949年春，先后在中原局的豫西区党委、河南省委工作，担任豫西区党委秘书科科长、中共河南省委秘书处处长。1949年春至1952年春，先后担任中共开封县委书记，陈留专署副专员、代理专员。1952年春后，担任中共中央中南局组织部办公室主任、秘书长。1954年底，调中共中央组织部办公厅副主任。1956年夏，任中共中央财贸部财政银行处处长、粮食处处长。1958年反右派斗争后期受到错误批评，被下放，任广东省农科院副院长、党组副书记。1962年后，先后任湖北省委党校党委书记，湖北省财经专科学校党委书记。“文化大革命”中，遭受批评斗争，被下放“五七干校”劳动。

1973 年至 1979 年，张赤侠担任湖北财经专科学校党委书记。1979 年 5 月至 1984 年 8 月，任中共河南省委常委、组织部部长。

1984 年 8 月至 1990 年 10 月，张赤侠先后任河南省顾委常委、副主任。1985 年 2 月，受省委主要领导人委托，牵头成立了省会老干部关心下一代协会。1991 年 3 月，担任河南省老干部关心下一代工作委员会主任。曾被授予“全国关心下一代事业突出贡献奖”。曾发起成立河南省老年人大学。系中共十二大代表、第七届全国人大代表。

2007 年 2 月 10 日，张赤侠在郑州逝世，享年 87 岁。

张承先

张承先（1915.1.5—2011.1.26），山东省高青县人。曾任教育部副部长、党组书记，第六、第七届全国人大常委会委员。

1930年暑假，张承先考入济南山东省立第一中学，接触到一些革命书刊。1931年九一八事变发生后，东北三省沦陷使其思想受到极大震动，他奔走呼号，发动一中同学参加南京请愿运动，奋不顾身进行卧轨。1932年春，张承先参加了共产党领导下的读书会，思想发生了根本性转变，他认为只有马列主义，只有中国共产党才能救中国，于是更加自觉地参加学生救亡运动，组织同学罢课，驱逐了镇压学生运动的时任校长孙东生，因此被开除学籍。这年暑期，张承先来到北平，就读于北平弘达学院，一年后考入北平师范大学附属中学高中。1936年春，参加了中华民族解放先锋队和社会科学工作者联盟。同年3月，加入中国共产主义青年团；5月，加入中国共产党。

1936年暑期，张承先考入清华大学化学系，任中共地下党支部书记，从事党的工作。1937年暑期，受党的派遣回到家乡，从事抗日救亡活动，发动成立了高苑县旅外大中学生抗日联合会。

七七事变后，张承先按照党的指示，于9月下旬离开高苑，到济南参加了韩复榘第三集团军政治工作人员训练班。日军迫近德州，他被分配到山东省聊城第六专区专员兼保安司令范筑先部从事政治工作。在中国共产党的推动帮助下，范筑先将军率师回渡黄河，通电全国表示守土抗战，张承先被任命为范筑先将军的秘书。

1938年春，陈再道率八路军东进纵队到达冀南南宫一带，张承先作为地方党的代表到南宫与八路军取得联系。在津浦支队的配合下，张承先等在鲁西北开展工作。在恩县旧城建立八路军军政干部学校，由张承先任校长。为加强这一地区的领导，成立了中共鲁西北特委，由张承先任特委书记。在特委领导下，以临清为中心的第四专区各县相继成立了县委，组建了八路军冀鲁边抗日游击大队。1938 年 11 月，聊城失陷，范筑先将军英勇殉国。为适应新的斗争形势，中共鲁西区委成立，并重新划分了地区，张承先任中共鲁西区委委员兼第三（卫东）地委书记。

1939 年秋，张承先调任中共鲁西区委宣传部部长。1941 年，鲁西区与冀鲁豫区合并，成立大冀鲁豫边区，他继任冀鲁豫边区党委宣传部部长，参与了鲁西与冀鲁豫边区抗日根据地的创建工作。

在抗日战争的艰苦年代，为了坚持敌后斗争，1942 年冬，冀鲁豫全区实行第三次精兵简政，张承先调任中共冀鲁豫区第五（鲁西南）地委书记。1945 年秋，调任冀鲁豫边区抗日救国联合总会会长。1947 年，国民党破坏停战协定，大举进攻解放区，张承先调任中共冀鲁豫二地委书记兼军分区政治委员，坚持黄河以南的斗争。

1949 年淮海战役后，平原省委成立，张承先任省委常委、宣传部部长。1952 年，调任华北局宣传部副部长、华北行政委员会文教委员会副主任。1954 年，调任中共河北省委书记处书记。“文化大革命”开始时，任北京大学工作组组长兼党委书记，因抵制极左路线，受到冲击。粉碎“四人帮”后，回到河北省委任省委常委、省革命委员会副主任。1978 年，调任国家科学委员会副主任兼政治部主任、党组成员。1979 年，调教育部任副部长，先后任党组副书记、党组书记。1983 年后，任第六、第七届全国人大常委会委员，全国人大教育科学文化卫生委员会副主任委员，并被选为第二、第三届中国教育学会会长。张承先曾先后被选为中共八大、十二大代表。曾任中国中小学幼儿教师奖励基金会副理事长，青岛大学、烟台大学名誉校长。其著作有《历史转折与教育改革》等。

2011 年 1 月 26 日，张承先因病医治无效在北京逝世，享年 96 岁。

张 玺

张玺（1912—1959.1.8），河北省平乡县东田村人。曾任原国家计划委员会副主任、党组副书记。

张玺青年时期以优异成绩考入河北省立第四师范学校。在校期间，他积极参加爱国学生运动，加入了中国共产主义青年团，担任邢台三所学校的团总支书记，成为邢台学生运动的骨干。九一八事变之后，受北平学潮的影响，率领邢台地区的团组织和共青团员，积极开展爱国宣传活动。1932 年秋，在邢台被捕。后被押解到“北平军人反省分院”，即草岚子监狱，坐牢 4 年多。1936 年秋，经中共中央北方局刘少奇等人营救出狱。根据中共中央北方局的决定，他被派到直鲁豫特委任宣传部部长，从事地下工作。

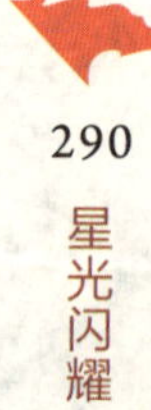

七七事变后，受组织派遣，张玺来到冀鲁豫边区，成为该根据地的创始人之一。1940 年 4 月，张玺担任中共冀鲁豫区委副书记，不久接任书记（未到职）。1941 年 7 月，冀鲁豫与鲁西区党委合并，仍称冀鲁豫边区，张霖之任区党委书记，张玺任党委副书记兼组织部部长。1942 年 10 月，黄敬调任区党委书记，张霖之任党委副书记兼组织部部长，张玺任宣传部部长。1942 年 12 月至 1944 年初，他任中共直南豫北区委书记。其间，1942 年 12 月至 1943 年 8 月，任直南豫军分区副政治委员。1943 年 11 月，冀鲁豫（平原）分局成立，任秘书长。1944 年 5 月，兼任分局党校秘书长，具体负责整风工作近一年。

1945 年 8 月，全国人民迎来了抗日战争的最后胜利。为适应新的形势，中共中央决定，冀鲁豫划归刚成立的晋冀鲁豫中央局领导。同年 10 月，张玺任中共冀鲁豫区委副书记兼军区副政治委员；11 月，区党委、军区领导班子调整，张玺任冀鲁豫边区党委书记兼军区政治委员。1948 年起，任中共豫西区委第一书记豫西军区政治委员。1949 年 3 月，中共河南省委正式成立，张玺任副书记、书记兼军区政治委员，中共中央中南局委员，中南军政委员会委员。

1952 年底，张玺调国家计划委员会后，先后任专职委员、副主任和国家计委党组副书记。其间，参与编制《中华人民共和国发展国民经济的第一个五年计划》。为确定第二个五年计划期间的援建项目，1956 年 7 月 8 日，张玺作为中国政府代表团副团长赴莫斯科，同苏联方面进行了为期 43 天的谈判，回国后协助国务院总理周恩来修订《关于发展国民经济的第二个五年计划的建议》。1956 年 9 月，张玺在中共八大上当选为中央候补委员。是政协第二届全国委员会委员。

1959 年 1 月 8 日，张玺病逝，终年 47 岁。

张廉云

张廉云（1923.8—2022.4.25），山东省临清市唐园镇唐元村人。曾任民革北京市副主委兼副秘书长、北京市政协副主席。

1948年，张廉云复旦大学新闻系毕业后，先后在北京自忠小学、北京小学任教师、校长。1949年，曾作为中国民主青年代表团成员赴匈牙利参加国际青年联欢节活动。1951年，在中共北京市委统战部工作。1957年，任海淀九十九中学副校长。1960年，在北京市教育局工作。1961年，调北京积水潭医院，历任办公室主任、副院长，兼北京第二医学院儿科系副主任。1973年，任北京第一传染病医院副院长。1979年，调到民革北京市委员会，任民革北京市副主委兼副秘书长。系政协第七、第八届全国委员会委员。1993年，任北京市政协副主席。

2022年4月25日，张廉云在北京逝世，享年99岁。

张新村

张新村（1916.9—1986.11.9），山东省肥城县安驾庄镇张家村人。曾任中共辽宁省委书记、辽宁省顾问委员会副主任。

1925 年，张新村入初级小学读书。1933 年 7 月，加入中国共产主义青年团。10 月，入肥城县第一高小，被选为级长。1935 年，任李家坡小学教员。

抗日战争全面爆发后，张新村在家乡发动民众，组建武装，开展抗日。1938 年 1 月，正式脱产参加革命工作，任山东西区人民抗敌自卫团宣传队队长。7 月，加入中国共产党。后历任中共肥城县二区区委副书记、书记，中共肥城县委常委、组织部部长，中共鲁西区党委组织干事，中共冀鲁豫区党委组织部直属科科长。1942 年精兵简政时，被派往鲁西北地区工作，任中共朝北县委副书记兼组织部部长。1943 年 7 月，莘县、朝北县合并，任中共莘朝县委副书记兼组织部部长，不久任县委书记。1945 年 5 月，任中共元朝县委书记。

解放战争时期，1947 年 6 月，张新村任中共冀南一（鲁西北）地委委员、民运部部长兼宣传部部长。1948 年春，任冀南一地委组织部部长，率地委土改工作团在馆陶进行土改并兼任中共馆陶县委书记。1949 年 8 月，冀南建制撤销，调任刚成立的平原省聊城地委委员、组织部部长。

中华人民共和国成立后，1950 年 9 月，张新村任聊城专署专员。1952 年 6 月，任中共聊城地委书记。同年底，平原省撤销，任中共聊城地委书记。1954 年 8 月，任中共山东省委委员、聊城地委书记。1956 年 3 月，聊城、德州地区合并，任合并后的聊城地委第一书记。1956 年 10 月，任中共山东省委委员、农村工作部部长。1959 年 8 月，任中共山东省委常委、农村工作部部长。1960 年 12 月，任山东省副省长。1961 年 4 月，调任中共枣庄市委书记处书记、市委副书记。1963 年 9 月，入中央党校学习。1964 年 10 月，调任山东省计委副主任、党组成员。

“文化大革命”时期，张新村遭受错误批判，被下放到惠民地区滨州郑家村劳动。1972 年 2 月恢复工作后，任中共单县县委书记。1973 年，任中共菏泽地委常委、副书记、地革委副主任。1974 年 7 月，任中共菏泽地委书记、菏泽地区革委会副主任。1974 年 12 月，任中共菏泽地委书记、革委会主任兼军分区政治委员。1977 年 8 月，调任中共辽宁省委副书记、辽宁省革委副主任。1979 年 9 月，任中共辽宁省委书记（当时设有第一书记），分管农村工作。1983 年 3 月，任中共辽宁省顾问委员会副主任。

1986 年 11 月 9 日，张新村病逝于沈阳，享年 70 岁。

张霖之

张霖之（1908—1967.1.22），河北省南宫市人。曾任原煤炭工业部部长、党组书记，中共第八届中央候补委员。

1925年，张霖之入南宫县师范讲习所学习。1927年起，任小学教员。1929年夏，考入驻山东烟台的国民党军陆军第二十一师军官教导队。同年12月，加入中国共产党。1931年，返乡从事革命活动。1933年秋，南宫中心县委成立，负责南宫及周边各县党的工作，李菁玉任书记，张霖之任组织部部长。后来李菁玉调离，张霖之接任南宫中心县委书记。1935年起，任中共直南特委委员、组织部部长。1936年4月起，任中共直中特委书记。1936年6月至1937年，任中共直南特委书记。

1937年春，张霖之任中共山东省委委员、组织部部长。11月，作为中共山东省委驻鲁西特委代表到聊城，以山东省第六区政训处（后改称政治部）组织科科长的身份指导鲁西北地区党的工作，与山东省第六区行政督察专员兼保安司令范筑先合作抗日，开创了敌后鲁西北抗日游击根据地。

1939年1月，张霖之任中共鲁西区委书记。1941年7月，任中共冀鲁豫区委书记。1942年10月，改任中共冀鲁豫区委员会副书记兼组织部部长。

1943年11月，张霖之调任中共冀鲁豫（平原）分局组织部副部长兼民运部部长、冀鲁豫工委书记。1945年10月，恢复中共冀鲁豫区委，复任区党委书记兼冀鲁豫军区政治委员，后任晋冀鲁豫军区第七纵队政治委员。1947年8月，任第十一纵队政治委员。南京解放后，任南京市副市长。

中华人民共和国成立后，张霖之先后任中共中央西南局委员、西南军政委员会委员，中共重庆市委第二书记、第一书记。1952年8月，任第二机械工业部副部长、党组副书记。1955年4月，任第三机械工业部部长、党组书记（1956年7月起）。1955年4月，任电机制造工业部部长、党组书记（1956年7月起）。1957年9月，任煤炭工业部部长、党组书记、党委书记（1965年7月起）。1956年，在中共八大上当选为中央候补委员。

“文化大革命”爆发后，张霖之遭受诬陷迫害，被非法关押，但始终正义凛然，拒不承认捏造的罪名，不牵连其他无辜的人，于1967年1月22日凌晨在北京被迫害致死。1979年1月24日，中共中央给张霖之正式平反昭雪。1992年12月2日，由中华人民共和国民政部批准为革命烈士。

邵子言

邵子言（1914.9—2000.6.14），山东省平原县前曹镇前曹村人。曾任原国家轻工业局局长，中国人民大学副校长、党委副书记。

1932年，邵子言在济南山东省立第一中学读书时，因参加学潮被学校开除，后入北平弘达学院读高中。1935年，考入北平师范大学历史系。不久，参加社会科学联合会。1936年7月，加入中国共产党。1937年1月，因反对师大反动当局被开除，后赴日本留学。

抗日战争全面爆发后，邵子言回国。同年10月，受中共山东省委派遣，到聊城参加抗日工作，任山东省第六区抗日游击司令部政训处少校干事。11月，任中共鲁西特委委员、宣传部部长。1938年4月，根据特委决定，率鲁西北一批中共党员、中华民族解放先锋队队员和进步青年赴延安中共中央党校、抗日军政大学和陕北公学学习。1939年2月，从中央党校结业后返回鲁西北，任中共鲁西区委党校教务长。7月，任中共鲁西四（运东）地委副书记兼组织部部长。1940年3月，任中共鲁西区委民运部副部长。8月，任中共鲁西区委直属昆山实验区（县）工作大队政治委员兼工委书记。1941年1月，任中共昆山县委书记。1942年4月，任中共冀鲁豫八地委委员、组织部部长。12月，任中共冀鲁豫二地委昆（山）张（秋）东（平）汶（上）南（旺）五县工委书记，并兼任冀鲁豫军区第二军分区昆张支队政治委员。1944年5月，任冀鲁豫军区第八军分区五团政治委员。

解放战争时期，邵子言先后任冀鲁豫军区第二军分区政治部主任、中共冀鲁豫七地委副书记。1946年3月，任中共济宁市委委员、组织部部长。11月，任晋冀鲁豫野战军第六纵队十六旅第二政治委员，后任旅副政治委员兼政治部主任。1948年8月，任中原野战军第六纵队十六旅政治委员。1949年

2 月，任第二野战军三兵团十二军三十四师政治委员。先后参加了鲁西南战役、淮海战役、渡江战役和解放西南战役。

中华人民共和国成立后，邵子言历任重庆市总工会副主席、主席，全国兵工、机械工业工会主席，兰州机械厂副厂长。1962 年 10 月，任国家经济委员会委员、党组成员兼国家轻工业局局长。1973 年 3 月，他到内蒙古，后任内蒙古自治区革命委员会副主任。1978 年 8 月，任中国人民大学副校长、党委副书记。1981 年，任全国职工教育委员会副主任、顾问，后任中国职工教育研究会顾问、国家计划委员会第二咨询组副组长。是政协第三、第四、第六、第七届全国委员会委员。

2000 年 6 月 14 日，邵子言因病医治无效在北京逝世，享年 86 岁。

武少文

武少文（1912—2006.2.25），吉林省双阳区齐家镇长岭村人。曾任原农业机械部副部长兼中国农业机械服务总公司总经理、部党组成员。

武少文幼年在家乡读私塾，后随家迁入上海，读完初、高中后，考入上海国之暨南大学，研读社会科学，在校二年结业后遂投身抗日救亡运动。

1932 年，武少文参加革命工作，深受共产主义思想的影响，加入时代革命洪流中。1933 年 3 月，加入中国共产主义青年团，后加入中国共产党。同年 7 月，在做党的地下工作时，被上海市国民党逮捕，处以无期徒刑，投入监狱。

在国共合作抗日的形势下，武少文被释放出狱，受党组织派遣到聊城参加抗日，先后任山东第六区抗日游击司令部第六支队政治部主任，八路军一二九师筑先纵队敌工科科长，鲁西馆陶县抗日县政府秘书、代县长，指导馆陶县的抗日工作，与抗日的同志密切配合，成为抵抗日军的后方堡垒。由于表现优异，他被调任冠县抗日县政府秘书、代县长。由于在冠县工作表现优秀，1942 年春，调任张秋县抗日县政府县长。1943 年下半年后，任郓城抗日县政府县长。在抗日战争的后期，他成为冀南行署办公室副主任。

抗日战争胜利后，1945 年 11 月，武少文调东北工作，先后担任吉林省吉北专署专员，吉林省民政厅厅长、财政厅厅长、计划委员会副主任，省人民政府秘书长，鞍山红旗拖拉机厂第一副厂长、代厂长，辽宁省农机化研究所所长，辽宁省农业机械厅副厅长、党组副书记，辽宁省机械工业局副局长，辽宁省计划委员会副主任、党组副书记。1952 年在“三反”运动中，被打成“反革命分子”，长期遭受迫害。1978 年，得到彻底平反。1979 年，调中央工作，先后任农业机械部副部长兼中国农业机械服务总公司总经理、部党组成员，国务院农村发展研究中心副主任、顾问。1986 年离休。

2006 年 2 月 25 日，武少文在北京因病逝世，享年 93 岁。

范 瑾

范瑾（1919.9.7—2009.1.4），浙江省绍兴市人。曾任中共北京市委常委、北京市副市长、北京市人大常委会副主任、北京市政协主席。

1928 年 1 月起，范瑾先后就读于南京中央大学的实验学校和理学院地质系。其间，接受革命思想。1936 年，参加革命工作，是南京地下妇女救国联合会成员。1938 年，加入中国共产党。抗日战争时期，历任延安抗日军政大学四期五队区队长、救亡室主任、校本部秘书处秘书，八路军总政治部前线记者团第一组团员，《冀中导报》编委会主任和社长，兼任新华社冀中分社社长。

1942 年 10 月，范瑾随黄敬从冀中来到冀鲁豫边区，任中共冀鲁豫区委、中共冀鲁豫分局宣传部宣传科科长。1944 年 7 月，陪黄敬回延安治病，随后两人便离开了为之操劳贡献过的冀鲁豫边区抗日根据地。解放战争时期，历任晋察冀财经办事处主任秘书，晋察冀日报社编委、采访通信部主任，中共华北局办公所秘书。1948 年 11 月至 1952 年 9 月，历任天津日报社编委、副总编辑、总编辑，中共天津市委宣传部副部长。

1952 年 9 月至 1966 年，范瑾任北京日报社社长。其间，1952 年，兼任中共北京市委宣传部副部长。1955 年，任中共北京市委常委。1964 年，任北京市副市长。改革开放以后，历任北京市人大常委会副主任、市政协主席，中共北京市顾问委员会副主任。曾当选第一、第二、第三届全国人大代表，中共八大代表。曾任全国新闻工作者协会副主席、全国妇联第三届委员会执委。

2009 年 1 月 4 日，范瑾在北京逝世，享年 90 岁。

罗定枫

罗定枫（1915.4—2015.9.2），出生在河北省新河县，后落户在河北高邑县高邑镇曹留村。曾任中共辽宁省委常委、秘书长。

1938年4月，罗定枫参加革命工作，到延安抗日军政大学鲁迅艺术学院学习。同年7月，加入中国共产党。曾任太行文化教育出版社编辑，《新华日报》（华北版）记者、编委。1941年5月后，任冀鲁豫日报社社长、总编辑，冀鲁豫区党委宣传部副部长，冀南日报社社长、总编辑。1945年10月，又调任冀鲁豫日报社社长、总编辑。1949年8月，任平原日报社社长、总编辑。1950年11月，任中共平原省委宣传部副部长。1952年12月后，任华北行政委员会文教委员会秘书长、中共北京市委宣传部副部长。1955年10月后，任中共鞍山市委常委、书记。“文化大革命”中受到迫害。1972年8月恢复工作后，任中共鞍山市委常委、宣传部部长。1974年12月，任中共本溪市委书记。1980年5月，任中共辽宁省委常委、秘书长。1983年12月，任中共辽宁省顾问委员会常委、秘书长。1986年12月离休。

2015年9月2日，罗定枫在沈阳逝世，享年100岁。

岳肖峡

岳肖峡（1918.10—2003.4.29），山东省茌平县（今聊城市茌平区）博平镇岳庄村人。曾任河南省人民政府常务副省长、党组副书记。

1937年12月后，岳肖峡先后任博平抗日游击队青年救国团常委、八路军先遣纵队第五大队干事、支部书记。1938年6月，加入中国共产党。

1939年4月，岳肖峡任中共博平县委委员、宣传部部长兼《团结报》《前哨报》编辑。1940年冬，任中共博平县委敌工部部长。次年夏，任县敌、顽、叛工作委员会副书记，领导在县城建立以“德聚昌”为掩护的秘密情报站。1941年11月，任博平县抗日民主政府县长。与此同时，成立了县抗日游击大队。县大队是由博平三区（韩屯区）起义的三百余人和部队游击队合并而成的，岳肖峡兼任大队长。由于当时形势恶化，部队活动困难，运东地委和运东军分区不久就撤销了博平县抗日县大队的编制，改为抗日自卫队，属运东军分区直接领导。1942年12月，岳肖峡任中共冀鲁豫区委敌工委干事、中共冀鲁豫区委组织部干部科科长。

从1944年7月后，岳肖峡先后任中共冀鲁豫分局组织部直属科科长、边区机关党委书记、晋冀鲁豫中央局组织部干部科科长、中共中央华北局组织部干部处副处长等职。1949年，岳肖峡奉命南下，任中共云南省玉溪地委书记兼玉溪军分区政治委员。1953年至1954年，任东川矿务局党委书记、矿务局局长、中共云南省委委员。1954年至1957年，历任冶金部西南有色金属分局局长、云南锡业公司经理。1957年至1961年，任云南有色金属管理局局长，冶金厅厅长、党组书记。1964年，担任中共云南省委常委、组织部部长。“文化大革命”初期，岳肖峡被下放到昆明钢铁厂劳动，虽然身心受到摧残，但仍然坚持真理，与林彪反革命集团、“四人帮”极左路线进行坚决斗争，表现出坚定的无产阶级党性。在内乱严重干扰的情况下，岳肖峡就任昆钢基建指挥部副指挥长。1975 年后，先后担任中共云南省委常委、工交政治部主任、组织部部长，省工交口党委书记、工交办主任。

1979 年，岳肖峡调到河南省工作，先后任省国防工办主任、省经委常务副主任（省委书记兼主任）。1979 年 9 月，任河南省人民政府副省长兼秘书长、党组成员。1983 年至 1984 年，任常务副省长、党组副书记。1985 年，当选为河南省第六届人大常委会副主任、党组副书记，中共河南省顾问委员会常委。1991 年 1 月，岳肖峡离休后，仍然担任省政府大项目建设咨询顾问组组长、省工业经济联合会和老区建设促进会顾问、河南省关心下一代委员会常务副主任。1992 年，当选为中共十四大代表。

2003 年 4 月 29 日，岳肖峡在郑州逝世，享年 85 岁。

周持衡

周持衡（1916.4—1986.6.18），浙江省绍兴市人，生于天津。曾任吉林省政府主席、辽宁省水利局局长、辽宁省革委会副主任、辽宁省第五届人大常委会副主任。

周持衡早在青年时期就接受了共产主义思想，毅然投身革命，立志为拯救中国、振兴中华而献身。1935年，他考入青岛山东大学国文系读书。翌年夏，加入中华民族解放先锋队，积极参加抗日救亡运动。

1937年七七事变后，抗日战争全面爆发，青岛山东大学奉命南迁。此时，周持衡响应党组织的号召，留在青岛参加敌后游击斗争，并受党组织的派遣深入基层，做地下工作。先后担任国民党山东省政府第一巡回宣传队负责人和东平县县长兼保安大队队长。其间，他所领导的县保安大队经过整训，改编为八路军山东纵队第六支队的一个团，他负责政治工作。1938年1月，加入中国共产党。同年冬，任八路军山东纵队第六支队第三教导旅政治部负责人。

1940年4月，周持衡调任鲁西行署第三专署（后曾为冀鲁豫第三、冀南第七、冀鲁豫第七专署，均俗称鲁西北专署）秘书主任。1941年5月至1945年10月，先后任鲁西行署第三、冀鲁豫第三、冀南第七、冀鲁豫第七专署专员。

抗日战争胜利后不久，党组织调周持衡到吉林省工作。1945年11月至1947年，他先后任吉林省民政厅副厅长、省政府秘书长，主要参与了建立省政府机关的组织工作。1949年，任吉林省政府副主席、主席。

1952年3月，在“三反”“五反”后期，周持衡受到错误的批判和处理。

1954 年，他任辽宁省大伙房水库工程局副局长，后任辽宁省水利厅副厅长、省水利局局长等职。

“文化大革命”期间，周持衡遭受迫害。但他不忘初心，对党的事业矢志不渝，恢复工作后曾担任元宝山煤电厂副总指挥。1979 年，任辽宁省革委会副主任，翌年当选为辽宁省第五届人大常委会副主任。1980 年，经中共中央批准，撤销了 1952 年对他的错误结论和处分，“三反”问题得到平反。1984 年底，中央批准恢复他省级待遇。

1986 年 6 月 18 日，周持衡病逝于沈阳，享年 70 岁。

周振兴

周振兴（1927.2— ），山东省齐河县刘桥镇刘桥村人。曾任中共山东省委常委、山东省人民政府副省长兼秘书长。

1943年7月，周振兴加入中国共产党，同时参加革命工作，入冀鲁豫边区抗日第四中学学习。1944年8月，任中共齐禹县三区区委组织干事。1945年1月后，历任齐禹县委组织部干事、唐子街小区工作组组长、县委组织部干事、十二区区委书记。

中华人民共和国成立后，周振兴曾任中共齐河、禹城县委组织部副部长。1951年7月，入华东局党校学习。同年11月学习结业后，任禹城县委委员、组织部部长。1953年12月，任中共禹城县委副书记。1954年5月，任中共德县县委副书记兼德州地委重点区曹村区委书记。1955年8月，任中共德县县委第一书记。1958年12月，夏津、武城县合并，任中共夏津县委第一书记。

1960年4月，周振兴任中共聊城地委副秘书长。1961年5月，任中共聊城地委委员、秘书长。11月，任中共聊城地委常委、秘书长。1963年5月，受聊城地委常委职数限制，不再担任地委常委，仍为聊城地委委员、秘书长。1964年12月，任中共聊城地委副书记。“文化大革命”初期，受到错误批判。1967年3月，被结合为聊城地区革委会常委。9月，聊城地区革委会处于瘫痪状态，他被下放劳动。1969年12月恢复工作后，任聊城地区革委会副主任。1971年1月，为聊城地区革委会党的核心领导小组成员。

1971年2月，周振兴调任菏泽地区革委会副主任、党的核心领导小组成员。9月，任中共菏泽地委副书记、地区革委会副主任。1978年2月，任中共菏泽地委书记、地区革委会主任。同年6月，菏泽地区革委会改为菏泽地区行署，成为省派出机构，他不再担任地区革委会主任，专任地委书记。1980年12月，任山东省人民政府副省长兼秘书长，继续主持菏泽地委工作。1982年1月，调省政府工作。8月，任中共山东省委常委、青岛市委第一书记兼青岛军分区党委第一书记、第一政治委员。1985年3月，任中共山东省委常委、政策研究室主任。1986年4月后，任中共山东省委统战部部长，政协山东省第五、第六届委员会副主席、党组副书记。系中共十一大代表。

庞　均

庞均（1914.12.16—1985.3），山东省禹城县（今禹城市）安仁乡东庞桥村人。曾任中共石家庄市委第一书记、市革委会主任，河北省政协副主席。

庞均早年在禹城、济南等地读书，后在禹城、沾化等地工作。1937 年全面抗战开始，他投身抗日。同年 9 月，参加革命工作。10 月，由中共禹城县委组织部部长尉景平介绍加入中国共产党。先后任本村党支部书记、本区区委书记、县委政治交通员、冀鲁边抗日游击第九大队二中队指导员。

1938 年 3 月，庞均担任津浦支队政治部民运干事兼政治交通员。同年 6 月，山东省委为加强对卫东地区的领导，决定以临清为中心建立鲁西北特委，张承先任书记，尉景平任组织部部长，马成斋任宣传部部长，庞均担任交通科科长。后特委移驻临清市，以八路军一二九师联络处的名义，开展上层统战工作。这时，鲁西北特委做了调整，张承先仍任书记，尉景平仍任组织部部长，韩宁夫任宣传部部长，刘子蔚任民运部部长，李春兰、陈万金、庞均为干事，黑伯理任八路军一二九师联络处主任。伴随工作的开展，各县先后建立游击队或武装工作团，活动在临、馆边区的队伍是一二九师武装工作团，郭少英任团长，庞均任副团长兼政治委员。

1938 年 10 月，庞均任中共高唐县工委书记。1939 年 6 月至 1941 年初，任中共高唐县委书记。

1941 年 2 月，庞均临危受命，由中共高唐县委书记调任卫东地委委员、敌工部部长兼禹城铁路工委书记，留在运河以东执掌兵运。

1943 年 10 月至 1945 年 8 月，庞均担任卫东地委代理书记兼运河大队即冀南十九团政治委员。其间，1944 年 6 月至 1945 年 8 月，兼任中共高（唐）平（原）县委书记。

1945年8月，抗日战争胜利后，庞均担任中共恩县县委书记。1946年5月，任冀南二地委（俗称夏津地委）社会部部长兼专署公安处处长和军分区司令员。

中华人民共和国成立之前的1949年8月，冀南二、五地委合并为河北省衡水地委，庞均任衡水地委社会部部长，后任地委副书记。1952年，衡水地委撤销，庞均调任邯郸地委书记。1969年10月，调任中共石家庄市委第一书记、市革委会主任。1975年，因心脏病复发失去工作能力，免去所任职务。1977年，任中共石家庄市委顾问。1980年，任政协河北省第四届委员会副主席。

1985年3月，庞均在石家庄市病逝，享年71岁。

郑校先

郑校先（1919.11—2014.12.26），山东省聊城市东昌府区老柳头村人。曾任中共青海省委常委、青海省副省长。

郑校先7岁开始念私塾，曾就读于城关私塾、卫仓小学、聊城省立三师附小、泰安市育英中学、聊城省立第二中学。其间，参加了进步组织“时事研究会”和一二九学生爱国运动。

1937年七七事变发生，18岁的郑校先参加了山东省第六区抗日游击司令部青年抗日挺进大队，任小队长，从此加入抗日队伍。1938年8月，他到延安受训，参加抗日军政大学和军政学院学习。在受训的过程中，于1939年加入中国共产党，成为一名正式的共产党员。1942年3月，延安军政学院结业后，被分配到一二〇师锄奸部。同年冬，任一二〇师太原阳曲情报站站长，并兼任阳曲对敌斗争统一工作团政治委员。

解放战争开始后，1946年，郑校先任晋绥行署公安总局驻晋中情报总站站长。1948年1月，任西北情报工作站站长。同年6月，任绥蒙公安局侦察情报科科长。1949年2月，任绥远省公安厅秘书室主任、机关党委书记，主管情报工作。

1949年9月后，郑校先任中共包头市委常委、市政府党组副书记、常务副市长兼公安局局长、检察署检察长。1953年3月，任绥远省公安厅常务副厅长。1954年，任内蒙古自治区公安部副部长，后任公安厅第一副厅长。1962年，任青海省公安厅厅长、政法领导小组组长、省武警总队第一政治委员。

1966年“文化大革命”爆发，郑校先遭批斗。1968年，被下放甘都劳改农场劳动。直到 1973 年调查核实政治历史清白后，任青海省保卫部第一副主任。粉碎“四人帮”后，1977 年 7 月，任中共青海省委常委、省政法委书记兼公安厅厅长。1979 年 8 月，任中共青海省委常委、青海省副省长。1981 年 8 月，任江西省副省长、中共江西省委政法委员会副书记。1983 年 4 月，当选为江西省第六届人大常委会副主任。1988 年 5 月，任中共青海省顾问委员会常委。1993 年离休，定居济南市。

2014 年 12 月 26 日，郑校先因病在济南逝世，享年 95 岁。

赵振清

赵振清（1917.11—1996.3.27），山东省临清市刘垓子镇瓦房村人。曾任中共中央组织部副部长。

1933年，赵振清以优异的学习成绩考入山东省第五乡村师范学校（平原乡师学校）。在中共党员、进步教师马霄鹏、李竹如的教育影响下，开始接受马列主义教育。1935年夏，离校返乡，先后在清平县张庄、左桥任小学教师。

1937年七七事变以后，赵振清积极投身于组织抗日救亡的群众运动。1938年春，为了团结青年共同抗日，赵振清、李朝杰共同倡导，在清平县创立了以知识分子为主体的抗日救亡群众团体"青年救国团"，赵振清任主任。同年7月，赵振清到山东省第四（临清）专署干训所学习，加入了中国共产党。训练班结束后，党组织派赵振清回清平县专事党的工作。1938年11月，中共清平县工委成立，赵振清任组织部部长。翌年3月，清平县工委改建为清平县委后，仍任原职。1940年，奉调中共东阿县委任组织部部长。1941年春，任鲁西四（运东）专署公安处处长。同年夏，任中共东阿县委书记。1942年夏，任中共冀鲁豫区四（运东）地委组织部科长。10月，调任中共清平县委书记。1943年2月，根据对敌斗争需要，清平、博平县合并成立中共清博县委，赵振清任清博县委敌工部部长。同年7月，恢复清平、博平两县建制，旋任中共清平县委书记，兼任八路军清平县大队政治委员。

解放战争时期，赵振清继续担任冀南清平县委书记。1948年春，冀南一地委柳林整党后，调冀南区党委党校任组教科科长。1949年2月，奉命南下。5月，任湖南省委组织部干部科科长。

中华人民共和国成立后，赵振清继续担任湖南省委组织部干部科科长，后任干部处处长，为全省干部队伍建设付出了辛勤劳动。1952年10月，调中共中央组织部工作，历任干部科干事、工业干部组组长、工业干部处副处长。1955年12月，任中共中央工业工作部干部处副处长。1960年9月，任中央组织部二处处长。

“文化大革命”中，赵振清受到冲击并赴“五七干校”劳动。1974年1月恢复工作后，被中央派往青海二二一厂联络组任副组长、组长。1975年底，任二机部政治部副主任。

1976年10月粉碎“四人帮”后，赵振清被派往光明日报社参加清查工作。1977年7月，任中共上海市委常委、组织部部长。1978年7月，调回中共中央组织部工作，任副部长。1984年，退居二线。系中共十二大代表。1982年至1993年，为中国国际交流协会理事。1995年离休。

1996年3月27日，赵振清因病在北京逝世，享年79岁。

赵健民

赵健民（1912.6—2012.4.8），山东省冠县梁堂乡赵梁堂村人。曾任山东省省长。

1930年，赵健民入冠县第一高小学习。1931年秋，考入临清六县联立简易乡村师范。入学不久，他就在学校举办的学生自由演讲会上发表了《改组国民党》的演说，在校内引起很大反响。1932年夏，到济南入山东省立第一乡村师范学校求学。同年11月，加入中国共产党。1933年5月，任乡师党支部书记。同年7月，任中共济南市委北区巡视员。1934年5月，任中共济南市委书记。1935年冬，任中共山东省工委组织部部长、代理书记。在此期间，他历经千辛万苦，寻找上级党组织。并两次赴濮县，于1935年底在濮县徐庄（今属莘县）与中共北方局接上关系，为中共山东省委的重建做出了突出贡献。1936年5月，山东省委重建，任中共山东省委组织部部长。同年9月，由于叛徒出卖，在济南被国民党当局逮捕。在狱中，他受尽酷刑，坚贞不屈，保护了山东党组织。同年12月，领导建立了狱中党支部，任书记。1937年10月，在国共两党合作抗日的形势下，经党组织营救，赵健民和其他同志被释放出狱。出狱后，他立即和山东省委接上关系，被派往鲁西北发动群众，组建武装，创立鲁西北抗日根据地。1937年11月，任中共鲁西特委书记兼中共冠县临时工委书记，领导建立了冠县抗日游击队，并先后艰难地收编当地土匪队伍“南、北杆”参加抗日。后任山东省第六区抗日游击司令部第十支队第二团三营营长、1939年1月，任八路军筑先纵队第三团副团长、三营营长。1940年5月，任八路军第一二九师新编第八旅二十二团第三营营长。1941年，赴山西辽县，入中共中央北方局党校学习。1942年至1945年10月，任冀鲁豫军区第三军分区（鲁西北）司令员、冀鲁豫军区七分区司令员等职，参与领导该区军民参加反日伪军“扫荡”。1945年10月，任中共冀鲁豫区委副书记兼冀鲁豫军区副政治委员。

曾参加陇海路战役和豫北攻势作战。1947年7月起，任冀鲁豫军区司令员，指挥所部参加鲁西南战役。1948年，率军区主力部队参加睢杞战役，后参加淮海战役。1949年2月，任第二野战军第五兵团第十七军政治委员。同年8月，兼任军长，参加了渡江战役和解放大西南战役。

中华人民共和国成立后，赵健民曾任贵州省贵阳市军管会副主任、中共贵州省委常委。1950年6月至1953年3月，任西南军政委员会交通部部长。1950年起，兼任西南铁路工程局局长。1952年12月，任中央人民政府铁道部副部长。1955年1月至8月，任中共山东省委书记（当时设有第一书记）。1955年8月至1959年1月，任山东省委书记处书记。其间，1956年1月至1958年1月，兼任中共山东省监察委员会书记。1955年至1958年11月，任山东省省长。1958年，因为反对"左"的错误而遭到批判，降职为济南钢铁厂党委第二书记、副厂长。1962年获甄别，任中共云南省委书记处书记兼省政府党组副书记。1964年1月至"文化大革命"初期，任云南省政协副主席。1965年8月至1966年3月，兼任云南省经济委员会主任。"文化大革命"中，赵健民遭受迫害，被关押7年又8个月。1977年12月，任云南省政协副主席。1978年4月，任第三机械工业部副部长、党组副书记，分管政治思想和干部、人事劳资、教育、基建等工作。1978年9月，获公开平反，恢复名誉。1981年7月，赵健民主动向中央提交报告，退居二线。同年12月后，任第三机械工业部顾问组组长。1983年5月至1991年6月，赵健民任冀鲁豫边区革命史工作组组长，主持编写了《冀鲁豫边区革命史》等书。1997年至2000年，任冀鲁豫边区革命纪念馆筹建委员会主任，领导进行冀鲁豫边区革命纪念馆筹建工作。这期间，担任《中共山东地方史》（第一卷）和《中共山东历史大事记》编审委员会顾问，为研究、编写中共山东地方历史花费了大量心血。从1992年1月至1999年10月，担任中国孔子基金会常务副会长。1999年10月以来，担任中国孔子基金会副会长。

赵健民系中共第八届中央候补委员，1982年、1987年分别在中共十二大、十三大上当选为中央顾问委员会委员。

2012年4月8日，赵健民因病医治无效在北京逝世，享年100岁。

荆汉杰

荆汉杰（1915.2—1972.11.10），辽宁省辽中县（今沈阳市辽中区）后犸虎岭村人。曾任原中央人民政府政务院人事局副局长、国务院机关总党委副书记兼纪委书记。

荆汉杰曾先后在后犸虎岭村私塾、沈阳武城中学读书。随着九一八事变的发生，东北地区局势非常紧张，为了逃离战乱，荆汉杰的家人带着他从家乡来到了北平，在北平难民子弟学校接受革命思想，参加了反帝大同盟。1935 年 2 月，加入中国共产党。结束中学学业以后，他服从党组织的安排，到了保定。1936 年 1 月，任中共保定地委副书记。

1937 年七七事变发生，在党的安排下，荆汉杰进入延安，在中央党校学习，任党支部委员。1938 年 7 月结业后，他被派往冀南地区，开展更为艰苦的抗日工作。在这一时期，历任中共冀南区委民运部副部长、青委书记，冀南行署民政处处长、党组书记，冀南总战委会副主任等职。

1939 年 9 月，为加强中国共产党对鲁西北抗日政权的领导，根据鲁西军政委员会的决定，成立鲁西北行政委员会，荆汉杰调任副主任委员。1940 年 4 月，鲁西北、泰西行政委员会合并为鲁西行政主任公署，荆汉杰先后任鲁西行署秘书处主任、财委主任及中共鲁西区委副部长等职。1942 年春，被调往冀中区党委六地委工作，不久再赴延安中央党校学习。

1945 年秋后，荆汉杰被调到东北地区，负责热河地区的相关工作，担任中共热河省委、热河省政府秘书长。由于工作出色，他得到了领导的认可，后来担任了中共东北局公安部研究室主任、中共东北局驻朝鲜办事处副主任、东北电业局副局长等职务。

中华人民共和国成立后，荆汉杰被调往北京，历任中央人民政府政务院人事局副局长、国务院机关总党委副书记兼纪委书记，中央人事部办公厅副主任、党组成员等职。

1955 年，根据工作需要，荆汉杰重新回到东北地区工作，担任中共沈阳市委统战部部长、沈阳市政协副主席、中共沈阳市委委员、沈阳市副市长等职。1964 年后，任辽宁省政协副主席。

1972 年 11 月 10 日，荆汉杰病逝于沈阳，终年 57 岁。

胡泮生

胡泮生(1917—2001.5.19),山东省茌平县(今聊城市茌平区)高胡庄人。曾任天津大学常务副校长、党委书记。

1930年,胡泮生入济南育英初级中学和省立济南高级中学读书。在校期间,他参加了济南学生赴南京请愿团、“一二·九”学生爱国运动和“一二·一六”学生运动。1936年高中毕业后,即从事革命工作。1937年5月,加入中国共产党。

1937年七七事变后,抗日战争全面爆发,胡泮生参加了地方抗日自卫队,任乡自卫队队长。后来,他被任命为八路军先遣纵队第五大队副大队长,八路军一一五师华山工作团大队长。1940年5月,为了配合斗争形势的需求,党组织派遣他回到家乡茌平,担任中共茌平县委委员。此后,被任命为冀鲁豫军区运东抗日游击队大队政治委员,东阿、阳谷抗日游击大队政治委员,第四(运东)军分区民运统战股股长。

抗日战争结束后,胡泮生历任冀鲁豫军区一(泰运)、六(运东)军分区六团、二团政治委员。1947年后,任冀鲁豫军区第一军分区第十一团团长、政治委员,中共齐禹县委副书记,冀鲁豫军区三旅九团政治委员。1949年2月后,任第二野战军十七军五十一师一五三团政治委员等职,率部参加了聊城战役、鲁西南战役、济南战役、淮海战役、渡江战役等。

1949年9月,胡泮生服从组织安排,深入贵州。同年11月,转业地方,任贵州省安顺地委组织部部长、地委副书记。1953年1月,任西南行政委员会地方工业局副局长。1956年,任中央地方工业部办公厅副主任兼部机关党委书记、中央轻工业部办公厅主任等职。

1957年，中共中央为加强文教工作调胡泮生到云南高等院校工作，任昆明工学院党委书记。1959年，任昆明师范学院党委书记。1964年，任云南大学党委书记、校长。1978年，调任云南省计委副主任、党组副书记。后调任天津大学常务副校长、党委副书记、党委书记。在中共天津市第四次代表大会上当选为中共天津市顾问委员会委员。1989年11月，离职休养。

2001年5月19日，胡泮生因病在天津逝世，享年84岁。

段 毅

段毅（1917.9—1981.4.11），河北省蠡县中玉田村人。曾任第七机械工业部副部长、党组成员。

段毅原在家乡务农，后为织布工人。全面抗战开始后，20 岁的段毅在家乡蠡县参与到抗日活动中，加入当地的农民运动洪流中，接受了锻炼，深切地感受到抗日斗争的严峻性，对于民族危亡有了更深刻的认识。1937 年 10 月，段毅参加八路军吕正操部军政干部学校学习。在此，他逐步了解了中国共产党，并于 1938 年加入中国共产党。1938 年 2 月干校学习结业后，任高阳县农会组织干事、高阳县工会主任、冀中区总工会劳动组教部部长。1942 年 8 月，先后任中共晋察冀分局党校第二队支部书记、中共冀鲁豫区九地委民运部部长、中共冀鲁豫分局党校组织干事等职。

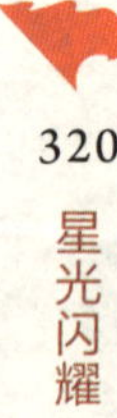

在抗日战争取得全面胜利后，段毅积极响应党和政府的号召，服从组织安排，在冀南地区开始了新的工作。这一时期，他历任中共冀南五（衡水）地委常委兼组织部部长、民运部部长。1948 年春，冀南一（鲁西北）地委召开衡林整党会议后，段毅调任冀南一地委书记。

1949 年 8 月，冀南建制撤销，段毅任中共河北省衡水地委副书记、书记，后任峰峰矿区党委书记，河北省财经委员会副主任、计委主任。

1958 年 11 月，段毅调山东工作，任中共济南市委书记。1963 年 9 月起，任中共山东省委常委、济南市委第一书记，政协济南市第四、第五届委员会主席。1966 年“文化大革命”开始，段毅受到错误批判。恢复工作后，从 1968 年 3 月开始，被任命为济南市革命委员会副主任，后任青岛市革命委员会核心领导小组副组长。此后，被任命为山东省计委副主任、山东省基本建设委员会主任等职。

1970 年 3 月，段毅调河北省工作，历任河北省计委主任、党组书记，河北省工业生产委员会主任、党组书记，河北省副省长等职。

1977 年 2 月，段毅调任中央派驻七机部二院工作队队长，开始了在我国航天工业组成部门的新工作。1978 年 5 月，被任命为第七机械工业部副部长、党组成员。

1981 年 4 月 11 日，段毅因病在北京逝世，享年 64 岁。

姚仲明

姚仲明（1914—1999.12.26），山东省东阿县刘集镇韩堂村人。曾任文化部副部长、党组成员。

1930年，姚仲明考入济南山东省立第一乡村师范学校。1932年2月，加入中国共产主义青年团。同年4月，加入中国共产党。曾任第一乡村师范党支部书记，创办进步刊物《柔锋》，负责济南反帝大同盟的宣传工作。1933年，和上级党组织失掉联系。暑假回家乡开展工作，发展党员，建立东阿县第一个党支部——姜楼党支部，后回省立一乡师附小任教员、分校校长。1936年7月，被捕入狱。

1937年抗日战争全面爆发，10月，姚仲明被党组织营救出狱。后受中共山东省委派遣，赴长山县开展抗日武装起义工作。同年12月，与廖容标、赵明新、马耀南等人成功领导了黑铁山抗日武装起义，成立山东人民抗日救国军第五军，他任政治委员。1938年6月，率第五军一部改编为八路军山东抗日游击第三支队，任政治委员。1939年，任八路军山东纵队政治部联络部部长、八路军第一纵队联络部部长。同年被选为中共七大候补代表。1940年，到达延安，进马列学院学习，后入中共中央党校学习，并任党校一部文教主任、四部文教主任。他和陈波儿共同创作的话剧《同志，你走错了路！》受到好评，被评为文化劳动模范。1945年4月至6月，作为山东代表团成员参加中共七大。同年秋，回中共华东局工作。

1946年2月，姚仲明被派往青岛，任山东解放区派驻联合国救济总署分署谈判代表、青岛三人军调处中共驻青岛小组首席代表。1946年10月，调任山东烟台市市长，兼任中共烟台市委副书记。1947年6月至9月，任烟台市人民武装指挥部第一指挥。1948年4月，任潍坊特别市政府市长和潍坊特别市委代理书记。同年12月，任中共济南市委常务委员、济南市人民政府市长、中共济南市委第一副书记。

中华人民共和国成立后，1950年3月，姚仲明调外交部工作，被任命为驻缅甸大使。1958年回国后，任外交部条法司司长。1960年6月27日至7月5日，根据《中华人民共和国和缅甸联邦政府关于两国边界问题的协定》成立的中缅边界联合委员会，他是谈判中方首席代表，顺利解决了中缅边界问题。1961年，任驻印尼大使。1966年回国。1972年，任外交部国际问题研究所筹备组组长。1978年7月，任文化部副部长、党组成员。1981年3月，任对外文化联络委员会副主任、党组成员。1983年，退居二线。1984年，受党中央委派，担任整党联络组负责人，指导江苏、安徽等地的整党工作。

姚仲明曾任政协第六届全国委员会委员及外事委员会成员、中国国际文化交流中心副理事长、文化部中国对外文化交流协会副会长、北京国际战略学会高级顾问。

1999年12月26日，姚仲明因病在北京逝世，享年85岁。

袁仲贤

袁仲贤（1904—1957.2.16），湖南省长沙市望城区人。曾任外交部副部长。

袁仲贤青少年时期先后在长沙县第一高小、长沙长郡中学、湖南省立第一甲种工业学校学习。参与领导了铜房窑业工人的抗捐斗争，协助创办了工人子弟学校和工人夜校，当选为铜房窑业工会执行委员。1922 年，加入中国社会主义青年团。1923 年底，入湘军讲武学堂学习。1924 年 2 月，转入中国共产党。同年 11 月，入黄埔军官学校第一期，毕业后任黄埔军校政治部秘书，北伐军前敌总指挥部政治部宣传大队大队长，国民革命军第二十二师营长，参加了东征战役。1927 年 4 月，在北上武汉途中，奉命留在长沙，任湖南省总工会劳动部部长、工人纠察总队队长。

土地革命战争时期，袁仲贤参加了八一南昌起义，任二十军第三师参谋处处长。1929 年春，赴苏联莫斯科中山大学学习。1930 年底回国后，在香港、广东等地从事党的军事工作，先后任广东东江革命军事委员会主席兼东江独立师师长，中共东江特委委员、书记等职。1935 年 5 月，奉命组建中共湘江特委，任特委书记。

抗日战争全面爆发后，袁仲贤在武汉八路军办事处工作。1938 年 4 月，受中共中央长江局领导人周恩来派遣，到聊城参加抗日工作，任山东省第六区抗日游击司令部范筑先将军的少将高级参议、军事教导团教育长。同年 10 月，任第六区抗日游击司令部第二纵队司令员。11 月 15 日，聊城失守后，根据中共鲁西特委指示，在齐河潘店一带，以范筑先的第三十一支队为主，组建八路军平原纵队，任司令员。1939 年 2 月，调任八路军第一二九师筑先纵队政治部主任。同年调八路军第一一五师工作，任一一五师司令部科长，后历任抗日军政大学第一分校副校长、校长，胶东军区参谋长、副司令员等职。

解放战争时期，袁仲贤历任山东军区副参谋长、胶东军区副司令员兼参谋长、华东军区副参谋长、第三野战军第八兵团政治委员、第三野战军兼华东军区代理参谋长等职。1949年4月渡江战役后，历任江苏镇江市军管会主任、南京警备区司令员兼政治委员、中国人民解放军第三野战军参谋长等职。

中华人民共和国成立后，袁仲贤转做外交工作。1950年，任中华人民共和国驻印度大使。1956年回国，任外交部副部长。

1957年2月16日，袁仲贤因病在北京逝世，终年53岁。

袁 振

袁振（1917.3—2003.8.27），山东省掖县（今莱州市）西南隅村人。曾任中共安徽省委常委、省革委会副主任、省委副书记，中共安徽省顾问委员会主任。

1936年5月，袁振在山东省立第二师范（曲阜）加入中国共产党。毕业后，在鲁西地区以教书为掩护，秘密从事革命活动。

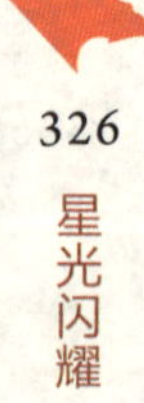

抗日战争全面爆发后，1937年，袁振参与开创和发展泰西、鲁西、冀鲁豫边区等地的抗日根据地工作。1938年5月，中共泰西特委建立，他先后任特委青年部部长、民运部部长、保卫部部长等职。1939年冬，任中共鲁西区第一（泰西）地委书记。1941年7月，任中共冀鲁豫第一（泰西）地委书记兼军分区政治委员。1942年12月，泰西与运东地区合并，任中共冀鲁豫第一（泰运）地委副书记兼军分区副政治委员。1943年6月，任地委书记兼军分区政治委员。1944年7月，调任冀鲁豫边区水东地委书记兼新四军四师水东独立团政治委员。后任冀鲁豫军区第二十军区政治委员等职。

解放战争时期，1946年11月，袁振复任冀鲁豫第一（泰西）地委书记兼军分区政治委员。1947年春，他留在泰西地区，活动于泰安、肥城、长清大峰山等地，指挥、协调各指挥部或游击支队，率领军民同国民党军、还乡团展开坚决的斗争。其间，曾任冀鲁豫区党委党校副校长。同年7月，他和一批干部随晋冀鲁豫野战军主力南下挺进大别山，被任命为南下干部支队司令员兼政治委员，后担任中共江汉区党委副书记兼组织部部长。1949年春，湖北解放，任中共第一届湖北省委常委、省委宣传部部长兼团省委书记等职。

1953年，袁振直接指挥荆江分洪工程建设，高质量地完成了任务，受到党中央的高度称赞。1954年10月，担任鞍山钢铁公司党委第一书记兼经理，同时兼任鞍山钢铁学院首任院长。1964年5月，调任中共山西省委书记处书记兼太原市委第一书记。

“文化大革命”中，袁振遭受迫害达8年之久。1978年12月，调到安徽工作，先后担任中共安徽省委常委、省革委会副主任、省委书记（当时设有第一书记）等职。1984年12月，担任中共安徽省顾问委员会主任。1987年，经中央批准，离职到北京休养。

袁振系中共八大、九大代表。他一生喜书画、擅诗文，抗战时期即有“泰西才子”之称。从党的高级职务上退下来后，他曾长期担任中华炎黄文化研究会顾问、中华徐霞客研究会顾问、中国书画函授大学顾问、中华诗词学会澄霞诗社名誉社长等职务。

2003年8月27日，袁振因病在北京逝世，享年86年。

袁 隆

袁隆（1918—2009.11.19），山东省莘县古云镇孙提口人。曾任黄河水利委员会主任、党组书记。

袁隆自少年时代就有强烈的爱国之心。1931 年，他在家乡古云小学堂读书时正遇上九一八事变，便跟随热血青年一起上街游行，反对日军侵华，鼓动群众抵制日货。1935 年冬，加入中国共产党，并应考当了小学教员。

1938 年夏，袁隆响应党的号召，弃教从戎，参加了山东省第六区抗日游击司令部第五支队，先后参与攻打收复范县、冠县、濮县等县城的战斗。是年 11 月聊城失守后，根据八路军总部的指示，中共鲁西特委以第十支队为基础，于 1939 年 1 月在馆陶县正式组建八路军第一二九师筑先抗日纵队，袁隆所在第五支队改编为八路军一二九师先遣纵队，他任二团六连排长。因在作战中不怕牺牲、英勇杀敌，被纵队政治部通报表扬为模范排长。

1940 年 6 月，先遣纵队改编为八路军新八旅后，袁隆调任冀南军区第三军分区武装部民兵干部训练队队长兼指导员。1941 年 1 月，调任中共永肥县委武装部部长，随后兼工、农、青、妇抗日联合会主任。

1943 年 11 月，袁隆调太行山参加整风学习。1945 年 6 月学习结束后，被分配担任冀鲁豫书店和报社办公室主任、秘书长、党委副书记。1947 年 3 月，调冀鲁豫日报社工作。

1947 年 10 月，袁隆调任冀鲁豫边区黄河水利委员会党总支副书记、秘书处处长。1949 年 8 月，调任平原省河务局副局长、黄河水利委员会委员。同年 12 月，任黄委会党委副书记、办公室主任，河南省河务局局长、人事处处长。

1956 年，袁隆因受错误处理，被撤销党内外职务，调往河南省水利厅做秘书工作。1963 年，错误得到纠正后，历任水利厅农田水利局局长，水利厅副厅长、党组副书记等职。

“文化大革命”中，袁隆又遭受到政治迫害。虽然两次遭受沉重打击，但心地坦荡的袁隆并没有消沉不振、悲观失望，仍然一如既往地全心扑在治水事业中。

1979 年 10 月，袁隆调水利部黄河水利委员会工作。1980 年，得到彻底平反，任黄委会副主任、党组副书记。1982 年 6 月，任黄委会主任、党组书记。

1984 年，因年龄原因，袁隆离职任河南省顾问委员会常委。1990 年 12 月，办理离休手续。但他离而不休，仍然为国家的水利事业操劳。1992 年，河南为解决省内 12 个地市 83 个县 600 万群众吃水困难的问题，成立了河南省山区人畜吃水工程指挥部，特请袁隆出任指挥长。2006 年 10 月，袁隆编写出版了《治水六十年》一书。

2009 年 11 月 19 日，袁隆在郑州逝世，享年 92 岁。

贾心斋

贾心斋（1884—1964.4），河南省滑县什牌村人。曾任河南省人民政府副主席、河南省副省长。

1913年，贾心斋毕业于北京筹边大学高等学校藏科。曾任山西省政府政治视察专员。回河南省后，被国民党省政府委任为河南民团军总部参议。1929年，任滑县救灾委员会主席和赈务会主席。抗日战争爆发后，他积极参加抗日救亡运动。1938年2月，国民党滑县县长逃跑后，各界人士推荐贾心斋为滑县自治委员会主任、率领地方武装抗击日军。1939年10月，接任国民党滑县政府县长。他主动与中国共产党联系，同共产党合作抗日，求得中国共产党的领导。1942年，任冀鲁豫行署副主任、晋冀鲁豫边区政府委员。1948年，任华北人民政府委员。1949年8月至1952年11月，任平原省人民政府副主席兼政法委员会主任。1953年，任河南省人民政府副主席、河南省副省长。贾心斋是第一、第二届全国人民代表大会代表，政协河南省第一、第二届委员会常委。

1964年4月，贾心斋在郑州逝世，享年80岁。

贾鲁峰

贾鲁峰（1917.7—2008.2.4），山东省莘县河店镇贾庄人。曾任原国家农业机械部副部长、党组成员。

1938年6月，贾鲁峰参加革命。同年7月，加入中国共产党。抗日战争时期，历任莘县抗日先遣纵队六大队一中队政治指导员、鲁西第三军分区基干团政治教导员、观城基干大队副政治委员、冀鲁豫第八军分区政治部总务科科长等职。1940年夏，莘县抗日武装力量空前壮大，以县委书记王惠卿为营长，贾鲁峰为营教导员，成立了莘县独立营。

解放战争时期，贾鲁峰历任中国人民解放军第二十旅政治部组织科科长，第五兵团政治部干部科科长，第二野战军第十六军政治部组织部副部长，中国人民志愿军第四十七师政治部主任，中国人民解放军第三十二师副政治委员、政治委员，第十六军政治部副主任、主任等职。

1964年5月，贾鲁峰从军队转业后，历任国家第一机械工业部政治部副主任、党委委员、革命委员会副主任、党的核心小组成员。1973年2月，任国务院政工小组成员、负责人。1979年8月，任国家农业机械部副部长、党组成员。1982年11月，离职休养。

2008年2月4日，贾鲁峰在北京逝世，享年92岁。

晁哲甫

晁哲甫（1894—1970.12），河南省清丰县六塔集人。曾任山东省第一副省长、党组副书记。

晁哲甫，直隶省立高等师范学校毕业。1922 年，任直隶省立第七师范学校教务主任。1927 年，加入中国共产党。1930 年，在“左”倾冒险主义影响下，直南特委号召七师学生举行武装暴动，晁哲甫、谢台臣、王振华三人因反对这种冒险蛮干的错误而被开除党籍。七七事变后，晁哲甫恢复了党籍，回到家乡，在直南地区致力于抗日救亡工作，组织冀南文化界救国会“抗日救国十人团”和“冀南民众救国会”等抗日团体，宣传共产党的抗日主张和方针政策。

1938 年 2 月，晁哲甫任清（丰）南（东）边东县委书记。同年夏，清南边东县委撤销后，任直南特委统战部部长，组建清丰县抗日战地动员委员会，自兼主任。1940 年，冀鲁豫边区冀南六县行政督察专员公署成立后，晁哲甫任参议室主任。1941 年，任冀鲁豫行署主任。1943 年，到延安中央党校学习后留校，任中央党校五部副主任。1945 年 10 月，任晋冀鲁豫边区政府教育厅厅长。1948 年，任华北人民政府教育部部长。

1949 年 8 月至 1952 年 11 月，晁哲甫任平原省人民政府主席、党组书记、省委常委兼任省委统战部部长、平原省人民政府文教委员会主任。1952 年 12 月，调任山东省人民政府副主席、中共中央山东分局委员兼统战部部长。1954 年 8 月，中共中央山东分局改为山东省委后任常委兼统战部部长。1955 年 2 月，当选为山东省副省长、党组副书记，山东省政协副主席。1956 年 7 月至 1958 年 8 月，兼任山东大学校长、党委书记。是中共第七、第八次全国代表大会代表，第一、第二、第三届全国人民代表大会代表。

1970 年 12 月，晁哲甫在济南逝世，享年 76 岁。

徐光霄

徐光霄（1915.11—1989.12.21），山东省莘县古云镇徐庄人。曾任文化部副部长、党组副书记兼部直属机关党委书记。

徐光霄 7 岁时上徐庄村小学。当时，北伐战争已波及当地，小学生也举着旗子上街游行，小学停办，随后他在本村读了两年私塾。之后，他又就读于邻近的古云集高级小学。

1932 年，徐光霄考入濮县乡村师范。后来濮县师范改为濮（县）、范（县）、朝（城县）三县联立简易乡村师范，校址迁到范县。学习期间，由于家庭供给困难，他又去寿张考入山东省立第八乡村师范。1934 年夏，加入中国共产党。这年寒假，徐光霄被怀疑是“赤色分子”，被学校开除。

徐光霄失学后，回到家乡，在古云集完小任教，以教学为掩护，做党的工作，并兼任本村党支部书记。后来，由于他的社会影响，几经周折，经人介绍，开始从事党的地下文化工作，在江苏《扬州月报》文艺副刊《青锋》任编辑。他在编副刊的同时，还编了图书《我们的六月》，该书在镇江出版不久，他就被国民党当局怀疑，又被迫离去。

1935 年冬，徐光霄回济南找山东省临时工委，通过同学也是濮县老乡郭崇豪与省临时工委的同志见了面。后被介绍到韩复榘第三专员公署当录事，编公报。与此同时，他还兼任《鲁南日报》副刊《笔端》的编辑。因刊物宣传革命、揭露讽刺国民党反动派，在 1937 年三四月间，他两次被国民党南京政府通缉。在地下党组织的掩护下，他奔赴延安，任中央党校文化教员。

七七事变后，抗日战争全面爆发，徐光霄作为第一批参加了由著名作家、社会活动家丁玲领导的战地服务团，在八路军总部做随军记者，跟随朱德总司令、任弼时政治委员做群众和战地采访工作。在这期间，他还负责服务团的党支部工作和通信工作。

1938年初，党组织派徐光霄到武汉《新华日报》任编辑和战地记者。从武汉撤退前夕，他承担了护送《新华日报》社工作人员、家属和物资转移的工作，经过艰苦的历程，胜利抵达重庆，保证了《新华日报》的正常出版。

到重庆后，徐光霄在《新华日报》任副刊编辑。1940年，他以《新华日报》特派员的身份赴皖南新四军工作。“皖南事变”后，他在盐城参与筹建苏北文化协会并任秘书长，后又任苏中新华社负责人。

1944年春，徐光霄回到延安，在中央党校参加整风学习，并主编了《劳动英雄竞赛报》，有力地配合了陕甘宁边区的大生产运动。

解放战争时期，1946年初，徐光霄在重庆任《新华日报》副刊编辑主任。同年6月，在周恩来、董必武直接领导下的中共驻南京代表团工作。此后，又任中共中央社会部秘书室主任。

中华人民共和国成立初期，徐光霄历任情报总署办公厅主任、中央军委联络部办公厅主任。1953年，任出版总署办公厅副主任、党委书记。1954年10月后，徐光霄一直在文化战线工作。先后担任文化部办公厅主任、部长助理、副部长、部党组副书记兼部直属机关党委书记等职。还兼任《新文化报》社长和总编辑。

“文化大革命”中，徐光霄遭到打击、陷害。1972年，他从“五七干校”调回北京，先后主持国务院出版口和国家出版局的工作。中共十一届三中全会以后，徐光霄担任文化部顾问。1982年，先后担任文化部老干部工作委员会副主任、主任。

1989年12月21日，徐光霄因病在北京逝世，享年74岁。

徐运北

徐运北（1914.7—2018.1.6），山东省冠县定远寨乡三奶奶庙村人。曾任第二轻工业部部长、党组书记。

1928年夏，徐运北考入聊城山东省立第二中学。1930年夏，转入济南正谊中学。1931年夏，考入济南山东省立高中，其间，多次参加中国共产党领导的学生运动。1933年冬，经同乡王以龙、李秀海介绍，认识了赵健民。在山东地方党组织处境最艰难的时刻，经赵健民介绍，1934年1月，徐运北加入中国共产党，随之投身到地方党组织的恢复、发展和寻找上级党组织的工作中去。

1935年2月，徐运北在堂邑县城自己的家中参与组建了中共鲁西特委，并任特委书记。1935年冬，他回家乡开展工作，以教书为掩护，在临清一带开展抗日救亡活动和发展党的组织。1937年春，建立临清共产党特别支部。

抗日战争全面爆发后，1937年10月中旬，中共山东省委派省委组织部部长张霖之聊城领导抗日斗争。在张霖之主持下，中共鲁西特委进行改组，刘仲莹、赵健民先后任特委书记，徐运北任组织部部长。后因赵健民直接从事武装斗争，1938年春，改由徐运北担任中共鲁西特委书记。

1939年1月至5月，徐运北任鲁西区党委委员、组织部副部长。同年5月，任鲁西区党委民运部部长。1939年冬，作为鲁西地区代表去延安参加中共七大。1940年冬，到达延安。因为党的七大延期，1941年春，到中共中央政策研究室工作。1942年春，进中共中央党校一部学习，参加整风运动。1945年4月至6月，作为山东代表团成员出席中共七大，并担任选举监票员。

抗战胜利后，1945年11月至1949年2月，任中共冀鲁豫区委常委、宣传部部长（至1948年10月）。1946年8月至1947年6月，任中共冀鲁豫区委党校校长。1947年4月至1949年2月，任中共冀鲁豫区委副书记。1948年5月至1949年3月，任冀鲁豫军区副政治委员。1947年后，为适应形势发展的需要，冀鲁豫军区和冀鲁豫区党委成立了黄河南前梯队指挥部，徐运北到前梯队工作。从1947年夏开始，冀鲁豫边区全力以赴支援刘邓大军强渡黄河、挺进大别山；支援华东陈（毅）粟（裕）大军转战冀鲁豫地区等。

1949年春，徐运北率冀鲁豫边区干部3000余人随第二野战军五兵团南下，任南下渡江临时区党委书记，4月底过长江，5月初在上饶成立赣东北区党委，徐运北任第一副书记、社会部部长兼赣东北军区政治委员。9月，奉命随第二野战军五兵团离开赣东北西进，解放大西南。11月，解放贵州。1949年11月起，任贵阳市军事管制委员会委员、中共贵州省委第一副书记兼贵州省民族事务委员会主任和贵州省农会主任。1949年12月至1952年11月，任中共贵州省委副书记、省委政策研究室主任、省委纪律检查委员会书记。1950年7月至1952年10月，任贵州省民族事务委员会主任。1950年起，任贵州省人民政府委员、中共贵州省委保密委员会主任、贵州省第一届各族各界人民代表会议协商委员会副主席。其间，领导筹建了贵州民族学院并兼任院长。1952年11月至1965年2月，任卫生部副部长。其间，1953年5月，当选为中华全国总工会第七届执行委员会执行委员。1954年10月至1956年，任卫生部党组副书记。1956年至1964年底，任卫生部党组书记。曾任中央防治血吸虫病九人小组副书记。1965年2月，调工业部门工作。在中华全国手工业合作总社的基础上组建第二轻工业部，同月到1967年8月，任第二轻工业部部长、党组书记。1966年2月，任中央工业交通党委成员。

“文化大革命”期间，徐运北受到冲击，下放江西分宜“五七干校”劳动3年。1973年5月至1978年8月，任中共北京市委常委。1976年10月至1977年11月，任北京市革委会副主任。1979年，到中共中央党校学习。1980年8月至1982年4月，任轻工业部副部长、党组副书记。1996年5月离休。离休后继续研究经济问题，出版有《关于社会主义市场经济的思考》等论著。

徐运北是中共七大、八大代表，十九大特邀代表，列席了中共十五大，是第三届全国人大代表，第六届全国人大常委会常委，第七届全国人大常委会常委、财经工作委员会委员。

2018年1月6日，徐运北在北京病逝，享年104岁。

徐雷健

徐雷健（1919—1998），山东省郓城县侯集镇徐桥村人。曾任山东省人民政府副省长。

1936年，徐雷健参加中华民族解放先锋队。1938年，加入中国共产党。曾任中共郓城、郓南、临泽县委书记，鲁西二地委武装部部长。1946年12月，任运西地委委员、民运部部长。1949年8月，任中共平原省菏泽地委常委、专区合作社主任。1950年11月，任中共平原省菏泽地委副书记、菏泽专署专员。1952年7月，任菏泽地委书记兼军分区政治委员。1954年4月，任中共山东分局组织部副部长。1956年8月，任中共山东省委委员、省总工会主席。1963年2月，任中共青岛市委书记处书记。1966年8月，任中共烟台地委书记。1974年1月，任中共山东省委常委、组织部部长兼省体委主任。1979年7月，任山东省革命委员会副主任兼秘书长。同年12月，任山东省人民政府副省长。1983年4月，当选为山东省第六届人大常委会副主任。

1998年5月，徐雷健因病逝世，享年79岁。

高元贵

高元贵（1908.3—1993.2.21），生于山东省邹平县（今邹平市）高道口村人。曾任北京地质学院院长兼党委第一书记。

20世纪20年代，高元贵考入济南山东省第一师范学校。1927年11月，和王幼平、邓光镇等人组织学生进行罢课斗争，遭到军阀张宗昌的镇压，被开除学籍。1928年2月，团省委决定建立团淄博张县委员会，以加强对淄博矿区团的工作的统一领导。8月，高元贵被团省委派到矿区开展工作，成立了共青团淄川（洪山）矿区支部，任书记。1935年，考入北平中国大学学习。同年，组织领导中国大学学生参加了一二·九学生爱国运动。1936年6月，加入中国共产党。

1937年七七事变后，高元贵以北平中国大学肄业生的身份流亡济南。同年10月，由党组织派往聊城参加抗日工作。先后担任山东省第六区政训处驻博平、茌平办事处干事；参加创办了博平军事教导团，训练培养了一批青年抗日人员。1938年3月，高元贵带领聊城保安司令部政训处十几名政训人员到冠县，建立了冠县政训处（山东省第六区保安司令部政训处驻冠县办事处）。同年5月，中共鲁西特委派许梦侠回冠县担任县委书记，正式成立了中共冠县县委，高元贵任县委民运部部长。1938年六七月，驻冠县的第十支队和抗日政府发起清乡运动，组织清乡委员会和清乡办公室，由十支队司令张维翰担任主任，县长冉光耀和高元贵担任副主任。通过清乡运动，冠县成为全区农民运动最好的一个县。1939年春，高元贵任中共鲁西一地委民运部部长。1940年底，调任鲁西区党委民运部副部长。1941年7月，任冀鲁豫地区抗日救国联合总会主任。1943年，任鲁西南减租减息工作团团长。1945年，调冀南区党委工作，历任区党委民运部部长、经济部部长，财政经济委员会副主任、冀南行政公署副主任。1949 年南下武汉，任武汉市军事管制委员会工业处处长。

中华人民共和国成立后，高元贵任中原临时政府工业部副部长、中南财经委员会秘书长兼统计局副局长、中南建筑工程局局长兼党委书记。1956 年 6 月，被调到甘肃，任国家建筑工程部兰州总公司经理兼党委副书记。1958 年 6 月，高元贵调任北京地质学院院长兼党委第一书记，到 1976 年离校时已年近七旬，任期长达 18 年。

“文化大革命”中，1966 年 6 月 16 日，地质部来人宣布高元贵停职反省，限期做出检查，从此批斗会不断。高元贵在“文化大革命”结束前后的一段时间内，曾担任湖北地质学院、武汉地质学院党委书记、革委会主任，国家地质总局顾问。1979 年 12 月，任国家地质矿产部顾问。1983 年，经中共中央组织部批准离休。

1993 年 2 月 21 日，高元贵在北京逝世，享年 85 岁。

高文礼

高文礼（1925—2000.2.26），山东省冠县桑阿镇东周堡村人。曾任公安部副部长。

高文礼7岁读私塾，后读初小、高小。1941年2月，参加工作。同年，加入中国共产党。曾任冠县六区青年抗日救国会指导员、主任。1945年，任清平县（后改为永智县）五区抗联主任。1947年3月，先后任清平县六、三区区委书记。1949年3月，南下湖南省，任湘乡县城关、一区区委书记。

1951年7月，高文礼任湖南益阳县公安局局长。1952年10月，调省公安厅工作，先后任二处一科科长，二处副处长、处长。1960年，任省公安厅副厅长。1970年后，任湖南省公安厅厅长，并先后兼省革委会办事组和人保组副组长、中共湖南省委副秘书长和省政法领导小组组长。据统计，从1954年11月至1975年2月，毛泽东主席曾50次到湖南，累计停留300多天，其中高文礼参与了80%的警卫接待工作，特别是任省公安系统一把手后，他成为警卫接待毛泽东的第一责任人。“文化大革命”中，高文礼受到批斗。“文化大革命”结束后，1977年10月，调任公安部副部长。1978年，被选为第五届全国人大代表。1982年离职休养。

2000年2月，高文礼在聊城冠县病逝，享年75岁。

郭坦

郭坦（1919—1997.3.24），山东省莘县县城东街人。曾任河南省人大常委会副主任、党组副书记。

郭坦，中学肄业。1936年8月，加入中国共产党。入伍后，历任莘县少先队（后改称民先队）副队长，冀鲁豫区党委组织部干事、巡视组组长，中共冀南三地委永年县委书记，冀南三地委组织部副部长，冀南区党委组织部干事、巡视团团长，冀南六地委组织部科长等职。1946年秋，调任黑龙江省穆棱县委书记。

中华人民共和国成立前后，1949年7月，调任南昌市委组织部部长，后任市委书记。1952年10月，任中共中央中南局城工部处长。1954年10月，任广州市委工业部副部长。1956年2月，任中共中央工业交通部处长，后任交通工作部处长。1959年10月，任中共中央办公厅工业组研究员、副组长。1964年，调任中共甘肃省委秘书长、省委常委。

“文化大革命”中受到错误审查，下放劳动。1972年恢复工作，任甘肃省革委会生产指挥部副主任、工交办公室副主任。1975年底至1978年12月，先后任武汉铁路局、太原铁路局党委书记，中共山西省委委员。1978年12月，调任中共河南省委秘书长、省委常委兼政法委书记。1985年，任河南省人大常委会副主任、党组副书记。

1997年3月24日，郭坦因病医治无效逝世，享年78岁。

郭 超

郭超（1914.10—1993.2.28），河南省范县郝庄人。曾任中共福建省委书记、福建省副省长、福建省顾问委员会副主任。

1934年秋，郭超考入济南山东省立第一乡村师范学校，在校阅读了大量进步书刊，思想受到深刻启发。1935年5月，于省立一乡师加入中国共产党，曾任乡师党小组组长。

1937年七七事变后，郭超在济南从事抗日工作。同年9月，考入国民党第三路集团军政治干部训练班学习。10月学习结业后，被派往聊城从事抗日工作，由山东省第六区抗日游击司令部政训处分配到政训处濮县办事处任政训员，并担任该县动委会宣传部部长，同时参加中共濮县县委的工作。同年11月，在鲁西特委书记刘晏春的指导下，郭超深入做县内各界进步人士的工作，建立了濮县各界抗日后援会。

1938年11月聊城失守后，郭超被党组织派往直南地区工作，先后任中共直南特委宣传部部长、直南特委书记。1939年2月，任中共冀鲁豫区直南地委（后为冀鲁豫一、五地委）书记。

1942年，中共中央决定“精兵简政”“实行党的一元化领导”后，郭超先后任中共冀鲁豫区第一（泰西）、第二（昆张）地委副书记、书记兼政治委员。

1946年11月初，郭超先后调任中共冀鲁豫区委组织部副部长兼党校校长、组织部部长。11月27日，冀鲁豫区党委和行署对专区区划进行了调整，以濮县、观城、南乐、清丰、内黄、南峰6县组为第八专区，郭超任地委书记。

1949年春，郭超奉命南下，随解放军渡江到新解放区工作，曾任中共赣东北区委组织部部长，为当地党的组织建设做了一些工作。当年秋，随军进入贵州省，先后任中共贵州省委组织部副部长、部长兼省人事厅厅长。

中华人民共和国成立后，郭超历任国家有色金属局西南分局局长、党组书记，国家重工业部有色金属管理局局长，国家冶金工业部有色金属局局长，云南省副省长兼云南省基本建设委员会主任，中共云南省委书记处书记，云南省副省长，中共中央西南局三线建设委员会委员兼云南省基本建设委员会主任。

“文化大革命”期间，郭超受到冲击，下放劳动改造。恢复工作后，历任中共福建省委书记（当时设有第一书记）、福建省副省长、中共福建省顾问委员会副主任、厦门经济特区首届管委会主任。1989 年，离职休养。

1993 年 2 月 28 日，郭超于北京病逝，享年 79 岁。

郭 鲁

郭鲁（1917—1989.10.20），山东省武城县四女寺镇四女寺村人。曾任原铁道部副部长。

郭鲁6岁时，父母同年早逝，由养母抚养，在本村读完高小。1931年，考入山东省立第十二中学。在校期间，他积极参加学生爱国运动。1932年，同北平进步学生孙景鲁接触，因孙景鲁是共产党员，他在政治上得到了很大帮助。1934年，初中毕业后，考入济南高中。由于受一二·九学生爱国运动的影响，1937年春，郭鲁到北平。5月，参加了中华民族解放先锋队。

1937年七七事变后，郭鲁随平津流亡学生又回到济南。同年8月，参加了韩复榘的第三集团军政训班。学习月余后，因国民党爱国将领、山东省第六区专员范筑先接受了中国共产党的主张，聘请共产党员、“民先”队员到聊城协同作战，他被分配到聊城政训处堂邑办事处。是年冬，到聊城政训处莘县办事处。1938年2月，根据县委决议，抗日县长吕世隆改编莘县县城附近的民团和国民党警察局，建立莘县支队，由吕世隆兼任司令，郭鲁为政治部主任。与此同时，由张炳元、苏群介绍，郭鲁加入了中国共产党。同时期，抗日县政府还在莘县城内开办了由300余名青年参加的政训班，负责人郭鲁、张炳元、刘仲莹（李济安）亲自上课。

1938年3月，以司令胡守道为首的国民党六十八军挺进北上途经莘县，莘县支队以为他们是土匪部队，不让其进城。相持几天后，经范筑先将军批准，受党组织派遣，由莘县支队政治部主任郭鲁为其带路北上，做争取胡守道的工作，并担任该部政治部主任。后因活动暴露，随即离开了胡守道部队，到了中共鲁西特委。同年6月，随着卫东区抗日局面的开辟，国民党山东临清第四区行政督察专员公署恢复，韩多峰为专员。鲁西北地方党组织在认真分析了和韩多峰建立合作抗日关系的可能性后，开展了对韩多峰的统战工作，给韩多峰派去了大批共产党员作为其抗日骨干力量。鲁西北地方党组织和东纵司令部调派的有郭鲁、白光（韩哲一）等。同时，还帮助韩多峰建立了第四届政治部，郭鲁为政治部主任。

1938 年 9 月，郭鲁调冀南三专署任秘书主任。1939 年 4 月，担任枣强县抗日民主政府县长。1940 年夏，枣强分县后，被调到冀南抗战学院任总队长。同年冬，又调冀南第二专署任秘书主任。

1941 年 8 月，郭鲁任冀南卫东专署专员。1945 年，又任冀南第六专署专员。1948 年初，调铁路系统工作，担任石家庄铁路局衡水办事处主任、华北交通部津浦铁路筑路处主任。1949 年春，天津解放，调天津参加铁路接管工作。北平解放后，调中央人民政府铁道部工作，先后任铁道部计划局局长、铁道部办公室副主任。1951 年冬，调中苏共管的中长铁路任中方局长、哈尔滨铁路局副局长。1954 年冬，担任铁道部办公厅主任。1958 年秋，任铁道部工厂管理总局局长。1959 年 10 月，任铁道部副部长、党组成员。

1985 年 10 月，郭鲁经中央批准离休。离休后，他仍关心党的事业和铁路建设，不忘家乡父老，捐资建设希望小学，被当地政府命名为“郭鲁小学”。

1989 年 10 月 20 日，郭鲁因病在北京逝世，享年 72 岁。

郭影秋

郭影秋（1909—1985.10.29），江苏省铜山区人。曾任南京大学校长兼党委书记、北京市第五届政协副主席。

1928年，郭影秋肄业于无锡国学专修科。1932年，毕业于江苏教育学院。1934年，任江苏省沛县中学教务主任。1935年，加入中国共产党，并在教务主任的身份掩护下从事中共地下工作。后投笔从戎，在微山湖一带发动组织抗日，任湖西军分区司令员。后担任冀鲁豫军区政治部主任、解放军十八军政治部主任等职，收复了一度失陷的根据地，参加了济南战役和淮海战役。1949年初，率队随刘邓大军渡江南下，转战于安徽、江苏和西南各地。

中华人民共和国成立后，郭影秋曾任川南行署主任。1952年秋，担任云南省政府副主席。1954年12月，任中共云南省委第二副书记。1956年7月，任中共云南省委书记处书记。同年，任云南省省长。20世纪50年代，党中央提出向科学文化进军的号召，加强对高等学校的领导，郭影秋主动向中央“请缨”，要求到教育部门工作。1957年6月，中央组织部部长安子文找郭影秋谈话，转达了政治局的意见，决定调他担任南京大学校长兼党委书记。

1957年9月，郭影秋到南大时，反右派斗争正值高潮。不久，“大跃进”席卷全国，对学校教学科研冲击很大。为了减少政治学习、劳动和各种运动对教学的冲击，郭影秋拟定了“三条防线”，强调教学是高校的“主线”，要想方设法稳定教学秩序，保证教学正常进行。在贯彻《高教六十条》时，他又提倡“有经验的教师上（教学）第一线”“老教师上第一线”。这些举措，减轻了极左思潮和“教育大革命”造成的负面影响。

郭影秋曾在无锡国学专修科读书，受业于唐文治、钱基博、夏丏尊等著名学者。他对学有专长、育人有方的学者、教授十分尊重。当时“左”的倾向日益明显，反右派斗争对我国知识分子的状况做了错误的估价，挫伤了相当一批知识分子的积极性。郭影秋一直认为，要办好一所大学，必须相信和依靠知识分子，尤其是那些有较深学术造诣的学者、专家。

郭影秋提议要有高级知识分子进入党委会，以加强党对高校的领导，并显示党对知识分子工作的重视。教务长高济宇和外文系副主任陈嘉这两位入党不久的教授，被选为党委委员，这在当时被视为破例之举，颇引人注目。

南大有诸多学术有专精、蜚声海内外的知名教授，他们中不少已年迈体弱且多病。为了更好地发挥他们的作用，使他们的学术思想和治学方法得到继承发扬，郭影秋提出采取“对号入座”的方法为老教授配助手。同时又鼓励中青年学者“能者为师”，虚心向老教师学习，练好基本功，争取“青出于蓝而胜于蓝”。全校通过“层层挂钩”，老年带中年，中年带青年，加快了教师队伍的建设工作。

郭影秋重视科学研究，曾于1958年提出“教学为主，科研突出”的口号，并根据国家科技、经济发展情况和学校已有的基础，采用多学科协同作战的方法，组织专、兼职结合的科研队伍，“狠抓尖端，重点攻关”。20世纪60年代初南大科研的“五朵金花”，就是在这一时期打下基础并形成特色的。

郭影秋不仅号召教师钻研业务、著书立说，而且身体力行。他爱好南明史的研究，把工作之余的大部分时间都花在了史料的收集、分析与考证上。在工作重、头绪多、纷繁忙碌的1959年，郭影秋完成了史学研究专著《李定国纪年》。

20世纪50年代末60年代初，正是三年困难时期，副食品供应紧张，高校师生的生活和工作学习也面临诸多困难。郭影秋在迎接1962年元旦的讲话中，号召南大人发扬坑道的“欓木”精神，并身体力行。郭影秋在1960年前后健康状况不好，浮肿、失眠、肝肿大，可他仍加班加点地工作，并与师生同甘共苦，坚决不搞特殊化。在那段困难的岁月中，郭影秋以特有的胸怀、情操和人格魅力感染着南大师生，共同与困难做斗争。一些老教师至今仍怀念那“生活清贫而精神富足的年月”，缅怀“把欢笑与坚定带给大家”的郭校长。

1963 年初，周恩来总理要调郭影秋去国务院任副秘书长，郭影秋因钟爱教育事业而要求仍留在南大工作。不久，中国人民大学老校长吴玉章急请周总理给他派一得力助手，是年 5 月，中央改派郭影秋到人民大学协助吴玉章主持校政。

“文化大革命”中，郭影秋遭到批斗和折磨，南大很多师生自发北上，进京保护老校长。郭影秋也一直关注着南大的发展与变化，1982 年，南大 80 周年校庆，他还为此撰写了一副长联。

郭影秋是中共八大代表，第二、第三、第五届全国人大代表，政协第五届全国委员会常委，北京市第五届政协副主席。主要著作有《往事漫忆》《抗日战争前徐州旧事杂忆》《郭影秋学术传略》等。

1985 年 10 月 29 日，郭影秋在北京逝世，享年 76 岁。

陶毅民

陶毅民（1927.11—2016.3.8），山东省东阿县姜楼镇陶庄村人。曾任天津市人民检察院检察长、党组书记，市委政法委副书记。

1941年7月，陶毅民参加革命工作，任东阿县抗联工作队组长。1942年7月，加入中国共产党。1941年后，任中共东阿县区委副书记兼抗联主任、东阿县土改工作联合办公室副主任等职。1948年7月，调中共华北局党校学习。1949年1月天津解放后，调天津工作，历任天津市公安局十分局分驻所所长、政务秘书、市公安局政治部办公室主任。1955年至1960年，任天津市公安局办公室副主任、经保处副处长，新华分局、河东分局局长、政法党组书记，天津市河东区委常委、政法党组书记、第一副区长。1960年5月至1966年5月，任天津市广播电台党委书记、副台长。1971年3月至1978年12月，任天津市广播事业局党委副书记、革委会副主任、电视台台长，市印刷工业局核心组副组长、副局长。1979年2月，任天津市公安局副局长。1983年6月，任天津市公安局局长、党委副书记、书记兼武警天津市总队党委书记、第一政治委员。1988年5月，任天津市人民检察院检察长、党组书记，市委政法委副书记。1993年6月，不再任职。2004年11月离休。2005年，中共中央组织部批准享受市长级医疗待遇。

2016年3月8日，陶毅民病逝于天津，享年88岁。

黄方刚

黄方刚（1902—1975），山东省聊城县（今聊城市东昌府区）人。曾任黑龙江省交通厅厅长，政协黑龙江省第一、第二届委员会副主席。

黄方刚于黄埔军校毕业后，参加东北抗联，后曾任伪满热河步兵团团长、旅长兼兴隆县警备司令。1945 年 8 月 31 日，他率部万人起义，解放兴隆县城。后任八路军冀东军区旅长、黑龙江省军分区副司令员、黑龙江省工业厅副厅长。

中华人民共和国成立后，历任黑龙江省民政厅副厅长、交通厅厅长，政协黑龙江省第一、第二届委员会副主席，民革黑龙江省委主任委员。

1975 年，黄方刚因病去世，享年 73 岁。

黄 敬

黄敬（1912—1958.2.10），原籍浙江省绍兴市，生于北京市。曾任国务院科学规划委员会副主任、国家技术委员会主任兼第一机械工业部部长。

黄敬幼年在南京祖父处读私塾，后入金陵大学附小及东南大学附小读书。1924年开始，就读于天津南开中学、汇文中学。1930年，在上海参加“左联”文艺团体“南国社”，从事进步文化活动。1931年，考入国立青岛大学物理系。在校期间，组建“海鸥剧社”，演出进步话剧。九一八事变后，黄敬积极参加爱国学生运动，领导青岛大学的学生参加罢课、去南京国民党政府请愿，成为青岛学运的领袖人物。1932年，黄敬加入中国共产党，曾任国立山东大学（由国立青岛大学改名）地下党支部书记。1933年，任中共青岛市委宣传部部长。是年夏，由于叛徒出卖被捕入狱。同年秋，被营救出狱后到上海治病，并积极参加革命活动。

1935年，黄敬来到北平，后考入北京大学数学系。曾参加中华民族武装自卫委员会北平分会，从事抗日救亡活动。同年12月，参与领导一二九学生爱国运动。1936年初，参与组建中华民族解放先锋队，曾任北平学联党团成员。同年4月，任中共北平市委宣传部部长、学委书记。后受党组织的派遣，到上海参与筹建全国学生救国联合会和全国各界救国联合会。1937年2月，任中共北平市委书记。5月，出席了在延安召开的中共全国代表会议和白区工作会议。

抗日战争全面爆发后，黄敬接受党的命令，离开北平到天津、济南、太原等地，转入敌后抗日根据地工作，任中共晋察冀区委员会书记。1938年春，任冀中区党委书记，参与组织领导冀中抗日民主根据地的开辟、创建工作和反“围攻”、反“扫荡”斗争。1942年秋，调任冀鲁豫区党委书记。1943年11月，为适应华北敌后抗战的需要，中共中央决定建立冀鲁豫中央分局（通称平原分局），领导冀鲁豫、冀南两个区党委，任命黄敬为书记兼冀鲁豫军区政治委员。1943年11月26日至1944年1月13日，冀鲁豫分局在观城县红庙村召开了边区高级干部会议，总结经验，明确任务。在根据地抗战最困难的时期，黄敬根据中央指示，开展了以贯彻党的群众路线为主要内容的民主民生运动。他所主持的这一民主民生运动，是党在民主革命时期贯彻群众路线的一个重要范本，冀鲁豫边区成为整个敌后最大的抗日根据地。1944年9月，因积劳成疾，黄敬离职到延安养病。

1946年冬，黄敬康复后到阜平，先后任晋察冀边区财经办事处主任、中共晋察冀中央分局副书记、晋察冀军区副政治委员等职。1948年夏，任中共中央华北局委员、华北军区后勤司令部政治委员、华北人民政府企业部部长。

1949年1月15日，天津解放的当天，成立了以黄克诚为主任，谭政、黄敬为副主任的人民解放军天津市军事管制委员会；成立了中共天津市委，黄克诚为书记，黄敬为副书记；成立了天津市人民政府，黄敬为市长。不久，黄克诚奉命率领部队南下，继续执行解放全中国的战略任务。之后中共中央任命黄敬为中共天津市委书记兼市长，主持天津的工作。黄敬在天津工作3年多的时间里，紧紧地依靠工人阶级，率领全市广大人民胜利地完成了艰巨的国民经济恢复任务，使天津的经济和社会面貌发生了深刻的变化，创造了许多好的经验，为社会主义建设和社会主义改造奠定了坚实基础。

1952年8月，黄敬调任第一机械工业部部长、党组书记。上任后，他完成组建机械工业队伍和确定各厂专业生产方向的工作，使机械工业的发展很快走上正轨。几年的时间，把旧中国所遗留下来的修配性的机械工业，逐步改变成机械制造工业，根本改变了我国机械工业的面貌。到第一个五年计划期末，我国的机械工业已经发展到能够自己制造经济建设中所需要机械设备的 60%以上，这个巨大成就是同黄敬的努力分不开的。1956 年 9 月，在中共八大上，黄敬被选为中央委员。1957 年，任国务院科学规划委员会副主任、国家技术委员会主任兼第一机械工业部部长。

1958 年 1 月 11 日至 22 日，中共中央在广西南宁召开会议，黄敬参加了这次会议。出席会议后，他坐飞机从南宁飞往广州。在飞机上，突然旧病复发。飞机抵达广州后，陶铸派人急送他去治疗。

1958 年 2 月 10 日，黄敬病逝于广州，终年 46 岁。

崔子明

崔子明（1903—1986.1.17），山东省泰安县（今泰安市岱岳区）夏张村人。曾任云南省委组织部常务副部长兼省委直属机关党委书记、河南省政协副主席。

崔子明幼时上过私塾，后因家境贫困辍学务农。1927年，从事革命活动，家乡夏张成立农民协会，崔子明被推选为领导人，进行反帝反封建斗争。1933年2月，经县立师范王玉英介绍，加入中国共产党。后任中共泰安县二区区委书记。同年12月，由于叛徒出卖而被捕。在国民党山东省主席韩复榘的大堂上，他义正词严，被韩复榘以“共产党嫌疑犯”的罪名判刑15年，投进山东省第一监狱。在监狱里，他仍然坚持和敌人做斗争。1937年9月，被释放出狱。10月，恢复组织关系，组织泰安县抗敌自卫团，任自卫团副主席兼供应部部长。

1937年12月31日，日军侵占泰安。1938年1月1日凌晨，崔子明带领10余人，在夏张镇小学举行了抗日武装起义。当夜，他把起义队伍拉到盘龙山的鹁鸽崖山洞，点燃了泰西抗日斗争的星星之火。起义的第四天，抗日武装就发展到了40余人，拥有30多支枪，遂转移到香水寺一带。他多次到肥城、宁阳、泰安等地奔走，发展抗日武装力量。1938年1月11日，各抗日游击队汇集在肥城空杏寺，成立山东西区人民抗敌自卫团，崔子明任自卫团一大队长、指导员。同年4月，抗敌自卫团驻夏张办事处成立，他任主任，指挥驻夏张镇周围的自卫团的几个大队，开展对敌斗争。这时，正值日军在台儿庄地区与中国军队决战，他率队星夜奔赴泰安城南黑虎泉，炸毁日军列车，切断津浦铁路达一个星期，支援了台儿庄战役。6月，任自卫团一大队队长。1939年夏，自卫团编入八路军一一五师，崔子明调任泰安县二区区长兼泰肥独立营营长、政治委员。此后，独立营编入东进支队。1941 年 4 月，任中共泰安县委敌工部部长。

1942 年 8 月，崔子明任中共泰西地委委员兼敌工工作委员会副书记。1943 年初，冀鲁豫第一（泰西）、第四（运东）地委、行署、军分区合并为冀鲁豫第一（泰运）地委、行署、军分区，崔子明任（泰运）军分区一团政治委员，率一团战斗在泰西地区。1946 年 9 月，编入晋冀鲁豫野战军第二纵队四旅，任副政治委员。在二纵队司令员陈再道、政治委员宋任穷的指挥下，参加上党战役和邯郸战役。1946 年 11 月，调任冀鲁豫第一（泰西）军分区司令员。1947 年 8 月，任冀鲁豫军区独立一旅政治委员。1948 年 1 月，代理冀鲁豫第一（泰西）地委书记。4 月后，专任独立一旅政治委员。11 月，奉命率部队参加淮海战役。1949 年 2 月，任中国人民解放军第二野战军五兵团十七军五十一师政治委员，同师长闵学胜奉命率部队渡过长江，进军赣浙两省，追歼逃敌至福建省建瓯、南平地区，并担任建瓯市军管会主任。1949 年 9 月，五十一师从福建经江西向贵州进军，解放贵阳。

中华人民共和国成立后，崔子明从部队转业到地方工作，先后任中共贵州省贵阳地委书记、贵州省委委员、遵义地委书记兼任军分区政治委员。在三年多时间里，他带领官兵和人民群众完成贵阳地区的剿匪反霸、土地改革、发展生产等工作。1952 年 10 月，崔子明投身大西南的经济建设行列，历任西南建工局副局长兼四川省重庆市建设局党委书记、西南地质局局长兼党委书记、云南省地质局局长兼党委书记等职，为西南工业的发展做出重大贡献，受到毛泽东等中央领导的亲切接见。

1954 年 10 月，西南局撤销后，崔子明任中共云南省委组织部常务副部长兼省委直属机关党委书记、省科委主任兼党委书记等职。“文化大革命”期间，遭受迫害。中共十一届三中全会后，平反昭雪，恢复名誉。1980 年 11 月，调任国家水电部黄河水利委员会顾问、河南省政协副主席。

1986 年 1 月 17 日，崔子明病逝于昆明，享年 83 岁。

崔 健

崔健（1918.7—2001.5.26），山东省长清县（今济南市长清区）归德镇人。曾任中共浙江省委副书记、中央纪律检查委员会委员、浙江省委顾问委员会副主任。

崔健幼时家庭贫苦，兄弟姐妹6人，早亡3个，唯他读到中学。小学毕业后，读中学经济困难，由姨母亲友资助，终于渡过了难关。中学毕业后，考取短期小学教师训练班，做了小学教员。1936年，老同学魏金三在济南做事，常到崔健所在的小学讲共产党、红军的事，后又经常邮寄一些进步书刊给他。1937年春，魏金三介绍他参加党领导的文化友联社。9月，参加“民先”。这年夏天，崔健考上了济南第一师范学校。入学后，时值七七事变爆发，北京流亡学生纷纷南下，学校要南迁。在此情况下，崔健同共产党员魏金三回到长清县，从事抗日活动，组织宣传队，写墙报，出刊物，组织抗敌后援会。济南沦陷后，他们撤离长清县城，来到魏金三的家乡坦山村，建立党支部，组织游击队。同年10月，崔健加入中国共产党，任山东省长清县抗日游击队小队长。1938年5月起，历任中共长清县徐寺区委书记，县委组织部部长，县委副书记、书记，独立营政治部主任。1939年11月起，任中共泰西地委常委、政府工作部部长。1940年5月，被选为中共七大代表到延安。先后在马列学院、中央党校学习，参加了整风运动。1945年4月至6月，作为山东代表团成员出席中共七大。1945年9月，崔健由延安返回冀鲁豫地区，任中共冀鲁豫一（泰运）地委委员兼中共泰西工委书记。1946年5月，任冀鲁豫一地委组织部部长。同年10月，恢复泰西、运东地区，泰西为冀鲁豫一地委，崔健任冀鲁豫一地委组织部部长、民运部部长，后任晋冀鲁豫七（鲁中南）地委组织部部长等职。

1949年2月，崔健奉调南下，任南下第七干部大队政治委员。5月后，历任中共浙江省建德地委书记、金华地委书记、温州地委书记。1952 年 11 月至 1955 年 4 月，任中共浙江省委委员、工业部部长及财经委副主任。1954 年 1 月，任哈尔滨锅炉厂厂长兼党委书记。1956 年 3 月，任国务院第一机械工业部四局副局长。1957 年 11 月起，任大连工学院党委书记。崔健在大连工学院任党委书记期间，坚决贯彻执行党的方针政策，团结师生，勤俭办学，为学校的建设和发展做出了重要贡献。他和老院长屈伯川博士一起，从为祖国培养又红又专的高级专门人才出发，大力促进学校的专业建设，使学校从院系调整后只剩下 3 个系、9 个专业的状况，发展到 1961 年拥有 7 个系、23 个专业的规模；他们组织多学科教师协同作战，成功设计出我国第一个现代化的渔港——大连渔港，被誉为高等学校为社会主义建设服务的良好范例。1965 年 6 月，调外交部工作。同年，入外交学院学习。

“文化大革命”期间，崔健受到错误批判。1971 年 1 月，恢复工作。1972 年 3 月，崔健任中华人民共和国驻也门民主人民共和国大使。1977 年 8 月，任中国驻突尼斯共和国大使。1980 年 6 月至 1983 年 3 月，任中共浙江省委副书记。1982 年 9 月至 1987 年 11 月，任中共中央纪律检查委员会委员。1983 年 12 月至 1988 年 12 月，任中共浙江省委顾问委员会副主任。1994 年离休。曾任浙江省老龄委员会主任，政协第六、第七届全国委员会委员。

2001 年 5 月 26 日，崔健因病在杭州逝世，享年 83 岁。

彭天琦

彭天琦（1910.2—1978.12.12），四川省荣县程径镇人。曾任中共陕西省委常委、西安市委第一书记。

1917年，彭天琦在家乡念私塾。1921年，入荣县高等小学读书。1925年，考进荣县县立中学。1928年，考入成都四川大学外国文学院预科。他不顾大革命失败后国民党新军阀到处捕杀革命志士的现实和父亲严禁子女参加党派活动的教训，毅然离开成都东下，准备经重庆过三峡到湘赣找共产党。行至大足县境时，遇国民党重庆当局严密盘查，不得已又返回成都继续读书。1932年四川大学毕业后，考入北平中国大学政治经济系，在该系受到马列主义教育。1935年，参加一二·九学生爱国运动。1936年，加入中华民族解放先锋队。

1937年七七事变后，彭天琦参加南下学生宣传队，沿途向民众宣传，加入全民抗战洪流。同年8月，从北平流亡到济南，参加国民党第三集团政训班，不久被派到山东省第四区武城县政训处参加地方工作。10月，日军占领德州一带，国民党各县撤兵南逃。而彭天琦等人则留在临清、武城、夏津、恩城等地坚持抗日，后与鲁西特委取得联系。同年12月，在山东聊城由赵晓舟、刘子荣介绍加入中国共产党。后任八路军津浦支队工作团团长。1938年，任冀鲁边区游击队津浦支队政治委员、津浦支队一营教导员。1939年3月，任鲁西第三地委统战部部长、副书记。1940年4月起，任鲁西军区鲁西支队政治委员。同年6月，任鲁西第四（运东）地委书记。1942年12月，任冀鲁豫第一（泰西）、第四（运东）地委合并为冀鲁豫第一（泰运）地委，改任第一（泰运）地委组织部部长。1943年6月，任冀鲁豫第一（泰运）地委副书记兼组织部部长。

1945年冬，彭天琦入中共晋冀鲁豫中央局党校学习。1947年秋，党校学习结业不久，即调任南下工作大队大队长。其间，他带领全大队经过几个月的艰苦跋涉，终于在大别山找到刘邓大军主力，胜利完成了南下任务。1947年12月，任汉江地区鲁山县委书记。

1948年7月，中共襄西地委和襄西军分区成立，彭天琦被任命为地委书记兼军分区政治委员。1949年5月，鄂西重镇宜昌解放，彭天琦任中共宜昌市委书记、宜昌警备司令部政治委员，在接收城市、迅速恢复生产、提高农村人民生活水平方面做出了贡献。

中华人民共和国成立后，彭天琦历任中共恩施地委书记，湖北省总工会主席，中共湖北省委常委、组织部部长、省委办公厅主任、省委第二副书记。1955年6月，任中共华中工学院委员会书记兼院长。1960年12月，任武汉市第二书记。他为湖北的民主改革、社会主义改造和全面开始社会主义建设做了大量工作。

1963年6月，根据中共中央关于交流大行政区干部的决定，彭天琦被任命为中共陕西省委常委、西安市委第一书记。他狠抓保护文物古迹、拓宽城区街道、绿化城市环境等工作，促成西安与日本京都缔结为友好城市。在市委分工中，他还负责农业和农村工作。

“文化大革命”开始后，彭天琦受到错误的批判、斗争。1968年5月，任西安市革命委员会副主任。1971年，任中共西安市委第二书记。1973年，在长安县蹲点期间患病住院，后调武汉工作。

1978年12月12日，彭天琦病逝，享年68岁。

韩宁夫

韩宁夫（1915.9.8—1995.1.13），山东省高唐县梁村镇韩庄村人。曾任湖北省人民政府省长、湖北省人大常委会主任。

韩宁夫出生于农民家庭，4岁入韩庄私塾启蒙。1921年春，考入高唐县城书院小学。1927年春，进入高唐县立初级中学。1930年秋，考入山东省建设厅电气班。1932年秋，考入山东省立四中。1935年9月，他以全省高中毕业会考第一名的成绩考入山东大学工学院土木工程专业。在校学习期间，参加了山东大学的中华民族解放先锋队，积极在学生中开展抗日救亡运动。1937年11月，光荣地加入中国共产党。12月，被党组织派往国民革命军五十一军一一四师六七九团八连做兵运工作，先后任连、营地下党党支部书记。1938年，随军参加了徐州会战。徐州失陷后，他突出重围，只身返回高唐，开展抗日救亡工作。

1938年6月，韩宁夫在与党组织失去联系的情况下，着手发展党员，在高唐的许多村庄建立了党支部。8月，与上级党组织接上关系后，经过几个月的努力，组建了中共高唐六区区委会，此后又在一区、五区延展。同年秋，经中共鲁西北特委批准，成立中共高唐县工委，韩宁夫任工委书记。他是抗战时期中共高唐县委的第一任领导人。1938年11月，调任中共鲁西北特委宣传部部长。他依靠各县区基层组织，发动进步群众，宣传党的抗日主张和统一战线政策；还深入到区、村指导工作，帮助建立党组织，使夏津、临清中心区党的工作得到迅速恢复。1939年后，任中共鲁西区第三地委宣传部部长。1940年6月，代理中共鲁西区第三地委书记。1941年1月，调任中共鲁西区委秘书长。7月，鲁西区和冀鲁豫区合并，任中共冀鲁豫区委秘书长。1942年12月，调任三地委宣传部部长。同年7月，冀鲁豫区三地委划归冀南区，改称冀南七地委，韩宁夫任地委组织部部长。同年 11 月，参加中共北方局党校在太行山组织的中高级干部整风学习。1944 年 10 月，党校学习结束后，被调至冀鲁豫分局党校工作，任第七队党支部书记，参与党校的教务和管理工作。

抗日战争胜利后，1945 年 10 月，韩宁夫从冀鲁豫分局党校调任冀南区一地委（后为冀南区七地委）宣传部部长。1947 年春，任冀南区一地委书记。他带领地委、专署联合工作组到永智县协助县委进行土改复查工作，指导全区复查运动。1948 年 1 月，领导冀南区一地委在冠县柳林进行整党，以解决党内组织不纯、作风不纯和土地改革中存在的问题。同年 5 月，调任中共冀南区党委秘书长，协助主要领导加强党的思想、组织和作风建设。

1949 年 2 月，根据中共中央华北局指示，冀南区党委抽调干部组成从区委到区党委一整套的领导班子，准备南下接受新区，韩宁夫任冀南南下区党委秘书长，率队南下湖北。同年 5 月，武汉三镇解放，韩宁夫任中共湖北省委常委、省人民政府秘书长。在他的建议下，全省陆续出台了一系列保密工作制度，使全省保密工作有章可循。同时，他十分注意信访工作，一贯重视加强党风廉政建设。1952 年，湖北遭遇严重旱灾。11 月，他到黄坡、麻城等地检查生产救灾工作。他提出的处理办法被省委转发到各区、县。

1953 年 2 月，经省委研究，组建华中（后改武汉）钢铁公司建设领导班子，韩宁夫被任命为华钢党委委员兼副总经理，参与武钢的筹备、建设工作。1954 年 12 月，受国家重工业部和中共湖北省委派遣赴苏联学习。1956 年 1 月，从苏联学成回国，负责武钢的筹建和基建工作。1959 年 9 月，任中共武汉钢铁公司党委副书记。1961 年 3 月，任公司党委书记兼总经理。

1964 年 4 月，韩宁夫调任湖北省副省长，分管科教文卫领域的工作并兼任省文教办公室主任。1966 年“文化大革命”开始后，韩宁夫先被打倒，后恢复工作。先后担任湖北省抓革命促生产第一线指挥部副指挥长、湖北省革命委员会政工组组长兼教育革命小组组长、中共武汉市委书记、中共湖北省委书记（当时设有第一书记、第二书记）、湖北省革命委员会副主任、省政协第四届委员会主席等职。

1980 年 1 月，撤销湖北省革命委员会，恢复湖北省人民政府，韩宁夫当选为湖北省人民政府省长。他带领省政府一班人做了大量开拓性工作，为新时期湖北省改革开放和现代化建设的启动和全面展开做出了重要贡献。1982 年 8 月，韩宁夫响应党中央要实现干部队伍“四化”的精神，主动退出省政府领导班子。

1983 年 4 月，湖北省第六届人民代表大会第一次会议选举韩宁夫为省人大常委会主任。他在初步规范了人大常委会的工作后，将注意力转向创造性地开创人大工作新局面上来。1985 年，韩宁夫不再担任湖北省委常委。1986 年 5 月，韩宁夫致函省人大常委会，请求辞去省人大常委会主任的职务，省人大六届四次会议批准了他的辞呈。

1985 年，韩宁夫离开一线领导岗位后，继续深入基层，调查研究，宣传党的方针、政策，及时向省委和有关部门提出建设性意见；以《湖北省志》总编的身份指导湖北省地方志的编纂，同时积极支持地、县一级修志；弘扬中华民族优秀传统文化，担任湖北省炎黄文化研究会第一任会长，同时十分注重推动“炎帝神农故里”的建设和“炎帝神农节”的举办工作；关心革命老区工作，1991 年 6 月 12 日，湖北省革命老区建设促进会成立，他被推为名誉会长，同时也为促成地、市、州、县（市）老促会的组建做了卓有成效的工作。1985 年 9 月，中共全国代表会议、中共十三大上韩宁夫任分别增选、当选为中央顾问委员会委员。是中共第十一、第十二、第十三、第十四次全国代表大会代表，第四、五、六届全国人大代表。

1995 年 1 月 13 日，韩宁夫在武昌逝世，享年 80 岁。

韩哲一

韩哲一（1914.7—2011.7.7），山东省禹城县（今禹城市）韩寨村人。曾任中共上海市委书记，第六届全国人大常委会委员、财经委员会副主任，政协第七届全国委员会常委、经济委员会副主任。

韩哲一在学生时代积极追求进步思想，热情投身抗日救亡活动。1931 年，在黑龙江省黑河市参加抗日救亡运动。1932 年 10 月，受党组织派遣赴苏联学习并参加革命。1933 年，加入中国共产主义青年团。1934 年，受组织派遣回国执行任务。不久因叛徒出卖，在黑龙江不幸被捕入狱。在狱中，他与敌人斗智斗勇，始终坚持党的原则，保守党的秘密。1937 年 6 月，取保释放后，回到家乡禹城县韩寨从事革命活动。1938 年 8 月，加入中国共产党。

1938 年 7 月 7 日，鲁西北游击支队在夏津城内成立，孙超任支队长，彭天琦任政治委员，韩哲一任民运干事。徐向前指示游击支队扩大活动范围，不应限于鲁西北，并将支队定名为“冀鲁边游击支队”。中秋节前后，支队开赴平原县张集、腰站一带，在津浦线上对日军发起攻击。韩哲一在保障支队给养、协调地方关系中发挥了重要作用。

1939 年 3 月，中共鲁西区三地委（又称卫东地委）成立。为加强这一地区的工作，地委决定建立中共高（唐）平（原）禹（城）工委，高俊岳任书记，韩哲一任组织部部长，赵毅之任宣传部部长。韩哲一在许多村庄组织建立了中共党支部。7 月，韩哲一任中共鲁西区第三地委委员、统战部部长（敌工部部长）。8 月，梁山战斗后，罗荣桓指示建立平原抗日游击根据地，在平原五区建立了抗日民主政权，在夏津城东几个区建立了抗日民主政权，选举韩哲一为夏津县县长。1941 年初，韩哲一调任濮县抗日民主政府县长。1943 年初，任冀鲁豫边区政府工商局监委、鲁西银行监委。抗日战争中，他在冀鲁豫边区开展游击战，从事组织、统战等工作，为加强鲁西抗日根据地的经济建设做出了重要贡献。

抗日战争胜利后，1945 年秋，韩哲一任中共冀鲁豫区委经济部副部长。后任冀鲁豫行署副主任、冀鲁豫区党委委员。解放战争时期，他长期从事财税、金融等方面的工作，参与组建了淮海战役支前委员会。根据冀鲁豫区党委统一安排，1948 年 1 月 15 日至 3 月 19 日，冀鲁豫六、九地委及区党委直属机关在阳谷县坡里进行了第一期整党，由区党委潘复生、申云浦、万晓塘、韩哲一等主持领导了整党运动。

1949 年 8 月，平原省成立后，韩哲一任中共平原省委委员、平原省人民政府副主席兼工业厅厅长。1952 年冬，任华北行政委员会财政局局长、财经委员会副主任。1953 年 6 月，任国家计划委员会副主任，国家经济委员会副主任，国家物资供应总局局长、党组书记。1960 年，中共中央华东局重建，任书记处候补书记、经济委员会主任。1965 年 10 月，任华东局书记处书记。“文化大革命”期间受到迫害。1975 年，恢复工作后，任上海市革命委员会计划统计组领导成员、工交组组长。1977 年 8 月后，任中共上海市委书记（当时设有第一书记、第二书记）、上海市革命委员会副主任、上海市副市长。他主管上海工业、交通，建成了金山石化、大众汽车、宝钢、飞机制造等一批重大工程项目。

1983 年 4 月，韩哲一任第六届全国人大常委会委员、财经委员会副主任。1988 年 4 月，任政协第七届全国委员会常委、经济委员会副主任。2000 年 6 月离休。系中共八大代表，第三、第五、第六届全国人大代表。

韩哲一不忘革命老区人民，心系扶贫工作。早在 20 世纪 90 年代初，他就与在冀鲁豫革命老区共同战斗过的杨得志、段君毅、赵健民等成立了“中原老区开发促进委员会”，经国务院扶贫领导小组批准，开始做老区扶贫工作。1992 年 11 月，成立以扶贫为目的的经济实体上海民生实业总公司，韩哲一担任董事长。1994 年 4 月，冠县被确定为国家重点扶贫县。韩哲一从上海《解放日报》看到有关冠县的报道后，委派上海扶贫办公室主任兼华夏扶贫基金会副会长李学广和上海民生实业总公司办公室主任董大洪等到冠县考察，确定以郑疃小学为扶贫重点，设立“民生助学基金”，每年对 361 名特困小学生进行扶助。此后，韩哲一又做出了在冠县革命老区建设民生小学的决策。上海民生实业总公司付诸实施，在冠县县委、县政府的组织下，于 1995 年 6 月 1 日建成了冠县民生小学。韩哲一为聊城革命老区的扶贫工作做出了重要贡献。2009 年他住院期间，听说医生在为从上海到安徽砀山县支教的查文红老师募捐，主动拿出了 1000 元。他从此事想到，全国还有类似困难的师生，于是捐出自己的积蓄 51 万元，与上汽集团、江南造船厂、宝钢集团、上海石化等单位，于 2010 年 5 月联合发起成立了“上海韩哲一教育扶贫基金会”，对在贫困地区、边疆、革命老区支教的高校师生给予资助和奖励。

2011 年 7 月 7 日，韩哲一因病医治无效在上海逝世，享年 97 岁。

黑伯理

黑伯理（1918.5—2015.2.13），山东省临清县城内（今临清市区）人。曾任宁夏回族自治区政府主席。

1936年，黑伯理在聊城省立第三师范毕业后，任清平县乡农学校校长。1937年5月，参加革命工作并加入中国共产党，任中共清（平）博（平）高（唐）支部委员。1937年七七事变后，乡农学校停办，入国民革命军第三集团军政训班学习。结业后，被派往济宁、曹县从事抗日活动。1938年春，任聊城政治部驻朝城县办事处主任干事。同年11月，聊城失守后，被党组织派往家乡临清，到回族群众中开展抗日救国运动。黑伯理与鲁西北特委书记张承先商议，准备请驻扎在河北南宫地区的八路军第一二九师派一些部队进驻临清。在南宫，黑伯理见到了第一二九师副师长徐向前、政治部主任宋任穷、政治部副主任刘志坚、参谋长李达。徐向前表示，可以设一个联络处，并指定由黑伯理任八路军第一二九师驻鲁西北联络处主任。在联络处的掩护下，鲁西北特委机关从夏津移往临清，特委书记张承先任党代表，统战部部长黑伯理任八路军代表。八路军联络处的出现，受到临清群众的热烈欢迎。黑伯理乘势对当时的国民党专员袁聘之和几个义勇军司令进行统战工作，进一步扩大了共产党、八路军的影响，震慑了一些企图抢掠市民财物的土匪，通过临清市商会解决了联络处和特委党训班的钱粮问题。

时间不久，日军再次侵占了临清市。特委又一次派黑伯理前往第一二九师驻地请示临清陷落后的活动方针。在河北威县老虎张庄，黑伯理见到了刘伯承师长和邓小平政治委员，刘邓首长分别做了重要指示。黑伯理回到特委以后，特委按照刘邓首长的指示，把现有的武装同联络处机关合并在一起，成立了番号为“八路军青海游击队”的战斗组织，黑伯理任政治委员，张承先任政治部主任。紧接着，青海游击队撤出临清地区，向津浦路旁的禹城一带进发。行军到达茌平的陈武营，与驻在许楼、由李聚奎司令员率领的八路军第一二九师先遣纵队会合。由于部队遭到日军的突然袭击，激战一日后，又撤到大峰山地区。这时，黑伯理被调到中共鲁西区委担任秘书长。

1939 年春，八路军第一一五师六八八团由陈光代师长、罗荣桓政治委员率领，以东进支队的名义，进军泰西（泰安）地区。中共鲁西区委也随东进支队一起开辟泰西抗日根据地。部队在这一带经历了几次大的战斗，如牙山战斗、陆房大战等。

在革命战争年代，黑伯理的工作调动十分频繁。1939 年六七月间，他由中共鲁西区委秘书长改任冀鲁豫二地委常委、宣传部部长。11 月，党组织为加强根据地建设，又调他到平阴抗日县政府任秘书，由当地人熊善隆任县长。黑伯理到县政府后，立即和县委书记王玉珍、县长熊善隆、独立营营长刘子仁组成党政领导小组，发动群众，发展武装，很快使独立营壮大到 300 多人。经过短期训练后，独立营在平阴窟窿山一带打了一次漂亮的伏击战，平阴抗日武装的声威大震。不到一年时间，平阴县政府便在平、阿山区一带建立了一个方圆 100 多平方千米、200 多个村庄、拥有八九万人口的抗日根据地。1942 年，被调到冠县协助当地县长马景汉工作。在冠县的两年中，正值天灾敌祸，霍乱流行。黑伯理遵照党中央指示，一直在冠县坚持斗争。1944 年，赴太行山区参加整风。1945 年 5 月，整风结束后，任武训县抗日民主政府县长。

1945 年日本投降后，黑伯理被调回故乡临清。11 月，任临清市市长。1948 年春，中共冀南一地委柳林整党后，黑伯理任大名市委常委、市长。8 月，调任华北人民政府人事处处长。1949 年北平解放后，调任中央政法委员会人事处第一副处长。

1949 年 12 月，南京解放后，黑伯理随董必武去南京接收国民党政府。事毕，董必武率团回京，黑伯理留在南京，协助南京市创办华东人民革命大学南京分校，把国民党留在大陆的四五千公职人员集中起来，进行思想改造。1950年，国民党学员结业走上工作岗位，黑伯理回到北京中央政法委员会改任董必武的参事。1952年，参加筹办中央政法干校，任党组成员、校党委书记、校长办公室主任。1957年，任法律出版社党委书记、副社长、总编辑。1959年，任中共宁夏回族自治区委委员，区人民委员会党组成员、秘书长。1964年后，任国家民委委员、党组成员，民族出版社社长、党委书记兼总编辑。

“文化大革命”期间，黑伯理被下放到吉林双山，后移到湖北沙洋“五七干校”劳动改造。1971年恢复工作后，任民族文化宫革委会主任，中共中央宣传部政治部副主任，国家民委秘书长、党组成员、机关党委书记等职。1982年4月至1983年7月，任中共宁夏回族自治区委常委、书记（当时设有第一书记）。1983年7月至1986年12月，任中共宁夏回族自治区委副书记。其间，1982年6月至1983年2月，兼任宁夏回族自治区纪律检查委员会书记；1982年6月至1983年5月，兼任宁夏回族自治区委组织部部长；1983年2月至4月，任宁夏回族自治区人民政府代主席，1983年4月至1987年4月，任宁夏回族自治区人民政府主席。1987年4月至1988年6月，任宁夏回族自治区人大常委会主任。1988年，退居二线。1995年11月离休。系中共第十二届中央候补委员，第六届全国人大代表，1987年6月增选为第六届全国人大民族委员会委员，1988年2月当选为政协第七届全国委员会常委、经济委员会委员。

2015年2月13日，黑伯理因病在北京逝世，享年96岁。

焦善民

焦善民（1919—2010.2.8），山东省馆陶县（今属河北省）焦圈村（今属山东冠县）人。曾任国家劳动人事部副部长、全国人大内务司法委员会副主任委员。

1934年，焦善民到北平精业中学读书。在进步同学的影响下，参加了1935年的一二·九学生爱国运动，并加入中华民族解放先锋队。1936年2月，加入中国共产主义青年团，任精业中学团支书，同年转学到文治中学，由团员转为中国共产党党员，先后担任北平文治中学与幼稚师范党支部书记，后任“民生”总队北平第八区区队长。1937年春，响应党的号召，赴延安抗日军政大学学习，任抗大“民先”总队秘书、总队长。抗大毕业后，进中共中央党校学习，未毕业即被调赴华北抗日前线工作。1938年初，由北方局派往晋西特委，任中共山西省介休县委军事部部长，后任介休县委书记。介休县划归太岳区后，曾任中共沁源县委副书记、安泽县委书记。再后，任中共太岳区三地委组织部部长、四（岳南）地委书记。1943年，参加中共华北局整风学习后，调任中共冀南三地委副书记兼组织部部长，后任中共冀南三地委书记。1949年，平津解放后，历任华北人民革命大学四部主任、政务院财经委员会处长、中央财政经济委员会计划局地方工业处处长等职。1952年后，历任国家建筑工程部办公厅主任、工业建筑局局长、计划司司长、部长助理。1956年，任国家建筑材料工业部副部长。1958年，调任中共甘肃省委书记处书记。1959年庐山会议后，被撤销省委书记职务。1961年，经党中央甄别平反，复任省委书记处书记。1966年4月，调任国家纺织工业部副部长、党组副书记。1970年，国家轻工业部、纺织部合并后，任轻工业部副部长。1980年，任国家人事局局长。1982年，任国家劳动人事部副部长。1988年，任全国人大内务司法委员会副主任委员。1995年，离职休养。系第七届全国人大代表、中共十二大代表，在中共十二大上当选为中纪委委员。

2010年2月8日，焦善民因病在北京逝世，享年90岁。

鲁大东

鲁大东（1915.3—1998.8.28），山东省馆陶县（今属河北省）浅口村人。曾任中共四川省委书记、四川省人民政府省长。

1932 年，鲁大东高小毕业后在家务农。1934 年后，在馆陶县马店村、张官寨任小学教师。1937 年 10 月，参加革命工作。曾在山东聊城范筑先部队第五支队任政治干事，后调馆陶县任青救会主任。1938 年 4 月，加入中国共产党。后任馆陶县浅口村党支部书记，馆陶六区党委书记，中共馆陶县委宣传部部长、县委组织部部长、县委书记，中共肥乡县委书记，中共冀南肥乡地委委员兼馆陶县委书记。1943 年起，在延安中共中央党校学习。

1945 年抗战胜利后，鲁大东从延安返回家乡，初任冀鲁豫军区第二纵队司令部秘书主任，后历任冀南军区组织部副部长、晋冀鲁豫军区第二纵队政治部组织部部长、第二野战军第十军政治部副主任。其间，1946 年 2 月，以二纵政治委员宋任穷秘书的身份，在聊城参加军事调停处执行小组的谈判。1949 年 6 月，任二野第十军第三十师政治委员。曾跟随刘伯承、邓小平的部队强渡黄河，进军大别山，参加淮海战役，打过长江去，进军大西南，为推翻国民党反动派统治、解放全中国做出了重要贡献。

中华人民共和国成立后，1949 年 12 月，鲁大东转地方工作。1950 年至 1954 年，历任四川省乐山军管会主任、中共四川省乐山地委书记、重庆市二九六厂党委书记。1954 年至 1956 年，先后任中共四川省重庆市委工业部副部长、部长，中共重庆市委常委、重庆市委副书记。1956 年 8 月，任中共重庆市委书记处书记。1965 年 6 月，任中共四川省委常委。1965 年 11 月至 1967 年 1 月，任中共四川省委书记处书记兼重庆市委书记处书记。

1968 年起，历任四川省革委会常委、重庆市革委会副主任、中共重庆市委书记、重庆市革委会主任。1971年8月，任中共四川省委常委。

1977年3月至1979年1月，鲁大东任中共四川省委书记（当时设有第一书记）。1979年1月至1980年6月，任中共四川省委常务书记（当时设有第一书记）。1980年6月至1982年12月，任中共四川省委第二书记。其间，1977年12月至1979年12月，任四川省革委会副主任。1979年12月至1982年12月，任四川省人民政府省长（1980年6月起，兼任四川省军区第一政治委员）。1982年12月至1985年1月，任中共四川省委常委。1983年2月至1985年7月，任中共四川省委顾问委员会副主任。曾任国务院三线建设调整改造规划办公室主任。1985年1月，辞去中共四川省委常委职务。

鲁大东系中共第九、第十届中央候补委员，第十一、十二届中央委员（任职至1985年9月中共全国代表会议）。在1985年9月中共全国代表会议、中共十三大上，分别增选、当选为中央顾问委员会委员。

1998年8月28日，鲁大东在成都逝世，享年83岁。

谢鑫鹤

谢鑫鹤（1912—1979.12.22），山东省博平县谢天贡村（今属聊城市茌平区）人。曾任国家轻工业部党组副书记、常务副部长。

谢鑫鹤出生于一个富裕农民家庭。幼年时，随父亲在博平县城生活，后在县城读书。1930 年，考入聊城山东省立第三师范学校。在三师读书期间，对马列主义有了基本认识，懂得了一些革命道理，结识了一些革命者。1931 年，加入中国共产主义青年团。1933 年，转入中国共产党。在党组织的领导下，秘密组织学生运动，发展党员。同年夏，从三师毕业，因参加学潮时暴露中共党员身份，被国民党山东省政府通缉。在白色恐怖下，他只身赴济南寻找上级党组织。因山东省委遭敌破坏，与组织失去联系，到山东滨县民众教育图书馆工作。

1935 年，谢鑫鹤回到家乡，经好友王怀远介绍，到博平县还驾店小学任小学教员。1936 年底，他行走 150 多里到阳谷县崇实小学找到三师同学、共产党员申云浦。在申云浦的帮助下，前往濮县与中共鲁西特委取得联系。1937 年春，中共鲁西特委派申云浦到博平县还驾店与谢鑫鹤接上组织关系。谢鑫鹤与申云浦等几个党员一起发展党员，建立清（平）博（平）高（唐）茌（平）党支部，谢鑫鹤任支部委员。党支部以还驾店小学为基点，开展清、博、高、茌四县边区党的建设。同年夏，谢鑫鹤回家乡谢天贡村发展党员，创建谢天贡党支部。

1937 年 10 月，中共博平县工作委员会成立，谢鑫鹤任县工委书记。1938 年，鲁西北形成全民族抗战的良好局面，博平县工委抓住有利时机，在全县开展了两次突击性的建党活动。经过一年多的工作，博平县党的建设有了很大发展，党员由 30 多人发展到 691 人，支部由 3 个发展到 77 个，同时还有几十个个别关系村。1938 年 4 月，根据中共鲁西北特委指示，为加强地方抗日武装领导，以山东六区抗日游击司令部第三十二支队政治部宣传科科长的身份开展工作。年底，范筑先将军壮烈殉国后，谢鑫鹤帮助博平县委建立了党直接领导的八路军第一二九师先遣纵队五大队和筑先纵队七团等地方抗日武装。

1939 年春，日军相继占领鲁西北各县，为加强党的建设和对日斗争的领导，鲁西区党委批准成立鲁西四（运东）地委，谢鑫鹤任地委书记。1940 年 3 月，任中共鲁西区委统战部副部长、敌工委副书记。1941 年夏，调回鲁西四（运东）地委工作，任地委委员、专署副专员。1943 年初，泰西、运东地委合并为中共冀鲁豫一（泰运）地委，任地委委员、专属副专员兼秘书主任。同年 11 月，离开鲁西北到中共中央北方局党校参加整风学习，后又转至延安中央党校参加整风学习。1945 年 4 月至 6 月，作为冀鲁豫边区正式代表在延安出席了中共第七次全国代表大会。

1945 年 7 月，谢鑫鹤从延安回聊城，任冀鲁豫区第一（泰运）行政督察专员公署副专员。1946 年 4 月，任专员。同年 11 月，泰西、运东地委分设，谢鑫鹤任中共冀鲁豫第六（运东）地委副书记、冀鲁豫区第六行政督察专员公署专员。1947 年 9 月，任中共冀鲁豫第六地委书记。1948 年春，任冀鲁豫军区第六军分区政治委员。

1949 年 1 月，冀鲁豫区党委决定抽调干部随军南下，六地委任务是组成 1 个地委、6 个县委、40 个区委的接收班子，共 600 多人组建南下支队第六大队，谢鑫鹤任政治委员。3 月 31 日，谢鑫鹤奉命率部南下。5 月中旬，到达江西贵溪地区所属贵溪、弋阳、余江、进贤、东乡、金溪、资溪等县及临川市，建立赣东北地委、专署，任地委书记，领导接管了贵溪地区及所属各县市，建立了县、区、乡三级政权。谢鑫鹤接待各界来访人士，宣传党的政策，讲解放战争形势的发展，开展教育团结工作，调动各界人士的积极性，对全区顺利开展接管工作起到很大的作用；开展粮食借征工作，认真执行借征政策，充分发动依靠群众，胜利完成5000万斤大米的借征任务；配合部队进行军事围剿土匪行动，领导各级党政干部开展政治攻势，揭露土匪的罪行和危害，号召土匪向人民政府缴械投诚，经过一个月的军事进剿和政治瓦解，基本上清除了全区的土匪。

1949年8月，依据第二野战军关于做好向大西南进军的指示，谢鑫鹤组织召开赣东北各县委书记会议，准备向大西南进军。组织西进大队，领导地县干部将赣东北的政权移交后，他率领南下干部和新吸收的青年知识分子共1000余人，离开贵溪地区，随杨勇、苏振华率领的第五兵团西进贵州。同年10月，进军途中，接上级通知，调贵州省工作。

贵州解放后，谢鑫鹤任贵州省民政厅副厅长、党组副书记。1950年10月，调贵阳市工作，先后任中共贵阳市委第二书记、省委常委、贵阳市委书记等职。1954年12月后，任中共贵州省委副书记、省政协副主席。在贵阳工作期间，为巩固人民民主秩序、建党建政、恢复生产、发展经济、变消费城市为生产城市做了大量工作。

1956年12月，谢鑫鹤调任中国社会科学院党组成员、副秘书长。三年困难时期，主持科学院系统粮食代食品工作的研究推广工作，任科技小组组长，协助国务院代食品小组办公室处理与代食品有关的科学技术问题，推动代食品的研究工作。1965年，任国家第二轻工业部副部长、党组副书记。“文化大革命”中遭受迫害。1970年恢复工作后，任国家轻工业部副部长；1979年5月后，任副部长、党组副书记，中国工艺美术协会理事长。他注重发挥知识分子的作用，善于团结科技人员做好各项工作；积极组织调查研究，促进日用工业品生产的发展。1973年，主持恢复中央工艺美术学院，支持创办特艺系。他在领导全国工艺美术工作、推动工艺美术事业向前发展方面，做出了重要贡献。系第五届全国人大代表。

1979年12月22日，谢鑫鹤因病在北京逝世，享年67岁。

解　方

解方（1899.9—1972.2），山东省博平县解庄村（今属聊城市茌平区）人。曾任原平原省政协副主席，山东省政协常委、秘书长。

解方自济南第一师范文学专修科毕业后，曾在惠民乡师、济南女中、沈阳三高、青岛女中、烟台八中等校任教员。1937 年七七事变后，投笔从戎，任苏鲁皖总动员委员会委员、鲁南总动员委员会主任。1938 年 6 月，任国民党新六师高树勋部政治部主任。积极宣传共产党团结抗日的主张，支持帮助高树勋加强同共产党的合作，为巩固华北抗日统一战线做了很多工作，促成高树勋于 1945 年 10 月率部起义。1947 年后，历任编译馆副编审，复旦大学、山东师范学院、华东大学、齐鲁大学教授。1950 年，当选为平原省政协副主席、平原省抗美援朝分会副主席。平原省撤销后，1953 年，解方任山东省政协常委、省政协秘书长、省人民代表大会代表。嗣后受到错误批判。1972 年 2 月病逝。中共十一届三中全会后平反昭雪。

管大同

管大同（1913.4—1981.2.27），山东省潍县（今潍坊市寒亭区）杨家管子村人。曾任原国家工商行政管理总局副局长、党组书记。

1926 年，管大同在本村以优异成绩读完高小，后因家境贫困而辍学。1927 年，当医生的承父把他带到济南市，被介绍到一家医院当了一年学徒。1929 年，由叔父接济，考入济南第一中学读书。1930 年，考入高中后，开始接触马克思主义，思想更倾向革命。1931 年九一八事变后，济南市成立了学生联合会，管大同被选为主席。参加了全国学生赴南京示威请愿团。1933 年，因组织学生罢课，被校方开除。同年春，来到北平，在北京大学历史系旁听。1935 年，考入中国大学经济系。在一二九学生爱国运动中，他担任中国大学学生会代表、北平社联中国大学小组负责人和北平学联常委，积极带头参加游行示威，并参加了《现实》《抗战日报》等报刊的创办、编印工作。1936 年 10 月，加入中国共产党。

1937 年七七事变后，管大同流亡到济南，由党组织派往聊城，任山东省第六区抗日游击司令部政训处驻寿张县办事处干事。不久，被委任为寿张县抗日政府县长。他广泛发动群众，积极组建抗日武装，与附近党组织加强联系，为寿张县的抗日工作打下了基础。1938 年 5 月，任聊城六区政治部宣传科科长。同年 8 月，随范筑先参加济南战役，任前线指挥部政治部主任。10 月，以前线指挥部政治部为主，在齐河、长清、禹城、高唐、茌平等边界地区组建山东省第六区抗日游击司令部第三十一支队，任司令员。12 月，奉中共鲁西特委的指示，与袁仲贤等以第三十一支队为主，在长清潘店一带组建八路军平原纵队，任副司令员。1939 年 2 月，任平原纵队司令员。同年下半年，到泰西行政委员会、鲁西行政行署工作。1942 年 12 月，任冀鲁豫第五（鲁西南）

专署专员。1944 年 9 月，入中共冀鲁豫分局党校学习。1945 年学习结业后，返回冀鲁豫工作。

1946 年，管大同调任北平军事调处执行部黄河小组中共代表，随同周恩来参加了黄河问题的国共谈判。1947 年，随同董必武任解放区救济总会驻天津代表。1948 年，调任华北财办进出口管理委员会主任，从此转入经济战线。同年 9 月，济南解放后，调任济南市人民政府秘书长兼市财办主任等职。

1950 年 1 月，管大同调北京，先后任中央财政经济委员会党组成员、中央财政经济委员会外资局外资企业处处长、中央私营企业管理局外资处处长等职。1954 年 5 月后，任中央工商行政管理局常务副局长、党组副书记，国家机关党委委员、国务院财贸党委委员、全国物价委员会委员、国际贸易促进委员会委员。1958 年，被聘兼任中国人民大学教授。1964 年，曾代表中国出席在北京召开的国际科学讨论会。1978 年，国家工商行政管理总局成立后，任副局长、党组书记。曾出版专著《过渡时期的国家资本主义》《国家资本主义的高级形式——公私合营》《我国对资本主义工商业的和平改造》《工商业者的社会主义道路》等。

1981 年 2 月，管大同病逝于北京，享年 68 岁。

翟向东

翟向东（1919—2002.3.12），山东省平阴县平阴镇东三里村人。曾任《人民日报》副总编辑、全国新闻高级职称评委会副主任。

1937 年，翟向东毕业于济南育英中学。同年 3 月，加入中华民族解放先锋队等组织成立的山东文艺青年协会，为协会核心成员之一，积极从事革命文艺活动。1938 年 1 月，在肥城参加抗日游击队。同年，加入中国共产党。后到聊城任鲁西北《抗战日报》编辑、记者。1938 年 11 月聊城失守，到八路军一二九师先遣纵队和新八旅政治部任统战干事、教育干事。1942 年 4 月，任冀南《人山报》总编辑、社长。

解放战争期间，翟向东任《冀南日报》编辑部部长、副社长兼副总编辑，创办了《河北日报》。

中华人民共和国成立后，翟向东先后任河北日报社社长、总编辑，兼新华社河北分社第一任社长，全国新闻工作者协会常务理事，中共河北省委宣传部副部长、政策研究室主任、宣传部部长。曾当选河北省第一、第二、第三届人民代表大会代表，第三届全国人大代表。后任《北京日报》总编辑。“文化大革命”期间受到迫害。

1971 年，任中共承德市委书记。1979 年 3 月，调任《人民日报》副总编辑、社务委员，全国新闻高级职称评委会副主任。1981 年 9 月，省、地市委为翟向东平反，恢复名誉。1986 年离休。

翟向东曾获“全国新闻工作者协会老新闻工作者”荣誉称号，享受国务院颁发的有贡献的新闻专家待遇。离休后，任中国公共关系协会常务副主席，兼学术委员会主任及培训中心名誉主任。受聘北京联合大学公共系教授、南京中华公关学院名誉院长。公关著作有《中国公共特色初探》《中国公共关系教程》《中国公共之路探索》等；文艺作品有《大河东流》《拾叶集》《金台情思》，《范筑先将军》剧本；主编散文集《塞外风情》《山海游踪》。另编有《冀南日报史》，参与了《鲁西北革命史》《冀南革命史》和《冀鲁豫边区革命史》的编纂指导工作。

2002 年 3 月 12 日，翟向东因病在北京逝世，享年 83 岁。

黎　玉

黎玉（1906.5.12—1986.5.30），山西省崞县陈赵野庄（今山西省原平市大牛店镇东野庄）人。曾任中共山东省委书记，国家农业机械部第一常务副部长、党组副书记。

黎玉小时候在家乡读私塾，后读小学。1923 年，考入崞县县立中学，开始接触新思想、新文化。1925 年，“五卅惨案”发生后，他组织学生上街游行，带领大家积极参加反帝爱国活动。之后在学校中大力宣扬先进思想，创办报刊，阅读《共产党宣言》等进步书刊。1926 年 9 月，加入中国共产党。1927 年春，按照上级指示，黎玉以个人身份加入国民党，被推举为国民党崞县党部常委和学生会主席，同时担任崞县中学中共支部书记。1928 年 3 月，黎玉多次组织中学党支部进行校内外活动，引起了地方当局的密切注意，“国民党崞县清党委员会”将地下党员黎玉等 7 人开除国民党党籍，逮捕关押在太原第一监狱。1929 年 4 月，黎玉被保释回家，同年考入北平大学法政学院。历经波折，被中共法政学院党支部接受了组织关系。1930 年 10 月至 1931 年初，黎玉任中共北平市委职工运动市政工作委员会书记、职工部部长。其后曾任中共天津市委代理书记、中共河北省石家庄中心县委书记、直中特委书记。1933 年春，任中共唐山市委书记，负责重建被破坏的唐山党组织。1934 年初，领导了震惊中外的开滦五矿总同盟 3 万余人反帝大罢工。

1934 年 5 月，黎玉以中共河北省委巡视员身份前往中共河北省委直南特委工作，并先后兼任中共直南特委书记、直鲁豫边特委书记。其间，多次前往徐庄指导工作。当年，在濮县古云集一带，以徐庄中共党员、贫苦农民为骨干，开展了分粮吃大户斗争，并创建游击队，发展在中共直接领导下的武装，打击反动势力。中共山东省委遭到破坏之后，同党中央失去联系。中共山东省临时工委组织部部长、代理工委书记赵健民听说黎玉多次在濮县组织农民斗争，便主动到濮县古云集附近寻找与党中央的关系。同年冬，赵健民再次来到濮县徐庄，黎玉听取了赵健民关于山东党的情况汇报，并及时转告了上级党组织。1936年5月，中共中央北方局派黎玉来山东，恢复重建屡遭敌人破坏的中共山东省委，他任省委书记，赵健民任组织部部长，林浩任宣传部部长。随后组织领导健全省委机关，恢复各地党组织。经过一段时间艰苦细致的工作，逐步地把全省各地党组织恢复起来，为山东省的各级党组织的恢复、建设和发展做出了重大的贡献。

抗日战争全面爆发后，黎玉按照中共中央指示，领导山东省委发动山东各地抗日武装起义。1938年1月1日，黎玉直接领导了徂徕山武装起义，任起义部队政治委员。同年，黎玉任中共中央山东分局委员、八路军山东纵队政治委员。1940年，任山东战时工作推行委员会首席组长。1941年9月，中共中央书记处和中央军委决定，山东分局由朱瑞、罗荣桓、黎玉、陈光四人组成，朱瑞为书记。1943年起，黎玉任山东军区副政治委员、山东战时行政委员会主任委员、中共山东分局副书记、代理山东分局书记。1945年8月，山东省战时行政委员会正式改为山东省政府，黎玉任省政府主席。

解放战争时期，1945年12月，山东分局改组为中共中央华东局，由饶漱石任书记，黎玉任副书记。在1946年1月至1947年1月饶漱石离开山东期间，黎玉按照中共中央《关于土地问题的指示》（简称《五四指示》），主持制定了《中共华东中央局关于彻底实现土地改革的指示》和《山东省政府实行土地改革的布告》《山东省土地改革暂行条例》，领导了山东解放区的土地改革运动，并收到较好的效果。后历任新四军副政治委员兼山东军区副政治委员、华东军区副政治委员。

中华人民共和国成立后，黎玉任中共上海市委委员兼秘书长、华东军政委员会委员兼上海市政府市政建设委员会主任等职。1953年，黎玉调中央财经委员会工作。1954年起，任国家第一机械工业部副部长。1959年起，任国家农业机械部（后为第八机械工业部）第一常务副部长、党组副书记。“文化大革命”中遭受迫害。1978年起，任国家第一机械工业部顾问，农业机械部顾问、党组成员。系政协第三、第五、第六届全国委员会常委。

1986年5月30日，黎玉在北京病逝，享年80岁。

潘复生

潘复生（1908—1980.4.29），山东省文登县（今文登市）侯家镇二马村人。曾任中共河南省委书记，全国供销合作社主任、党组书记，中共黑龙江省委第一书记。

潘复生出生于贫苦农民家庭。1920年，考入文登县立第一高等小学。毕业后，以第一名的成绩考入文登师范讲习所，半年后退学，回本村读私塾一年。1924年，到蔡官屯小学当教员，任教三年，又被二马村聘为小学教员。此间，因在村里张贴革命标语，被取消小学教师资格，被迫离家赴济南，考入山东省立第一乡村师范学校，被推为级长和学生自治会负责人。1931年10月，加入中国共产主义青年团。同年12月，转为中共党员，任乡师共青团支部书记。不久，济南市学生自治联合会成立，潘复生当选为负责人。1932年3月，因在济南发动组织学潮，被国民党政府逮捕。在狱中被施以种种酷刑，坚贞不屈，积极参与绝食斗争。1937年2月，被押至文登县监狱。同年12月，被保释出狱。不久，任中共文登县第四区委组织委员。1938年2月，任中共胶东特委委员。同年4月，兼任文荣威边工委书记。6月，任中共文登中心县委书记，领导文登、威海、荣成、牟平和海阳五个县的工作，组织发动人民群众，开展抗日斗争。1939年2月至1940年5月，先后任中共山东分局巡视团主任、组织科科长兼干部科科长，山东分局秘书长等职。

1940年8月，潘复生调任中共苏鲁豫区党委书记。同年10月，苏鲁豫区委改为湖西地委，任湖西地委书记兼军分区政委。1941年7月，组织微山大队、铁道游击队和运河支队等武装力量，解放了微山岛。同年8月，在他的领导下，迅速平息国民党山东省十一专区专员朱世勤等策动的万余名“无极道”道徒暴动。1941年至1943年，潘复生等领导湖西地区抗日军民粉碎日军多次“蚕食”、进攻和“扫荡”，发展和巩固了湖西根据地，恢复了秘密交通线，始终保持湖西和秘密交通线的安全畅通，先后出色完成了护送刘少奇、陈毅、朱瑞、萧华等领导人去延安的任务，曾受到中央军委的电报嘉奖和山东分局首长的表扬。加强湖西地区人民武装建设，发展武装力量，坚持武装斗争；推动全区减租减息工作，组织开展大生产运动，打破敌人的经济封锁；巩固和扩大湖西抗日根据地，清除了湖西地区的敌伪顽据点，使湖西、鲁南根据地连成一片；进行反碉堡斗争与东进讨顽战役，将日伪军占据的湖西根据地内的沛县、鱼台、金乡、成武等县城全部解放。

1945年11月，潘复生调任中共冀鲁豫区委副书记兼军区副政治委员。1948年3月，任中共冀鲁豫区委书记兼军区政治委员。同年11月12日，根据华北人民政府通令，冀鲁豫行署改称冀鲁豫行政公署，潘复生任行政公署主任。

1949年8月，平原省成立，潘复生任中共平原省委书记兼省军区政治委员。1950年3月，濮阳专区群众运送公粮时，由于一些干部渎职，导致牲口冻死，发生民工“濮阳运粮事件”。同年7月，潘复生被降职为省委副书记。1952年1月至11月，任中共平原省委第一书记，其间，曾兼任平原省军区政治委员。1952年11月，任中共河南省委第一书记兼省军区政治委员。1952年11月至1959年2月，任河南省政协主席。1952年12月至1954年11月，任中共中央中南局委员。1958年，因反对“浮夸风”，受到批评，被定为“右倾机会主义者”，撤职下放到西华农场劳动。1961年10月至1962年5月，任中南局农业办公室主任、农业委员会副主任。1962年，中共中央和中南局给予平反后，调任全国供销合作总社主任、党组书记。1965年10月，调任中共黑龙江省委第一书记兼省军区第一政治委员、黑龙江省建设兵团第一政治委员、东北局书记处书记。1967年1月，任黑龙江省革命委员会主任。同年5月，兼任沈阳军区政治委员。1971年6月，因“文化大革命”中执行“左”的路线，被免职接受审查。1980年4月29日病故。1982年4月，中共中央同意黑龙江省委对潘复生的审查结论：历史问题已经查清，没有问题；“文化大革命”中犯的错误不做组织处理。

潘复生系中共第八届中央候补委员、中共八届十二中全会上递补为中央委员，中共第九届中央委员。1969年4月至1971年6月，任中共中央军事委员会委员、政协第四届全国委员会常委。

1980年4月29日，潘复生因病逝世，享年72岁。

戴晓东

戴晓东（1904—1988.6.29），安徽省萧县王寨镇戴楼村人。曾任中共贵州省委常委、副省长，贵州省第五届人大常委会副主任。

1928 年，戴晓东加入中国共产党。历任党支部书记、区委书记、中共萧县县委委员、中共萧县县委书记、萧宿永中心县委书记。

抗日战争全面爆发后，戴晓东领导和组织抗日武装，在宿州东部一带坚持对敌斗争。1939 年 5 月，受中共苏鲁豫区党委的派遣，到鲁西南地区工作。同年 7 月 1 日，中共鲁西南地委建立，任地委书记。1940 年 8 月，成功地领导了固守刘岗、曹楼、伊庄三村的斗争。1942 年 9 月后，任中共冀鲁豫区鲁西南地委副书记兼组织部部长、敌工部书记。

1947 年 8 月后，戴晓东先后任鲁西南地委书记，中共冀鲁豫三地委书记兼军分区政治委员，冀鲁豫区党委委员、社会部部长，河南省工委组织部部长。

中华人民共和国成立后，戴晓东任平原省委委员、省委社会部部长，中共平原省委纪律检查委员会副书记，省政法委员会副主任，公安厅厅长兼检察长。1952 年 5 月后，任平原省人民政府副主席。同年底，平原省撤销，调任华北行政委员会监委副主任，中共中央华北局纪律检查委员会副主席，全国供销合作总社监事会副主任、党组成员。

1958 年，调任中共贵州省委常委、副省长。1977 年后，任贵州省政协副主席，贵州省第五届人大常委会副主任、党组成员。直至机构改革，主动要求离休，退出领导岗位。

1988 年 6 月 29 日，戴晓东因病在贵阳逝世，享年 84 岁。

第二编

在中华人民共和国成立后参加工作，曾在聊城工作及生活过一年以上的

第一部分 党和国家领导人

本部分收录了2位在中华人民共和国成立后参加工作，曾在聊城工作及生活过一年以上的正国级或副国级领导人。

王乐泉

王乐泉（1944.12— ），山东省寿光县（今寿光市）三元朱村人。曾任中共中央政治局委员、新疆维吾尔自治区党委书记、新疆生产建设兵团第一政治委员。

王乐泉，中央党校研究生学历。1965 年 9 月参加工作后，在胶南县农村参加“社教”工作。1966 年 3 月，加入中国共产党。当年 8 月，任寿光县侯镇公社副社长。1967 年 4 月起，任寿光县侯镇公社革委会常委。1970 年 10 月，任寿光县侯镇公社党委常委。1974 年 2 月，任寿光县城关公社党委副书记。1975 年 4 月起，任中共寿光县委副书记、县革委副主任。1978 年 10 月，任中共寿光县委书记、县革委会主任。1979 年 12 月，恢复寿光县人民代表大会，选出县长，即不再兼任县政府领导职务。1982 年 3 月，调任共青团山东省委副书记、党组副书记。1983 年 9 月，入中共中央党校学习，后攻读研究生。1986 年 7 月结业，获中共中央党校研究生学历。同年 9 月，任中共聊城地委副书记。1988 年 3 月，任中共聊城地委书记。1989 年 3 月，当选为山东省人民政府副省长。1991 年 2 月，调任中共新疆维吾尔自治区委常委、新疆维吾尔自治区人民政府副主席。后任中共新疆维吾尔自治区委副书记、新疆维吾尔自治区人民政府副主席。1994 年 9 月，任中共新疆维吾尔自治区委代书记、疆维吾尔自治区人民政府副主席。1995 年 12 月，任中共新疆维吾尔自治区委书记、新疆生产建设兵团第一政治委员。2002 年起，任中共中央政治局委员、新疆维吾尔自治区党委书记、新疆生产建设兵团第一政治委员。2010 年，任中共中央政治局委员（至 2012 年 11 月）、中央政法委副书记（兼）。2013 年 11 月 30 日，任中国法学会会长，2019 年 3 月卸任。

王乐泉系中共第十四届中央候补委员，第十五、第十六、第十七届中央委员，第十六、第十七届中央政治局委员。

魏凤和

魏凤和（1954.2— ），山东省聊城市茌平区温陈街道杜庄村人，上将军衔。现任中共十九届中央委员会委员、中共中央军事委员会委员、国防部部长。

魏凤和出身于农民家庭，大学文化。1970 年 12 月，应征入伍。1970 年至 1974 年，任中国人民解放军第二炮兵五十四基地八一三团通信连战士、班长。其间，1972 年 1 月，加入中国共产党。1974 年至 1979 年，任第二炮兵五十四基地八一三团发射一营一连排长。其间，1975 年至 1977 年，入国防科工委二十基地东五导弹训练班控制专业学习。1979 年至 1984 年，任第二炮兵五十四基地八一三团司令部作训股参谋。其间，1982 年至 1984 年，入第二炮兵学院中级军事指挥专业学习。1984 年至 1986 年，任第二炮兵五十四基地八一三支队司令部作训股股长。1986 年至 1988 年，任第二炮兵五十四基地八一三旅司令部作训科科长。1988 年至 1990 年，任第二炮兵五十四基地八一三旅副参谋长、旅党委委员。1990 年至 1994 年，任第二炮兵五十四基地八一三旅参谋长、旅党委常委。1994 年，晋升为大校军衔。1994 年至 1999 年，任第二炮兵五十四基地八一三旅旅长、旅党委副书记。其间，1994 年至 1997 年，入第二炮兵指挥学院指挥专业函授本科学习。1997 年至 1999 年，入国防大学师团职领导干部培训班合同战役指挥专业全日制本科学习。1999 年至 2001 年，任第二炮兵五十四基地副参谋长。2001 年至 2003 年，任第二炮兵五十四基地参谋长、基地党委常委。其间，1999 年至 2002 年，入国防大学研究生课程进修班在职学习。2003 年至 2004 年，任第二炮兵五十三基地司令员、基地党委副书记。2004 年，晋升为少将军衔。2004 年至 2006 年，任第二炮兵副参谋长、党委委员。其间，2006 年 3 月至 2006 年 7 月，入国防大学战略指挥培训班学习。2006 年至 2010 年，任第二炮兵参谋长、党委常委。其间，2008 年 7 月，晋升为中将军衔。2010 年至 2012 年，任解放军副总参谋长、总参谋部党委委员。2012 年，任第二炮兵司令员。2012 年 11 月，晋升为上将军衔。2012 年至 2013 年，任中共中央军事委员会委员、第二炮兵司令员。2013 年至 2015 年，任中共中央军事委员会委员、中华人民共和国中央军事委员会委员、第二炮兵司令员。2015 年至 2017 年，任中共中央军事委员会委员、中华人民共和国中央军事委员会委员、火箭军司令员。2017 年至 2018 年，任中共中央军事委员会委员、中华人民共和国中央军事委员会委员。2018 年后，任中共中央军事委员会委员、中华人民共和国中央军事委员会委员、国务委员、国务院党组成员、国防部部长。

魏凤和系中共第十七届中央候补委员，第十八、第十九届中央委员。

第二编

在中华人民共和国成立后参加工作，曾在聊城工作及生活过一年以上的

第二部分　将军及军职为副军级（含）以上的

本部分收录了37位在中华人民共和国成立后参加工作，曾在聊城工作及生活过一年以上的将军及军职为副军级（含）以上的人物。

于中海

于中海（1959.12— ），山东省聊城市东昌府区郑家镇苇元村人，少将军衔。曾任东部战区陆军副司令员、福建省军区司令员。

1978 年 3 月，于中海入伍。1980 年 12 月，加入中国共产党。入伍后，历任济南军区坦克二师六团连战士，南京军区装甲兵教导大队学员，第十二集团军坦克二师六团排长、连长，坦克二师司令部作训科副营职参谋、侦察营副营长、营长，坦克二师六团副团长、装甲步兵团副团长、步兵第三十四旅副参谋长，装甲二师司令部副参谋长、七团团长、师装备部部长。2004 年 9 月，调南京军区装备部，历任装备部车船工化部副部长、综合计划部部长，军区装备部副部长、部长，军区党委常委。2012 年 6 月，晋升为少将军衔。2015 年 12 月，国防和军队改革后，历任东部战区陆军副司令员、福建省军区司令员、江苏省军区司令员。

于中海工作履历丰富、历练扎实、军政兼备、指技兼通，任职过团、营、连三级军事主官，有大军区、师、旅三级机关工作经历，经过合肥电子工程学院、装备指挥技术学院装备工作研究班、国防大学联合战役指挥员班、国防科技大学军队信息化建设培训，获得装甲兵工程学院军事装备学在职硕士学位，拥有较丰富的领导经验和较高的军事理论水平。先后参与筹划组织了全军首次新型破障装备集训、全军“1208”“131A”“134”集训装备展演示、178 数字化旅“两成两力”建设、“坦克两项”和“汽车能手”国际竞赛装备保障，以及“铸剑 / 砺剑 · 2005—2014”“东部 · 运筹 / 警戒 / 屏护 / 动员”等系列重大演训活动，圆满完成军委国防动员部赋予的“三个一线”能力集训试点、民兵建设形势分析暨工作推进会等任务。

在军队工作期间，于中海被第十二集团军评为“特等坦克射击能手”，被南京军区评为“抗洪抢险先进个人”，荣立三等功 3 次。

王太岚

王太岚（1939.6— ），山东省东阿县牛店镇陶嘴村人，中将军衔。曾任原中国人民解放军总后勤部副部长。

王太岚出生于农民家庭。1949年前，在村里任儿童团团长，读小学时参加中国新民主主义青年团，积极参加治安、宣传等活动。初中毕业后，任本村高级农业生产合作社会计。1955年，响应党的支边号召，到黑龙江省依安县旭日乡垦荒团从事农业生产劳动。1957年春，返回东阿县，先后在东阿黄河修防段、东阿县水利局工作。1958年1月，参加中国人民解放军。1959年8月，加入中国共产党。历任济南军区守备师通信员、秘书、文书、书记、保密员，团司令部作训股参谋、股长，师司令部作训科副科长、师副参谋长、副师长兼团长等职。1964年，毕业于中国人民解放军洛阳步兵学校。1976年，入第三军政大学军事系学习。1983年，任南京军区守备师师长。1984年，任江苏省军区参谋长。同年毕业于国防大学高级军事系。1985年，任江苏省军区副司令员。1987年，任南京军区后勤部副部长。1988年9月，晋升为少将军衔，同年任南京军区后勤部部长。1992年11月，任中国人民解放军总后勤部副部长、总后勤部党委委员。1994年7月，晋升为中将军衔。系中共十四大、十五大代表，中共第十五届中央候补委员，第十届全国人大常务委员会委员、农业与农村委员会委员。

王长根

王长根（1946.10— ），山东省冠县兰沃乡西张庄村人，少将军衔。曾任原济南军区装备部副部长。

王长根出生于农民家庭。1963 年 9 月，入聊城第一中学读书。1968 年 3 月，从聊城一中应征入伍。同年 11 月，加入中国共产党。入伍后，历任坦克师坦克连战士、班长、排长、连长，师作训科参谋，济南军区装甲兵作训处参谋、副处长，济南军区司令部装甲兵部作训处副处长、处长，装甲师副师长，集团军副参谋长、装备技术部部长，济南军区装备部车船工化部部长。1979 年 7 月，毕业于装甲兵指挥学院。1985 年以后，参加山东大学、装甲兵指挥学院、装备技术指挥学院自学考试和在职学习，获大学本科学历、学士学位，装备技术指挥学院硕士研究生毕业。2000 年，在国防大学学习。同年 1 月，任济南军区装备部副部长。2001 年，在国防科技大学培训学习。他长期在部队作战训练部门和装备部门工作，参加了多次重大的战役演习、军事训练和军事装甲演示活动。2001 年 7 月，王长根晋升为少将军衔。曾任山东省老区经济文化建设促进会常务副会长。

王文惠

王文惠（1944.10— ），山东省阳谷县阎楼镇王振扬村人，少将军衔。曾任上海警备区司令员、中共上海市委常委。

王文惠出生于农民家庭，大学文化，国防大学基本系毕业。1962 年，台湾国民党军企图反攻大陆；6 月，在聊城一中高中就读的王文惠应征入伍。1964 年 7 月，加入中国共产党。历任江苏省军区独立第一师步兵任战士、班长、排长、团作战训练参谋、作战训练股股长，师作战训练科科长，第三团副团长、独立第一师副师长。后调浙江，先后任温州军分区副司令员、金华军分区司令员，浙江省军区副司令员兼参谋长、浙江省军区副司令员。1988 年 12 月，晋升为少将军衔。1990 年 6 月，任陆军第十二集团军副军长。1995 年 12 月，任上海警备区司令员、中共上海市委常委。系中共十三大、十四大代表，第九、第十届全国人大代表。

王福臣

王福臣（1945— ），山东省临清市松林镇亢庙村人，少将军衔。曾任中国人民解放军总后勤部军事交通运输部部长。

1963 年 2 月，王福臣入伍。1964 年 2 月，加入中国共产党。历任某军某师某团通信连战士、班长。1966 年 7 月，调任驻大连港军事代表办事处参谋。1969 年 10 月，调任黑龙江生产建设兵团政治部组织处干事。1971 年 3 月，调回驻大连港军事代表办事处任参谋。1972 年 1 月，调任总后勤部军事交通部助理员。1983 年至 1985 年，在国家交通管理学院学习。1985 年 7 月，任航运处副处长（副师职）。1988 年，任航运处处长（正师职）。1992 年 10 月，任总后勤部军事交通运输部第二运输局局长（正师职）。1993 年 4 月至 1994 年 2 月，任厦门警备区代职副司令员。1993 年 7 月，任总后勤部军事交通运输部副部长（副军职）。1995 年 7 月，被授予少将军衔。1995 年 7 月至 1996 年 7 月，在国防大学学习。1999 年 11 月至 2002 年 2 月，在国防科技大学学习。2000 年 5 月，任天津军事交通学院院长（正军职）。2002 年 7 月，任总后勤部军事交通运输部部长。2005 年 7 月退休。2005 年至 2015 年，任中国交通协会副会长。曾任中国国防交通协会第三、第四届常务副会长。

邓长宇

邓长宇（1954.2— ），山东省聊城市高新技术产业开发区九洲街道王屯小区（原军王屯村）人，少将军衔。曾任原中国人民解放军总政治部某基地主任、司令员，新疆军区副政治委员、军区党委常委。

邓长宇，中共党员，出生在农民家庭，自幼读书，后应征入伍，参加中国人民解放军。历任战士、班长等。2003年，任南疆军区副政治委员、军区党委常委。2004年，任兰州军区政治部秘书长。2005年后，历任总政治部某基地主任（副军职）、司令员，新疆军区副政治委员、军区党委常委。后晋升为少将军衔。

申相峰

申相峰（1942.12.4—　），山东省冠县桑阿镇申小屯村人，少将军衔。曾任原沈阳军区后勤部副部长、副政治委员、纪委书记。

申相峰出生在一个贫苦农民家庭。1963 年冠县三中高中毕业后，于 12 月应征入伍。翌年 7 月，加入中国共产党。曾任沈阳军区某炮兵师某团战士、排长、连政治指导员、团政治处干部干事、师政治部干部干事、团政治处主任和团政治委员等职。曾在解放军政治学院学习 1 年。1982 年，任某炮兵师副政治委员。1984 年，任该师政治委员、党委书记。1985 年，入国防大学学习。1988 年毕业后，任沈阳军区某集团军政治部副主任和某机械化师政治委员、党委书记。1993 年，调沈阳军区后勤部工作，初任后勤部政治部主任，在此期间，主编的《人生观价值观教育讲话》被列入“中国当代思想教育艺术精华丛书”；后任后勤部副部长、副政治委员、纪委书记。1988 年，被授予大校军衔。1996 年，晋升为少将军衔。

毕泗振

毕泗振（1940.12— ），山东省东阿县陈集镇尹庄人，少将军衔。曾任国防大学校务部副部长。

毕泗振，中国人民解放军南京指挥学院、西安政治学院、国防大学指挥员班毕业。1956 年小学毕业后，在高级社务农，兼生产队记工员。1958 年夏，考入东阿二中读书。1959 年 12 月，从学校应征入伍。1962 年 8 月，加入中国共产党。1963 年 12 月，立三等功 1 次。曾任营部党支部书记。1964 年 6 月，被提拔为排级干部，并授予少尉军衔。1965 年 9 月，到山东省文登县宋村公社徐格庄参加“社会主义教育运动”。1966 年底，任排长。1968 年初，任副连长。同年底，任大学生连代连长。1969 年 3 月，任团司令部军务股参谋。同年底，在济南军区司令部军务动员部编制科任参谋。1970 年初，任总参军务动员部组织编制处参谋。1985 年，抽调参加筹建国防大学，后留国防大学工作，任校务部军务部第一副部长。1988 年 9 月，被授予大校军衔。1989 年 2 月，任军务部部长。1992 年 1 月，任校务部副部长（副军级）、校务部党委常委。1993 年 8 月，晋升为少将军衔。1998 年 1 月，任国防大学基本一系主任、系党委副书记。2000 年 1 月退休。退休后，主编了《全国优秀复转军人传略》一、二、三卷和《全国铁军风采》《人生智慧》。

吕先景

吕先景（1957.3— ），山东省莘县观城镇吕庙村人，少将军衔。曾任江苏省军区政治部主任、江苏省政协常委。

1976年2月，吕先景参加中国人民解放军。中国共产党党员，研究生学历。曾任坦克某师政治部组织科科长、集团军政治部组织处处长、摩步旅政治委员、集团军政治部副主任。2010年12月，任江苏省军区政治部主任。曾任江苏省政协常委。2011年12月，被授予少将军衔。

朱法臣

朱法臣（1949—2011.6），山东省聊城市茌平区肖庄镇郝庄人，少将军衔。曾任原中国人民解放军第二炮兵后勤部部长。

1968年3月，朱法臣入伍。1969年8月，加入中国共产党，大学文化程度。1976年5月，任第二炮兵某部队连长。1986年12月，任第二炮兵某部队运输处处长。1995年4月，任第二炮兵某部队副参谋长。1997年3月，任第二炮兵某部队后勤部部长。2002年7月，晋升为少将军衔。2003年11月，任第二炮兵后勤部部长（正军级）。先后入第二炮兵学院、后勤学院、国防大学、中央党校学习。立二等功1次，三等功4次。2009年12月退休。系第十一届全国人大代表。

2011年6月，朱法臣在北京逝世，享年62岁。

刘万龙

刘万龙（1962.7— ），山东省聊城市东昌府区广平镇吴家所村人，中将军衔。曾任新疆军区司令员。

1978年2月，刘万龙入伍。1981年5月加入中国共产党，大学学历。入伍后曾任某部战士、技术员、副连长、助理员、参谋、连长、副营长、处长、参谋长、团长、副师长等职。2007年12月，任西藏阿里军分区司令员。2011年10月，任南疆军区副司令员。2013年6月，任新疆生产建设兵团军事部部长。2014年2月，任甘肃省军区司令员。2016年5月后，任中共甘肃省委常委、省军区司令员。曾多次组织部队演训活动，指挥新疆和西藏维稳、甘南森林灭火等行动。先后荣立三等功4次。2007年7月，参加联合军演，被中央军委、六国国防部授予“和平勋章”；被解放军原四总部评为“全军优秀指挥军官”。2012年12月，晋升为少将军衔。2017年1月，任新疆军区司令员。2018年7月，晋升为中将军衔。系中共第十九届中央委员会委员。

刘兆山

刘兆山（1945.1— ），山东省聊城市茌平区乐平铺镇瓦刀刘村人，少将军衔。曾任原济南军区后勤部副政治委员。

1961年8月，刘兆山参军。1963年12月，加入中国共产党。历任济南军区某汽车团战士、文书、司务长，团政治处书记。1966年12月起，任济南军区后勤部组织科干事、后勤部党委秘书、后勤部政治部组织科副科长、济南军区军械油料仓库政治委员、后勤部政治部干部处处长。1984年12月后，任济南军区后勤部纪律检查委员会专职委员（副师职）、后勤部政治部副主任、后勤部某分部政治委员、后勤部政治部主任。1995年2月，任济南军区后勤部副政治委员。1988年，被授予大校军衔。1996年7月，晋升为少将军衔。

刘希星

刘希星（1949.8— ），山东省高唐县梁村镇大刘村人，少将军衔。曾任中国人民解放军第二炮兵某基地总工程师。

刘希星出身于农民家庭。1968年3月，应征入伍。1970年，加入中国共产党。1968年至1974年，在80407部队一营历任战士、副排长、排长、副连长。1974年，调团司令部作训股任参谋。1978年，任股长。1983年至1989年，任80411部队参谋长。1986年至1988年，入二炮西安技术学院大专班学习。1989年后，任80411部队副部队长、部队长。入伍后曾3次立三等功，15次受嘉奖，所在部队被二炮授予训练和行政管理先进部队称号。曾任中国人民解放军第二炮兵某基地总工程师，少将军衔。

刘宝臣

刘宝臣（1938— ），山东省临清市人，中将军衔。曾任原成都军区副司令员。

刘宝臣，大专学历。1956年3月，参加中国人民解放军。历任排长、干事、指导员、参谋、团副参谋长、总政治部保卫部保卫队队长、中央军委办公厅警卫处三科科长、副处长、总政治部保卫部副部长、中国人民解放军军事检察院副检察长。1992年11月，任中国人民解放军军事检察院检察长。1996年7月至2002年1月，任成都军区副司令员。1988年9月，被授予少将军衔。1996年7月，晋升为中将军衔。为政协第十届全国委员会委员。

刘景山

刘景山（1936—2005.4），山东省高唐县人，少将军衔。曾任北海舰队副参谋长。

1954年7月，刘景山毕业于济南第五中学，随即考取海军第五联合学校，参军入伍。1954年11月至1975年12月，在海军青岛基地所属驱逐舰部队工作，历任水兵、班长、分队长、部长、副舰长。其间，立三等功若干，晋升中尉军衔。1976年至1990年，在北海舰队所属驱逐舰部队工作，历任副参谋长、副支队长、支队长。其间，曾先后在大连舰艇学院、南京海军学院学习。1988年，被授予海军大校军衔。1990年7月至1994年3月，任南海舰队副参谋长。1991年8月，晋升为海军少将军衔。1994年3月，调北海舰队任副参谋长。1994年8月退休。2005年4月逝世，享年69岁。

刘 雷

刘雷（1957.2— ），山东省聊城市东昌府区广平镇吴家所村人，上将军衔。曾任中国人民解放军陆军政治委员、中共第十九届中央委员会委员。

刘雷出生于一个农民家庭。1960 年，迁居东阿县曹屯村。1964 年，入学读书。1973 年 12 月，应征入伍。1976 年 4 月，加入中国共产党。先后获得中专、大专、大学本科、社会文化学专业研究生学历，同时在军级以上报刊发表调查报告、新闻稿件、诗作百余篇。1973 年 12 月至 1978 年 11 月，先后任解放军兰州军区六十三师一八九团战士、文书、卫生班班长，曾被评为学习雷锋先进个人，荣立三等功一次。1978 年 11 月至 1983 年，先后任团司令部保密员、后勤处参谋、政治处宣传干事、团炮连政治指导员等职，曾两次荣立三等功。1983 年 6 月后，任兰州军区二十一集团军干部处副营职干事。1985 年 12 月，任兰州军区十三师炮团加榴炮营教导员。1986 年 6 月，调兰州军区政治部干部部科技干部处，先后任营职干事、副团职干事。1988 年，被授予中校军衔。1991 年 3 月，任科技干部处处长。1994 年 12 月，任兰州军区政治部干部部副部长，并晋升为上校军衔，此后入国防大学联合战役指挥专业学习三年。1998 年，晋升为大校军衔。1999 年，任新疆军区步兵十一师政治委员。2003 年 6 月，任新疆军区政治部主任。2004 年 7 月，晋升为少将军衔。2007 年 1 月，任第二十一集团军政治委员。2013 年 11 月，任新疆维吾尔自治区党委常委、新疆军区政治委员。2014 年 7 月，晋升为中将军衔。同年 12 月，任兰州军区政治委员。2015 年 12 月，任中国人民解放军陆军政治委员。2017 年 7 月，晋升为上将军衔。

刘雷系党的十九大代表，中共第十九届中央委员会委员，第十一、第十二届全国人大代表。

衣述强

衣述强（1963— ），山东聊城人，少将军衔。现任中共青海省委常委，省军区党委书记、政治委员。

衣述强，1963年出生，2015年1月晋升少将军衔。曾任中国人民解放军国防大学组织部部长、中国人民解放军国防大学防务学院政治委员。现任中共青海省委常委，省军区党委书记、政治委员。

李其明

李其明（1949— ），山东省东阿县刘集镇刘集村人，少将军衔。曾任河南省军区参谋长。

1968年3月，李其明从山东省聊城市第二中学入伍。同年10月，加入中国共产党。入伍后，历任坦克二师机械化步兵团坦克营战士、技术员（排长）。1970年12月，任坦克二师司令部作训科参谋。1978年6月，任济南军区装甲兵司令部作训处参谋。1980年3月，调济南军区司令部军事训练部，历任该部参谋、副处长、处长、副部长、部长，机械化步兵一二七师代副师长。2003年12月，任河南省军区参谋长。2005年7月，晋升为少将军衔。

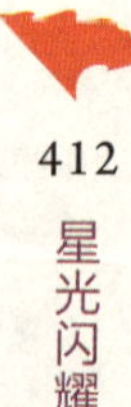

1984年，李其明在军事学院学习并参加庆祝中华人民共和国成立35周年阅兵。2000年9月，赴俄罗斯联邦武装力量总参谋部高级军事研修班学习深造。他机关业务熟练，有较丰富的机关工作经验和较高的军事学术理论水平，撰写了大量的学术文章，多次在总部、军区获奖。根据总部、军区的意图和部署，多次参与组织实施诸如全军“八〇四”演习、“九四五”会议、“教导队工作会议”等战役战术演习和重大军事训练活动。

李其明是河南省第十届人大代表、政协河南省第九届委员会委员。在军队工作期间，多次被评为五好战士，荣立三等功3次。

李建军

李建军（1955— ），山东省临清市尚店镇洼里村人，少将军衔。曾任中国人民解放军空军后勤部副部长。

1970年12月，李建军入伍后，在空军第一团当战士、文书、班长、排长、副指导员。1973年3月，调入空军后勤部机关，先后任秘书、助理员、处长等职。1973年9月至1976年9月，入北京大学学习。1994年10月至11月，赴赞比亚参加援建赞比亚机场建设的谈判工作，任机场设施项目组组长。1995年12月，任空军机场管理部副部长。1998年6月至9月，参加长江流域抗洪救灾，任抗洪救灾指挥部后勤办公室主任。1999年1月至10月，参加中华人民共和国成立50周年国庆阅兵组织工作，任空中梯队指挥部后勤办公室主任。2002年2月，任空后直属供应部部长。2006年8月，任空军后勤部参谋长。2007年8月，任空军后勤部副部长并晋升为空军少将军衔。2008年5月至9月，参加汶川抗震救灾，任空军前线指挥部副指挥长兼后勤组组长。2008年8月，参加北京奥运会安保工作，任空中安保领导小组副组长兼后勤组组长。2010年1月至10月，参加上海世博会安保工作，任空中安保领导小组副组长兼后勤组组长。

李继源

李继源（1938— ），山东省高唐县人，少将军衔。

1951年至1954年，李继源在高唐中学读书。1954年至1957年，在临清一中读高中。1957年至1963年，考入清华大学无线电电子学系。大学毕业后，先后在总参谋部、总装备部所属研究所工作，主要从事核爆炸与核辐射检测防护方法与装备器材研究。曾多次参加核武器实验及其技术保障。先后参加并主持了装备和核试验现场用核辐射探测器（传感器）的研制，这一代探测器的研制成功填补了国内空白。改革开放以来，主持并参加了第二代核辐射探测器系列的研究、“日军在华遗弃化学武器探查方案”的论证研究。负责完成大亚湾核电站辐射防护设备中探测器的研究，该探测是我国探测和研究太阳爆的主要手段。曾立三等功2次、集体三等功1次，多次受到通令嘉奖，被评为先进工作者、优秀共产党员。

杨立顺

杨立顺（1951— ），山东省东阿县高集镇庙杨村人，中将军衔。曾任中国人民解放军第二炮兵副政治委员。

1968 年，杨立顺入伍，曾担任第二炮兵某基地政治部主任、副政治委员。2002 年，任某基地政治委员。2003 年，任某基地政治委员等。2009 年，任第二炮兵副政治委员。2010 年 7 月，晋升为中将军衔。

肖　兵

肖兵（1945—　），山东省东阿县铜城街道肖屯村人，少将军衔。曾任中国人民解放军国防科学技术大学党委常委、校务部部长、党委书记。

1964年9月至1968年9月，肖兵在山东财经学院学习。1968年12月大学毕业后，参军入伍，在济南军区农药厂（山东省新汶县）劳动锻炼。1969年10月，加入中国共产党。1970年1月，任总后勤部三五三四工厂政治部干事，总后勤部华北物资工厂管理局、北京军区工厂管理局、总后勤部工厂管理部助理员。1988年1月，任总后三五三二工厂代副厂长。同年8月，被授予上校军衔。1989年2月，任总后军需生产管理部计划财务处代副处长。1991年9月，任总后军需生产管理部计划财务局副局长，授大校军衔。1993年2月，任总后勤部经济贸易局局长。1995年2月，任总后生产管理部综合计划局局长。1998年1月，为国防大学基本系学员。1999年1月，任总后生产管理部综合计划局局长。同年5月，任中国人民解放军国防科学技术大学党委常委、校务部部长、党委书记。2000年8月，被授予少将军衔。2003年11月退休。

张聿法

张聿法（1942.3—　），山东省莘县观城镇南街村人，少将军衔。曾任中国人民解放军军事科学院战役战术研究部副部长。

1963 年 8 月，张聿法高中毕业后入伍。1967 年 2 月，加入中国共产党。入伍后，在济南军区外国语训练大队英语专业学习。1967 年 8 月毕业后，任济南军区某部研译员，从事研究和翻译工作。1969 年 9 月起，先后任济南军区司令部情报部参谋、副科长、科长。1976 年 2 月至 1977 年 2 月，在济南军区军政干部学校学习。1980 年 8 月，任济南军区司令部情报部情报处处长。1986 年 3 月，调军事科学院科研指导部学术调研处任正团职研究员。同年 8 月，任学术调研处副处长（副师职）。1988 年 8 月，任处长（正师职，大校军衔），学术职称为研究员。1992 年 2 月至 1993 年 2 月，在国防大学基本系指挥员班学习。1994 年 8 月，任兰州军区某集团军副军长。1998 年 8 月，调军事科学院，任战役战术研究部副部长。1999 年，进国防科技大学学习。2001 年退休。在职期间，多次参加军区机关的野营机动演习，军区组织的集团军级战役机动实兵对抗演习、实兵实装机动检验性演习、不同方向的抗登陆战役演习。1995 年 7 月，晋升为少将军衔。

陆福恩

陆福恩（1954.3— ），山东省阳谷县十五里园镇朱坊村人，中将军衔。曾任中国人民解放军火箭军副司令员。

陆福恩曾任中国人民解放军第二炮兵某基地参谋长、某基地司令员。2004 年，被授予少将军衔。2010 年，任第二炮兵参谋长。2011 年 12 月，任第二炮兵副司令员。2012 年，晋升为中将军衔。2015 年 12 月至 2016 年 5 月，中国人民解放军第二炮兵改为中国人民解放军火箭军，任火箭军副司令员。系中共十八大代表，政协第十三届全国委员会常委，政协第十三届全国委员会人口资源环境委员会委员。

陈功生

陈功生（1946— ），山东省阳谷县寿张镇马庙村人，少将军衔。曾任西藏军区副司令员。

陈功生，中共党员。1965年，参加中国人民解放军，历任参谋、副科长、科长、处长。1983年，任军后勤部副部长、部长，集团军后勤部部长。1998年，任西藏军区副司令员。1999年7月，晋升为少将军衔。2002年，任成都军区联勤部副部长。2004年退休。

周书奎

周书奎（1955— ），山东省聊城市经济技术开发区北城街道周集村人，少将军衔。曾任公安部边防管理局副局长。

周书奎，中共党员。历任战士、班长、干事、秘书、参谋、副处长。2001 年，任公安部边防管理局司令部警务训练处处长（正师职）。2003 年 3 月，任黑龙江省公安边防总队总队长（正师职）。2009 年 1 月，任云南省公安边防总队政治委员（副军职）。2010 年 1 月至 2016 年 7 月，任公安部边防管理局副局长。2010 年 7 月，晋升为武警少将警衔。

郑广臣

郑广臣（1935.12—2014.11.30），山东省莘县柿子园镇郑庄人，少将军衔。曾任山东省军区副司令员。

1949年5月，郑广臣参加新民主主义青年团。1962年6月，加入中国共产党，中专文化。1950年10月，考入平原军政干校，毕业后任连队文化教员。1952年12月，随部参加抗美援朝。1953年7月，参加金城反击战。1954年8月，考入志愿军参谋学校，毕业后历任师作训参谋、副科长、团副参谋长、参谋长、副团长、团长、军副参谋长、师长。任师长期间，率师赴滇参加自卫还击作战。1976年，率全团赴天津抗震救灾。1986年10月，任山东省军区副司令员。1988年9月，被授予少将军衔。1998年10月退休。是政协山东省第五、第六届常委会委员。

2014年11月30日，郑广臣在济南逝世，享年79岁。

赵长山

赵长山（1938.8— ），山东省高唐县汇鑫街道阎寺村人，少将军衔。曾任中国人民解放军军事科学院政治部主任。

赵长山出生于农民家庭。1955 年高唐县第一中学毕业后，回乡任合作社会计。1956 年 5 月，任河北省邯郸市农产品采购局会计。1957 年 2 月入伍，历任学员、战士、文化教员。1959 年 4 月，加入中国共产党。1960 年后，历任团见习助理员，师政治部干事，团政治处组织股股长，师政治部组织科科长，中国军事科学院政治部组织部副师职干事，组织部副部长、部长，军事科学院政治部副主任、主任。曾先后立三等功 2 次，受嘉奖 10 余次，多次出席师和军区积极分子代表大会。1979 年，在对越自卫反击战中，曾深入参战部队调查研究，采写了一大批先进人物事迹和战时思想政治工作经验材料。1992 年 7 月，被授予少将军衔。在军事报纸、杂志上发表有关军队思想政治工作的论文数篇。

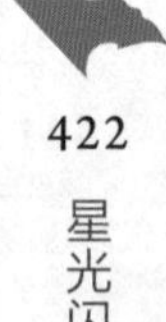

赵孝起

赵孝起（1936.12—　），山东省临清市魏湾镇赵回庄人，少将军衔。曾任原济南军区后勤部副政治委员兼任后勤部纪委书记。

1955年10月，赵孝起加入中国共产党。1956年3月，参加中国人民志愿军。入伍后，历任战士、给养员、骑兵班班长、司务长、侦察连排长、营管理员、团政治处干事、连队政治指导员、营政治教导员、团副政治委员、军政治部副主任、师政治委员、军政治部主任、济南军区后勤九分部政治委员。

1958年4月，赵孝起从朝鲜回国，驻防甘肃兰州。同年8月，参加临夏平叛作战任务。1959年3月，挺进西藏，参加山南战役、昌西战役（一号地区）、二号地区战役。1961年2月，入川归建，驻防四川省南充市飞机坝。1962年冬，带领全连参加某军在四川省重庆市北碚区龙梯山组织的军事训练大比武。1968年11月，调云南省腾冲县驻防。1969年8月，参加盈江县齐街村山洪抢险救灾任务。同年10月，调河南省焦作市沁阳县驻防。1973年1月，带领全团部分排连营干部参加在河南省微县固治涧“窑洞大学”的军事训练，同年参加武汉军区在武汉市东湖举办的青年干部读书班。1979年2月，参加对越自卫反击战。1983年3月，任济南军区后勤部副政治委员兼任后勤部纪委书记。同年7月，入北京国防大学高级班学习两年。1986年1月，调济南军区后勤九分部工作。1988年9月，被授予少将军衔。1989年，参加军区在仲宫举办的读书班。1990年，到济南军区后勤部工作。1991年，带领济南军区军事交通运输部参加总后勤部在北京丰台召开的全军交通运输会议。1994年，根据军区首长指示，组建工作组赴深圳、海南清理撤销生产经营单位和人员。

徐坤侠

徐坤侠（1957.11— ），山东省莘县十八里铺镇杜庄人，少将军衔。曾任火箭军指挥学院院长，现任火箭军副参谋长。

徐坤侠，中共党员，中国人民解放军少将军衔。曾任中国人民解放军第二炮兵装备研究院院长、指挥学院院长。2015 年 12 月至 2017 年 10 月，任火箭军指挥学院院长。2017 年 11 月任火箭军副参谋长。

郭洪超

郭洪超（1949.9— ），山东省冠县斜店镇斜店村人，中将军衔。曾任原兰州军区副司令员。

1969年12月，郭洪超入伍。1970年7月，加入中国共产党。历任团后勤处运输队战士、技师、后勤处助理员、处长。1981年1月，毕业于解放军后勤学院，后任炮兵师后勤部副部长、部长。1986年3月，任兰州军区政治部管理处处长、副秘书长。1991年6月，任兰州军区后勤部生产管理部部长。1995年1月后，任兰州军区后勤部副部长、联勤部副部长。1997年，晋升为少将军衔。2003年，任兰州军区联勤部部长。2006年8月，任兰州军区副司令员。2007年，晋升为中将军衔。

韩志庆

韩志庆（1958.8— ），山东省临清市先锋街道孟店村人，少将军衔。曾任中国人民解放军陆军后勤保障部部长。

1976年10月，韩志庆加入中国共产党。同年12月入伍。1979年2月至2006年8月，历任排长，团司令部作训参谋、连长、营长，济南军区司令部军训部参谋、处长、副部长。2006年8月至2008年3月，任济南军区内长山要塞区司令员。2008年4月至2013年3月，任集团军参谋长、副军长。其间，2009年7月，被授予少将军衔。2013年3月至2014年3月，任海军东海舰队副参谋长。2014年3月至2015年12月，任济南军区联勤部部长（正军级）。2015年12月，任中国人民解放军陆军后勤保障部部长。先后毕业于南京陆军指挥学院、俄罗斯军事学院战略与国际研究班、国防大学基本系指挥员班、土耳其陆军学院、国防科技大学。参与并组织了全军“945”会议、海上适应性训练现场会议、军区“铁拳—2004”涉外演习、“和平使命—2005”中俄联演、“129C”、“前卫—2009、2010、2011、2012系列”战役集训和演习、军事训练一级师旅考评等重大演训活动。是山东省第十一届人大代表。

韩连庆

韩连庆（1950— ），山东省临清市先锋街道孟店村人，少将军衔。曾任新疆军区副参谋长、直属党委书记。

1968年3月，韩连庆入伍。同年10月，加入中国共产党。入伍后，历任陆军某师步兵团机枪连班长、排长，新疆军区守备某团司令部军务参谋，新疆伊犁军分区司令部军务参谋，北疆军区司令部军务参谋、副处长、善后办公室副主任，直属党总支书记。1983年8月，入解放军军事学院基本系指挥班学习。1984年10月，参加庆祝中华人民共和国成立35周年阅兵式。1985年，北疆军区撤销。1986年，组织撤销后的移交工作。1987年3月，任新疆阿勒泰军分区司令部作训科科长。1988年4月，任新疆军区边防某团团长。1992年7月，任新疆阿勒泰军分区参谋长兼任中华人民共和国阿勒泰地区边防代表，与哈萨克斯坦边防代表会谈70余次，处理了大量边防事务，保持了边防稳定。1998年4月，任新疆阿勒泰军分区司令员、党委副书记。2000年2月，入国防大学基本系学习。2001年3月，继续任新疆阿勒泰军分区司令员。2002年7月，任新疆军区副参谋长、直属党委书记。2004年7月，被授予少将军衔。2007年8月，参加了在俄罗斯举行的“和平使命—2007”上合组织联合反恐军事演习，任陆军参谋长。2009年1月退休。

温善忠

温善忠（1962—　），山东省临清市戴湾镇温庄村人，少将军衔。曾任武汉后方基地参谋长。

温善忠自临清第二中学毕业后，于 1979 年考入山东农机学院。1983 年 7 月，从山东农机学院毕业后入伍。后在天津军事交通学院学习 1 年。1984 年，到青海省格尔木市汽车第一团任职。历任青海省格尔木市汽车第一团副连长、军务股参谋和副股长等职。1986 年 6 月，调总后司令部军务装备局工作，先后担任参谋、组长、副局长和局长职务。2013 年 4 月，任武汉后方基地参谋长。2014 年 7 月，被授予少将军衔。

谢玉林

谢玉林（1949.12—　），山东省茌平区博平镇北关村人，少将军衔。曾任原中国人民解放军第二炮兵第五十四基地某部队副司令员。

谢玉林出身于农民家庭。1970年，应征入伍，参加中国人民解放军。1972年3月，加入中国共产党。历任总字一九八部队一营二连战士、副班长、操纵员、副连长。1975年9月，任团作训股参谋。1976年12月，到第二炮兵工程学院学习。1978年11月，任总字一八九部队技术股参谋。1979年3月，任第二炮兵第五四基地某部队作训处参谋。1984年3月，任第二炮兵某部队副参谋长。1986年3月，任第二炮兵某部队一营营长。1989年9月，任某部队参谋长。1990年9月，任某部队副旅长。1991年6月，任第二炮兵某部队副旅长。1993年3月，任某部队旅长。2001年2月，任第二炮兵第五十四基地某部队参谋长、副司令员。2002年7月，晋升为少将军衔。2008年5月退休。

路运忠

路运忠（1951.11— ），山东省聊城市茌平区乐平铺镇西路庄人，少将军衔。曾任吉林省军区副司令员。

路运忠出身于农民家庭，自幼读书，大学文化。1970年12月，应征入伍，任沈阳军区后勤部汽车队战士、代理司务长。1973年12月，加入中国共产党。1974年7月，任汽车队司务长。两年后，任汽车队排长、沈阳军区后勤部管理科助理员。1978年11月，任汽车队副队长、代理队长、队长。1983年1月，任后勤部管理处副处长、处长。1988年8月，任沈阳军区后勤部军需生产部副部长、党委常委、机关党委书记。1989年，任沈阳军区政治部副秘书长、直属党委常委。1990年3月，被授予上校军衔。1994年3月，被授予大校军衔。同年4月，任沈阳军区工厂管理局局长，中国松辽企业集团董事长、总经理、高级经济师，世界（多边）贸易组织咨询研究中心、国务院发展研究中心对外研究部研究员，后任吉林省军区副司令员。2014年，晋升为少将军衔。系中华名人协会企业家、北京中华国际名人研究会会员、香港中小企业总会荣誉会长、辽宁省企业管理协会常务理事、沈阳市对外友好协会常务理事。

薛守唐

薛守唐（1937.3— ），山东省阳谷县安乐镇薛寨村人，少将军衔。曾任酒泉卫星发射中心副司令员。

1959年8月，薛守唐参军。1960年9月，加入中国共产党。1959年8月起，任空军导弹学院学员。1961年9月，任酒泉卫星发射中心技术军官。1976年5月，任太原卫星发射中心技术室主任（营职）及工程师、雷达站站长（团职）、后勤部部长（师职）、太原卫星发射中心参谋长（副军职）。1988年，被授予大校军衔。1989年7月，任国防科技大学训练部副部长。1991年10月，任酒泉卫星发射中心副司令员。1992年，晋升为少将军衔。

第二编

在中华人民共和国成立后参加工作，曾在聊城工作及生活过一年以上的

第三部分 部长及行政职务为副部（省）级（含）以上的

本部分收录了42位在中华人民共和国成立后参加工作，曾在聊城工作及生活过一年以上的部长及行政职务为副部（省）级（含）以上的人物。

丁业现

丁业现（1960.10— ），山东省阳谷县大布乡丁庄村人。现任西藏自治区第十一届人民代表大会常务委员会副主任。

1978 年 1 月，丁业现参加工作；1990 年 8 月，加入中国共产党。1978 年 1 至 6 月，在西藏自治区山南地区沃卡电厂工作。1978 年 6 月至 1985 年 9 月，在西藏自治区山南地区供电所工作。1985 年 9 月至 1988 年 7 月，入山东省电子工业学校电子计算机专业学习。1988 年 7 月至 1989 年 11 月，在西藏自治区山南地区供电所工作。1989 年 11 月至 1993 年 3 月，任西藏自治区山南地区工业电力局电力调度室任副主任、电力科科长。1993 年 3 月至 1996 年 12 月，任西藏自治区山南地区工业电力局副局长。1996 年 12 月至 1998 年 11 月，任西藏自治区山南地区经济贸易体制改革委员会党组副书记、主任。其间，1997 年 3 月至 7 月，在中央党校培训部西藏班学习。1998 年 11 月至 2000 年 4 月，任西藏自治区山南地区财政局党组副书记、局长。2000 年 4 月至 2003 年 1 月，任西藏自治区财政厅党组成员、副厅长。其间，1998 年 8 月至 2001 年 6 月，在中央党校函授学院大专班党政管理专业学习；1999 年 9 月至 2002 年 7 月，在四川省工商管理学院工商管理专业学习；2002 年 3 月至 6 月，在国家行政学院进修班学习。2003 年 1 月至 2009 年 1 月，任西藏自治区财政厅党组副书记、厅长。其间，2008 年 3 月至 7 月，在中央党校中青年干部培训班学习。2009 年 1 月至 2010 年 9 月，任西藏自治区政府主席助理、党组成员。2010 年 9 月至 2013 年 6 月，任西藏自治区政府副主席。其间，2006 年 9 月至 2012 年 12 月，入东北财经大学金融学专业在职研究生学习，获经济学博士学位。2013 年 6 月至 2015 年 1 月，任西藏自治区党委常委、区政府党组副书记、常务副主席。2015 年 1

月至2016年4月，任西藏自治区党委常委、区政府党组副书记、常务副主席，区旅游发展委员会党组书记、主任。2016年4月至11月，任西藏自治区党委常委、区政府党组副书记、常务副主席。2016年11月至2017年6月，任西藏自治区党委副书记、区政府党组副书记、常务副主席，区行政学院院长。2017年6月至2019年2月，任西藏自治区党委常务副书记、区政协党组书记、区党委党校校长。2019年2月至2021年1月，任西藏自治区党委常务副书记、区政协党组书记、区党委党校校长、全面深化改革委员会办公室主任。2021年1月23日，补选为西藏自治区第十一届人民代表大会常务委员会副主任。

丁业现系中共第十九届中央候补委员。

刁金祥

刁金祥（1935.11— ），山东省聊城市东昌府区人。曾任中共四川省委常委、四川省人民政府副省长。

刁金祥出生于贫苦农民家庭，后因灾荒举家迁往东北，在那里生活读书。1956 年 8 月，在黑龙江省齐齐哈尔化学工业学校中专毕业后，被分配到哈尔滨电碳厂工作。1958 年 12 月，加入中国共产党。在电碳厂历任技术员、工段长、工程师、副科长、厂党委宣传部部长。1966 年，在国家“三线建设”中，西迁至四川省自贡东新电碳厂工作。后历任自贡东新电碳厂生产组副组长、宣传组组长、技术科科长。1977 年后，任自贡东新电碳厂党委副书记、厂长，中国电碳联合公司经理。1981 年，任四川省自贡市人民政府副市长。1983 年后，任中共自贡市委副书记、自贡市人民政府市长。1987 年，任中共自贡市委书记。1988 年，任中共成都市委副书记、成都市人民政府市长。1992 年，任四川省政府副省长、党组成员。1993 年，任中共四川省委常委、四川省副省长。1996 年 2 月，在省委常委、副省长岗位上退休。

刁金祥系中共四川省第五届省委委员。

王 求

王求（1954.8—　），山东省莘县人。曾任国家新闻出版广电总局党组成员，中央人民广播电台分党组书记、台长。

1974年1月，王求在河北省满城县插队。同年4月，加入中国共产党。1977年2月，在北京大学中文系新闻专业学习。1980年2月，任北京广播学院学报编辑。1982年9月，任中央人民广播电台台播部编辑。1986年5月，任中央人民广播电台台播部新闻组副组长。1988年6月，任中央人民广播电台台播部副主任。1993年2月至1993年7月，在中央党校中直分校广电部班学习。1995年1月，任中央人民广播电台台播部主任。1997年11月，任中央人民广播电台台港澳广播中心主任。1999年11月，任中央人民广播电台副台长、分党组成员。其间，1997年9月至1999年7月，在北京广播学院研究生进修班学习。2002年3月至7月，在中央党校进修二班学习。2003年3月至2005年1月，在中央党校在职研究生班学习。2007年，任国家广播电影电视总局党组成员，中央人民广播电台台长、分党组书记。2013年，任国家新闻出版广电总局党组成员，中央人民广播电台分党组书记、台长。2015年，任中国广播电视社会组织联合会副会长。

王艺华

王艺华（1963.1—　），山东省阳谷县安乐镇张党村人。现任山东省政协副主席。

1984 年 7 月，王艺华参加工作。中共党员，在职研究生，管理学博士。1997 年 11 月，任共青团山东省委学校部副部长（主持工作）、省学联秘书长。1999 年 8 月，任共青团山东省委学校部部长、省学联秘书长。2000 年 6 月，任山东省供销社理事会副主任、党组成员。2006 年 2 月，任山东省供销社理事会副主任、党组副书记。2008 年 9 月，任山东省供销社监事会主任、党组副书记。2011 年 4 月，任山东省供销社理事会主任、党组书记。2013 年 3 月，任山东省水利厅厅长、党组书记。2017 年 1 月，任中共济宁市委书记兼市委党校校长。2018 年 1 月，任山东省政协副主席、秘书长，中共济宁市委书记。2018 年 4 月，任山东省政协副主席、秘书长。2019 年 2 月，任山东省政协副主席。

王艺华系中共山东省第十一届委员会委员、党的十九大代表、中共山东省第十二次代表大会代表。

王伟华

王伟华（1942.12.25—　），山东省冠县兰沃镇韩路村人。曾任中共中央党史研究室秘书长、副主任（副部长）。

1961年8月，王伟华应征入伍。1962年3月，加入中国共产党。历任空军第十七航空学校学员，空军航空兵某师机械员、机械师、队长，师司令部参谋，北京军区空军政治部干部部干事等职。曾荣立三等功。1978年8月，转业到《红旗》杂志社，历任人事处处长、党委办公室主任。1985年11月，任华夏出版社副社长兼华夏书画社总经理。1988年7月，任中共中央文献出版社副社长。1990年2月，任中共中央宣传部干部局副局长、办公厅主任、副秘书长。1997年3月，任中共中央党史研究室秘书长、副主任（副部长级）。2005年初，退出领导岗位。2009年10月退休。

王伟华系政协第十届全国委员会委员、全国政协社会和法制专门委员会委员。

王宇田

王宇田（1956.3—2016.4.17），山东省莘县妹冢镇妹冢村人。曾任海南省人民医院院长、海南省政协副主席。

1975年7月，王宇田在四川峨眉县双福知青农场当知青。1978年10月，在四川医学院医学系医疗专业学习。1983年7月，任四川医学院（今华西医科大学）附属医院神经外科住院医生、主治医师、助教、讲师。1989年6月，任海南省人民医院主治医师。1994年10月，任海南省人民医院神经外科副主任、副主任医师，科主任。其间，1996年10月至1997年2月，在奥地利维也纳大学神经外科学院做高级访问学者。1997年5月，任海南省人民医院副院长、主任医师、教授、硕士生导师。其间，1998年9月至2000年7月，在南京大学领导干部行政管理专业研究生课程班学习。2004年9月，任海南省人民医院院长（副厅级）。2007年8月，任九三学社海南省委会主委、海南省人民医院院长。2009年11月，晋升为正厅级。2010年1月，任海南省政协副主席、九三学社海南省委会主委、海南省人民医院院长。2010年8月，任海南省政协副主席、九三学社海南省委会主委。

2016年4月17日，王宇田因病在海口逝世，享年60岁。

王克玉

王克玉（1940.1— ），山东省聊城市茌平区贾寨镇王药包庄人。曾任山东省人大常委会副主任。

王克玉出身于农民家庭。少年时期，先后在清平县魏湾高小和清平县一中读书。1961 年，考入山东师范学院中文系就读。1965 年 7 月，大学毕业。8 月，被分配到聊城专区工作。同年 9 月，随聊城地委“社教”工作团到茌平县参加“社教”工作，任城关区“社教”工作队葛庄工作组队员、魏庄工作组组长。1966 年 1 月，加入中国共产党。同年 5 月，“社教”运动结束，即任高唐县琉璃寺区副区长。1970 年 6 月，调聊城地革委政治部办公室做秘书工作。1975 年 3 月至 1978 年 3 月，先后任聊城地委宣传部理论教育科副科长、宣传科副科长。1978 年 3 月，调中共山东省委组织部干部二处工作。1981 年 9 月至 1984 年 3 月，任省委组织部党政干部处一级巡视员。1984 年 3 月至 1986 年 6 月，任党政干部处副处长。1986 年 6 月至 1987 年 7 月，任党政干部处处长。1987 年 7 月至 1992 年 5 月，任山东省委组织部副部长。1992 年 5 月至 1994 年 11 月，任省委组织部常务副部长（正厅级）。1994 年 11 月至 1998 年 4 月，任山东省委常委、组织部部长（其间，1997 年 3 月至 5 月，在中央党校进修一班学习）。1998 年 4 月，任山东省人大常委会副主任。退休后，曾任山东省关心下一代工作委员会主任。

王克玉系中共十五大代表。

王国生

王国生（1956.5— ），山东省东阿县城关镇王海村人。曾任中共河南省委书记，系中共第十八、第十九届中央委员，第十三届全国人大社会建设委员会副主任委员。

王国生出生于干部家庭。1974 年 3 月高中毕业后，响应党的号召，到东阿县大桥公社麻庄下乡插队，担任知青队长。1975 年 6 月，加入中国共产党。此后，先后任麻庄团支部书记，大桥公社代理团委书记、公社党委副书记。1976 年 11 月，调东阿县文教局工作。12 月，调中共聊城地委工作，先后在地委宣传部、办公室、研究室任干事。1981 年 9 月，考入山东大学科社系干部专修科学习。1983 年 7 月大学毕业后，任冠县机构改革工作队队员、聊城地委办公室正科级秘书。1985 年 5 月至 1991 年 10 月，任聊城地委组织部副部长兼干部科科长（其间，1990 年 1 月至 1991 年 10 月，兼聊城地委老龄办公室主任）。1991 年 10 月至 1993 年 1 月，任聊城地委委员、组织部部长。1993 年 1 月，主动要求到基层工作，经地委同意、省委组织部批准，任中共聊城地委委员、高唐县委书记兼县人武部党委书记和县委党校校长。1994 年 6 月至 1995 年 1 月，任中共聊城地委副书记，仍兼任高唐县委书记等职。1995 年 1 月至 1997 年 12 月，任中共聊城地委副书记。1997 年 12 月至 1998 年 6 月，任山东省劳动厅副厅长、党组副书记。1998 年 6 月至 2000 年 1 月，任山东省贸易厅厅长、党组书记兼省政府财贸办公室主任。2000 年 1 月至 8 月，任江苏省委省级机关工委书记（其间，1997 年 9 月至 2000 年 6 月，入山东省委党校政治学专业研究生班学习）。2000 年 8 月至 2001 年 11 月，任中共连云港市委书记、连云港警备区第一书记。2001 年 11 月至 12 月，任中共江苏省委常委、连云港市委书记、连云港警备区第一书记。12 月至 2004 年 6 月，任江苏省委常委、宣传部部长。2004 年 6 月至 2008 年 4 月，任江苏省委常委、组织部部长。2008 年 4 月至 8 月，任江苏省委副书记、组织部部长。2008 年 8 月至 2010 年 9 月，任江苏省委副书记、组织部部长兼省委党校校长。2010 年 9 月至 12 月，任江苏省委副书记。2010 年 12 月至 2011 年 2 月，任湖北省委副书记、代省长，省政府党组书记。2011 年 2 月至 5 月，任湖北省委副书记、省长，省政府党组书记。2011 年 5 月至 2016 年 6 月，任湖北省委副书记、省长，省政府党组书记，长江流域防汛抗旱指挥部总指挥。2016 年 6 月至 2017 年 1 月，任青海省委书记、省人大常委会主任候选人。2017 年 1 月至 2018 年 3 月，任青海省委书记、省人大常委会主任。2019 年 1 月，任河南省委书记、省人大常委会主任。2021 年 6 月，任第十三届全国人大社会建设委员会副主任委员。

王国生系中共十六大、十七大代表，十七届中央候补委员，十八届、十九届中央委员，十一届、十二届、十三届全国人大代表。

王忠林

王忠林（1962.8— ），山东省费县人。现任湖北省委副书记，湖北省人民政府省长、党组书记。

1980 年 9 月，王忠林考入华东政法学院法律系刑法专业学习。在校期间，于 1984 年 6 月加入中国共产党。1984 年 7 月，被分配到枣庄市公安局，在法律研究室、政治部任办事员、干事。1989 年 12 月，任枣庄市公安局政治部副科级侦察员、副主任、正科级侦察员。1994 年 7 月，任枣庄市公安局山亭区分局局长、党委书记。1995 年 11 月，任枣庄市公安局交警支队支队长、政治委员（副县级）。1996 年 10 月，任枣庄市公安局交警支队支队长（副县级）。1999 年 1 月，任枣庄市公安局党委委员、交警支队支队长。2000 年 12 月，任枣庄市检察院副检察长、党组成员（正县级）。2001 年 4 月，任中共峄城区委副书记、副区长、代区长（其间，1999 年 8 月至 2001 年 7 月，在中国人民大学法学院刑法系专业研究生课程进修班学习）。2002 年 1 月，任中共峄城区委副书记、区长。2004 年 7 月至 2005 年 1 月，参加山东省中青年干部赴美国马里兰大学培训学习。2006 年 6 月，任中共峄城区委书记兼区委党校校长。2006 年 12 月，任中共枣庄市滕州市委书记。2007 年 3 月，任中共枣庄市委常委、滕州市委书记兼市委党校校长。2008 年 9 月至 2011 年 6 月，在中国海洋大学管理学院农业经济管理专业学习，获管理学博士学位。2011 年 11 月，任枣庄市委常委。2011 年 12 月，任中共聊城市委副书记。2013 年 3 月，任中共聊城市委副书记、市长。2015 年 7 月，任山东省发展和改革委员会主任、党组书记兼省委全面深化改革领导小组办公室副主任。2015 年 7 月，任山东省发展和改革委员会主任、党组书记兼省区域发展战略推进办公室（山东半岛蓝色经济区建设办公室、省黄河三角洲高效生态经济区建设办公室）主任，省委全面深化改革领导小组办公室副主任。2016 年 11 月，任中共济南市委副书记、代市长、市政府党组书记。2017 年 4 月，任中共济南市委副书记、市长、市政府党组书记。2018 年 5 月后，任中共山东省委常委、济南市委书记、市委党校校长。2020 年 2 月，调任中共湖北省委委员、常委，武汉市委书记。2021 年 5 月，先后任中共湖北省委副书记，省政府副省长、代理省长、省长、党组书记。

王忠林系中共第二十届中央委员，第十三届全国人大代表，山东省第九、第十次党代会代表，山东省第十、第十二届人大代表，中共第十一届山东省委委员。

王衍诗

王衍诗（1963.9— ），山东省阳谷县张秋镇王营村人。现任广东省广州市人大常委会党组书记、主任。

1978 年，王衍诗在山东省阳谷师范学校英语专业学习，1980 年毕业后赴阳谷一中任教。1982 年，到山东省聊城师范学院英语系英语专业学习，1984 年毕业后任聊城农业学校教师。1986 年，到河南大学教育系教育学专业攻读研究生，1989 年毕业后在《光明日报》社教育部任编辑和政工园地编辑。1990 年，加入中国共产党。1991 年，任《光明日报》社总编室编辑、副主编。1995 年，任《光明日报》社总编室主编。2000 年，任《光明日报》社总编室副主任（副厅级）。2005 年，调任广东省委办公厅副主任兼综合处处长。2007 年，任广东省委副秘书长（正厅级）。2011 年，任中共珠海市委副书记、市纪委书记。2015 年，任广东省纪委副书记、省监察厅厅长、省预防腐败局局长。2018 年，任广东省人大常委会副主任、党组成员。2022 年，任广东省广州市人大常委会党组书记、主任。

王蓉贞

王蓉贞（1931.11—2015.7.3），山东省临清县（今临清市）人。曾任广西壮族自治区政府副主席、党组成员、党组副书记。

1948年秋，王蓉贞高中毕业，考入中法大学生物系，1950年在南开大学就读。1952年毕业于天津南开大学生物系，任中央卫生研究院微生物系实习研究员。同年8月，加入中国共产党。1955年，赴苏联全苏抗生素研究所、莫斯科第二制药厂学习。回国后，历任石家庄华北制药厂技术员、工程师、实验室副主任、抗生素研究所副所长。1970年，开始与科学院合作进行春雷霉素试制，投入生产，后又组织领导试制并扩大生产的抗生素有杆菌肽、万古霉素、博来霉素、柔红霉素等。1978年，任广西桂林第三制药厂厂长、党委副书记，广西科学院副院长。1983年至1993年，任广西壮族自治区政府副主席、党组成员、党组副书记，并先后兼任自治区经济委员会主任、自治区经济体制改革委员会副主任。1993年至1998年，任政府特邀顾问。1998年8月退休。

王蓉贞系中共十三大代表，中共广西壮族自治区委员会第五、第六届委员，全国工业经济联合会顾问，广西企业家协会顾问，老年基金会会长，老年社会科学工作者协会顾问，老年科学技术协会顾问等。

2015年，王蓉贞在南宁病逝，享年84岁。

王曙光

王曙光（1945.7— ），山东省莘县河店镇河店村人。曾任国土资源部党组成员，国家海洋局局长、党组书记。

1945年7月，王曙光出生于一户农民家庭。1964年4月，在莘县一中高中三年级读书时加入中国共产主义青年团。8月，考入山东海洋学院水产系。1969年9月大学毕业后，由山东省革委政治部安排到济南军区某部队昌北农场劳动锻炼。1971年12月劳动锻炼结束后，分配到莘县，先后在莘县机械厂、发电厂任技术员、财供组副组长。1977年2月，加入中国共产党。同年8月，调莘县革委计划办（后为县政府计划委员会）工作，先后任办事员、统计科副科长、计委副主任等职。1984年3月至1985年5月政治体制改革时，调任中共莘县县委副书记、县长。1985年5月至1986年12月，任中共莘县县委书记。1986年12月至1988年6月，任中共聊城市（县级）委书记、市人民武装部党委书记。1988年6月至1990年3月，任中共聊城地委委员、聊城市委书记（其间，1988年，因工作政绩显著，由中共聊城地委、聊城地区行署记大功奖励一次）。1990年3月至1991年7月，任聊城地区行署副专员、党组成员。1991年7月至1992年12月，根据山东省委、省政府关于东西部地区地县（市）领导对口交流挂职的指示，带领聊城地区10名地县（市）领导干部赴烟台市挂职学习，他任烟台市副市长。1992年12月至1995年9月，任聊城地委副书记，行署专员、党组书记。1995年9月至1997年10月，任山东省海洋与水产厅厅长、党组书记。1997年10月至2000年1月，任国家海洋局副局长、党组副书记。2000年1月至2005年11月，任国土资源部党组成员，国家海洋局局长、党组书记。2008年3月，任政协第十一届全国委员会人口资源环境委员会副主任。

王曙光系第八届全国人大代表、中共十六大代表、政协第十一届全国委员会委员。

丹笑山

丹笑山（1949— ），山东省冠县青年街道南街村人。曾任国有重点大型企业监事会主席。

丹笑山出生于革命干部家庭。1963 年，考入北京第八中学试验班就读。1964 年 12 月，加入中国共产主义青年团，并担任团支部书记。1968 年 12 月高中毕业后，赴山西、河北农村插队落户。1970 年 12 月，参加中国人民解放军。1971 年 9 月，加入中国共产党。在北京军区炮兵部队历任文书、报务员、排长、司务长、政治处干事、教导员等职，在工作学习中多次获奖。1983 年，参加北京自学高考。1985 年，获大学本科毕业证书。其间，1984 年 2 月，转业到财务部海洋石油税务局办公室工作。12 月，调任财务部税务总局人事教育处副处长。1988 年 11 月，任国家税务总局人事司副司长。1993 年 4 月起，任国家税务总局人事司司长。后曾挂职任山东省省长助理、党组成员，国家税务总局教育中心主任，曾获华中理工大学工商管理硕士学位。1999 年 12 月起，任国家税务总局党组成员。2000 年 2 月起，任国家税务总局总会计师。2000 年 12 月至 2013 年 5 月，担任国有重点大型企业监事会主席（副部长级）。

田润之

田润之（1938.12—　），山东省高唐县汇鑫街道田楼村人。曾任国家海关总署副署长、出入境检验检疫局局长。

田润之出生于一个雇农家庭。1953年，加入中国共产主义青年团。1956年10月，加入中国共产党。1962年，考入北京外国语学院。1966年7月大学毕业后，被分配到国家对外经济部交际处工作，先后任翻译室翻译、二局副处长。1971年至1976年，在驻斯里兰卡使馆经参处工作。1982年4月至1985年，任国家对外经济贸易部对外援助局副处长。1985年至1991年3月，任对外经济贸易部对外援助局副局长。1991年3月至1991年6月，任对外经济贸易部对外援助司司长。1991年6月至1994年3月，任对外经济贸易部党组成员、部长助理。1994年3月至1998年4月，任对外贸易经济合作部党组成员、国家进出口商品检验局局长（副部长级）。1998年4月至1999年9月，任国家海关总署副署长、国家出入境检验检疫局局长。

田润之系中共十五大代表。曾主编出版了《对外经济技术援助工作简介》《中国的对外经济技术援助》，翻译出版了美国小说《针眼》等著作。

江 岩

江岩（1955.2— ），山东省临清市刘垓子镇姜油坊村人。现任国务院侨务办公室党组成员、纪检组组长。

江岩于辽宁大学哲学系毕业。现任国务院侨务办公室党组成员。曾任中央组织部地方干部局副局长，中央企业工委委员、组织部部长，国家电力监管委员会党组成员、纪检组组长。2014 年，任国务院侨务办公室党组成员、纪检组组长。2015 年，任国务院侨务办公室党组成员。

汤洪高

汤洪高（1939.9.7— ），山东省阳谷县张秋镇张秋南街人。曾任中国科学技术大学党委书记、第十届全国人大常委会委员。

汤洪高出身于农民家庭。1958 年 9 月至 1962 年 9 月，在山东大学化学系晶体化学专业学习。1962 年 9 月至 1966 年 9 月，在中国科学院物理研究所晶体物理专业研究生班学习。1966 年 9 月研究生毕业后，被分配到中国科学院晶体学研究室任实习研究员。1972 年 8 月，加入中国共产党。1973 年 9 月，调中国科学院安徽光学精密机械研究所，先后任该所激光晶体研究室助理研究员、课题组组长、副主任、副研究员。1981 年 9 月至 1983 年 7 月，任该所激光晶体研究室主任、党支部书记（其间，1979 年至 1981 年，在英国牛津大学任客座研究员）。1983 年 7 月至 1985 年 7 月，任中国科学院安徽光学精密机械研究所党委书记。1985 年 7 月至 1988 年 12 月，任中国科学院合肥分院党组书记兼安徽光学精密机械研究所党委书记（其间，1987 年 11 月，被评为研究员）。1988 年 12 月至 1990 年 5 月，任中国科学院合肥分院党组书记、副院长。1990 年 5 月至 1993 年 7 月，任中国科学技术大学党委书记、常务副校长、教授。1993 年 7 月至 1998 年 7 月，任中国科学技术大学党委委员、校长兼研究生院院长、博士生导师。1998 年 7 月，任中国科学技术大学党委书记。2003 年 3 月，当选为第十届全国人大常委会委员。现离职休养。

汤洪高长期从事晶体物理和材料物理等领域的基础与应用研究，在国内外学术刊物上发表论文 40 余篇。曾先后主持承担国家科委、863 计划、国家自然科学基金会、中科院多项重大研究项目。曾获国家科技进步二等奖，中国科学院科学进步奖一等奖、二等奖，以及省、市多项科技成果奖和贡献奖。1991 年，被国务院评为“为发展中国科学研究事业做出突出贡献的科技工作者”。曾为英国晶体生长协会海外会员，中国硅酸盐学会、光学学会会员，《人工晶体学报》编委委员。曾兼任教育部科技委员会委员、国务院学位委员会学科评议组成员、国家同步辐射试验室学术委员会副主任、中国科学院结构分析开放实验室学术委员会委员、山东大学国家晶体开放研究实验室学术委员会委员、上海张江高科技园区学术顾问委员会高级顾问等职。

汤洪高系中共十三大、十四大、十五大、十六大代表，第十四届中央候补委员，第十五届中央候补委员、委员（十五届六中全会递补），第十届全国人大代表。

许立全

许立全（1955.5— ），山东省聊城市东昌府区斗虎屯镇许庙村人。曾任山东省政协副主席。

许立全出身于农民家庭。1972年6月至1978年3月，先后任聊城市斗虎屯公社农业技术员、聊城地区水利局工人。1978年2月，考入华东石油学院勘探系。1982年1月，加入中国共产党。同年大学毕业后留校工作，任学院团委常委、团委副书记。1986年，晋升为讲师。同年12月，任共青团华东石油学院委员会书记。1989年7月至1990年2月，在聊城地委组织部帮助工作。1990年2月至1993年12月，任共青团聊城地委书记（其间，曾先后挂职中共莘县县委副书记，阳谷县委副书记、副县长）。1993年12月至1995年3月，任聊城地委副秘书长。1995年3月至1997年12月，任中共茌平县委副书记、县长、县政府党组书记（其间，1994年9月至1996年12月，在山东省委党校在职研究生班政治学专业学习）。1997年12月至1998年3月，任中共聊城地委委员、茌平县委书记［其间，1997年，获“全国科教兴县（市）先进个人”称号］。1998年3月至1999年8月，任中共聊城市委常委、茌平县委书记。1999年8月至2001年1月，任中共济南市长清县委书记（原副厅级不变）。2001年1月至2002年4月，任中共济南市委常委、长清县委书记、县委党校校长兼济南经济开发区管委会党委书记。2002年4月至12月，任中共济南市委常委、长清区委书记。2002年12月至2006年9月，任中共济南市委常委、秘书长兼市委市直机关工委书记、济南经济开发区管委会党委书记（其间，1999年9月至2006

年 1 月，在中国石油大学油气田开发工程专业学习，获工学博士学位）。2006 年 9 月至 2007 年 3 月，任中共潍坊市委副书记，市政府代市长、党组书记。2007 年 3 月至 2011 年 11 月，任中共潍坊市委副书记，市政府市长、党组书记。2011 年 12 月至 2012 年 2 月，任中共潍坊市委书记、市人大常委会党组书记、市委党校校长。2012 年 2 月至 2013 年 1 月，任中共潍坊市委书记，市人大常委会主任、党组书记，市委党校校长。2013 年 1 月至 2013 年 3 月，任山东省政协副主席，中共潍坊市委书记，市人大常委会主任、党组书记，市委党校校长。2013 年 3 月，任山东省政协副主席。

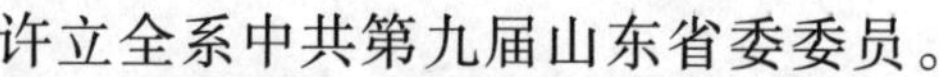

许立全系中共第九届山东省委委员。

孙华璞

孙华璞（1956.11— ），山东省聊城市东昌府区堂邑镇堂邑街人。曾任最高人民法院党组成员、审判委员会委员。

1980 年 9 月，孙华璞考入华东政法学院法学系专业读书。1984 年 7 月，被分配到最高人民法院任科员级书记员。1985 年 10 月，任最高人民法院研究室副处级助理审判员。1992 年 11 月，任最高人民法院经济审判庭正处级审判员。其间，1992 年 11 月至 1994 年 8 月，挂职山东省烟台市中级人民法院副院长。1995 年 5 月，任最高人民法院经济审判庭副局级审判员。其间，1995 年 5 月至 1997 年 8 月，挂职任河南省商丘地区行署副专员。1998 年 11 月，任最高人民法院经济审判庭副庭长。2000 年 9 月，任最高人民法院民事审判第二庭副庭长。2002 年 2 月，任最高人民法院民事审判第一庭副庭长。同年 10 月，任最高人民法院民事审判第一庭正局级副庭长。其间，1999 年 9 月至 2002 年 7 月，在北京大学法学院法律专业学习，获法律硕士学位。2003 年 4 月，任最高人民法院民事审判庭第一庭庭长。2004 年 6 月，任最高人民法院民事审判庭第一庭庭长、审判委员会委员。2004 年 10 月，任最高人民法院审判监督庭庭长、审判委员会委员。2005 年 7 月，任最高人民法院办公厅主任、审判委员会委员。2007 年 12 月，任贵州省高级人民法院党组书记。2008 年 9 月，任贵州省高级人民法院党组书记、院长。2014 年 5 月，任最高人民法院副部级干部。2015 年 4 月，任最高人民法院党组成员。2015 年 7 月至 2020 年 4 月，任最高人民法院党组成员、审判委员会委员。

孙华璞系第十二届全国人大代表。

李占国

李占国（1962.2—　），山东省临清市老赵庄镇人。现任浙江省高级人民法院党组书记、院长、审判委员会委员。

李占国出生于山东临清的一户农家。1979 年 9 月，考入西南政法学院法律系法律专业学习。1984 年 6 月，在山东公安专科学校任教。1991 年 12 月，任山东公安专科学校法律部刑法教研室副主任（副科级）。1992 年 4 月，加入中国共产党。1994 年 6 月起，历任山东省人民检察院干部、办公室综合科科长、办公室副主任兼检察长办公室主任、办公室主任。2002 年 12 月后，历任山东省临沂市人民检察院党组书记、代检察长、检察长。2006 年 3 月，经最高人民检察院批准，选升为二级高级检察官。2009 年 5 月，任山东省人民检察院副检察长。2013 年 3 月，任中共济南市委常委、政法委书记。2017 年 3 月，任山东省委政法委常务副书记。2018 年 1 月至今，任浙江省高级人民法院党组书记、副院长、代院长、院长、审判委员会委员。

李占国系二级大法官、第十三届全国人大代表。

李建玉

李建玉（1936.11—　），山东省莘县莘亭街道后大里庄人。曾任中国民用航空总局纪委书记、党委委员，中央纪律检查委员会委员。

1958年9月，李建玉考入大连海运学院航海系船舶驾驶专业学习。1962年1月，参加工作，任中国民用航空机械专科学校训练部见习助理。1962年12月，加入中国共产党。1963年4月，任中国民用航空机械专科学校训练部基础系数学助教。1964年6月，任中国民用航空机械专科学校训练部助教。1965年2月，任中国民用航空机械专科学校训练部教务科助理员。1969年11月，在中国民用航空江西奉新“五七干校”劳动。1972年8月，在中国民用航空总局政治部帮助工作。1973年10月，任中国民用航空总局政治部干事。1976年5月，任中国民用航空总局政治部秘书处秘书。1981年3月，任中国民用航空总局政治部干事。1981年6月，任中国民用航空总局政治部干部部副部长。1985年10月，任中国民用航空总局政治部干部部部长。1988年9月，任监察部驻中国民用航空总局监察局局长。1993年4月，任中国民用航空总局纪委副书记、监察部驻中国民航总局监察局局长。1994年9月，任中国民用航空总局纪委书记、党委委员（其间，1999年9月至11月，在中央党校进修一班学习）。在中共十五大上当选为中央纪律检查委员会委员。

李贻伟

李贻伟（1965.11— ），山东省阳谷县阎楼镇观庄人。现任广东省广州市政协主席、党组书记。

1981年9月，李贻伟考入华南理工学院轻化系制浆造纸专业学习，1985年9月本科毕业后，又考入华南理工大学轻化所制浆造纸专业研究生学习。1988年6月，加入中国共产党。研究生毕业后被分配到江门市江门造纸厂任工程师。1993年2月，调任佛山市泰嵩纤维板制造有限公司制造部任经理、副总经理。1995年3月，任佛山市工艺美术工业公司总经理助理、泰嵩公司副总经理。1996年5月，任佛山市工艺美术公司经理、党委副书记、书记。1998年8月，任佛山市工业投资管理有限公司总经理、党委副书记。2000年12月，任中共三水市委副书记，三水市代市长、市长。2003年1月，任中共佛山市三水区委副书记、三水区区长。2003年8月，任中共佛山市南海区委副书记、南海区区长。2006年12月，任中共佛山市委常委、南海区委书记、区人大常委会主任（其间，2004年9月至2008年6月，在中国人民大学法学院法学专业攻读博士）。2010年6月，任中共佛山市委常委、副书记，佛山市市长。2011年7月，任中共佛山市委书记、市人大常委会主任。2014年5月，任中共广州市委副书记。同年10月，任广东省政府副秘书长、办公厅党组成员。2018年6月，任中共惠州市委书记、市人大常委会主任。2021年1月，任广州市政协党组书记、主席。

邱学强

邱学强（1957.8— ），山东省莘县王庄集镇邱楼村人。曾任最高人民检察院副检察长、党组副书记，现任政协第十三届全国委员会委员、社会和法制委员会副主任。

邱学强，中央党校研究生学历。1975 年 7 月，在青海省玉树州委办公室当通信员、秘书。1978 年 11 月，调青海省玉树州人民检察院当干部，先后任助理检察员、副检察长。1986 年 6 月，明确为县长级。1987 年 10 月，任青海省委打击经济犯罪办公室副主任。1988 年 8 月，入青海广播电视大学法律（检察）专业学习。1989 年 1 月，任青海省人民检察院干部、检察员、经济检察处处长、检察委员会委员。1991 年 7 月，任青海省委政法委秘书长（副厅级）。其间，1991 年 9 月至 11 月，在青海省委党校厅局级干部进修班学习。1993 年 12 月，任最高人民检察院贪污贿赂检察厅副厅级干部、副厅长。1995 年 12 月，任最高人民检察院法纪检察厅厅长。1997 年 5 月，任最高人民检察院检察委员会委员、法纪检察厅厅长。其间，1996 年 12 月至 1998 年 11 月，在中国社会科学院研究生院投资系投资管理专业研究生课程班学习。1999 年 8 月，任最高人民检察院党组成员、检察委员会委员、法纪检察厅厅长。1999 年 12 月，任最高人民检察院党组成员、检察委员会委员。2000 年 2 月，任最高人民检察院党组成员、政治部主任、检察委员会委员。2001 年 6 月，任最高人民检察院副检察长、党组成员、检察委员会委员。2002 年 9 月，任最高人民检察院副检察长、党组副书记、检察委员会委员。其间，2004 年 3 月至 2006 年 1 月，在中央党校在职研究生班法学理论专业学习。2007 年 10

月，任最高人民检察院副检察长、党组副书记（2011 年 11 月，明确为正部长级）、检察委员会委员、一级大检察官。其间，2010 年 11 月至 2011 年 1 月和 2013 年 5 月至 7 月，两次在中央党校省部级干部进修班学习。2017 年 6 月至 2020 年 5 月，任最高人民检察院副检察长、党组副书记、检察官遴选委员会副主任、检察委员会委员、一级大检察官。

邱学强系中共十六大、十七大、十九大代表，中共十六届中央候补委员，第十七、第十八届中央纪委委员、常委，中共十九届中央委员。现为政协第十三届全国委员会委员、社会和法制委员会副主任。

宋远方

宋远方（1957.8— ），河北省隆尧县人。曾任山东省人大常委会副主任，青岛市人大常委会主任、党组书记。

1985年7月，宋远方加入中国共产党。1978年2月至1982年1月，在山东矿业学院矿山建筑系矿山建设专业学习。1982年1月至1983年5月，任煤炭部第一建设公司第三十一工程处、矿井施工组织研究所实习技术员、技术员。1983年5月至1987年2月，任煤炭部第一建设公司矿井施工组织研究所助理工程师。1987年2月至1988年12月，任河北煤炭建筑工程学院施工组织研究所工程师。其间，1983年9月至1985年7月，在山东矿业学院矿山建筑工程系矿山系统工程研究生班学习，并于1987年7月获工学硕士学位。1988年12月至1992年9月，任青岛建筑工程学院管理工程系讲师、副主任、副教授。1992年9月至1995年7月，在西安交通大学管理工程专业博士研究生班学习。1995年7月至1996年8月，在加拿大多伦多市瑞尔松理工大学做博士后研究工作。1996年8月至1998年11月，任国家民航总局计划司投资处助理调研员。1998年11月至2000年6月，任山东省青岛市计划委员会副主任、党组成员兼空港建设指挥部副指挥、工委副书记。2000年6月至2002年1月，任山东省外经贸厅副厅长、党组成员。2002年1月至2002年3月，任山东省外经贸厅副厅长、党组副书记（正厅级）。2002年3月至2007年3月，任中共威海市委副书记、市长。2007年3月至2013年1月，任中共聊城市委书记、市人大常委会主任。2013年1月至3月，任山东省人大常委会副主任、党组成员。2013年3月至2017年4月，任山东省人大常委会副主任、党组成员。2017年4月至2021年1月，任山东省青岛市人大常委会主任、党组书记。

宋远方系中共十七大代表，第十、第十三届全国人大代表。

张广智

张广智（1961.8— ），山东省阳谷县张秋镇王庄人。现任陕西省第十二届政协党组副书记、副主席。

1979 年 9 月，张广智考入山东大学物理系半导体专业学习。1983 年 7 月大学毕业后，被分配到广电部团委工作，历任干事、副书记。1985 年 3 月，任广电部团委副书记（副处级）。1985 年 5 月，加入中国共产党。1985 年 7 月至 1986 年 7 月，在中央机关讲师团赴安徽省宣城教师进修学校支教。1989 年 2 月至 7 月，在中央党校中直分校脱产学习。1989 年 10 月，任广电部总编室编辑。1990 年 8 月，任中央宣传部办公厅副处级秘书、正处级秘书。1991 年 3 月至 1993 年 10 月，任中央宣传部办公厅值班室主任（正处级）、秘书处处长。1998 年 7 月，任中央宣传部办公厅助理巡视员兼秘书处处长。2001 年 10 月，任中共天水市委副书记（挂职）。2003 年 10 月，任中共天水市委副书记。2004 年 11 月，任中共天水市委副书记（正厅级）。2005 年 1 月，任中共天水市委副书记、代市长。2005 年 3 月，任中共天水市委副书记、市长。2008 年 2 月，任甘肃省委组织部常务副部长（正厅级）。2013 年 1 月，任甘肃省副省长。2014 年 4 月，任贵州省委常委。2014 年 5 月，任贵州省委常委、宣传部部长。2016 年 11 月，任陕西省委常委、组织部部长。现任陕西省政协党组副书记、副主席。

张广智系中共十九大代表，第十一、第十二、第十三届中共甘肃省委委员。

张异宾

张异宾（1956.3.17— ），山东省茌平县（今聊城市茌平区）人，出生于南京市。曾任南京大学党委书记。

张异宾，哲学博士，南京大学教授，博士生导师。1972年12月，参加工作。1974年11月，加入中国共产党。1996年4月起，先后任南京大学哲学系系主任、校长助理、副校长、党委副书记。2010年5月，任南京大学党委常务副书记。2014年5月至2018年10月，任南京大学党委书记。系中共江苏省第十三届委员会委员。现任南京大学学术委员会主任，马克思主义社会理论研究中心主任，中央马克思主义理论研究和建设工程哲学组主要成员，国家社科规划项目评议组成员，教育部哲学教学指导委员会副主任，中国马克思主义哲学史学会副会长，中国图书评论学会副会长。

张海迪

张海迪(1955.9.16—),山东省文登市张家产镇街上人,出生于济南市。现任中国残联第七届主席团主席。

1981年8月，张海迪参加工作。1982年12月，加入中国共产党。历任山东省莘县广播事业局无线电修理工，山东省聊城市文联创作室创作员，山东省济南市文联创作室创作员，山东省作家协会创作室一级作家，山东省青年联合会副主席，山东省残联主席团副主席，山东省作家协会副主席，中国残联第一、第二、第三届主席团委员，中国肢残人协会第三、第四届委员会主席，中国残联第四届主席团副主席，中国残联第五、第六、第七届主席团主席。

张海迪系政协第九、第十届全国委员会委员，政协第十一、第十二届全国委员会常务委员，中国作家协会第五、第六、第七、第八、第九届全委会委员，中共十八大、十九大代表。

张德春

张德春（1943.8— ），山东省聊城市茌平区温陈街道东强村人。曾任海南省人大常委会副主任、党组副书记。

张德春幼年随父母离乡。1962年，考入北京大学历史系。1965年10月，加入中国共产党。1967年7月，大学毕业，翌年离校工作。1970年，被分配到山西省浑源县工作。历任县人民法院审判员、中共浑源县委常委、县革委会副主任、县委副书记。1978年，调山西日报社工作，先后任报社政治处副主任、总编室副主任、人事处处长兼机关党委副书记。1983年，任山西省总工会副主席。1984年，任中共山西省委组织部副部长，后兼省委老干部局局长。1990年11月后，调任中共海南省委组织部副部长、省委常委、组织部部长。2002年2月，任海南省委常委、组织部部长、省人大常委会副主任。2003年3月，任海南省人大常委会副主任、党组副书记。

张德春系中共第五届山西省委委员、全国妇联第六届执委会委员、全国总工会第十届执行委员会委员、中共十五大代表。

陈延明

陈延明（1945.11— ），山东省昌邑市渔尔铺村人。曾任山东省人民政府副省长、党组副书记，山东省人大常委会副主任、党组成员。

1965年5月，陈延明加入中国共产党。1964年9月至1966年12月，任海阳县、胶县“社教”工作队队员、工作组组长。1966年12月至1969年11月，任昌邑县卜庄公社党委副书记、革委会副主任。1969年11月至1971年8月，任昌邑县柳疃公社整党工作组组长。1971年8月至1973年1月，任昌潍地区卫生局干事。1973年1月至1978年8月，任昌潍团地委干事、常委、宣传部部长。1978年8月至1980年8月，任中共昌潍团地委副书记。1980年8月至1983年3月，任中共潍县县委副书记。1983年3月至1986年6月，在山东省委党校干部专修班学习，获大专学历。1986年6月至1987年3月，任中共潍坊市寒亭区委副书记。1987年3月至1988年1月，任中共诸城县（市）委副书记、县（市）长。1988年1月至1991年8月，任中共诸城市委书记。1991年8月至1992年6月，任中共聊城地委委员、行署副专员。1992年6月至1992年12月，任中共聊城地委副书记、行署专员。1992年12月至1993年9月，任中共聊城地委书记、聊城军分区党委第一书记。1993年9月至1997年12月，任中共聊城地委书记兼地委党校校长、军分区党委第一书记（其间，1996年9月至1997年7月，在中央党校研究生院在职研究生中青年干部班学习，获研究生学历）。1997年12月至1998年4月，任山东省政府党组成员、省长助理。1998年4月至2003年4月，任山东省副省长、党组成员（其间，1996年9月至1999年7月，在中央党校在职研究生班经济管理专业学习）。2003年4月至2006年1月，任山东省副省长、党组副书记。2006年12月至2008年2月，任山东省人大常委会副主任、党组成员。2012年7月13日起，任山东省老龄事业发展基金会第三届理事会理事长、山东省关心下一代工作委员会常务副主任。

陈延明系中共十五大代表、第六届中共山东省委委员。

林峰海

林峰海（1962.6—　），山东省栖霞市蛇窝泊镇东荆夼村人。现任山东省政协副主席。

1980年9月，林峰海考入山东农业大学农经系农业经济管理专业学习。1984年7月大学毕业后，被分配到山东省委农工部体制政策处当科员。1985年7月，加入中国共产党。任体制政策处科员期间，1984年9月至1985年12月，挂职任陵县边临镇党委秘书。1988年12月，调入山东省农业委员会调研室当科员。1990年7月，任山东省农业委员会调研室主任科员。1992年6月，任山东省农业委员会办公室副主任。1993年7月，任山东省农业委员会生产处副处长。1995年12月，任山东省农业委员会生产处处长。2000年9月，任山东省农业厅发展计划处处长。2001年1月，任山东省农业厅副厅长、党组成员。2001年9月至12月，在山东省委党校市厅级领导干部培训班学习。2002年12月，任中共聊城市委副书记、副市长。2006年11月，任中共聊城市委副书记、代市长、市长。2008年3月至4月，在浦东干部学院市地党政主要领导干部城市科学发展专题研究班学习。2013年2月，任中共聊城市委书记、市长。同年3月，任中共聊城市委书记、市人大常委会主任。2014年9月至2015年1月，在中央党校第37期中青年干部培训一班学习。2015年2月，任中共临沂市委书记、市人大常委会主任。2017年2月，任中共临沂市委书记、市人大常委会主任。2017年2月，任中共临沂市委书记。2017年6月，任中共山东省委常委、政法委书记、临沂市委书记。2017年7月，任中共山东省委常委、政法委书记。2022年1月6日，在政协山东省第十二届五次会议上，当选为省政协副主席。

林峰海系第九、第十、第十一届山东省委委员，中共十九大代表，第十一、第十二届全国人大代表。

赵长风

赵长风（1935.10—2007.12），山东省高唐县清平镇十里铺村人。曾任山东省人民检察院检察长、党组书记。

1952年7月，赵长风参加工作。1959年6月，加入中国共产党。历任山东合作干校、滕县专区干校学员，山东峄县供销社办事员、副科长，枣庄钢铁厂、张范铁矿股长，枣庄市委工业部、组织部干事，枣庄市革委会政治部组织组副组长、市委组织部副部长，中共枣庄市薛城区委书记。1980年6月，任枣庄市委常委、组织部部长。1983年8月，任中共枣庄市委副书记。1986年6月，任山东省人民检察院副检察长、党组成员。1988年12月，任山东省人民检察院副检察长（正厅级）、党组副书记。1989年5月，任山东省委政法委副书记（正厅级）。1991年8月，任中共潍坊市委书记。1993年4月，任山东省人民检察院检察长、党组书记。2003年12月退休。

赵长风系中共十四大、十五大代表，第六、第七届山东省委委员，山东省第八、第九届人大代表。

2007年12月，赵长风在济南逝世，享年72岁。

赵润田

赵润田（1956.9— ），河南省台前县黄固堆村人。曾任山东省人民政府副省长、山东省政协副主席。

1974年5月，赵润田参加工作。1984年8月，加入中国共产党。1974年5月至1975年5月，任河南省台前县第一中学代课教师。1975年5月至1977年5月，先为山东阳谷县运输公司搬运站工人，后任运输公司团支部书记、县交通局团总支部副书记。1977年5月至1978年10月，任阳谷县革委会工业办公室干事。1978年10月至1982年7月，在山东师范大学中文系汉语言文学专业学习。1982年8月至1984年7月，任阳谷县文教局教研室教研员、县政府办公室秘书。1984年7月至1986年7月，任阳谷县政府办公室副主任、县委整党办公室副主任。1986年7月至1987年7月，任阳谷县闫楼乡党委副书记、乡长。1987年7月至1989年2月，任阳谷县供销社主任。1989年2月至1993年2月，任聊城地委办公室秘书、副主任（其间，1991年，挂职中共高唐县委副书记）。1993年2月至1994年1月，任中共莘县县委副书记。1994年1月至1995年3月，任中共莘县县委副书记、副县长。1995年3月至1997年12月，任中共莘县县委副书记、县长（其间，1994年7月至1996年12月，在北京师范大学在职研究生班文艺学专业学习）。1997年12月至2001年1月，任中共临清市委书记（其间，1997年9月至1998年8月，在山东省委党校中青年干部培训班学习）。2001年1月至2002年10月，任潍坊市副市长。2002年10月至2003年2月，任中共菏泽市委副书记。2003年2月至2006年3月，任中共菏泽市委副书记、副市长。2006年3月至5月，任中共菏泽市委副书记、代市长、市政府党组书记。2006年5月至2008年2月，任中共菏泽市委副书记、市长、市政府党组书记。2008年2月至7月，任中共菏泽市委书记、市委党校校长。2008年7月至2013年1月，任中共菏泽市委书记、市人大常委会主任、市委党校校长。2013年2月至2017年2月，任山东省副省长、党组成员。2017年2月至2018年1月，任山东省政协副主席、党组成员。

段存华

段存华（1933.11— ），河南省范县白衣阁乡白衣阁村人。曾任原国家轻工业部副部长。

1946年10月，段存华加入中国共产党，同时参加革命工作。1950年，进入北京师范大学女子附中就读。1953年，升入北京大学物理系核物理专业学习。1957年7月自北京大学毕业后，被分配到国家二机部（核工业部）北京原子能研究所，从事铀同位素分离及主要元件和设备的研究工作，参与了原子弹等核工业的研究工作，与同事们获国家第一届科技大会奖励。1971年4月，调国家核工业部科技局，先后任处长、副局长，参加了国内外一些核工业科研、国际合作等方面的重大活动，曾受到周恩来等党和国家领导人的接见。1982年，被聘为高级工程师。1983年5月，出任中华人民共和国常驻联合国国际原子能机构首任参赞、副代表。1987年7月，奉调回国，任国家核工业部安全防护局局长。1988年，晋升为教授级高级工程师。同年12月，调国家轻工业部，先后任国际合作司司长、部党组成员、副部长。1993年3月，轻工业部撤销后，任群星集团公司董事长，成功地建立了中国轻工业基金会。1995年9月，受全国人大常委会副委员长兼全国妇联主席陈慕华的委托，在世界妇女大会上代表中国妇女界做大会发言。此外，还曾任中国经济社会研究会理事、中国太平洋经济合作全国委员会委员、中国国际科技合作协会理事等。

段存华系政协第八、第九届全国委员会委员。

侯云春

侯云春（1952.10— ），山东省临清市刘垓子镇人。曾任国务院发展研究中心副主任。

1969 年 12 月，侯云春参加工作。1978 年，毕业于兰州大学政治经济学专业。1978 年至 1985 年，在国家经委生产综合局、办公厅、经济综合局工作。1985 年 4 月，任国家经委综合局副处长。1988 年至 1993 年，在物资部政策研究司、政策体制法规司工作，历任处长、司长助理、副司长。1993 年至 1996 年，在国内贸易部工作，任行业管理司副司长。1996 年至 2002 年，在国家经贸委工作，历任办公厅副主任（正司级）、研究室主任兼办公厅副主任、副秘书长兼研究室主任、副秘书长、秘书长。其间，1998 年至 2001 年，在中共中央党校在职研究生班政治学专业学习。2002 年 4 月，任国务院研究室副主任。2008 年 10 月，任国务院发展研究中心副主任。

徐长聚

徐长聚（1944.10.23— ），山东省阳谷县寿张镇南徐庄村人。曾任青岛市人大常委会主任。

1964年8月至1968年10月，徐长聚在北京政法学院法律系法律专业就读。1968年12月，参加工作。1971年3月，加入中国共产党。1968年12月至1970年2月，任济南军区后勤部农药厂学员、连副班长。1970年2月至1973年6月，先后任莘县师范学校教师，县公安机关干事、团支部副书记。1973年6月至1979年7月，历任莘县人民法院审判员、党支部副书记、副院长。1979年7月至1980年3月，先是在山东省人民法院、中共山东“两案”审理办公室帮助工作，后任莘县人民检察院副检察长。1980年3月至1985年2月，任中共山东省纪委科级干事、副处长。此后，历任中共青岛市委常委、组织部部长、市委副书记。2003年2月起，任青岛市人大常委会主任。2008年1月退休。

徐文彦

徐文彦（1945.10— ），山东省阳谷县大布乡徐良府村人。曾任广西壮族自治区政协副主席、党组成员、总工会主席。

1964 年 8 月，徐文彦考入北京航空学院自动控制系航空电气设备专业学习。1969 年 9 月，在北京航空学院无人驾驶飞机研究所工作。1970 年 8 月，在北京空军入伍学习班学习。同年 9 月，在广州军区空军航修厂特设车间当学员，后任特设师。1975 年 9 月，在广州军区空军航修厂特设车间任电气组组长，后任副教导员、教导员。1982 年 2 月，任解放军五七一八厂试飞站教导员。1983 年 12 月，任解放军五七一八厂保卫科科长。1985 年 2 月，任解放军五七一八厂副厂长。同年 7 月，任解放军五七一八厂党委书记。1993 年 7 月，任中共南宁市委组织部部长。1994 年 6 月，任中共南宁市委常委、组织部部长。1995 年 8 月，任中共南宁市委副书记。1997 年 2 月，任广西防城港市委书记、市人大常委会主任。2002 年 1 月，任广西壮族自治区政协副主席。同年 2 月，任广西壮族自治区政协副主席、党组成员。2004 年 12 月，任中共壮族自治区政协副主席、党组成员、总工会主席。2008 年 1 月至 2009 年 12 月，任广西壮族自治区总工会主席。

徐文彦系中共十五大代表、广西壮族自治区党委第八届委员、广西壮族自治区第九届人大代表、广西壮族自治区政协第八届委员。

郭广银

郭广银（1951— ），山东省临清市尚店镇白固村人。曾任东南大学党委书记、党委常委。

郭广银，管理学在职研究生学历、博士学位，教授、博士研究生导师。1970 年 10 月，参加工作。1971 年 2 月，加入中国共产党。1973 年，入南京大学哲学系学习。1977 年毕业并留校工作。1980 至 1981 年，在北京大学、中国人民大学进修伦理学。1984 年起，历任南京大学哲学系党总支副书记、书记、校党委委员、宣传部部长、党委常委。1994 年，任校党委副书记。2003 年，任校党委常务副书记（正厅级）。2005 年，任中共江苏省委组织部副部长。其间，曾兼任省委巡视办副主任、省人才办主任、省干教培训办主任。2011 年 1 月至 2015 年 11 月，任东南大学党委书记、党委常委。曾获“江苏省优秀教育工作者”“江苏省高校思想教育研究工作先进个人”“江苏省普通高校优秀思想政治工作者”等荣誉称号。先后出版了《伦理学原理》《当代中国道德建设》《伦理新论》等 11 部著作，发表论文 70 多篇，主持省部级科研项目 5 项，获各种奖励 21 项。1991 年，被中组部等五部委评为“全国普通高等学校优秀思想政治工作者”（享受省部级劳动模范待遇）。2000 年，经国务院批准享受政府特殊津贴。

郭广银系第十一届全国人大代表，第十、第十一、第十二届江苏省委委员，中共十八大代表。

郭兆信

郭兆信（1951.9— ），山东省平邑县柏林镇柏林村人。曾任山东省人民政府副省长。

郭兆信出身于农民家庭。1970 年 10 月，参加工作。1973 年 4 月，加入中国共产党。1970 年 10 月至 1972 年 2 月，任平邑县柏林村小学民办教师。1972 年 2 月至 1975 年 8 月，在平邑县东阳公社教育组工作。1975 年 8 月至 1980 年 12 月，任平邑县委宣传部理论教员、秘书。1980 年 12 月至 1981 年 9 月，任平邑县卞桥公社党委副书记、县委委员。1981 年 9 月至 1983 年 7 月，在山东大学科社系干部专修科学习，获大专毕业证书。1983 年 7 月至 1984 年 2 月，在平邑县委办公室帮助工作。1984 年 2 月至 1985 年 4 月，任平邑县委常委、办公室主任。1985 年 4 月至 1989 年 1 月，任山东省委组织部组织处一级巡视员。1989 年 1 月至 1992 年 11 月，任山东省委组织部组织处副处长。1992 年 11 月至 1995 年 8 月，任山东省委组织部组织处处长。1995 年 8 月至 1996 年 11 月，任山东省委组织部副部级巡视员、组织处处长（其间，1995 年 10 月至 1996 年 11 月，挂职中共德州市委副书记）。1996 年 11 月至 1997 年 12 月，任中共聊城地委副书记兼组织部部长。1997 年 12 月至 1998 年 3 月，任中共聊城地委副书记、行政公署专员。1998 年 3 月至 2001 年 1 月，任中共聊城市委副书记、聊城市市长（1996 年 12 月至 1998 年 11 月，在中国社会科学院研究生课程班商业经济学专业学习，获研究生学历）。2001 年 1 月至 4 月，任中共聊城市委书记。2001 年 4 月至 2002 年 2 月，任中共聊城市委书记、市委党校校长。2002 年 2 月至 2007 年 3 月，任中共聊城市委书记、市人大常委会主任、市委党校校长（其间，2004 年 1 月，从中央党校在职研究生班经济管理专业毕业）。2007 年 3 月至 2011 年 5 月，任山东省人民政府副省长、党组成员。2011 年 5 月至 11 月，任山东省人民政府副省长、党组成员、办公厅党组书记。2011 年 11 月至 2012 年 1 月，任山东省政府党组成员、办公厅党组书记。2012 年 1 月至 2014 年 12 月，任山东省人民政府特邀咨询、党组成员。

郭兆信系中共十六大代表、第九届全国人大代表。

郭晓华

郭晓华（1952— ），山东省莘县河店镇西郭村人。曾任黑龙江省政协副主席、党组成员。

1970年1月，郭晓华为黑龙江省肇州县双发公社双发大队插队知青。1971年2月，在黑龙江省肇州县广播站工作。1973年9月，入黑龙江大学哲学系哲学专业学习。1976年9月，任黑龙江省肇州县委宣传部干事。1979年6月，入黑龙江省委党校理论干训班学习。1980年4月，在黑龙江省委党校哲学教研室任助教。1983年6月，任黑龙江省委党校哲学教研室讲师。1986年4月，任黑龙江省委党校哲学教研室副主任。1987年2月，任黑龙江省领导科学研究所副所长（1985年9月至1987年7月，在黑龙江省委党校哲学专业研究生班学习）。1988年4月，任黑龙江省委办公厅调研处副处长。1989年5月，任黑龙江省委办公厅调研处处长。1991年4月，任黑龙江省委办公厅综合处处长。1992年10月，任黑龙江省委书记秘书。1993年12月，任黑龙江省委办公厅副主任。1997年2月，任中共绥芬河市委书记（副厅级）。1999年9月，任黑龙江省委副秘书长。2003年5月，任中共佳木斯市委书记。2007年12月，任黑龙江省省长助理，省政府秘书长、党组成员，省直机关工委副书记，中共佳木斯市委书记。2008年1月，任黑龙江省省长助理，省政府秘书长、党组成员，省直机关工委副书记。2011年1月，历任黑龙江省政协副主席、党组成员，省长助理，省政府秘书长、党组成员，省直机关工委副书记。2011年4月，任黑龙江省政协副主席、党组成员。

崔惟琳

崔惟琳（1937.7— ），山东省莱西市院上镇礼格庄村人。曾任政协山东省第七、第八届委员会副主席兼第八届委员会提案委员会主任。

崔惟琳在初中读书时参加中国共产主义青年团。1958 年 8 月高中毕业后，由学校保送至山东曲阜师范学院政治系学习。是年 9 月，加入中国共产党。1962 年 10 月大学毕业后，历任山东省实验中学教师、团委书记、政工组组长、党总支书记、校革委会主任、校长等职。1978 年，出席全国教育工作大会。1979 年，作为全国教育先进单位代表出席国务院授奖大会。1981 年 10 月，任济南市教育局党委书记。1983 年 3 月至 1988 年 12 月，任中共山东省委常委、宣传部部长。1984 年 7 月，任中共聊城地委副书记。1986 年 3 月，任中共聊城地委副书记、行署专员、党组书记。1987 年 2 月，任山东师范大学党委书记。1990 年 5 月，任中共山东省委高等学校工作委员会书记。1993 年 4 月，任政协山东省第七届委员会副主席，兼任省委学校工作委员会书记。是年 5 月，又兼任省教育委员会主任、党组书记。1997 年 10 月后，任政协山东省第七、第八届委员会副主席兼第八届委员会提案委员会主任。

葛洪元

葛洪元（1955— ），山东省莘县大张家镇大张家村人。曾任湖南省政协副主席。

1955年9月，葛洪元出生于河北张家口。1973年12月，为湖南省衡南县知青。1975年10月，任湖南省测绘局第一测量队二中队测工。1977年4月，任湖南省测绘局第一测量队政治处青年干事。1978年3月，任湖南省测绘局第一测量队政治处青年干事、团委副书记。1981年2月，任湖南省测绘局第一测量队四中队副政治指导员。1983年9月，在湖南省广播电视大学衡阳地区分校工业企业经营管理专业学习。1987年3月，任湖南省测绘局第一测绘院副院长。1989年12月，任湖南省测绘局计划财务处副处长。1992年12月，任湖南省测绘局第二测绘院院长。1995年3月，任湖南省国土测绘管理局第三测绘院院长。1996年8月，任湖南省国土测绘管理局生产处处长。1997年1月，任湖南省国土测绘管理局副局长。2000年4月，任湖南省国土资源厅副厅长。2003年2月，任湖南省国土资源厅厅长。2005年6月至9月，在哈佛大学肯尼迪政府学院第四期公共管理高级培训班学习。2006年6月，任中共郴州市委书记。2008年8月，任湖南省人民政府党组成员。2008年11月，任湖南省人民政府党组成员、省纪委副书记、监察厅厅长。2010年3月，任湖南省人民政府党组成员、省纪委副书记、监察厅厅长、省预防腐败局局长。2010年9月至2011年1月，在中央党校中青年干部培训班学习。2014年2月，任湖南省政协副主席、省政府党组成员、省纪委副书记、省监察厅厅长、省预防腐败局局长。2014年7月至2018年1月，任湖南省政协副主席、党组成员。2018年1月，任湖南省政协党组成员。

董凤基

董凤基（1937.5— ），山东省高唐县固河镇董庄村人。曾任山东省第九届人大常委会副主任、党组副书记兼教育科学文化卫生人口委员会主任。

董凤基出身于农民家庭。1960年9月，毕业于菏泽农业专科学校，被分配到博兴县农业局任技术员，后调桓台县农业局任技术员。1964年至1966年，参加中共山东省委组织的齐河、桓台县社会主义教育工作队，开展社教工作。1966年6月，加入中国共产党。此后，历任桓台县广播站编辑、站长，县革委会报道组组长、宣传组组长等职。1975年至1977年，任桓台县马桥公社党委书记。1977年至1978年，任中共邹平县委副书记。1978年至1986年6月，任中共邹平县委书记。1986年6月至1988年3月，任中共惠民地委副书记。1988年3月至1992年3月，任中共惠民地委书记。1992年3月至1998年，任中共山东省委常委、宣传部部长。1998年后，任山东省第九届人大常委会副主任、党组副书记兼教育科学文化卫生人口委员会主任。

董凤基系中共十五大代表。曾任山东省对外文化交流协会会长、中国孔子基金会常务副会长。他自幼酷爱书画和京剧艺术，退休后，经常参加老年书画和京剧票友等社会公益活动。曾为中国书法家协会会员、山东人大书画院院长、山东老年书画研究会名誉会长、将军书画院特邀顾问、兰竹书画院名誉院长、齐鲁京剧爱好者协会名誉会长、山东省老年人体育协会主席。

翟惠生

翟惠生（1956.5—　），山东省聊城市东昌府区人，出生于北京市。曾任中华全国新闻工作者协会党组书记、副主席、书记处书记。

1990年12月，翟惠生加入中国共产党。北京师范大学物理系物理专业毕业，大学学历，高级记者，享受国务院政府特殊津贴。曾任中国食品报社记者，光明日报社科技部、国内政治部记者，光明日报社国内政治部副主任、主任。1996年2月，任光明日报社副总编辑。1996年9月至11月，在中央党校省部级干部进修班学习。2006年5月，任中华全国新闻工作者协会党组书记（副部长级）。2006年10月，任中华全国新闻工作者协会党组书记、副主席、书记处书记。

后 记

聊城是著名的革命老区，是冀鲁豫边区根据地的中心区，许许多多革命先辈和领导曾在这片红色土地上战斗、工作和生活。为了记录下他们的工作和战斗历程，留住他们宝贵的精神财富，以激励广大党员干部不忘初心使命、勇于担当，为社会主义革命、建设和改革大业做出贡献，2017 年 6 月，经市老促会常务理事会研究决定，启动编纂《星光闪耀》一书，作为党员干部教育培训教材，并成立了由时任中共聊城市委副书记李春田任主任，市老促会会长荣向林、副会长赵进喜任副主任的编委会和由副会长刘如峰任组长，李体元、刘继孟任副组长的编纂工作领导小组。同年 7 月，领导小组制定了编写方案，拟定了收录人物范围标准和编写规范，并召开编写会议，编写工作全面展开。

按照编纂工作领导小组拟定的范围标准，本书选收了 2021 年 6 月 30 日以前聊城籍（现辖区划）和外籍曾在聊城战斗、工作，以及生活过，最高职务地方为副部（省）级（含）、军队为副军级（含）以上且在聊城境内任职一年以上的人物。

本书篇目按姓名笔画排列。全书分为两编，第一编第一部分收录了 12 位在中华人民共和国成立前参加革命，曾在聊城战斗、工作，以及生活过一年以上的正国级或副国级领导人；第一编第二部分收录了 90 位在中华人民共和国成立前参加革命，曾在聊城战斗、工作，以及生活过一年以上的将军及军职为副军级（含）以上的人物；第一编第三部分收录了 101 位在中华人民共和国成立前参加革命，曾在聊城战斗、工作，以及生活过一年以上的副部（省）级（含）以上的人物。第二编第一部分收录了 2 位在中华人民共和国成立后参加工作，曾在聊城工作及生活过一年以上的正国级或副国级领导人；第二编第二部分收录了 37 位在中华人民共和国成立后参加工作，曾在聊城工作及生活过一年以上的将军及军职为副军级（含）以上的人物；第二编第三部分收录了42位在中华人民共和国成立后参加工作，曾在聊城工作及生活过一年以上的副部（省）级（含）以上的人物。

本书坚持以辩证唯物主义和历史唯物主义为指导，坚持实事求是原则，对中华人民共和国成立之前参加革命的人物以传略形式论述其生平及工作战斗历程，有些重要人物，由于资料缺乏或其他原因，以简介记述；中华人民共和国成立后参加工作的人物以简介的形式记述其工作历程。

本书部分文稿最初由聊城市职业技术学院提供，后因工作任务繁重且专业要求高，改为由市老促会统一组织协调，由书籍编纂经验丰富的专业人员编写。成稿后，经市老促会副会长李体元和原副会长刘继孟分别按照中华人民共和国成立前和中国人民共和国成立后入书人物阅修，又经副会长赵进喜和刘如峰统稿阅修，最后由市老促会会长荣向林审改定稿。2021年6月24日，由市老促会会长荣向林主持召开了该书编委会议，副会长赵进喜、刘如峰、李体元，宣传部部长刘焕军，理事刘继孟参加，研究确定了收入本书人物的下限至2021年6月30日，在聊任职时间一年以上，并确定请原北京军区司令员李来柱上将为该书作序等事宜。2021年10月，经请示时任市委副书记李春田同意，该书编委会由李春田副书记任主任，荣向林、赵进喜任副主任。在编写和修改过程中，编者参考了《中国共产党历届中央委员大辞典1921—2003》《聊城人物大辞典》《聊城市志1997—2015》等书，在此，谨向各著作权人表示衷心感谢。

本书的编纂由刘如峰、李体元统一组织协调。本书的编纂得到时任市委副书记、市加快革命老区建设工作领导小组组长李春田同志的充分肯定和指导，得到市老促会部分理事的大力支持，也受到了社会各界人士的关心和帮助。革命老前辈、原北京军区司令员、市老促会名誉会长李来柱不顾年迈，欣然为本书作序，这都给编者以巨大的鼓舞与鞭策，在此一并表示感谢。

本书收录的人物比较多，涉及的知识面比较广，虽经多方收集资料，但疏漏和错讹之处仍会难免，恳请广大读者指正。

编 者

2022年7月